DAS LEGIÕES AO CALVÁRIO

Psicografia de Tanya Oliveira
Pelo espírito Tarquinius

DAS LEGIÕES AO CALVÁRIO

LÚMEN
EDITORIAL

Das Legiões ao Calvário
pelo espírito *Tarquinius*
psicografia de *Tanya Oliveira*
Copyright @ 2009 by
Lúmen Editorial Ltda.

1ª edição – maio de 2009

Direção editorial: *Celso Maiellari*
Preparação de originais: *Fábio Maximiliano*
Revisão: *Mary Ferrarini*
Projeto Gráfico: *Daniel Rampazzo / Casa de Idéias*
Arte da Capa: *Daniel Rampazzo / Casa de Idéias*
Impressão e acabamento: *Yangraf Gráfica*

Dados Internacionais de Catalogação na Publicação (CIP)
(Câmara Brasileira do Livro, SP, Brasil)

Tarquinius (Espírito).
 Das legiões ao calvário / Tarquinius ; psicografia de Tanya Oliveira. —
São Paulo : Lúmen, 2009.

 1. Espiritismo 2. Psicografia 3. Romance espírita
  I. Oliveira, Tanya II. Título.

08-11290   CDD-133.9

Índices para catálogo sistemático:
1. Romance espírita : Espiritismo   133.9

LÚMEN
EDITORIAL

Rua Javari, 668
São Paulo - SP
CEP 03112-100
Tel/Fax (0xx11) 3207-1353

visite nosso site: www.lumeneditorial.com.br
fale com a Lúmen: atendimento@lumeneditorial.com.br
departamento de vendas: comercial@lumeneditorial.com.br
contato editorial: editorial@lumeneditorial.com.br

2009
Proibida a reprodução total ou parcial desta
obra sem prévia autorização da editora

Impresso no Brasil – *Printed in Brazil*

Palavras de Eugene

Meus irmãos em Cristo, mais um trabalho, mais uma oportunidade!

Dessa vez, no entanto, estamos investidos da condição de atentos observadores, entregando nossa pena a um estimado irmão que se faz digno de nossa maior admiração e respeito.

Tarquinius, como agora o conhecereis, traz um coração repleto de educativas experiências; por via mediúnica, poderá – nosso irmão –, pelo fio das recordações que atravessam o tempo, mostrar-nos um pouco de um passado já distante, mas nem por isso obscurecido pelo véu do esquecimento.

Cada um de nós traz consigo a soma das conquistas adquiridas. Na Terra, com exceção de Nosso Senhor Jesus Cristo e seus emissários eventualmente encarnados, todos, isso é fato, gravamos páginas menos felizes no livro da vida.

Somos espíritos recalcitrantes, e somente sob o esforço do buril do Artista Maior, através de sua incorruptível justiça, conseguiremos lapidar nosso espírito, incapaz, por enquanto, de revelar a perfeição de seu Criador.

Cremos que as lembranças de nosso querido amigo vos trarão as emoções e reflexões que costumeiramente buscamos com nosso próprio trabalho.

A verdade sempre se impõe às almas sinceras e desejosas de aprendizado. Por isso, procuramos vos trazer histórias de vidas narradas com simplicidade e sem a intenção do perfeccionismo literário; já trilhamos os caminhos da vaidade e do personalismo e agora desejamos, da forma mais humilde possível, difundir os ensinamentos de Jesus à luz da Doutrina renovadora.

Cabe-nos entregar em vossas mãos as recordações de Tarquinius, que partilhará de nossa tarefa como devotado irmão – tanto como nós – necessitado de reajuste e labor edificante.

Que Jesus abençoe nosso desejo de servir, e que este trabalho, que tanto exigiu – e ainda exige! – dos que se envolveram nestas páginas, possa gravar em vossos corações suaves e dulcíssimas palavras de conforto e esperanças renovadoras.

EUGENE

Um relato sincero

Rever as próprias pegadas trilhadas pelos caminhos do orgulho, da ambição, da vaidade – e por que não dizer? – da crueldade confrange-nos sobremaneira o coração, mas eis que chega a hora de revermos nosso passado delituoso.

É com imensa alegria que aqui estamos, diante desta bendita oportunidade, buscando, de certa forma, uma retratação com nossa consciência, ao plasmar nas letras a história de um espírito devedor; relataremos aos que nos derem a honra de sua atenção uma vida distante, mas cuja lembrança daqueles melancólicos dias nem por isso deixa de nos impressionar, ainda que tristemente. Retornamos à Terra em jornada de muitos enganos, e a dolorosa reminiscência atinge os refolhos de nossa consciência e nos convida a inclinarmo-nos para a luz em busca das pegadas do Messias Nazareno, que infelizmente, no tempo de sua luminosa passagem pela Terra física, não conseguimos compreender.

Entendemos hoje que o verdadeiro significado daquela presença Divina entre nós somente ao longo dos séculos poderá ser devidamente avaliado...

Ele não foi apenas o libertador dos corações humanos, mas também o embaixador da Esperança aos pobres seres que habitavam o planeta em pleno mandato da impunidade e do domínio total da ignorância dos princípios da fraternidade.

Não conquistou nenhum império, não venceu batalhas, não subjugou inimigos.

Trouxe a Verdade que nossa visão obliterada não pôde vislumbrar inicialmente; mostrou-nos o Caminho que nossa alma sedenta de conquistas demorou-se a trilhar e transmutou-se na própria vida eterna e radiante, que só a dor das provações nos permitiu entrever.

E, graças a Ele, aqui também estamos na humilde condição dos que muito erraram e buscam o reerguimento da consciência, alinhando-nos nas fileiras do Cristo como o trabalhador desejoso de serviço, certos de que necessitamos da bênção do labor para a manutenção de nosso equilíbrio.

Reúno, portanto, forças para o difícil tentame e rogo a Deus e à bondade excelsa de Jesus que me sustentem o espírito na tarefa que me foi concedida.

Sem a desenvoltura que talvez pudesse tornar minha narrativa mais aprazível e bela, desejo apenas transmitir, sem nenhuma pretensão, uma história do passado.

Meus irmãos, eu sou Tarquinius!

Que a paz do Nazareno esteja com todos!

Sumário

Capítulo 1 – Seguindo o caminho oposto.............................. 13

Capítulo 2 – Mudança de planos 32

Capítulo 3 – Roma em chamas.. 46

Capítulo 4 – Sede de vingança.. 61

Capítulo 5 – A mão pesada do imperador............................ 73

Capítulo 6 – Primeiras desilusões... 79

Capítulo 7 – O desenrolar da trama...................................... 87

Capítulo 8 – Samaria.. 98

Capítulo 9 – Rumo à prisão.. 106

Capítulo 10 – Ashaf, o mago.. 115

Capítulo 11 – A morte se avizinha....................................... 128

Capítulo 12 – Adeus, centurião... 137

Capítulo 13 – Seguindo o coração.. 149

Capítulo 14 – Laços do destino... 163

Capítulo 15 – Intriga e sedução 176

Capítulo 16 – A caminho da retaliação 190

Capítulo 17 – Reencontro de duas almas 197

Capítulo 18 – Uma gazela entre lobos 209

Capítulo 19 – A astúcia de Ashaf 217

Capítulo 20 – A sorte está lançada 225

Capítulo 21 – Maus presságios 234

Capítulo 22 – No mercado de Tiro 247

Capítulo 23 – A situação se agrava 257

Capítulo 24 – Encontro com Jamal 263

Capítulo 25 – Inimigos de longa data 269

Capítulo 26 – Medo da verdade 278

Capítulo 27 – Ardilosa Ischmé 285

Capítulo 28 – Sob as asas de um anjo 298

Capítulo 29 – A nobre romana 306

Capítulo 30 – Triste fim de um sonho 312

Capítulo 31 – Lições de bondade 324

Capítulo 32 – Jerusalém por um fio 332

Capítulo 33 – Revelação 340

Capítulo 34 – Jerusalém, Jerusalém! 347

Capítulo 35 – Quando o amor vira ódio 358

Capítulo 36 – O despertar 365

Capítulo 37 – Reforma íntima 375

Capítulo 38 – Corações partidos 383

Capítulo 39 – O teste 393

Capítulo 40 – Estrada de amarguras 407

Capítulo 41 – Desvendando o mistério 413

Capítulo 42 – A fuga 421

Capítulo 43 – Nem tão longe de Roma 430

Capítulo 44 – Casamento marcado 439

Capítulo 45 – Realiza-se o enlace 443

Capítulo 46 – O paradeiro de Beatriz 451

Capítulo 47 – Reencontro com Cláudia 458

Capítulo 48 – O pequeno Octavius 465

Capítulo 49 – O amor materno não tem limites 474

Capítulo 50 – O tão esperado reencontro 483

Capítulo 51 – Voa alto, pequeno colibri... 491

Capítulo 52 – Consolo em meio à imensa dor 499

Capítulo 53 – Sob as garras de Domiciano 510

Capítulo 54 – O último gesto do nobre imperador 517

Capítulo 55 – Agridoce surpresa no cárcere 524

Capítulo 56 – Rede de intrigas 532

Capítulo 57 – Às portas da morte 539

Capítulo 58 – Prova de fé 549

Capítulo 59 – Retorno ao verdadeiro lar 558

Epílogo 564

CAPÍTULO 1

Seguindo o caminho oposto

A lembrança longínqua das colinas que se erguiam imponentes, como sempre o fora também a cidade, desde remotos tempos trazia à minha alma pungentes sensações que o tempo não apagou.

A história que lhes vou narrar se perde na noite de minhas memórias, e trazê-la ao presente fez-me reviver, com dolorosa angústia, alguns fatos que então se deram.

Na época a que me reporto, a gens Tarquinii não mais habitava Roma. Fôramos expulsos havia mais de quinhentos anos daquela região, mas, pelas leis da reencarnação, eu retornara à terra que tanto amava.

Encontrava-me, então, em situação bem diversa de outrora. Já não fazia mais parte da aristocracia romana, apesar de ainda ser um patrício.

Como integrante de uma família de militares, conquistara os privilégios e o respeito das principais casas de Roma.

Jamais poderia imaginar, naquela ocasião, que meu nome e o de minha família seriam apagados pelas brumas do tempo...

Eis que recebia, novamente, grande oportunidade, reencarnando na inesquecível cidade dos Césares, no século I da Era Cristã, em condições que favoreceriam a mudança definitiva do rumo da minha existência.

Não pude, no entanto, reconhecer de pronto que a bondade divina estava a me ofertar um grande ensejo de reparação.

Necessitaria, ainda, da forja da dor e do cinzel da justiça em minha alma rebelde, infelizmente...

* * *

Mas voltemos ao passado...

Eu chegara a Roma havia uns quinze dias e ainda não conseguira reencontrar um amigo muito caro.

Recordo-me, com certo pesar, ser aquela uma manhã radiante na deslumbrante cidade, que um dia seria denominada "Eterna". O sol acariciava como delicada blandícia o mármore dos templos e das casas, e a vegetação luxuriante deixava-se tocar pelo suave calor do astro-rei.

O alarido das ruas alcançava-me os ouvidos, mostrando que a cidade já despertara; a azáfama dos vendedores, as bigas que atravessam em várias direções a soberba cidade, as liteiras transportando a elite romana, tudo demonstrava que mais um dia começava na majestosa cidade imperial.

Saí da área Palatina e segui rumo ao Fórum, local de encontro dos cidadãos romanos. Na época da República, fora lugar mais prestigiado do que naqueles dias, mais ainda era um importante local de reunião; eu ali estivera muitas vezes com meu pai e sabia que naquele recinto se congregava a vida de Roma.

"Qual o melhor lugar para rever os amigos?"– pensei. Assim, para lá me dirigi, já antevendo a satisfação de reencontrar as velhas amizades.

Passei ao largo dos templos, pois, apesar de minha gratidão a Marte, do qual me considerava filho, preferi chegar logo ao local desejado.

Mais alguns minutos e, enfim, localizei um grupo de companheiros de velhas campanhas.

Lucius Aelius foi o primeiro a perceber minha presença e, chamando a atenção de Caius Pompilius e Metelus Sulpicius, falou em tom alto:

– Roma se enriquece com a chegada de mais um de seus valorosos soldados!

Todos os demais se voltaram e vieram ao meu encontro, me recepcionando com entusiasmo e alegria.

Mal podia conter minha satisfação, pois aquele era o mundo que eu amava: Roma e os amigos.

Não pudera, ainda, pensar na ternura de um lar, porque, ambicioso como era, voltava-me apenas para as conquistas militares e para o aumento dos meus ganhos, com os despojos de guerra.

Não que isso fosse necessário. Meu pai já havia garantido meu futuro e o de minha irmã com uma cobiçada herança, mas agradava-me ver em minhas mãos o ouro que eu mesmo conquistava.

Abracei-os um a um, e Caius Pompilius, o amigo que eu procurava, exclamou:

– Que os deuses sejam louvados! Agradeçamos a Marte a alegria de te rever entre nós, Priscus!

Observei a figura de Caius e disse, rindo:

– Salve, ó nobre Caius Pompilius! Estás mais robusto pelas batalhas ou pelos caprichos da boa mesa?

O grupo, muito animado, deu uma estrondosa gargalhada. Caius parou de rir e retrucou:

– Fico muito feliz que estejas conosco, meu amigo. Pelo que sei, a campanha na Palestina tem encontrado alguns problemas... Soube que o general Vespasiano luta ao lado do filho contra as insurreições daquela região.

Não pude impedir que se formasse uma ruga em minha testa. Atento, Metelus, o mais velho, me inquiriu:

– Diga-nos, Priscus, o que está realmente acontecendo na Judéia...

Sério, respondi preocupado:

– A situação é grave, senhor. Vespasiano está se dirigindo para Jerusalém, mas há muito a região está conturbada, meus amigos. Roma tem inimigos muito mais fortes do que imagina.

Lucius falou em tom de brincadeira:

– Ora, ora, o nosso soldado se assustou com um punhado de judeus fanáticos... Esse povo nada entende de guerras e não avaliou bem suas ações.

Respondi um tanto incomodado:

– Posso garantir que na Palestina se erguerá o maior inimigo de Roma! Os judeus são obstinados, e agora que possuem um Messias se tornarão mais aferrados às suas idéias separatistas.

O grupo continuou a rir, mas Caius interrompeu:

– Ouçam, amigos! Priscus não falaria dessa forma se não houvesse uma razão. Por que te preocupa tanto essa situação, meu amigo? Consideras, assim, tão graves os acontecimentos que presenciaste?

Confirmei com a cabeça e acrescentei:

– Os ânimos estão muito exaltados. A idéia de nosso procurador, Gessius Florus, de afrontar os judeus em seu templo não foi das mais felizes. Creio que esse fato nos trará muitos aborrecimentos...

Metelus quis saber:

– O que disseste a respeito de um Messias? Os judeus possuem mais um?!

Entre os risos jocosos de meus companheiros, respondi, ainda rindo:

– É verdade, meu caro Metelus! Eles sempre têm alguém para seguir... Só que agora acho que é mais grave. O "novo" Messias fez muitos adeptos, e suas idéias se espalham de forma assustadora.

Lucius, procurando mudar o rumo das conversações, comentou:

– Amigos, não devemos receber um companheiro que vem das batalhas com esses assuntos. Portanto, vamos falar de coisas mais amenas e agradáveis. Dize-me, Priscus, não te distraíste com alguma bela judia durante esse tempo?

Sorri e respondi, orgulhoso:

– Lucius, sabes como elas são recatadas... Afirmo-te, no entanto, que deixei alguns corações saudosos pelo caminho.

Novamente, a risada foi geral. Lucius indagou, interessado:

– Quando vais a Chipre? Não sentiste falta de nossa adorável ilha?

– Sim, irei para lá assim que resolver alguns problemas aqui em Roma.

Caius se aproximou de mim e pontuou, enquanto os outros continuavam se gabando de suas conquistas:

– Precisamos conversar, Priscus. Conheço-te bem e vejo-te preocupado em demasia...

— Tens razão, Caius. Na realidade, estava à tua procura.

— Espero-te amanhã pela manhã em minha casa. Conversaremos mais à vontade.

Assim, ficou combinado que me encontraria com Caius no dia seguinte.

* * *

O dia amanhecera esplêndido. O ar límpido e o céu profundamente azul me enchiam de energias, e sentia-me no auge de minhas forças.

Após me vestir com uma túnica de fino linho e colocar a toga púrpura, como era o costume da época, saí à via pública com muita disposição e determinado a ter uma grave conversação com Caius. O assunto em questão não me saía da cabeça.

Vira com meus próprios olhos a ação da seita do Nazareno, não apenas sobre a plebe, mas sobre os cidadãos romanos também.

Caminhei entre as agradáveis residências e, alguns quarteirões adiante, estaquei à entrada de uma daquelas edificações; os degraus me levaram a uma imponente porém despojada *domus* (casa), o lar dos romanos àquele tempo.

Passei pelo átrio, onde fui informado por um servo de que o senhor ainda se encontrava a repousar; fiz um sinal para que não me anunciasse e continuei meu trajeto.

Não me detive a observar os detalhes do rico mobiliário e do extremado bom gosto dos habitantes do local, que se impunha à vista dos visitantes. Afinal, aquela *domus*, em especial, era muito conhecida minha.

Para saciar, no entanto, vossa curiosidade, posso vos dizer que era ornada com o mais nobre *tiburtinus*, ou seja, mármore travertino conhecido até então; que os murais, revestidos com graciosas pinturas, as estátuas gregas, os vasos etruscos – remanescentes dos últimos reis de Roma – e os reposteiros ricamente bordados, artisticamente arranjados, demonstravam o quanto os romanos, à semelhança dos gregos, sabiam valorizar o belo.

Em poucos minutos estava diante de um jovem de estatura avantajada, que tomava sua refeição matinal distraidamente.

Caius era alto, ombros largos, braços fortes – próprios de um militar –, cabelo curto e barba feita; o queixo levemente proeminente parecia materializar de alguma sorte sua determinação.

Saudei-o com efusão:

– Que os deuses o abençoem, nobre Caius Pompilius!

O jovem se voltou e pude constatar que, realmente, durante o período em que me ausentei, Pompilius atingira a forma ideal de um soldado.

Vindo em minha direção, esboçou um largo sorriso e, batendo em minhas costas, exclamou, satisfeito:

– Que grata satisfação receber-te em minha casa, Priscus! Ontem, quando nos despedimos, fiquei a lembrar-me de ti e de nossas festas na Gália Aquitânia... Vinho, mulheres e ouro! Bons tempos aqueles, não achas?

– Bem lembrado, meu caro. São estes os momentos que um homem deve lembrar na vida. Além, é claro, de nossas conquistas...

Caius olhou-me irônico e perguntou:

– A qual te referes?

– A ambas, seguramente. Devemos valorizar as conquistas de nossas províncias, que, a bem da verdade, nos sustentam. E as amorosas, que, de certa forma, também sustentam o nosso prestígio.

Caius deu uma gargalhada, própria da sua espontaneidade. A seguir, me convidou a acomodar-me em um triclínio e pediu que uma escrava me servisse. Demonstrei, sem disfarçar, o interesse que a jovem ali à minha frente me despertara.

Meu anfitrião riu e afirmou, sem cerimônia:

— Trouxe-a de minha última viagem a Corinto. Sabes que escravos não nos faltam, mas sempre é agradável termos belas mulheres a nos servir... Se quiseres, podes dispor desta.

Agradeci a oferta, visto que o assunto que me levava ali era de outro teor. Havia sido incumbido por meu pai, Aurelius Vinicius Priscus, de levar adiante uma questão pessoal. Adivinhando os meus pensamentos, Caius me inquiriu:

— Vamos, agora dize-me: o que te inquieta?

— Bem... Como sabes, apesar da solidez de nosso império, precisamos manter a vigilância sobre nossas províncias. Quando menos esperamos, eis que uma revolta se esboça, como essa da Judéia. Temos de coibir toda e qualquer tentativa de oposição a César.

— Sim, mas isso se restringe a regiões específicas – disse Caius, distraído.

— Concordo, mas o fato é que se torna cada vez mais freqüente. Conheces o velho Aurelius Priscus, não é mesmo? Pois bem. Meu genitor está preocupado, pois acha que em alguns locais as crendices e feitiçarias estão contaminando o próprio poder!

— O que dizes? Não estou entendendo sobre o que falas; explica-te melhor, Priscus!

Ponderei por alguns minutos e respondi, convicto:

— Pompilius, recordas do Messias judeu que mencionei ontem? Nunca ouviste falar desse homem que, descendente de judeus, criou uma seita que se vem alastrando por todo o império?

Pompilius fez, aparentemente, um esforço para lembrar algo e por fim afirmou:

— Pensei nesse assunto, Priscus. Não sei ao certo, mas ouvi meu pai falar, em uma das suas idas à Judéia, que um estranho nazareno iria a julgamento por aquela época. Após o meu retorno, verifiquei, com surpresa, que a crença no tal homem já chegara a Roma. Porventura, trata-se da mesma pessoa?

– Deveras! Na certa é o mesmo! E é exatamente isso o que me assusta. Esse judeu morreu crucificado; ao que me consta, de um modo até muito cruel, pois foi preso à cruz com cravos! Bem, mas como ia dizendo, pude constatar nas últimas campanhas de que participei, que, em vez de diminuir a crença no tal Messias – como eles o chamam – ela aumenta a cada dia mais... Parece uma praga, que se alastra silenciosa e sub-repticiamente, sem que percebamos. Aurelius acredita que províncias como Pafos, Salamina, Corinto e mesmo Roma já estão sendo invadidas por essas crendices.

Enquanto Caius Pompilius servia mais vinho em sua taça ricamente adornada, prossegui:

– O que é mais grave é que essa seita já adentrou as famílias tradicionais de Roma. Soubeste do escândalo da filha do senador Plinius Valerius? Viu-se obrigado a mandar a filha para a Gália Transalpina, na esperança de ver a infeliz jovem recuperar o equilíbrio.

Após sorver com prazer um voluptuoso gole, Caius deu uma gargalhada e respondeu:

– Ora, Priscus! Vens de tão longe para me falares de judeus e de suas crenças incompreensíveis? Aliás, deves saber que eles acreditam – imagina tu! – em um só Deus?

– Sei disso, mas o crucificado a que me refiro foi condenado por seu próprio povo; não acreditaram nas suas pregações; e aí é que está a questão. Alguns soldados me disseram que o tal Messias afirmava existir somente um Deus e que a esse Deus, acima de tudo e de todas as coisas, todos os povos deveriam amar e reverenciar! Ora, isso é conspirar contra o Império! Sabemos que devemos fidelidade ao nosso imperador acima de tudo!

– É... Tens razão. Mas não disseste que ele morreu?

– Morreu, mas seus ensinamentos atravessam o Império e deixam um rastro de novos adeptos a cada cidade por onde seus discípulos passam. Podes rir, mas acho que estamos diante de um inimigo maior do que esses povos que fingem se curvar ao nosso domínio! E o mais irritante é que esses cristãos parecem não ser atingidos pelos castigos que lhes são infligidos.

– O que queres dizer?

– Alguns de nossos escravos, em Pafos, foram submetidos a uma corrigenda por meu pai, mas não demonstraram nenhum sinal de dor; pelo contrário, parecia que o martírio lhes era agradável. Sabes o que isso significa? Que podemos dominar-lhes os corpos, mas a sua fidelidade ao Nazareno está além dos sacrifícios de suas vidas. Isso é intolerável!

– Se não te conhecesse tão bem diria que contraíste uma febre maligna em alguma de tuas campanhas. Desde a época em que eras legionário te preocupavas com os judeus! Mas, vejamos, o que pretendes fazer?

– Ainda não sei, preciso me certificar de algumas informações que recebi. O certo é que não ficarei de braços cruzados, enquanto essa crença se infiltra em nosso Império. O Senado só se preocupa com as novas conquistas e com as estroinices de Nero. Penso que, quando perceberem a gravidade da situação, será deveras tarde!

Caius, por fim, deu-se conta de que o assunto era sério. Havia lembrado o caso do procônsul Sergius Paulus, que servira por muito tempo de assunto predileto das rodas romanas.

Tratava-se de um patrício romano que adotara publicamente o cristianismo, chegando inclusive a favorecer a divulgação dos novos ensinamentos.

Mais interessado, Pompilius confirmou:

– Priscus, se não me engano, Sergius Paulus se converteu em Pafos, não é mesmo?

Respondi de pronto:

– Isso mesmo. A partir de então, a seita cresce vertiginosamente! Quando estive em Corinto, fiquei impressionado ao ver a influência que exerce não apenas nas classes baixas, mas também em conhecidos amigos nossos. Parece que alguns dos seguidores do tal Messias estiveram há alguns anos, por volta de 51, se não me engano, naquela região e impressionaram a todos com os seus truques.

Naquele momento, uma mulher de meia-idade adentrou o recinto vestindo trajes próprios a uma senhora da alta sociedade; trazia, sobre a túnica alva, um manto com delicados bordados a lhe cobrir o corpo com discrição.

Ao ver a mãe de meu grande amigo, caminhei em sua direção, saudando-a. Flávia Pompília sorriu com satisfação e respondeu ao meu cumprimento:

– Priscus, meu filho, eis que retornas! Alegro-me em ver-te como centurião! Teus pais, certamente, devem estar orgulhosos de ti...

Sorri diante da bondosa lembrança de Flávia. Meus pais residiam em Chipre, em virtude de um alto posto que meu pai assumira na ilha. Respondi, atencioso:

– Sim, creio que eles se sentem gratificados com meus esforços em prol da defesa de Roma; se preciso for, sacrificarei minha própria vida em tal tarefa. Não gostaria de visitá-los, cara senhora?

Flávia sorriu tristemente. A seguir, explicou:

– Peço desculpas, meu jovem, mas, após a partida de meu esposo, perdi o interesse pelas distrações do mundo. Apesar de ter em alta consideração tua família, prefiro, por ora, permanecer junto de meu filho. Mas quem sabe se não os visitarei algum dia?

Sorri, gentil. Preferi não dizer o móvel que me levara àquela adorável casa.

Tinha ido pedir a intercessão de Caius junto a César, para que pudéssemos agir com mais liberdade na busca – ou por que não dizer o que realmente ia em meu coração: desejava perseguir os cristãos onde quer que se encontrassem e, para isso, não mediria esforços.

Havia algum tempo, me irritava quando ouvia meus soldados comentar os feitos do tal Messias; muitos relatavam o que eles na sua ignorância – pensava eu – identificavam à conta de "milagres".

Ora, o pragmatismo que norteava minhas ações não permitia que eu me deixasse levar por tais fantasias. Era um homem essencialmente prático, como a maioria dos que me cercavam.

Apesar do contato que tivera com a civilização grega, acreditava que haviam caído sob o nosso domínio exatamente pelo excesso de filosofia e reflexões transcendentais. A não ser Alexandre, por quem eu de fato nutria grande admiração, as inquirições dos seguidores de Zeus só serviam para quem se resignasse a ser escravo de outros povos.

Caius partilhava de minha opinião. Sabia que seria fácil persuadi-lo a realizar uma investida contra os cristãos.

Naquela época, as perseguições não eram tão intensas como seriam nos anos vindouros. Fui – de certa forma – um dos pioneiros na perseguição daqueles que eu julgava ser mistificadores e uma ameaça a Roma.

A mãe de Caius repetiu a pergunta que me fizera e eu não escutara, distraído com meus pensamentos infelizes:

– Querido Priscus, não me ouviste? Ficarás muito tempo em Roma?

Olhei para a gentil senhora e respondi, envergonhado:

— Desculpe-me, senhora... Devo ser franco: vim com o propósito de arrebatar-lhe o filho por algum tempo.

Os olhos de Flávia revelaram sua tristeza, mas, procurando não interferir nas ações do filho, disse com extremado carinho, ao fitar o rapaz:

— Perdoa-me, querido, não posso impedir que a melancolia me invada o coração, mas deves seguir o que tua consciência te ordena. Teu pai, que foi e sempre será o orgulho desta casa, morreu ao cumprir seu dever, e tu deverás fazer o mesmo. Temos de oferecer um tributo a Roma, para que ela mantenha sua inabalável grandeza!

Caius sorriu e, abraçando a mãe, comentou, orgulhoso:

— Roma é grande não apenas por seu imperador e seu exército, mas também por suas honradas mulheres. Desde a ausência de meu pai, tu és a força deste lar, minha mãe, e tudo farei para honrar nosso nome e nossa tradição!

O abraço materno selou a manifestação espontânea de afeto que ali presenciei.

Aceitei o convite para o almoço, que seria servido dali a alguns minutos.

Como sempre, a casa de meu amigo era muito hospitaleira e, se meus pais não tivessem também uma residência bastante agradável na cidade, não hesitaria em ali permanecer.

A mesa farta com carnes, molhos temperados à base de delicados condimentos, queijos, frutas secas, pastéis e um vinho delicioso fez com que eu recordasse, com emoção, um típico almoço no lar paterno.

Após a refeição, Flávia se recolheu para repousar um pouco e eu continuei com Caius o assunto que me levara até ali.

— Compreendes a gravidade dos fatos? – disse, um pouco exaltado pelo vinho.

Caius retrucou:

— Entendo teu ponto de vista, Priscus. O assunto é sério e já deve ter chegado aos ouvidos do imperador. Mas como fazer tal investida? Qual será a justificativa para levar uma legião a Chipre? E as nossas disputas com os outros povos? E as fronteiras?

— Queres uma justificativa maior do que a que eu te dei há pouco? Nosso procônsul, Sergius Paulus, converteu-se à nova doutrina, apesar de pertencer a uma das mais nobres casas de Roma. Não achas motivo suficiente?

Caius permaneceu ensimesmado. Passados alguns minutos, respondeu:

— Isso foi há muito tempo, mas podes contar comigo, Priscus. Falarei pessoalmente com Nero Claudius, a fim de alertá-lo do perigo que se espalha sub-repticiamente pelo Império, apesar de acreditar que Nero já tenha algo em mente... Mas Roma está acima de qualquer deus, vivo ou morto!

Satisfeito, dei minha tarefa por cumprida e retornei à casa de meus pais com o firme propósito de partir o quanto antes.

A idéia de ver-me investido de uma missão com o poder e a autoridade que a chancela de César me daria fazia com que eu antevisse uma campanha gloriosa na bela ilha.

Além dos cristãos, o coração saudoso me levava de volta a Chipre... Por outras razões.

* * *

Desde que chegara à famosa ilha, sentia que meu destino ficaria ligado àquele lugar pela eternidade.

O aspecto geográfico, com sua costa irregular, suas inúmeras montanhas, o clima mediterrâneo e o mar, com sua imensidão roçando-lhe as margens, causavam-me estranha impressão.

Acostumado a me ausentar em campanhas militares, já conhecia a maior parte do mundo de então; sabia da extensão do Império Romano e julgava-o indestrutível.

Nunca poderia imaginar que três séculos mais tarde tudo ruiria e, assim como de outros tantos impérios da Terra, pouco sobraria de toda aquela grandeza que meus olhos viram um dia – e de que eu tanto me orgulhava!

Essas lembranças, apesar de dolorosas, servem-me como esclarecedora lição, pois posso ver a Lei de Causa e Efeito agindo sobre mim e sobre todos os que comigo partilharam aqueles tempos.

Por ocasião da transferência de minha família para Chipre, onde meu pai assumira um cargo destacado junto ao governador da ilha, eu resolvera descansar alguns dias com meus familiares.

Assim, partimos eu, minha mãe e minha irmã, pois meu progenitor havia-nos antecedido.

A beleza do local me arrebatou por completo e resolvi permanecer mais um pouco por lá; ocorre que havia ali outras famílias oriundas de Roma e, apesar de conhecer alguns cidadãos provenientes da Grécia, procuramos evitar a convivência.

Naquela época, acreditava que, sendo um patrício romano, valia mais que qualquer outro ser humano. Quanta arrogância, Senhor!

Visitava uma das minhas amizades de Roma, o nosso conhecido Lucius Aelius, quando encontrei em sua residência uma jovem de beleza singular, que me cativou o coração desde o primeiro momento.

Cláudia Sulpícia era filha de Metelus, um amigo de meu pai que eu encontrara no Fórum, quando fora ao encontro dos amigos.

Cláudia era uma jovem de família rica, descendente de patrícios romanos e, portanto, educada da forma mais tradicional possível. Culta, dedicava-se à poesia com raro talento, sua presença era um atrativo indispensável às festas que então se organizavam, para distrairmo-nos das lides diárias.

Já ouvira falar de seu talento, mas, como passava a maior parte do tempo em minhas campanhas, encontrá-la na *domus* de Lucius Aelius fora uma grande alegria.

Lucius retornaria em breve a Roma devido às suas atividades na guarda pretoriana, e Cláudia estava de passagem, pois se dirigia a Salamina por aqueles dias.

O nosso encontro fora casual e, desacostumado a deparar com mulheres tão belas e portadoras de tão grandes predicados, não posso negar que capitulei.

Sentia o coração palpitar estranhamente ao pensar em Cláudia. Conhecera muitas mulheres, mas reconhecia que Cláudia se destacava sobremaneira por sua formosura.

Fomos apresentados e, percebendo minha admiração diante de seus belos traços, Cláudia brincou, com um leve sorriso:

— Eis que me encontro diante do temível Priscus!

— Temível? Não deves dar ouvidos a boatos difamadores, minha jovem...

— Não posso afirmar que sejam apenas boatos. Sei apenas que, não obstante seres um bravo defensor de Roma, inspiras o medo por onde passas. Ouvi falar de tua crueldade com os inimigos...

Fitei-a convencido e, cheio de orgulho, tornei:

— Pelos deuses! Terei a desventura de te inspirar medo?

Cláudia riu e, ajeitando o manto que lhe cobria magnificamente o dorso, respondeu:

— Certamente que não, mas prefiro tê-lo como amigo.

Dei uma gargalhada e respondi, excitado pelo vinho:

— Amigo? Então ainda corres perigo...

Minha interlocutora esboçou um sorriso que o meu ansioso coração interpretou como uma promessa. Apesar de minha experiência com as mulheres, experimentava, diante daquela jovem, uma sensação completamente diferente.

O fascínio que a vida militar despertava em meu pobre espírito me afastara por algum tempo das questões amorosas, pois mal terminávamos uma campanha e já nos víamos na iminência de uma nova conquista.

Roma avançava com suas legiões, levando seu cabedal de conhecimento e civilização, mas também a sua parcela de destruição.

Naqueles tempos, eu não percebia que aqueles braços que se estendiam por fronteiras inimagináveis se transformariam em tentáculos, a oprimir e sufocar os povos conquistados. Ao contrário, achava que nossos súditos deveriam se sentir honrados pela oportunidade que lhes outorgávamos.

Resolvi perguntar a Cláudia o motivo de sua ida a Salamina:

— Meu pai possui algumas herdades nessa localidade e, como aprecio essa região, resolvi acompanhá-lo; desde a morte de minha mãe, sou sua única companhia...

— Admiro a dedicação que devotas a teu genitor. Feliz haverá de ser aquele que a desposar, pois decerto o cumulará de agrados e atenções, a julgar pelo zelo com que te dedicas a teu pai.

Cláudia voltou a sorrir e tornou:

— Apenas cumpro com um dever de consciência; nossos deuses nos ensinam que devemos cultuar a memória de nossos antepassados e honrar a família, como bem sabes.

Admirado pela conduta valorosa de Cláudia, ia externar minha impressão sobre ela, quando Lucius, segurando meu braço, solicitou que eu me afastasse, para ir ter com velhos amigos:

— Lamento minha cara Cláudia Sulpícia, mas devo roubar-te o admirador. Estás monopolizando a atenção de nosso centurião! Nossos amigos estão reclamando a presença de Priscus.

Não trocaria aquele momento por nenhum ouro do mundo, mas, diante das circunstâncias, acabei me afastando de Cláudia.

* * *

No período em que ela permanecera em Salamina eu fui à Judéia, devido à situação conturbada daquela região.

Fui visitá-la algumas vezes e, impotente para lidar com aqueles sentimentos, os revelei sem prever maiores conseqüências. Cláudia, que inicialmente se mantinha em prudente reserva, acabou cedendo aos meus apelos e se revelou apaixonada também.

Quando retornara a Roma, de certa forma a deixara em segundo plano, pois, além de haver perdido o interesse, tinha outras preocupações em mente.

Ao mesmo tempo, nossos esforços em apaziguar os judeus pareciam ser em vão, uma vez que as dissidências dentro da própria raça eram um fator desagregador.

Habitualmente, combatíamos nossos inimigos e, após um período de contenção dos ânimos, lográvamos estabelecer um intervalo de relativa tranqüilidade. Na Palestina, porém, era diferente: precisávamos usar de contínua e rigorosa opressão para controlar o povo.

A maior prova dessa dissidência ocorreu com o próprio Cristo, que, nascido no seio judeu, foi vítima da incompreensão e intolerância de seu povo e acabou sendo condenado a pedido do Sinédrio – a instância soberana da lei judaica.

Havia algum tempo planejava o meu retorno a Chipre, e essa idéia me era agradável, a não ser por encontrar Cláudia, pois soubera que retornaria por aqueles dias a Pafos.

Poderia aportar na bela cidade como um vencedor, pois estaria levando comigo os meus soldados e teria liberdade suficiente para combater os inimigos de Roma.

Antevendo o resultado de minha investida, sorria satisfeito.

Seria – a meu ver – apenas uma questão de tempo para que encontrasse uma jovem mais bem dotada financeiramente que a bela Claúdia...

Imaginava que os deuses ficariam muito satisfeitos em me agradar, uma vez que eu era um patrício à altura de meus antepassados.

Hoje, revendo na tela de minha memória essas passagens, percebo a grandeza dos desígnios divinos em me negar aquilo que eu mais almejava. Graças à Providência Divina, foi possível evitar quedas maiores.

Caminhava no sentido oposto a Jesus, sem perceber que acabaria ferindo todos os que eu amava.

CAPÍTULO 2
Mudança de planos

Enquanto aguardava os efeitos da influência de Caius Pompilius junto ao imperador, resolvi me distrair um pouco.

Buscava, então, as termas ou banhos públicos, local onde os patrícios se reuniam para agradáveis conversações e para cuidar da higiene corporal.

Andar por Roma naquela época despertava em meu íntimo sensações inexprimíveis; tinha a consciência de que estava na maior cidade do mundo e de que fazia parte daquela magnificência como um ser privilegiado. Isso me enchia de orgulho!

Respirava a longos haustos, como se quisesse absorver junto com o ar as emanações do ambiente que me era tão aprazível.

Admirava a nossa urbe pelo que ela tinha de belo e cosmopolita; as liteiras luxuosas, com suas damas de extremo bom gosto, revelado nos mínimos adornos.

Às vezes era um penteado gracioso que emoldurava um belo rosto, em outras, eram as vestes, com tecidos que nos chegavam de lugares distantes.

Em alguns momentos as jóias reluziam ante o brilho do sol e se refletiam em variados matizes, causando a admiração de todos.

O movimento contínuo dos soldados que atravessavam a cidade, ora em marcha, a pé, ora troteando lentamente, observando o movimento dos transeuntes, tudo me era motivo de satisfação.

Naquele dia, ao me dirigir às termas, sentia todas essas emoções me invadir o coração.

Resolvera ir a pé, na companhia do meu servo de confiança, Argos, experimentando aquilo que me fazia sentir um legítimo romano: o amor a Roma. Caminhava distraído, próximo a alguns vendedores de frutas e especiarias, quando ouvi gritos.

Acostumado, pela educação militar que recebera, a me manter vigilante, coloquei-me diante de uma ruela e vi que alguém corria desesperado em minha direção.

Com muita facilidade, segurei pela túnica maltrapilha um rapazote de uns dezesseis ou dezessete anos e encurralei-o contra um muro.

O jovem se retorcia furiosamente e, para o meu divertimento, procurava fugir, dando-me pontapés e procurando me ferir qual uma pequena fera que houvesse sido presa em uma caçada.

Furioso, coloquei a mão em sua garganta e bradei, enraivecido:

— Quem pensas que és, moleque atrevido? Estás diante de um centurião e me deves respeito! Aquieta-te, pois te entregarei imediatamente à guarda ou – disse com um sorriso malévolo – aos teus perseguidores...

O jovem empalideceu e, arregalando os olhos, suplicou:

– Por favor, meu senhor, deixai-me ir... Preciso voltar para casa...

– E uma peste como tu tem casa? Deves morar na rua, a julgar por tua imundície!

O jovem tornou:

– Tenho casa, sim, mas fora da cidade. Minha avó me espera. Estamos com fome, senhor! Deixai-me ir, preciso voltar! Não roubei nada. As frutas me foram dadas.

Olhei ao redor e vi que os mercadores haviam nos alcançado. Ordenei, incontinenti:

– Devolve imediatamente estas frutas aos seus donos. Irás comigo, pois deves aprender a respeitar a ordem e um soldado de Roma!

O jovem fez menção de fugir, mas Argos se aproximou e, segurando-o pelo braço, impediu qualquer movimento.

Os mercadores ameaçaram punir o ladrãozinho, mas bastou um olhar meu para que resolvessem dar o caso por resolvido. Já haviam recuperado as frutas, afinal.

Segui meu caminho e, enquanto a pequena peste lutava contra Argos, entrei na conhecida terma.

Não detive o pensamento por muito tempo no incidente ocorrido.

Não era uma atitude típica minha envolver-me com as coisas simples da vida; mantinha sempre o pensamento naquilo que poderia me trazer vantagens, especialmente materiais.

Assemelhava-me, neste ponto, a Caius Pompilius. Jamais conhecera alguém que tivesse tamanha ambição na face da Terra!

Sim, Caius era muito mais ambicioso do que eu. Nada lhe era suficiente.

Apesar dos anos em que estivemos separados, devido às nossas ocupações, nossa amizade continuou fortalecida, acredito hoje, por nossas afinidades espirituais.

Naquele dia, ao entrar na imponente terma, dirigi-me a uma ante-sala, onde um escravo, solícito, se encarregou de livrar-me de minha purpúrea capa.

O tratamento destinado a nós, militares, fazia com que nos sentíssemos verdadeiros heróis. Os escravos iam e vinham, procurando nos auxiliar, desdobrando-se com o intuito de nos colocar à vontade.

Busquei um dos aposentos destinados à massagem, pois apreciava o efeito dos óleos medicinais sobre meus músculos; ademais, era um hábito de minha classe que eu não dispensava.

Não demorou muito para que encontrasse um senador, amigo de meu pai.

Ao reconhecer-me, o respeitável romano abriu um grande sorriso e exclamou:

– Priscus! Há quanto tempo não te via! Enfim, o bom soldado retorna a casa!

Sorri, orgulhoso, e retruquei:

– Retorno, mas por pouco tempo, Gaius Agripa. O dever em breve me levará para longe novamente.

Gaius me olhou fixo e retorquiu:

– Não pensas em te fixar aqui em Roma, constituir família, finalmente?

Dei uma gargalhada e respondi, irônico:

– Pelos deuses, meu caro amigo! Ainda tenho muito tempo para pensar nisso. Além do mais, posso me casar sem deixar a vida militar...

– Decerto que sim – disse Agripa. – Mas vejo em ti talentos que te poderiam garantir uma vida tranqüila e, mesmo assim, útil ao nosso Império. Não acredito que não tenhas pensado em seguir a carreira política.

Novamente sorri, balançando a cabeça.

— Deixarei tal tarefa para os dias vindouros de minha velhice. Por enquanto, as armas me atraem mais!

Agripa resolveu mudar o rumo da conversa:

— Diga-me, rapaz, e teu pai, como está? Já faz alguns anos que não vejo o meu nobre amigo.

Procurei relatar de forma breve as notícias sobre o meu genitor, pois um grupo de conhecidos já se aproximava. O bom amigo ainda observou:

— Ao que parece, a ilha te fez muito bem! Tua mudança para Chipre parece ter te tornado mais bem disposto. A verdade é que é realmente um lugar muito belo e cheio de atrativos.

Antes de nos despedirmos, Agripa me aconselhou:

— Vejo em teus olhos, meu filho, uma inquietação muito grande. Um desejo de poder e conquistas. Se teu pai ainda não te falou, por certo virá a te dizer: não penses que ao conquistarmos terras para o imperador conquistamos o coração daqueles que vivem nelas. Roma faz a cada dia novos inimigos, e não me surpreenderei se, em muito menos tempo do que imaginamos, viermos a sucumbir!

Olhei surpreso para o meu interlocutor e perguntei de chofre:

— Estás conspirando contra Roma, senador? Por tuas palavras, deduzo que estás contra as nossas conquistas, e tuas previsões nefastas bem poderiam insinuar que prenuncias algo...

Gaius sorriu, entristecido, e tornou:

— Meu jovem Priscus! Sabes tão bem quanto eu que amo este solo e dele me orgulho. Apenas resolvi te avisar, como amigo, para que a ambição não te torne cego ante os perigos que vejo rondar-te o coração. De qualquer forma, adeus. Desejo que sejas feliz.

– Eu o serei, não te preocupes, Gaius.

Voltei-me ao grupo de amigos e assim passei aquela tarde, envolvido com as lembranças das batalhas e de nossas aventuras em outras terras.

A seqüência de banhos e vapores, desde o *caldarium* até o *frigidarium*, passando pelo *tepidarium*, trazia excelentes benefícios à saúde.

Quando retornei, já era tarde. Ia fazer minha refeição, quando Argos se aproximou e me perguntou, reticencioso:

– Perdoa-me, meu senhor, interromper sua merecida refeição... mas o jovem que me mandou trazer está fazendo muitos estragos.

Já não me lembrava do incidente do início da manhã. Pensei um pouco e respondi:

– Diga-lhe que não comerá até que se porte como um homem. Deve estar faminto, pois estava roubando comida. Logo acalmará sua impetuosidade. Mantenha-o isolado, longe dos outros escravos, para que não crie problemas.

– Sim, meu senhor. – E Argos se curvou, humilde.

Precisava me preparar, pois à noite iria jantar em companhia de Caius Pompilius e sua mãe.

* * *

Na hora aprazada, voltei à *domus* de Caius, satisfeito com o agradável convite.

Sempre me sentira bem junto de meu amigo e seus familiares; gostava de partilhar daqueles momentos da intimidade doméstica, pois me recordavam o lar paterno.

Desde a infância havia me dedicado – por escolha de meu pai – à vida militar, e isso me tinha afastado demasiadamente de minha mãe e minha irmã.

Caius perdera um irmão ainda em tenra idade e, de certa forma, eu substituíra a presença do menino; portanto, a afeição que Flávia Pompília, sua mãe, me dedicava, me era muito grata ao coração.

Durante a refeição, Caius tocou no assunto que me trouxera a Roma:

— Priscus, meu amigo, gostaria de te trazer melhores notícias, mas ao que parece nosso imperador anda preocupado com outras coisas e ainda não se mostra disposto a perseguir esses... Como se chamam mesmo?

Senti que empalidecia, enquanto Caius falava; ainda não me havia recuperado da decepção que a notícia me causara, quando completei:

— Cristãos. O nome de seu líder era Jesus.

Caius prosseguiu:

— É isso mesmo, os cristãos. Pois bem, o imperador afirma que a ilha de Chipre é uma das poucas províncias em que temos uma situação mais tranqüila. Não quer arriscar provocar os ânimos da população, visto que lá temos um pouco de paz. Insiste em que partas para uma nova campanha, o que considera mais importante.

Havia perdido totalmente o apetite. A variedade de iguarias à minha frente tornara-se insípida e nauseante.

Um suor frio percorreu meu corpo e, após um longo gole de vinho, redargüi:

— Tens certeza, Caius, de que ressaltaste o perigo dessa seita? Mostraste ao imperador que eles colocam o tal Cristo acima dele próprio? Que consideram que devem obediência cega ao tal Messias?

Naquele momento, Flávia Pompília, que a tudo ouvia em silêncio, questionou:

— Priscus, existe algum motivo pessoal para que insistas tanto em perseguir esses pobres coitados? Ao que sei, eles prestam auxílio aos doentes e miseráveis...

Não pude me conter e respondi, exasperado:

— Tuas palavras revelam a nobreza de teu caráter, nobre Flávia, mas é preciso que saibas que esses cristãos praticam a feitiçaria e desrespeitam todas as leis da moral. São torpes e maléficos, colocando em risco a vida de todos os que deles se aproximam.

Caius interveio, procurando amenizar minha indignação:

— Priscus, deves ter calma! Sei que teu interesse é apenas proteger Roma, mas é preciso ser prudente! Sabes que te aprecio como a um irmão. Aliás, quase sem percebermos, minha família te adotou como a um filho, quando perdemos nosso amado Selenius, por isso peço-te que aguardes um pouco. A situação não é das melhores, e o imperador, apesar do seu estranho temperamento, encontra-se envolvido em graves problemas.

— Sei o que te preocupa, mas essa seita que procuro combater acabará minando o nosso Império! Já vi muitos patrícios ser enfeitiçados por essa crença indigna. Acho que estamos perdendo um tempo precioso, enquanto Nero Claudius se locupleta em suas libertinagens e pretensas ilusões de artista!

Flávia Pompília não disfarçou o mal-estar. Após trocar um olhar significativo com o filho, advertiu:

— Priscus, querido, afliges-me com tuas palavras. Vivemos momentos difíceis em Roma, e tens de cuidar do que dizes! Nero desconfia de todos e mantém espiões em quase todas as casas da nobreza de Roma. Prometa-me, meu filho, que terás mais cuidado daqui por diante.

O tom com que Flávia me havia repreendido tocara meu endurecido coração. Reconhecia ter me excedido em minhas considerações, mas meu orgulho e minha vaidade não me permitiam vislumbrar o perigo.

Acreditava no poder da força para modificar as situações, e talvez por isso mesmo odiasse tanto os cristãos.

Já presenciara alguns serem injuriados e martirizados; ao ver que não reagiam, senti um verdadeiro desdém por aqueles seres desprezíveis.

Foram necessários dolorosos sofrimentos nos anos vindouros, para que eu pudesse realmente entendê-los...

Grandes sofrimentos e provações haveriam de surgir em meu caminho, até que meu gélido coração pudesse receber o calor dos ensinamentos de Jesus e definitivamente aceitá-los como o caminho para minha libertação.

Mas, antes disso, por muito tempo eu lançaria ao solo sementes de dor e de ódio e colheria em curto prazo aquilo que, para minha infelicidade, plantara inadvertidamente.

Naquela noite me afastei da casa de Caius aborrecido e procurei a casa de uma velha conhecida, para afogar minhas desventuras em seus sedutores braços.

Estava havia um mês em Roma e ainda não fora à casa de Ischmé.

Nascida em Listra, ela possuía uma das belezas mais singulares que havia visto em minha vida.

Afastei-me do elegante bairro onde Caius residia e providenciei que uma liteira me conduzisse ao outro lado da cidade.

A casa de Ischmé, apesar de se localizar um pouco distante da área central de Roma, destacava-se por sua notável arquitetura.

Dir-se-ia que ela construíra um pequeno palácio com características inequívocas do povo do qual provinha.

As escadas que levavam aos terraços e os pequenos jardins encantavam qualquer mortal.

Dentro, espaços amplos com cores vibrantes, enfeitados por serviçais que tocavam delicados instrumentos, nos faziam recorrer, de tempos em tempos, aos carinhos de nossa amiga.

Ischmé era uma mulher jovem e detentora de uma beleza incomum.

Eu conhecera mulheres dos mais variados lugares e reconhecia a formosura que caracterizava cada uma das raças, mas a minha jovem amiga – diferentemente de Cláudia Sulpícia – trazia em suas feições, além de uma beleza rara, a sedução não encontrada em nenhuma outra mulher.

Os cabelos negros e longos, presos por um adorno cravejado de turmalinas vermelhas, caindo caprichosamente em um dos ombros desnudos, me dispersaram o pensamento.

Ischmé recebeu-me com um meio sorriso e indagou:

– Nobre centurião, a que devo a honra desta visita em hora tão imprópria?

A voz aveludada de Ischmé trouxe-me à realidade:

– Perdoa-me, querida amiga... – Observava-a com cuidado. – Posso constatar que, sem dúvida, o tempo só aprimora a obra dos deuses em tua pessoa. Tornas-te mais bela a cada dia...

Ischmé sorriu e, com um gesto gracioso, me apontou uma poltrona junto ao lago artificial que ela mandara construir na parte central da casa.

Sentei-me e vi a desenvoltura de minha anfitriã ao me servir uma taça de vinho.

A túnica de seda pura deixava-me entrever suas formas perfeitas, que pareciam se movimentar em pura harmonia. Ainda sob o impacto daquela presença cativante, comentei:

– Não é minha intenção ser inoportuno, Ischmé, mas é que...

Com um gesto suave, ela me obrigou a me calar:

– Sabes muito bem, Priscus, que se não desejasse vê-lo não entrarias aqui. Eu decido quem entra e quem sai. Minhas portas não se abrem a qualquer um.

– Agradeço tua consideração; vejo que continuamos bons amigos.

Dando a entender que desejava ir direto ao assunto que me levara até lá, ela falou:

– Certamente não é apenas a saudade de tua Ischmé que te traz aqui, Priscus. O que desejas de mim?

Um tanto contrafeito por ver que ela percebera meu estado de espírito, arrisquei, reticente:

– Vim em busca dos teus carinhos, mas também desejo um favor teu.

Ischmé pareceu meditar por alguns segundos antes de dizer:

– Quanto aos carinhos, já os tiveste em profusão, Priscus. Sinto-te amargurado, contrariado, e o prazer que eu poderia te dar nesta noite não tiraria o mal do teu coração; acordarias amanhã com o pensamento voltado ao teu projeto frustrado. Fala-me, o que te está aborrecendo?

Revirei-me na confortável cadeira e comecei:

– Tenho um projeto em mente, mas não consegui sensibilizar o imperador a apoiar a sua execução.

– Mas do que se trata? – perguntou a moça, curiosa.

– Já ouviste falar dos cristãos? Desses mendigos que dizem seguir um profeta judeu...

A bela Ischmé fez transparecer um pequeno esforço, como a tentar lembrar-se de algo. Em seguida respondeu:

– Creio que sim, caro Priscus. Mas o que têm essas pessoas a ver contigo que te deixam assim tão acabrunhado?

— Acredito que essa gente é uma ameaça séria a ser controlada. Além do mais, eles praticam feitiçarias, curam doentes, fazem os mortos ressuscitar...

Ischmé deu uma risada, recostando-se na cadeira. Levantei-me e me sentei próximo à bela mulher.

Passando a mão sobre seus cabelos sedosos, provoquei:

— Não deves zombar de mim, Ischmé. Sabes do que sou capaz.

Desafiadora, com os grandes olhos esverdeados dardejando sobre mim, ela replicou:

— Não me atemorizes, Priscus! Vem me pedir favores e me ameaças?!

Aproximei meu rosto da sedutora cortesã e prossegui:

— Sabes que somos parecidos... Quando desejamos algo, nada nos impede de conseguir. Pois bem! Eu quero destruir esses cristãos miseráveis e farei qualquer coisa para lograr êxito em meu intento; para tanto, preciso da tua ajuda, minha bela Ischmé.

Demonstrando argúcia e frieza, Ischmé me afastou com delicadeza e se insinuou, com um estranho brilho no olhar:

— Se queres a minha ajuda, deves também atender aos meus desejos... — E, roçando as suas vestes próximas ao meu corpo, discorreu: — Lembras, há algum tempo, quando teus pais ainda moravam em Roma e reconheceste minha liteira no meio da multidão?

Busquei em minha memória o fato que Ischmé mencionara; não sem certa dificuldade, recordei o episódio:

— Lembro que te obriguei a abrir as cortinas da liteira na qual te escondias — afirmei, sorrindo.

Novamente os olhos dela brilharam.

— Não te perdoaria jamais tal comportamento se tu não estivesse ao lado do homem mais belo que já vi.

Surpreso, voltei-me para Ischmé, tentando recordar quem me acompanhava naquela ocasião. Veio-me à lembrança a figura de Caius Pompilius com o olhar fixo na liteira.

— Era Caius, o meu melhor amigo! Deve tê-la impressionado muito, pois não o esqueceste, apesar do tempo que se passou.

Ischmé acariciou seus longos cabelos negros e acrescentou, com um leve sorriso:

— Sabes que não posso freqüentar a elite romana, as "famílias tradicionais", mas que recebo em minha casa esses "distintos" senhores quando buscam prazer. Não quero que Caius venha até mim dessa forma.

Olhei espantado para Ischmé. Seria possível que aquela mulher que agia normalmente com uma frieza calculada e que jamais deixava entrever os seus sentimentos tinha, finalmente, se enredado nas teias do amor? Atrevi-me a indagar:

— Estás apaixonada por Caius? Sabes que pretendo que ele me acompanhe a Chipre?

Ischmé permaneceu impassível e, volvendo um olhar que eu conhecia o bastante para saber que já analisara todas as nuances da situação, afirmou:

— Irei contigo; ou melhor, te seguirei até a ilha. Caius me viu apenas uma vez e não irá recordar quem sou.

Cada vez mais perplexo, não sabia o que dizer. Lutando entre minha indignação e o absurdo da situação, retruquei, alterado:

— Estás louca, Ischmé?! Pensas que podes acompanhar uma centúria romana em campanha?!

— Ischmé me interrompeu:

— Falei que te seguiria, mas em outra embarcação. Apenas desejo encontrar Caius longe de Roma. Uma vez que estivermos na ilha, o resto só a mim diz respeito. Ele não precisará saber que houve interferência tua, Priscus!

Eu precisava refletir sobre a proposta que Ischmé estava me fazendo. No íntimo, não queria ver meu melhor amigo nas mãos daquela mulher.

Ischmé, conforme eu pensava naquela ocasião, não era a mulher certa para um homem unir ao seu destino; ela era, isto sim, a companheira ideal para as horas e o coração vazios de um homem.

Pensei, no entanto, que Caius poderia se divertir um pouco com a situação.

Na certa – e disso eu não duvidava – teria momentos muito agradáveis com a minha bela amiga de Listra.

Aceitei a proposta e resolvi aguardar os acontecimentos.

CAPÍTULO 3

Roma em chamas

Os meses se passaram, enfadonhos, enquanto eu aguardava as providências de Ischmé e Caius.

Resolvera tentar por conta própria uma audiência com Nero, entretanto, injustificadamente, ele relutava em me receber. Como dia a dia cresciam os rumores de que o imperador estava doente me convenci de que não havia outra saída senão aguardar.

À medida que o tempo passava, sentia renovarem-se minhas energias e firmava o propósito de realizar uma grande campanha em Chipre.

Um acontecimento, porém, naquele verão, trouxe conseqüências fundamentais aos meus planos. Apesar de suas esquisitices, jamais poderíamos prever que nosso imperador estivesse a tal ponto perturbado.

Desfrutáramos um período de tranqüilidade em seus primeiros anos de governo, nos quais Nero tomara algumas medidas que revelavam inteligência e laivos de clemência.

Mais tarde, porém, viríamos a saber que essas atitudes eram devidas aos sábios conselhos de seu preceptor, Sêneca.

Nada, no entanto, indicava que as coisas mudariam tão drasticamente...

Naquele dia, o sol abrasador do verão deixava o ar pesado e quase irrespirável. O calor que se irradiava das ruas de Roma era insuportável; por isso buscávamos, nas termas, as salas de águas tépidas ou frias, *o tepidarium ou o frigidarium*.

Podia-se sentir, à noite, o calor remanescente nas paredes das residências a tornar ainda mais difícil a situação.

No centro da grande urbe, entre a colina Palatina e a Aventina, surgiram chamas incontroláveis e, devido ao calor e ao fato de a maioria daquelas construções ser de madeira, não havia quase nada a ser feito.

O vento que soprava sobre as edificações servia de combustível às chamas que devoravam, impiedosamente, tudo o que encontravam pela frente.

O fogo castigou a cidade por quase dez dias e terminou por consumir quase dois terços da minha inesquecível Roma.

Milhares de pessoas foram queimadas em suas próprias casas, pois não houve tempo para a fuga; em especial as camadas mais pobres da população. Os que não perderam a vida perderam tudo o que possuíam.

As classes mais abastadas possuíam vilas nos arredores e em outros locais, mas à plebe miserável nada restou.

A massa desesperada corria de um lado a outro, e as mulheres gritavam, enlouquecidas, agarradas aos filhos, que desmaiavam intoxicados pela fumaça.

Não havia como escapar. As ruelas estreitas garantiam combustível ao fogo e, quando se conseguia sair de uma rua e procurava-se embrenhar por outra, ficava-se diante de uma verdadeira fornalha novamente.

Corri em direção à minha *domus*, mas o acesso me era impossível, por causa da multidão descontrolada. Tentava olhar para o alto, mas o calor asfixiante e a fumaça me cegavam. Naquele momento, resolvi tomar a direção da residência de Caius.

Impraticável. Não poderia retornar ao caminho já percorrido.

Minha estatura e meu porte avantajados me permitiam empurrar o populacho e galgar mais rapidamente a dianteira, desta vez em direção ao campo.

Senti que uma mulher, que trazia ao colo um recém-nascido, prendeu-se às minhas pernas, suplicando auxílio.

O olhar desesperado que ela me endereçou me acompanhou por muito tempo naquela existência; logicamente, desvencilhei-me dela o mais rápido que pude.

De repente, senti que algo me tocava. Virei-me, decidido a afastar o intruso, quando percebi tratar-se do rapaz que se tornara meu escravo logo após a minha chegada a Roma.

Surpreso, exclamei:

— Por Júpiter! Como me achaste?

— Pedi a Argos que me deixasse procurar o senhor.

— Onde está Argos? E a minha casa?

— Tudo está perdido, senhor! Argos vos procura... Disse para irmos para a casa de Isch...

– Entendi o que o menino falava.

– Argos tem razão. A casa de Ischmé deve ter sido poupada. Vamos ao seu encontro!

Assim, após incontáveis obstáculos, consegui chegar até a residência de Ischmé.

Não reparara, mas havia me ferido durante a fuga; tinha os braços e as pernas queimados e alguns machucados pelo rosto.

Ischmé, ao ver-me daquele jeito, ordenou que seus escravos preparassem algumas bacias com uma infusão de ervas, para me aliviar os ferimentos.

Angustiada, perguntou, tão logo se aproximou:

– Priscus, diga-me, tens notícias de Caius?

Lembrei-me do amigo e, preocupado, respondi:

– Não acredito que tenha conseguido salvar sua casa. Que os deuses o tenham conduzido à sua vila, nos arredores da cidade...

Lágrimas rolavam pelo rosto da jovem mulher. Depois de algum tempo, tomou uma decisão:

– Priscus, peça a um escravo teu que vá à vila de Caius. Preciso saber como ele está; não posso pensar em perdê-lo, logo agora que... – E novamente começou a chorar.

Espantado com a intensidade dos sentimentos de Ischmé, pois eu não acreditava que ela os possuísse, concordei, enquanto sentia as carnes arder pelas queimaduras.

– Acalma-te, Ischmé. Falarei com Argos e o rapazote, para que averigúem a situação. Confie nos deuses, minha cara, eles hão de tê-los colocado a salvo.

Mais calma, Ischmé sentou-se ao meu lado no triclínio e colocou compressas em minhas queimaduras. Ao longe, pela janela, pude ver a coluna de fumaça, que teimava em não se desfazer.

Naquele momento, esqueci todas as insígnias que possuía e, apesar da frieza que costumava demonstrar nas mais diversas situações, pude sentir que lágrimas quentes desciam pelo meu rosto.

Ah, minha amada Roma agonizava, devorada pelas chamas!

Como isso poderia ter acontecido? Qual a explicação para tamanha tragédia?

Estariam os deuses nos castigando por alguma coisa?

Tudo fazíamos para enaltecer o poder de Júpiter – o deus dos deuses –, e agora víamos a grande urbe crestada e prestes a se transformar em um monte de cinzas.

Poucas vezes em minhas romagens terrenas pudera igualar, entre outras, o fascínio que aquela cidade me transmitia.

A sensação de poder e glória que a "águia" me inspirava – e a tantos outros – só pude tornar a rever centenas de séculos mais tarde, em circunstâncias muito semelhantes.

O cansaço, por fim, tomou conta das minhas poucas energias.

Quando acordei, o dia já ia alto.

* * *

Ischmé se recolhera, mas não conseguira conciliar o sono.

A demora de notícias sobre Caius a torturava e, apesar do cansaço, permanecera em vigília durante toda a noite.

Quando acordei, percebi pelo seu olhar abatido o que havia se passado.

Recostei-me nos lençóis alvos e comentei:

– Pelo teu aspecto, não deves ter tido nenhuma notícia.

Ischmé voltou-se lentamente e, dirigindo o olhar para a estrada que ligava sua propriedade a Roma, exclamou:

– Acho que vou enlouquecer se não souber o que aconteceu! Preciso fazer alguma coisa!

— Lamento, minha cara, mas não há nada que possas fazer, a não ser esperar por Argos. Procura descansar, pois não deverão demorar. Posso te fazer uma pergunta de cunho pessoal, Ischmé?

O desespero era tanto que ela concordou de pronto:

— Sim, diga.

— Por que só agora me revelaste o teu amor por Caius? Além disso, devem ter havido algumas oportunidades para que te aproximasses dele, como nas festas, digamos, menos familiares, que conhecemos...

O olhar de Ischmé se turvou. Parecia que o sofrimento pelo qual passava solapara todas as suas antes intransponíveis barreiras de orgulho e vaidade.

Respirou fundo e respondeu:

— És cruel, Priscus, mas isso eu sempre soube. Não me surpreendes. Mas a verdade é que tenho evitado freqüentar esses lugares desde que encontrei Caius. Pude vê-lo algumas vezes no palácio do imperador e em locais públicos, mas sempre evitei uma aproximação. Sei que ele me procuraria pela minha condição de cortesã, e não desejaria que fosse dessa maneira.

Minha impetuosidade levou-me a falar o que não devia:

— Mas como pretendes te aproximar dele? Não deixarás de ser uma cortesã apenas porque te apaixonaste por um patrício. Não poderás jamais almejar mais do que isso.

O rosto de Ischmé se tornou rubro; a seguir, como se tivesse sido ferida por um punhal invisível, cujo efeito doloroso eu não calculara, tornou-se lívida e replicou:

— Não precisas me recordar sobre minha posição na tua sociedade, Priscus. Isso eu sei de sobejo! Sei que não sou digna de me casar com Caius, mas quero que ele conheça o meu amor, saiba do que seria capaz por ele, longe deste lugar; depois veremos como ficam as coisas.

— Estranho a tua pouca ambição... – atalhei, de forma irônica.

— Também tu não me conheces Priscus. É verdade que tenho mudado nos últimos tempos. Acho que foi o amor que sinto por Caius que me fez pensar na vida que estava levando.

— Abandonarás teus outros amores? Deixarás muitos corações partidos com essa atitude.

Naquele momento, pôde-se ouvir o tropel de cavalos se aproximando. Argos desceu e adentrou os portões da casa, sendo imediatamente levado à presença de Ischmé. Mal podendo falar, pela angústia de que se via possuída, a jovem indagou:

— E então, Argos? O que nos dizes? O que é feito de Caius?

— Perdão, senhora, pela demora. O nobre Caius Pompilius e sua mãe encontram-se a salvo! Logo aos primeiros sinais do incêndio, retiraram-se para sua propriedade em Óstia. Mandaram esta mensagem ao meu senhor – e Argos estendeu o pequeno rolo em minha direção.

Ischmé deu um longo suspiro, aliviada. A seguir, pediu que lhe trouxessem um pouco de vinho, para revigorar-lhe as energias.

Caius me intimava a ficar em sua casa até meu completo restabelecimento. Não entendia por que procurara a casa de uma desconhecida, em vez de ir em busca de abrigo na casa de um "irmão".

Comovido, resolvi que iria ter com ele e Flávia antes do anoitecer.

Não poderia deixar de demonstrar o meu reconhecimento a Ischmé por sua acolhida em um momento tão doloroso de minha existência. Sendo assim, prometi tudo fazer para que sua aproximação com Caius não tardasse.

Mais uma vez, uma força maior me mostraria que não dispomos de nossos destinos de forma absoluta e que, a despeito de nossa vontade, colhemos, inexoravelmente, aquilo que plantamos.

* * *

O tempo passou, apesar da minha contrariedade em relação aos acontecimentos, que desafiavam meus intentos de perseguir os cristãos.

O grande incêndio veio, na verdade, corroborar meus infelizes planos: acuado pelo Senado, que o julgara culpado, Nero terminou por acusar os seguidores de Jesus da ação criminosa.

De certa forma, sentia-me gratificado, pois, segundo me haviam informado, minhas preocupações chegaram aos ouvidos do imperador e, verificando as circunstâncias favoráveis, ele concluiu que, culpando os cristãos, fazia, na verdade, um favor ao Império.

Era preciso eliminar aquela seita que se espalhava assustadoramente por todas as províncias e desdenhava do poder de Roma.

Foram acusados de feiticeiros, incestuosos e até de canibais; mentes sábias e propensas à justiça chegaram a registrar a inocência dos cristãos na ação criminosa do incêndio, mas, devido à péssima reputação de que eram alvo, foram considerados merecedores dos castigos que passaram a lhes infligir.

As festas ornamentadas com tochas humanas nos jardins de Nero ficaram registradas para a posteridade, e eu – pensava, satisfeito – não precisara fazer o mínimo esforço para alcançar minhas sórdidas intenções.

Os anos seguintes seriam marcados por violentas perseguições aos cristãos e uma situação política muito conturbada.

Permanecera na casa de Caius, enquanto se verificava a reconstrução de nossa *domus*.

Não é minha intenção aqui determinar a culpa pelo sinistro que avassalou Roma, mas os que dizem que Nero buscava reconstruir uma nova cidade e que mandara atear fogo na velha Roma estavam certos em uma coisa: a cidade foi reconstruída de forma mais bela e original.

Eu resolvera passar algum tempo em Chipre, onde fora rever minha família e buscar adeptos aos meus intentos criminosos.

Seis meses após o meu retorno a Roma, irritado pela falta de ação do imperador, em um belo dia de primavera de 68, recebi com surpresa uma mensagem de minha mãe, solicitando minha presença com a máxima urgência em Pafos.

A carta não me dava detalhes, mas deixava-me entrever nas entrelinhas que o assunto era grave. Tratava-se da saúde de meu pai.

Não compreendia como aquilo podia estar acontecendo, pois havia pouco tempo estivera com ele e observara o seu excelente estado físico; sempre fora um homem robusto, pois era também um militar.

Sua transferência para a ilha fora um prêmio por sua dedicação a Roma. No início, achávamos que Nero o preterira por alguma razão, mas depois de lá chegarmos, ao vermos a beleza do local, acabamos por agradecer pela atitude do imperador.

Não sabia ao certo o que pensar. Minha mãe não dera maiores detalhes. Preocupado, andava de um lado para outro em meus aposentos, contrariado com o retorno imprevisto a Pafos.

A realidade é que isso não estava em meus planos; ao contrário, vinha destruir tudo o que eu havia delineado.

Deveria partir às pressas e deixar para trás minha perseguição aos cristãos de Chipre, que eu adiara, mas à qual não renunciara.

Com o recrudescimento das investidas contra os cristãos, sentia o meu desejo de combatê-los se fortalecer. Apenas aguardava ordens de Nero para agir.

Reconhecendo que não havia nada a fazer, a não ser partir imediatamente, comecei a expedir mensagens a algumas pessoas, justificando minha ausência.

No final da tarde, Caius e sua mãe, Flávia Pompília, vieram aos meus aposentos para saber o que realmente estava acontecendo.

Expliquei que recebera poucas informações, pois minha mãe fora lacônica e exigia minha presença o quanto antes.

Flávia se aproximou e, com ar maternal, afirmou:

— Posso avaliar o sofrimento de minha amiga Otávia. Por isso, meu filho, vimos aqui trazer nossa solidariedade e, se aceitares, a nossa companhia no teu retorno a Pafos.

Olhei para Flávia sem compreender seu oferecimento, quando Caius me dirigiu um expressivo olhar e completou:

— Minha mãe traduz nosso sentimento, meu amigo, e reitero suas palavras. Se permitires, nós o acompanharemos até Chipre.

Perplexo diante daquela demonstração de amizade, não sabia o que dizer. Acostumado à vida militar, não era dado a sentimentalismos; ao contrário, era um homem frio e prático em minhas ações.

Aceitei o oferecimento e combinamos que partiríamos no dia seguinte; só que antes precisava falar com Ischmé.

Depois de me despedir de meus amigos, me dirigi à casa da misteriosa mulher.

Inicialmente ela se negou a me receber, mas, devido à minha insistência, acabou por fazê-lo.

Recebeu-me envolta em vaporoso vestido semitransparente, de cor âmbar, que fazia maravilhoso contraste com sua pele alva.

Lançou-me olhar inquiridor, ao que me antecipei:

— Lamento, minha amiga, mas devo partir com urgência amanhã e não poderei levar o nosso plano adiante.

Os olhos de Ischmé brilharam estranhamente, e ela perguntou:

— Qual o motivo de tua partida dessa forma?!

— Recebi uma carta de minha mãe exigindo a minha presença. Meu pai está doente. Não sei de mais detalhes.

Ischmé ficou pensativa e contrapôs:

— Não achas estranho teu pai ficar doente, assim, de repente? Diga-me, Priscus, tens algum inimigo em Roma?

Não pude resistir e dei uma gargalhada.

— Inimigos, eu? Saiba, minha querida, que os tenho aos borbotões! É impossível viver em Roma sem inimigos.

Ischmé permaneceu impassível, enquanto me servia uma taça de vinho. A seguir, após tomar um gole da bebida, me encarou com firmeza e aconselhou:

— Não devo tirar conclusões precipitadas, meu caro. Apenas te advirto de que deves ter cuidado. E quanto aos nossos planos, espero que, apesar desse transtorno, não os esqueças.

Resolvi não contar a Ischmé que Caius partiria comigo. Pensava que aquela viagem inesperada não duraria muito tempo e, com a ordem do imperador, retornaria em breve a Roma para buscar meus soldados.

Combinamos que, assim que Ischmé interviesse a meu favor junto a alguns senadores mais ligados a Nero Claudius, eu colocaria Caius em suas mãos.

Acreditava que os deuses abençoariam as minhas ações e que o futuro me traria o que eu mais desejava naqueles tempos: poder, ouro e, talvez, o amor.

Havia, no entanto, um poder que eu desconhecia, talvez por minha pretensão ou orgulho.

Repudiava a idéia de um Deus único, imaginando que se tratava de crendices de povos bárbaros, ignorantes.

O esplendor de Roma e do seu Império não comportava essas idéias; Roma era grande demais para aceitar crenças ridículas daquele jaez.

Nem sequer poderia imaginar que em pouco mais de três séculos nada daquilo de que tanto me orgulhava existiria. Tudo se transformaria em pó e cinzas, deixando um legado de ruínas, do qual, nos séculos vindouros, apenas vestígios de sua grandeza permaneceriam.

Ah! A quantas dores faria eu jus até que conseguisse suplantar a cegueira de minha alma, para ver a luz da verdade...

Quanto desprezo e quantas humilhações passaria no futuro, que imaginava ser de prosperidade e ventura!

No final do segundo dia, eu já me encontrava na galé que me levaria a Chipre.

A companhia de Caius e Flávia me agradava sobremaneira, pois o apoio desses amigos tornava a viagem menos tediosa; por outro lado, estava preocupado e contrariado com o incidente.

Aquilo me adiava a tão sonhada campanha em que eu mostraria, de uma vez por todas, o meu valor a Roma; apesar de todo o meu empenho em perseguir, qual uma fera, os inimigos do Império, não entendia o comportamento de Nero Claudius em relação a mim.

Notava, mesmo, certa predileção por Caius, por sua origem nobre, e isso me causava enorme desgosto. Além de ser mais velho e experiente, eu colocara inúmeros despojos de guerra sob os pés do imperador.

Por que agiria ele daquela forma, se eu tudo fazia para aumentar a sua grandeza? – perguntava-me.

Meditava com certa amargura sobre aquela situação, quando Caius se aproximou de mim no convés.

Ignorando os meus pensamentos, comentou, solidário:

– Priscus, meu caro, não deves te abater dessa forma. Tenho certeza de que teu pai estará melhor quando chegarmos. É um homem forte e, seja o que for que tenha acontecido, irá se restabelecer em breve tempo.

Por um momento, senti um leve remorso por verificar que o motivo de minha contrariedade não era apenas em virtude dos acontecimentos que me levavam de volta a Chipre. Na verdade, a inveja da fortuna e felicidade com que invariavelmente os deuses obsequiavam Caius era o motivo de minha desdita.

Procurando demonstrar gratidão, respondi:

— Agradeço por tuas palavras, Caius. Tens sido um grande amigo, e não esquecerei a dedicação que tu e tua mãe demonstraram nesta hora de incertezas. Não sei o que encontrarei em Chipre, e as horas não passam... Preciso encontrar meus familiares o quanto antes!

— Entendo a tua aflição. Confiemos nos deuses, que haverão de guardar o teu lar.

— Se Nero não houvesse hesitado diante de minha proposta, já deveria estar na ilha, com o reforço de meus homens. Estaria ao lado dos meus a estas horas.

Caius pareceu preocupado e tornou:

— Não deves julgar as atitudes de nosso imperador! Apesar de alguns desmandos, é a ele que devemos fidelidade e obediência. Como minha mãe sabiamente lembrou, tuas palavras podem ser ouvidas, e não faltam espiões por todo lado para criar intrigas infamantes. Deves ter cuidado, Priscus...

Olhei para Caius, incomodado, e inquiri:

— Sabes de alguma coisa? Ouviste algum comentário a meu respeito que justifique as tuas advertências?

— Na verdade, não se referiam a ti. Mas acho que deves saber: comenta-se em Roma que está sendo tramado um golpe contra Nero.

Não pude conter o riso.

— Não me digas que Nero continua com essas idéias! Qual a novidade? A verdade é que ele está perturbado, e estamos nas mãos desse...

Caius me interrompeu:

— Cala-te, Priscus! O clima em Roma é de terror. Não percebeste, pois ficaste pouco tempo no teu retorno, mas nossos amigos evitam se reunir, com medo de serem acusados de traição. Soube que falaste nas termas com o senador Agripa...

— Sim, e ele me deu estranhos conselhos; queria saber notícias de meu pai.

Os olhos de Caius demonstraram um brilho diferente; imediatamente, tive a exata noção do que estava acontecendo.

Apesar de não desejar ouvi-lo, indaguei:

— Acreditas que meu pai esteja envolvido em alguma coisa? Não pode ser... — pronunciei, angustiado.

Caius me olhou com firmeza e continuou:

— Fala-se que um grupo de militares deseja que Galba assuma o poder. Teu pai, como ex-militar, poderia estar envolvido.

Sem poder conter a ira que se apoderou de mim, bradei:

— Caius, meu pai não é um traidor! Serviu e sempre servirá ao imperador, por mais desequilibrado que ele seja! Não posso aceitar isso! Nossa família sempre serviu a Roma, desde nossos ancestrais.

Caius ponderou com a frieza que lhe era habitual:

— Estamos diante de um temperamento doentio, Priscus. Resolvi sair de Roma porque também temo por minha mãe. Não poderia deixá-la sozinha na cidade.

— Por que não me falaste antes? Por que me escondeste teus verdadeiros motivos para acompanhar-me?

— Conheço teu caráter, Priscus. Se te falasse a verdade, não partirias, mas irias ter com Nero. Além disso, precisava tirar minha mãe de Roma.

Perguntei, irônico:

— Ela também sabe que estás fugindo de Roma? Também faz parte do plano?

Caius fitou-me, ofendido, e tornou:

— Não, ela não sabe de nada; acredita que estamos aproveitando o ensejo para reunir nossas famílias. Não tens o direito de falar-me dessa forma, Priscus! Tentei te preservar ao não te contar a verdade.

Olhei para o semblante de Caius. Sim, ele sempre fora meu amigo. Mas não desejaria tê-lo como inimigo.

Poderia o jovem Caius Pompilius criar ardis para os que se atravessassem em seu caminho? Eu não saberia responder.

O tempo durante o qual nos mantivemos afastados transformara-o em um homem.

Até que ponto eu poderia confiar em meu amigo de infância?

Resolvemos nos calar. Sentia como se todos nos espreitassem, e agora já não sabia mais em quem confiar.

Apenas um desejo fervilhava em minha cabeça: rever minha família o quanto antes.

Sede de vingança

CAPÍTULO 4

Após um tempo que não saberia determinar, senti um sol escaldante em meu rosto e logo divisei a costa da ilha de Chipre.

O relevo, coberto por intensa vegetação, fazia admirável contraste com o céu azul e com as construções de todos os matizes. As colunatas, lembrando sua origem grega, destacadas por sua beleza e alvura, recepcionavam os visitantes com beleza e graça.

O grande vale que a separa e os montes entre o sul e o oeste e ao norte tornavam o aspecto geográfico da ilha ímpar.

Ao chegar a Pafos, rumamos imediatamente para a residência de meus pais. A vegetação exuberante logo chamou a atenção dos meus acompanhantes.

Flávia Pompília exclamou, admirada:

– Por todos os deuses, Priscus! Nunca nos falaste da beleza desta ilha! Jamais vi uma vegetação tão variada, espécies diferentes e flores como estas!

– Viste por que escolhi este lugar para viver? Aqui nada nos falta; além de possuir um solo propício a diversas culturas, a própria localização da ilha favorece o comércio com regiões distintas.

Caius interveio com propriedade:

– É verdade, minha mãe. Ouvi falar que aqui chegam diariamente pessoas de todos os lugares e embarcações vindas do Egito, da Anatólia, Grécia, Síria e Mesopotâmia. Entretanto, após nossa conquista, devemos ressaltar que ela ficou mais bela.

– Sem dúvida! – continuei. – O que a torna mais civilizada é a presença romana, trazendo o princípio da ordem e da lei. Por isso lamento profundamente que não possamos lutar contra aqueles que tramam contra nossos interesses...

Flávia pousou o olhar límpido sobre mim e tornou:

– Referes-te aos seguidores do Messias judeu?

Senti que o meu rosto se contraía, enquanto respondia:

– Exatamente. Não poderei levar meu plano adiante por estes dias, mas tão logo meu pai se recupere, voltarei a insistir.

Caius não escondia sua preocupação, quando aconselhou:

– Esquece essa idéia por agora. Tua família precisará de ti, Priscus. Além do mais, desde a conversão do procônsul, é praticamente impossível lutar contra esses cristãos. Eles são protegidos pelo próprio poder instituído na ilha.

— Mas se Nero ordenar a exterminação da seita, não se poderão opor; informei-me a respeito e sei que o imperador os teme inexplicavelmente.

Caius deu uma risada e retrucou:

— E a quem Nero não teme? Acho que se assusta com a própria sombra!

Flávia permaneceu séria e ponderou:

— Não duvides disso, meu filho. Nero não teme apenas a própria sombra, mas as sombras que criou ao seu redor. Infelizmente, ainda atrairá muito ódio para sua própria vida.

As palavras de Flávia soaram solenes aos nossos ouvidos, como um augúrio, algo que nos pareceu naquele momento uma verdade inexorável.

Permanecemos em silêncio até chegarmos à vila onde minha família residia.

* * *

Uma vez lá, uma dupla de escravos veio ao nosso encontro. Argos me havia acompanhado, junto com o rapazote que eu encontrara quando me dirigia às termas.

Com todos os acontecimentos que me ocuparam desde que chegara a Roma, tinha esquecido o mancebo.

Argos me sugeriu que o trouxesse, pois poderia ser útil na viagem. Não dei maior importância ao caso e continuei com meus afazeres.

Enquanto nos desembaraçávamos do veículo que nos conduzira, os escravos diligenciavam a retirada de nossa bagagem.

Foi quando ouvi uma voz feminina, muito suave, gritar o meu nome. Voltei-me e, surpreso, vi uma jovem mulher correr ao meu encontro:

— Priscus! Que os deuses sejam louvados! Finalmente chegaste, meu irmão!

Abracei Lucília emocionado. Fazia apenas alguns meses que não a via e, no entanto, ela mudara notadamente.

Fixei seu rosto e não vislumbrei a jovem com resquícios da infância que deixara; percebia uma moça que em pouco tempo amadurecera e se tornara um belo exemplar da beleza da jovem mulher romana.

Não me pude conter:

— Lucília, estás linda! Por que não me disseste em tuas cartas que te havias tornado tão bela?

Lucília me olhou e só então pude perceber as lágrimas que trazia no olhar. Assustado, indaguei:

— O que está acontecendo? Por que estás chorando?

Lucília, procurando não ser indelicada com meus acompanhantes, disse:

— Vamos entrar, Priscus. Teus amigos devem estar cansados.

Enquanto entrávamos em casa, Flávia se aproximou e falou a Lucília:

— Talvez não te lembres de mim, minha querida, mas tua mãe deve ter te falado de nossa amizade...

Lucília estendeu a mão e atalhou:

— Lembro, sim, senhora Flávia! Costumava brincar com Selenius e Caius em nossa infância.

Por um momento, havia esquecido meus convidados.

— Se não fosses como minha própria mãe eu jamais me perdoaria por esta indelicadeza... — comentei, envergonhado.

Flávia sorriu benevolente e completou:

— Se não fosses como um filho do coração, eu também não te perdoaria!

— Rimos após a observação de Flávia, quando Caius se adiantou e protestou:

— Quem não perdoará ninguém sou eu, se não me apresentares à jovem Lucília...

Novamente tive de reconhecer minha falta. Conhecendo o espírito de Caius, procurei esclarecer:

— Não te lembras de Lucília, Caius? Aposto que esqueceste de nossas brincadeiras na *domus* romana.

Caius fixou o olhar em Lucília e, sorrindo, comentou admirado:

— Não posso crer que esta bela jovem que tenho diante de meus olhos seja aquela menina que estragava nossas lutas quando criança!

Lucília sorriu e não deixou por menos:

— Querias sempre a melhor espada para ferir Priscus... Não podia deixar que aquilo acontecesse!

— Eram apenas brincadeiras, Lucília. As nossas armas também eram — Caius afirmou.

— Mesmo assim, sempre evitei que machucasses meu irmão. Espero que não continues a maltratá-lo.

Abraçando aquele pequeno tesouro, eu disse com carinho:

— Não te preocupes, minha irmã. Ele agora é o meu melhor amigo. Mas o que te deixou tão preocupada? E nossa mãe?

Os olhos de Lucília se anuviaram novamente:

— Está repousando junto ao nosso pai. Mal come e dorme desde que...

Não me contive e a interrompi:

— Desde o quê? O que aconteceu, Lucília? E nosso pai?

Lucília não conseguiu sopitar o pranto e, aos soluços, explicou:

— Ele está inconsciente desde que sofreu o atentado.

— O que dizes?! Do que estás falando, minha irmã?

O olhar lúcido da moça recaiu sobre todos os presentes. Procurando reunir forças, por fim esclareceu:

— Não quero que te exaltes, Priscus. Precisas ter calma! Tentaram assassinar nosso pai em uma emboscada no palácio do governador.

Olhei rapidamente para Caius, que me fitava de modo significativo. A raiva que se apoderou de mim fez com que, sem pensar, desembainhasse minha espada e, em completo desequilíbrio das emoções, atingisse as paredes e os objetos que me rodeavam.

Sim, agia irracionalmente naquele momento. Minha família sempre servira a Roma, e vê-la ser atingida de modo traiçoeiro pelas mãos do próprio imperador era um golpe demasiado cruel para o meu orgulho.

Lucília suplicou para que eu me controlasse; a nobre Flávia se aproximou e, manifestando-se de modo firme, fez com que eu recobrasse o sangue-frio:

— Priscus! Vieste a esta casa para apoiar tua mãe e tua irmã! Recupera o teu bom senso e deixa tua bravura para quando precisares defender os que de ti dependem!

Envergonhado, recobrando o equilíbrio, abracei Lucília. Caius se aproximou e acrescentou:

— Não estou surpreso com o que narrou Lucília; já te havia tentado prevenir.

Resolvi encaminhar nossos hóspedes para os respectivos aposentos. Chamei Argos e pedi que diligenciasse imediatamente as acomodações.

Ainda abraçado a Lucília, que, provavelmente em virtude dos últimos acontecimentos havia amadurecido de modo prematuro, me dirigi ao interior da residência. Caminhei pelos corredores que me levariam aos aposentos onde se encontravam meus pais.

Entramos silenciosamente em rico dormitório, onde um leve reposteiro mantinha o ambiente à meia-luz. Minha mãe repousava sobre um triclínio.

Procurei me aproximar sem fazer ruídos e acariciei os cabelos quase totalmente alvos de minha genitora.

Otávia Lúcia Quinta tinha se tornado quase uma anciã. Não havia me dado conta, até aquele momento, do que o sofrimento pode fazer com um ser humano.

Se Lucília desabrochara e se tornara uma jovem com todo o seu esplendor, minha mãe, ao contrário, envelhecera prematuramente.

Passei a destra em seus cabelos prateados e, como se ela percebesse minha presença, abriu os olhos lentamente; ao verificar que eu estava ali ao seu lado o sorriso que surgia se transformou em lágrimas, que, com o coração opresso, vi cair de seus belos olhos.

Envolvi Otávia em meus braços e acalmei-a:

– Eu estou aqui, mãe. Não é preciso mais temer. Os deuses nos protegerão e decerto faremos justiça.

– Priscus! Fizeste muita falta, meu filho. Eu e tua irmã nos sentimos desprotegidas sem tua presença.

Procurei sorrir e afirmei, enquanto secava as lágrimas que insistiam em cair:

– Mãe, trouxe amigos que vieram te reconfortar; Flávia Pompília e Caius insistiram em vir, para nos fazer companhia enquanto o meu pai...

Otávia baixou o olhar e perguntou:

– Então não sabes? Lucília não te disse?

Apenas naquele momento observei o leito onde meu pai repousava. Aproximei-me e fiquei aterrado com o quadro que se apresentava aos meus olhos. Meu velho pai jazia inerte, a cabeça enfaixada e vários ferimentos espalhados pelo corpo.

Não viveria muitos dias. Havia sido cruelmente espancado e ferido.

Senti as pernas cambalear, não por fraqueza, mas o ódio que brotava em meu peito me fazia entontecer.

Segurei as mãos de meu genitor e jurei que o vingaria, custasse o que custasse.

Naquele momento, estabelecia ligações com as falanges espirituais menos felizes, que exultavam com a minha decisão.

Minha atitude traria grandes e inenarráveis sofrimentos a todos os que me cercavam.

Encontrava-me muito distante, então, dos ensinamentos de Jesus, e nem sequer poderia imaginar que fosse possível perdoar a quem nos houvesse injuriado. Teria evitado infinitos pesares aos meus, e meu caminho seria trilhado sob a égide da renúncia e do amor, em vez do ódio que a tudo destruiu.

* * *

Para a humanidade de então, o ato de perdoar era uma fraqueza que tornava o indivíduo desprezível em seu meio social.

Acostumados à vindita e em torná-la o mais cruel possível, ainda não existia naqueles corações o menor sentimento de fraternidade em relação ao semelhante.

Nossos espíritos eram norteados pelo egoísmo destruidor, e não conseguíamos vislumbrar nada além de nosso reduzido grupo familiar, com raras exceções.

As amizades, por mais caras que fossem, facilmente se esfacelavam diante de uma afronta; não raro, viam-se nas próprias famílias disputas acerbas e – infelizmente – devo reconhecer que ainda as encontramos nos dias de hoje.

Os ensinamentos de Jesus ainda ressoam em nossos espíritos como uma belíssima melodia que ouvíamos a distância, mas da qual ainda não lográvamos perceber as notas mais delicadas.

Nosso coração, distante da prática evangélica, fica incapacitado de atingir as resplandecentes nuances do Senhor, pois não nos dedicamos a amar de fato o semelhante como a um irmão do caminho, sem restrições e sem reservas.

Apesar de tudo, temos no Mestre a nossa diretriz e, ainda que nos confranjam a alma essas recordações, é por amor a Ele que aqui as relatamos.

Lembro que naquela tarde, após um curto repouso, encontrei Caius em uma das amplas salas de nossa casa.

Estava com a expressão preocupada e, ao me aproximar, perguntei-lhe:

— Percebo, Caius, que te preocupas com algo que não me revelas. Não será o momento de me contares o que está realmente acontecendo?

Caius me fitou por um longo momento e discorreu:

— Lamento dizer-te, Priscus, mas eu também não havia avaliado a situação como devia; imaginei que Nero houvesse tido um daqueles ataques de perseguição e que resolvera dar um corretivo em alguns de seus súditos. Pelo que pude perceber, no entanto, ele tentou matar o teu pai e... — Caius tomou um gole de vinho da taça que lhe estendi. — Bem, como te dizia, a situação é muito grave. Nero Claudius tentou matar o teu pai por considerá-lo um traidor, e o pior de tudo é que tu foste pedir uma ordem para trazer uma centúria para Chipre. Sabes o que isso significa?

A frieza diante das circunstâncias da vida era uma característica pessoal da qual eu me orgulhava. Naquela ocasião, porém, em poucos minutos pude avaliar o que significava cair em desgraça em relação ao imperador.

Tentando me defender daquela idéia absurda, contestei a argüição de Caius:

— Estás conjeturando apenas, Caius. Sabes tanto quanto eu que só queria eliminar esses cristãos. Jamais pensei em trair o imperador! Sempre fui um soldado de Roma pronto a defender a terra de meus pais... e a César!

Caius deu alguns passos e, voltando-se, perguntou:

— Acreditas que tuas palavras convencerão Nero? Existe mais alguém que soubesse dos teus intentos?

Pensei rapidamente e respondi:

— Apenas tu sabes do meu plano. Contava com o teu auxílio e por isso te procurei.

— Priscus, em nome de nossa amizade, creia, falei apenas com quem não te prejudicaria; aliás, não sabia que Galba estava conspirando contra César, senão teria evitado qualquer comentário. Se aceitas um conselho, devemos partir o quanto antes, para que nossas mães e tua irmã fiquem a salvo da ira do imperador.

Sentia-me como em um pesadelo. Fora até Roma em busca de reforços para defender aquilo que eu considerava um dever de honra — exterminar aqueles que desdenhavam do poder de César—, e agora via-me praticamente acusado de tentar um golpe contra o meu próprio imperador.

Estupefato, tornei a argumentar:

— Exageras, Caius! Nero conhece minha reputação de soldado fiel ao Império!

— Mas e quanto a teu pai? Esquece que foi ele quem o mandou matar? Ou ainda tens dúvidas?

Sim, Caius tinha razão. Mesmo que não fosse acusado de conspiração – o que era difícil –, Nero iria se precaver quanto a uma possível vingança minha.

Não percebera que minha mãe se havia aproximado e ouvira as últimas palavras de Caius.

Otávia sempre fora uma mulher forte. Eu admirava o seu inigualável senso prático diante das dificuldades; fazendo um esforço, que eu imaginava o quanto lhe custava, ela ponderou:

– Caius tem razão, meu filho. Fomos atingidos por uma fatalidade da qual nem sequer posso suspeitar a origem. Resta-nos, no entanto, evitar uma segunda investida de Nero sobre nossas vidas. Além do mais – disse, enxugando as lágrimas –, teu pai provavelmente não passará desta noite.

Sem saber o que dizer, abracei-a com respeito e carinho.

Sabia que ela perdia o companheiro de sua vida, mas o orgulho romano a fazia preservar a família e sua dignidade.

Não esperaríamos a guarda romana invadir a nossa *domus*.

Aonde os desígnios dos deuses nos levariam?

Lembro-me de ter me apoiado em uma das colunas do espaçoso peristilo e, apesar, do sentimento de opressão que me afligia o coração, falei, como que impulsionado por uma força desconhecida:

– Iremos para Jerusalém! Tenho amigos que nos acolherão até podermos nos estabelecer em outra província.

Caius colocou a mão em meu ombro, gesto que interpretei como sendo de sincera amizade:

– Acompanhar-me-ias, meu amigo? – perguntei, preocupado.

Caius respondeu solícito:

– Estou contigo nesta empreitada, Priscus. Precisamos organizar a nossa partida, pois, tão logo Nero suspeite que deixamos

Roma, virá em nosso encalço. Dize-me, contudo: por que Jerusalém? Não será arriscado nos aventurarmos pela Palestina, com a situação política conturbada? Teus amigos já devem ter deixado a região!

Respondi com aparente serenidade:

— Vespasiano luta na Galiléia, e não acredito que os judeus lhes ofereçam resistência por muito tempo. Dificilmente o combate chegará a Jerusalém; se os romanos partiram, foi apenas para evitar hostilidades.

Como eu me enganara!

CAPÍTULO 5

A mão pesada do imperador

Naquela noite, a saúde de meu pai piorou muito.

O sofrimento de minha mãe era intenso, e Lucília trazia o semblante macerado pelas noites maldormidas.

Preocupado com o esgotamento das duas pessoas que mais amava em minha vida, decidi que repousariam, enquanto eu velaria os últimos momentos de meu genitor.

Otávia colocou suas mãos delicadas sobre os meus braços e disse:

– Concordo, meu filho, que te preocupes conosco, mas peço-te que, se ele piorar... – E as lágrimas correram em profusão de seus olhos cansados.

Adivinhando a que minha mãe se referia, tranqüilizei-a:

– Não te preocupes. Chamarei a ti e Lucília, caso o estado dele se agrave.

Assim, ambas se retiraram e eu permaneci ao lado daquele que era o mais denodado e fiel soldado que eu havia conhecido.

Eu seguira-lhe os passos com insuspeitado orgulho e sentia-me feliz por fazer parte de sua descendência, pois se tratava realmente de um homem de bem.

Não pude evitar que lágrimas ferventes me escaldassem o rosto. A meu ver, ele era vítima de uma hedionda injustiça, fruto da doença de um ser que eu passara a desprezar com todas as forças de minh'alma.

A madrugada surgia quando percebi que sua respiração tornava-se difícil. Aproximei-me e vi que abria os olhos baços, como se estivesse à procura de alguém.

Percebi imediatamente que buscava minha mãe.

Mandei o escravo que fazia a sentinela à porta do aposento chamar Otávia e Lucília.

Ambas acorreram, pressurosas, e postaram-se junto ao leito de nosso amigo e protetor.

Não tardou para que duas lágrimas caíssem de seus olhos já sem vida.

Acabava ali a existência de Aurelius Vinicius Priscus.

* * *

A dor que se sucedeu à morte de meu pai foi diminuta em relação aos fatos que ainda sobreviriam.

Ainda pranteávamos a partida do ente querido, quando recebi de forma anônima uma mensagem, avisando que havia sido denunciado como comparsa de Caio Júlio Vindex na tomada de Galba ao poder.

Noticiado sobre minha ausência de Roma, junto com Caius Pompilius, Nero nos considerou traidores, assim como meu pai, e deliberou prender-nos, confiscando todos os nossos bens.

A mensagem nos incitava a deixar Pafos o quanto antes, sem delongas, uma vez que, se perdêssemos tempo, poríamos nossas famílias em perigo.

Não sabia o que pensar. Meu pai acabava de morrer e eu era obrigado a partir para o desconhecido, sem dinheiro nem honra, pois perdera tudo.

Sentia-me culpado, porque trouxera Caius e Flávia comigo, e eles também se encontravam em situação dolorosa.

Demandei arrumar os nossos pertences – pelo menos o que pudéssemos levar – e diante do desespero de minha mãe e minha irmã, por não poderem prestar as últimas homenagens a meu pai, declarei:

– É necessário que partamos o quanto antes. Sei que devíamos sepultar Aurelius com todas as honras que sua posição exige, mas se o fizer porei a vida das duas em perigo.

Argos, meu fiel escravo, que me acompanhava naquele momento, pediu licença para falar:

– Peço, senhor, que me permitas ficar; poderei, assim, fazer o enterro de vosso pai de maneira digna: como a um fiel servidor de Roma!

Não podia recusar o pedido de Argos. Pelo menos alguém se encarregaria dos despojos de meu pai, mesmo que fosse um escravo.

Aquela humilhação da qual minha família era objeto calava-me fundo no coração.

Ver minha mãe e irmã sair de nossa casa praticamente como fugitivas, deixando para trás tudo o que possuíam, trazia-me um sofrimento inenarrável.

A presença de Caius, no entanto, aliviava-me o fardo. O fiel amigo se encarregara de tomar as primeiras providências, enquanto eu diligenciava os derradeiros cuidados aos despojos de meu pai.

Resolvêramos que não seguiríamos juntos. Caius, Flávia, minha mãe e Lucília iriam na frente com dois fiéis escravos, e eu viajaria sozinho, o que facilitaria a minha fuga no caso de algum ataque da guarda romana.

Partiria quando o dia já estivesse amanhecendo e nos encontraríamos em Jerusalém; antes, porém, iria a Salamina, à residência de Metelus Sulpicius, pai de Cláudia.

Havia despachado uma mensagem ao antigo amigo de meu pai e esperava que ele honrasse a amizade que dizia dedicar ao meu genitor.

Não poderia esperar sua resposta; enquanto os escravos carregavam a bagagem que era possível levar, Otávia e Lucília despediam-se de meu pai.

Flávia tomara a iniciativa de ajudar Caius na organização das tarefas, visto que estávamos sensivelmente perturbados com os últimos acontecimentos.

Eu sempre tivera a fleuma do militar impassível e de tomar minhas decisões com frieza, mas algo parecia me tolher as ações, sustando minha capacidade de reação.

Sentia-me como que entorpecido diante da insensatez do imperador; pela primeira vez, experimentava na própria pele o peso da mão de César e o desespero de achar-me diante de uma absurda injustiça.

Poderia aceitar a antipatia pessoal e gratuita do imperador, mas não admitia que minha família sofresse nenhum revés em razão disso.

Cansado, resolvi repousar algumas horas, até o momento em que Caius partisse com o que restara de minha família.

Acreditava que o sono me restauraria as energias combalidas.

* * *

Mal me acomodara sobre o triclínio e senti um sono pesado se apoderar de mim.

Sentia-me em região escura e infecta e, tomado de infinita angústia, comecei a caminhar, apressando o passo; procurava me afastar daquele nefando lugar.

De repente, encontrei-me às portas de Roma e, sem pestanejar, me dirigi a um local que, para mim, era desconhecido. Talvez estivesse localizado no Palatino, região que eu conhecia bem.

Parecia-me um grande anfiteatro de proporções gigantescas. Jamais havia visto uma construção com aquela estrutura colossal, com diversos andares, as colunatas de estilos variados, ricamente erigida com mármore e repleta de insígnias romanas.

Sentia-me orgulhoso ao ver que, de alguma forma, fazia parte daquele mundo.

De súbito, tive a sensação de que tudo escurecia ao meu redor; dei alguns passos e caí.

Ao tentar me levantar, senti uma força poderosa impelindo-me a permanecer no chão. Levantei a cabeça para ver quem ousava me impedir e percebi que um homem de idade avançada me observava. Fiel ao meu temperamento atrevido e arrogante, resolvi interpelá-lo:

— Quem és tu, homem? Não percebes que sou um patrício? És um feiticeiro, por ventura?

O desconhecido me fitou com gravidade e manifestou-se:

— *Estou aqui para alertar-te, Priscus! Caminhas a passos largos para regiões de sofrimento e trevas, de onde levarás muito tempo para sair! Só o esmeril da justiça incorruptível, o cinzel divino, te trará novamente ao caminho da luz! Esquece o teu ódio insensato aos seguidores do Nazareno... Sabes quem persegues na verdade? Ele é a luz que vence a treva, o Mestre que nos trouxe o Caminho, mostrou-nos a Verdade e descerrou os portais da verdadeira Vida! Aqui, neste lugar que ainda não conheces no plano carnal, muitos sofrerão e derramarão o seu sangue por amor ao Messias! Pretendes empunhar a bandeira dos perseguidores de Jesus, das hostes das trevas, ou deixará que a blandícia de Seu amor te envolva o coração endurecido e possas vir a servir à Sua causa, como um fiel soldado do bem? Aviso-te, Priscus: escolherás o teu caminho e ele te levará ao local que agora vislumbras... Apenas dependerá de ti a forma como chegarás. Estarei ao teu lado, mas peço-te, filho meu, desperta, sai da escuridão e busca a luz! Terás grandes oportunidades em tua atual encarnação e só a ti cabe decidir o caminho. Não te esqueças de que aqui permanecerá registrado pela eternidade o martírio dos que por César forem derrotados, mas que triunfarão na glória imortal de Nosso Senhor Jesus Cristo. Tu escolherás!*

Quando finalmente consegui me mover, percebi estar em meus aposentos, descansando.

Acabara de acordar e sentia ecoar em meu íntimo cada palavra que o ancião pronunciara durante o sonho que eu tivera.

Uma sensação estranha de arrependimento se apossou de mim. Repassava meus atos e, pela primeira vez em minha vida, lamentei algumas ações por mim praticadas.

O pensamento vinha aos turbilhões e um mal-estar terrível me comprimia o coração.

Precisava me libertar daquela "feitiçaria" – pensava.

Por certo algum escravo fizera alguma bruxaria, mas certamente eu haveria de descobrir quem fora a causa de tamanho desconforto ao qual eu tinha sido submetido.

Em nenhum momento me detive a pensar que o aguilhão que me oprimia era a minha própria consciência, que começava a exigir a reparação dos erros cometidos!

Primeiras desilusões

CAPÍTULO 6

A despedida dos meus afetos se deu com uma indefinível sensação de angústia no meu peito.

Lucília e minha mãe não conseguiam conter as lágrimas, que caíam em profusão de seus olhos tristes.

Apesar das promessas de Caius de protegê-las, a perspectiva da separação me causava uma dor inenarrável.

Já as havia deixado em diversas oportunidades, para servir aos interesses de Roma, mas agora a situação era diferente.

Partíamos como fugitivos, sem a proteção de César, buscando recomeçar a vida de modo incerto.

Ao me dirigir a Salamina, tinha o propósito de atrair as boas graças de Metelus. A longa amizade do patrício com meu pai atrairia sua simpatia à minha causa,– pensava eu.

Necessitaria de recursos para agir e, apesar de possuir uma pequena soma, precisava de um empréstimo para adquirir uma vivenda em Jerusalém, até que pudesse retornar a Roma para executar minha vingança.

Lembrei-me de Cláudia Sulpícia, e um leve sorriso me veio aos lábios.

Sim! Ela decerto me auxiliaria, pois não tinha dúvidas de que ainda me amava.

Contava com o meu talento em lidar com as mulheres para conseguir os meus intentos.

Cavalguei durante a noite para evitar confrontos com a guarda romana. Havia uma considerável distância a percorrer, e as estradas estavam tomadas pelas milícias de César.

Pela primeira vez na vida sentia-me acossado, perseguido como uma presa. Sempre fora eu o perseguidor, o caçador.

Após longa jornada, divisei o casario da bela Salamina.

A cidade portuária era uma das maiores da ilha de Chipre. Nunca estivera ali e não entendia por que uma emoção desmedida ia tomando conta de mim.

Procurava avançar rapidamente, mas o cansaço de minha montaria era evidente; ao mesmo tempo, minha exaustão se confundia com sentimentos incertos, que me tomavam de assalto de maneira inexplicável.

Tinha certeza de já ter estado naquele lugar. Buscava nos refolhos de minhas memórias elementos que me justificassem todas aquelas emoções desencontradas.

Sem encontrar respostas, resolvi atribuir minhas estranhas sensações à série de infortúnios aos quais minha vida se relacionara.

Não podia imaginar que alguns séculos antes, encarnado na Grécia, havia me alçado à condição de herói do povo grego por ter vencido a famosa batalha.

Agora, no entanto, adentrava a cidade como um derrotado, um fugitivo.

Não encontrei dificuldades em localizar a residência de Metelus Sulpicius.

O dia ia alto quando estaquei diante de sua casa. Um escravo me veio receber e pedi que me anunciasse ao seu senhor.

Alguns instantes depois, adentrei uma sala confortável e bem arejada.

Metelus estava parado perto de uma pequena mesa, de onde por certo expedia correspondências.

Um olhar admirado e indagador se fixou em mim. Procurei me aproximar, a fim de cumprimentá-lo.

Metelus me recebeu friamente; adivinhando seus pensamentos, procurei lembrá-lo da amizade que meu pai cultivava por ele, além de mim mesmo. Metelus respondeu de modo evasivo:

— Soube dos últimos acontecimentos em Pafos; soube também do acidente que vitimou teu pai.

— Acidente?! Talvez não estejas bem informado, caro Metelus. Meu pai foi covardemente agredido pelos sequazes de César!

Fingindo não ter ouvido o que eu dissera, Metelus continuou:

— Parece-me que também estás sendo procurado pela guarda imperial... O que desejas, Priscus?

Armei-me de coragem e declarei:

— Vim, em nome da antiga amizade que dizias ter por mim e meu pai, pedir-te auxílio para recomeçar uma nova vida.

Metelus olhou-me e, sorrindo sarcasticamente, disse-me:

– Teu pai honrou seus compromissos. Tu estavas às voltas com teus interesses pessoais, com tua vaidade e orgulho. Querias uma guerra apenas para satisfazer os teus caprichos.

Não compreendia as palavras de Metelus. O que ele queria dizer sobre o meu pai?

Como se lesse os meus pensamentos, Metelus prosseguiu:

– Sim, teu pai serviu bravamente a Roma, tentando libertá-la desse verme estúpido que tu teimavas em servir.

Senti como se uma avalanche caísse sobre mim.

Acabava de entender o que sucedera. Meu pai era aliado de Metelus, Agripa e outros na conspiração da qual eu também estava sendo acusado.

Metelus me inquiriu com franqueza:

– Não achas que seria perigoso demais para mim ajudar os inimigos do futuro imperador? Acreditas que ajudaria um partidário de Nero, logo agora que o Senado admite a sua loucura?

Senti que o sangue subira rapidamente à minha cabeça. Ia explicar tudo o que acontecera, quando ouvi uma voz feminina que me chamou:

– Priscus, o que fazes aqui?!

Voltei-me e, feliz por rever Cláudia, a mulher por quem um dia eu me apaixonara, implorei:

– Cláudia! Pelos deuses! Diga ao teu pai que não sou partidário de César! Fui envolvido em uma trama hedionda, para ser eliminado por Nero, que confiscou todos os meus bens e os de muitos outros patrícios!

Cláudia aproximou-se de Metelus. A seguir, falou:

– Não sei do que estás falando, Priscus. Referes-te assim ao imperador a quem até ontem defendias com todas as tuas forças? Como poderemos confiar em ti? Como saberemos que não estás a mando de César para nos trair?

Cláudia não me perdoara o desprezo com que a havia tratado depois de meu retorno a Roma.

Procurei recuperar a serenidade e repliquei:

— Sempre fui um defensor de Roma. Mantive o respeito ao imperador enquanto fui respeitado como patrício, pois o amor a Roma e ao imperador foram lições que recebi de meu pai e que têm pautado as ações dos homens de minha família há séculos. Por isso não admito ser confundido com um delator ou espião qualquer.

Cláudia me conhecia o caráter e sabia que dizia a verdade. Ponderou:

— Sabes que meu tio, Servius Sulpicius Galba, será o futuro imperador?

Não havia percebido a ligação da família de Metelus com Galba. Fixara todas as minhas energias no meu ódio por Nero e me alheara dos últimos acontecimentos em Roma.

Sim, era verdade. Daí a desconfiança de Metelus ao ver-me em sua casa. Imaginava que tentaria me reerguer aos olhos de César, talvez o denunciando.

Exausto, quase sem forças, exclamei:

— Olhem a situação em que me encontro! Se fosse um espião não estaria aqui pedindo o vosso auxílio! Vim na condição de amigo necessitado, pois perdi tudo o que possuía. O sentimento que me anima no momento é o desejo de acabar com a vida de César... Como podes ver, Metelus, poderei ainda ser útil.

Metelus e a filha se entreolharam.

Naquele momento, ouvi uma voz que me era familiar dizer:

— Priscus! O denodado defensor de César!

Voltei-me e, surpreso, vi-me diante de Lucius Aelius, o amigo que visitara em Chipre. Lembrava-me de que naquela ocasião falara com Cláudia antes de sua partida para Salamina. Estranhando o tom irônico de Lucius, repliquei:

— Lucius! Sempre fui fiel a César tanto quanto tu o foste na guarda pretoriana...

Lucius deu uma risada e tornou:

— Enganas-te. Eu procurava agir em favor de Roma, defendendo os interesses de homens justos como Galba; tu estavas cego com tuas idéias de perseguição aos cristãos, apenas para te enaltecer diante de Nero! Tentei falar-te naquele dia em que estiveste em minha casa, mas evitaste o assunto. Aliás, naquela ocasião tinha apenas olhos para minha noiva...

Voltei-me e olhei para Cláudia. Extremamente constrangida, a moça esclareceu:

— Depois que me abandonaste em busca de prestígio e poder, percebi que nunca me havias amado... Fiquei noiva de Lucius há alguns meses.

Tentando aparentar naturalidade, falei:

— Parabéns aos noivos! Não sabia que existia algo entre vocês. Realmente, em Roma não se possuem amizades verdadeiras!

Cláudia se aproximou e asseverou:

— Não nos deves julgar mal, Priscus. Naquela ocasião, nada existia entre mim e Lucius. De qualquer forma, deves lembrar que me fizeste ter esperanças de algo que nunca pensaste em levar adiante. Consideraste-me apenas mais uma conquista.

O que Cláudia dizia era verdade. Eu jamais considerara a hipótese de me unir a ela em matrimônio. Depois de tê-la em meus braços, me desinteressara.

Eu a iludira em razão da minha vaidade e amor-próprio desmedidos.

Constrangido, fui obrigado a reconhecer:

— Tens razão, Cláudia Sulpícia. Lamento, pois não agi com correção.

Metelus interveio:

— Este não é momento para tratar desse assunto. Lucius, o que sabes sobre Priscus e sua fidelidade a Nero?

Lucius se aproximou e disse de pronto:

— Nobre Metelus, o que sei poderá desagradá-lo sobremaneira.

— Fala! – ordenou Metelus.

— Soube por diversas fontes das tentativas de aproximação de Priscus com o imperador; segundo ele sempre afirmou, buscava permissão para engendrar uma campanha em Chipre contra os cristãos. Ouvi, inclusive, alguns nobres tentando interferir em seu nome. O próprio Caius Pompilius buscou César, mas sem sucesso. A saída repentina de Roma dos dois, às vésperas do golpe de Galba, finalmente, não deixou dúvidas.

— Pelos deuses! O que queres insinuar, Lucius? Saí de Roma atendendo a um chamado de minha mãe. Não sabia o que estava acontecendo!

Lucius deu uma risada sarcástica:

— Priscus! És um homem vivido e conhecedor das tramas da corte. Seria impossível não saber o que se tramava em todos os cantos de Roma. Como militar, deverias ter conhecimento das ações que se desenvolviam na Hispânia!

Cláudia, cedendo ao que lhe ia no íntimo, resolveu interferir:

— Senhores, não podemos cometer um erro de julgamento. Conheces Priscus há tanto tempo, meu pai... – E voltou-se para Metelus. – Sei que tiveste grande amizade pela família de Priscus. Deves, portanto, ponderar tuas decisões para que sejam justas. Não podemos esquecer que Nero foi o responsável pela situação em que Priscus se encontra. Não será o momento de trazê-lo para o nosso lado e contarmos com sua força e inteligência?

Metelus fixou o olhar em mim. Parecia medir as conseqüências de suas ações. A seguir, voltou-se e decidiu:

– A situação é extremamente delicada. Se por infelicidade tua permaneces fiel a Nero, serás perseguido pelos seus opositores; se, por outro lado, aderires às legiões de Galba, os sequazes de Nero te perseguirão. Terás de partir o quanto antes. Não posso me sujeitar a ter um traidor em minha casa, seja de que lado for.

Desiludido, pois perdia dois amigos e uma improvável esposa, preparei-me para me retirar.

Metelus fez um sinal para que eu parasse e falou ainda:

– Em honra à memória de teu pai, que teve uma vida sem máculas, e em nome de nossa amizade, dar-te-ei uma quantia para que te distancie o mais rápido possível de Salamina.

O orgulho fez ferver o sangue em minhas veias. Recebera em pleno rosto a pecha de traidor e espião; humilhado, envergonhado, me enganara até em relação a Cláudia e seus sentimentos. Voltei-me e afirmei com altivez:

– Não desejo tua esmola, Metelus. Precisava de auxílio e de um amigo, mas este não existe mais. Saio de tua casa com aquilo com que aqui cheguei: as mãos vazias. Mas ainda carrego comigo o nome que Aurelius Priscus me ensinou a honrar.

Dizendo isso, deixei em largas passadas a *domus* de Metelus.

Cláudia tentou ir ao meu encalço, mas Lucius a segurou.

Apesar da desilusão, saía daquela casa confiante nas minhas forças e pedia aos deuses que protegessem Otávia e Lucília, estivessem onde estivessem.

O desenrolar da trama

CAPÍTULO 7

Enquanto isso, em Roma, acontecimentos funestos traziam apreensão e insegurança a seus habitantes.

Mal podia imaginar que a minha malfadada idéia de perseguir os cristãos atrairia uma espécie de maldição – segundo eu imaginava – sobre minha cabeça.

Na verdade, me colocara a serviço dos inimigos da luz, e estes não hesitaram em me abandonar, quando não pude mais ser útil aos seus intentos.

Sentia-me terrivelmente só.

Soube mais tarde que, ao tomar conhecimento de minha partida com Caius Pompilius para Chipre, Ischmé deliberou seguir-nos, como planejara desde o início.

Ocorre que, sendo uma mulher voluntariosa e excessivamente orgulhosa, imaginou-se traída por mim. Acreditava que eu a enganara e a usara para conseguir meus intentos.

Atiçada pelo amor-próprio ferido, dedicou-se de corpo e alma a facilitar minha captura. Conhecedora dos caminhos que a levariam a César, soube manipular um dos seus jovens apaixonados e me enredar em uma teia de intrigas, comprometendo-me inapelavelmente.

Assim sendo, conseguiu fazer chegar aos ouvidos de César que sabia estar eu conspirando, junto com Galba e outros militares, para derrubá-lo, logo que soube que havia partido com Caius.

Dono de um temperamento intempestivo, desconfiado e envolvido por entidades doentias que o atormentavam sem sossego, Nero expediu a ordem para que eu fosse perseguido e exterminado, assim como meu pai.

— Sempre detestei o tal Priscus! — comentou, encolerizado. — — Primeiro tentou me ludibriar com aquela história de perseguição aos cristãos... Pensava que poderia enganar Nero Claudius, o imperador de Roma, filho de Júpiter, o maior artista que a Terra já viu! — bradou, inebriado com sua própria grandeza. — Mas eu jamais serei enganado por esses militares! Sou mais cruel e pérfido do que eles imaginam... — ria, enquanto degustava uma tâmara.

Um dos seus convivas argumentou:

— Meu adorado imperador, apenas quero lembrar-te de que Priscus pertence a uma das famílias mais ilustres de Roma. Não podemos esquecer os serviços prestados por seus antepassados.

Nero voltou-se e, arremessando longe a fruta que trazia em sua mão, interrompeu seu interlocutor:

– Como te atreves, Petronius?! Sabes que sou tolerante; diria mesmo benevolente; mas não deves abusar da sorte... Posso tomar-me de ódio por ti também!

Petronius, que sabia lidar com a megalomania do soberano, retrucou:

– Sei de tua grandeza, César! Jamais me ocorreu diminuir teu brilho com essa humilde observação. Apenas quis recordar-te de que estamos em tempos difíceis. O Senado não vê com bons olhos tuas perseguições aos cidadãos romanos, aos patrícios. Deves ter cautela! Digo-te isso pela nossa amizade e para que te preserves de teus inimigos.

O imperador olhou com extrema desconfiança para Petronius. A seguir, falou lentamente:

– Como vou saber... que não estás de acordo... com esses abutres do Senado? Pensas que sou um tolo, Petronius?! – bradou.

O amigo respondeu-lhe com tranqüilidade:

– Tu sabes de que lado estou; não vês que estás praticamente sozinho, Nero? Onde estão os que ontem te bajulavam e te enchiam os salões? Acredita-me, só os verdadeiros amigos permanecem a teu lado.

Nero olhou ao redor e viu que o silêncio predominava em todo o palácio.

A maioria de seus cortesãos e comensais desertara. Um sentimento de insegurança tomou conta do infeliz imperador.

Olhou para Petronius e perguntou:

– Juras que ficarás comigo, Petronius? Juras que não me abandonarás como os outros?

Petronius sorriu.

– Serei fiel a ti, mas deves pensar nos teus atos. Não deves provocar a ira do Senado romano...

— Quanto a isso, não seguirei os teus conselhos. Devo capturar esse Priscus e também Caius Pompilius.

— Por que Caius? Sabes que ele nada tem a ver com isso.

Nero meneou a cabeça e replicou, aborrecido:

— Petronius, sabes tão bem quanto eu da amizade entre eles! Além do mais, Caius fugiu junto com Priscus! Ele também deve ser cúmplice. E se não for... não fará mal nos livrarmos de alguém tão próximo a Priscus.

Petronius deu um longo suspiro. Não conseguiria demover o imprevisível imperador de seu novo projeto. Nero se apegava a idéias de perseguição e vingança na tentativa de se manter no poder.

Sabia que Galba se dirigia a Roma e que o Senado, desde o grande incêndio que devastara quase toda a cidade, não o toleraria por muito tempo.

Assim, resolvera vingar-se nas famílias tradicionais, que, detentoras de privilégios por gerações, estavam na base de toda a conspiração.

Infelizmente fizera-se protagonista de sofrimentos que só séculos de provações inenarráveis poderiam resgatar.

Ainda relutante, Petronius o ouviu dizer, enquanto se afastava:

— Darei ordens para que prendam Priscus e Caius! Quero-os vivos ou mortos, aqui, a meus pés! Mesmo que peçam perdão ao seu imperador, não o concederei. Eles deverão morrer...

Petronius arriscou-se ainda a dizer:

— Neste momento, tua própria vida é mais importante, meu amigo.

Nero permaneceu calado. Se a situação se complicasse ainda mais, já tinha algo em mente.

Não esperaria Galba ou outro traidor qualquer chegar para matá-lo; não o encontrariam com vida, se resolvessem atingi-lo.

Lamentavelmente, foi isso mesmo o que aconteceu.

* * *

Em 68, acossado pelo povo e pelo Senado, Nero cedeu às instâncias de seu fraco caráter e de uma plêiade de espíritos inferiores e suicidou-se.

Descendia de uma família tradicional de Roma que desde muito mantinha ligações com o poder.

Detinha vasta cultura, pois fora discípulo de Sêneca, mas recebia, ao mesmo tempo, uma grande influência de sua mãe, Agripina, bisneta de Augusto; também ela teve um fim trágico: Nero tentou matá-la por três vezes!

Na terceira, finalmente conseguiu. O despotismo e a loucura, principalmente nos últimos anos, prenunciavam o trágico fim de Nero; sua decadência moral e as arbitrariedades cometidas atraíram espíritos da mesma faixa vibratória, que passaram a atormentá-lo por muito tempo.

A sua partida da Terra foi marcada por atrozes sofrimentos, apesar de serem insignificantes comparados aos que o aguardavam no além-túmulo.

O remorso – tormento arrasador –, que eu também experimentei por longo tempo, o perseguia havia muito.

Acreditava ser dos cristãos – que acusara injusta e criminosamente – as sombras que sem descanso o seguiam.

Sem conhecer a conduta cristã e os ensinamentos de Jesus, que se calcavam justamente no perdão, imaginava-se vítima e algoz ao mesmo tempo e, uma vez que se tornara *persona non grata* em Roma, acreditou que ao se ausentar da vida estaria livre de sua prestação de contas.

Ele, que já levara tantos a cometer tal atentado ao Criador... Entre eles, Sêneca e Petronius, que sorveram da amarga taça desse crime ímpar.

Pobre espírito a quem só o tempo e o amor infinito de Deus possibilitaram a recuperação do equilíbrio espiritual!

Roma era, naquela época, palco de sacrifícios sangrentos. Sofrimentos de todos os matizes nasceram na suntuosidade dos palácios; sob a púrpura dos mantos e as sedas das túnicas, muitos espíritos malévolos forjaram intrigas hediondas e flagelos inimagináveis ao próprio semelhante.

A morte de Nero facilitou a chegada de Galba ao poder, visto que já tinha a aprovação do Senado.

Ischmé – por sua vez – movida por seu orgulho ferido, cumprira um papel decisivo no desenrolar dos fatos.

Decidida a descobrir o que acontecera com Caius, enviara mensageiros a Chipre, a fim de achar o paradeiro do jovem militar.

O tempo passava e, sem receber notícias, ela se tornava dia a dia mais inquieta.

Ischmé procurava pensar no futuro, visto que no presente seus sonhos pareciam desmoronar. "Começarei uma nova vida, ao lado de Caius! Ninguém deverá saber sobre o meu passado em Roma" – pensava. "Espero que Priscus seja encontrado o quanto antes. Ele poderia acabar com os meus planos, revelando minha origem a Caius!"

As idéias sobrevinham-lhe à mente, intensas, vivas. Podia vislumbrar seu futuro repleto de felicidade ao lado de Caius. Subitamente, uma nuvem lhe toldou o belo olhar. Veio-lhe à tela mental a figura de uma jovem que não lhe era conhecida. O que significaria aquilo?

Profunda palidez se estampou em seu rosto. A seguir, bateu palmas e uma escrava núbia se aproximou e ajoelhou-se à sua frente. Ischmé ordenou, sem fixá-la diretamente:

— Noori, vá à casa de Shabka e diga que preciso lhe falar com urgência.

— Sim, minha senhora! — E a escrava correu em direção à mencionada residência.

Desnorteada, Ischmé precisaria recorrer aos serviços de alguém que conhecia para saber o que fazer.

Uma hora mais tarde, Ischmé se encontrava em seus aposentos, quando Noori retornou acompanhada de uma mulher de uns cinqüenta anos.

O coração de Ischmé batia descompassado. Fazia muito tempo desde a última vez em que solicitara os serviços de Shabka, sua amiga de Listra.

Ischmé caminhou em direção à mulher e, com os olhos súplices, desabafou:

— Minha boa Shabka, preciso muito de tua ajuda! Não sei o que fazer...

— Pelos deuses de Licaônia e de Roma! A que devo a honra de receber esse chamado tão desesperador?

— O assunto é grave, Shabka. Não recorreria aos teus dons se não o fosse.

A mulher olhou para Ischmé e, com a astúcia que lhe era peculiar, comentou:

— Vejo que a questão não é financeira... O que me trouxe à tua presença?

Ischmé baixou o olhar e, fixando novamente a mulher, esclareceu:

— Acertaste quando disseste que dinheiro não seria o suficiente para me fazer feliz. Naquela época, queria apenas sair da miséria. Mas agora o motivo é um homem...

Shakba deu uma risada. Já esperava pelo chamado de Ischmé.

— Sim, minha menina! Sabia que voltarias para que te ajudasse a conquistar o amor de tua vida. — Parou de falar e, como se "ouvisse" algo, afirmou: — É um romano! O homem que amas é nobre... Usa roupas militares! Pelos deuses, foste te apaixonar por um patrício, minha Ischmé!

Sem poder contradizê-la, Ischmé completou:

— Sei que podes me ajudar, Shakba! Ele fugiu de Roma junto com um amigo que está sendo procurado pelo imperador. Ao que parece, esteve em Pafos, mas depois seguiu viagem... com uma mulher! Pressinto isso e preciso que me digas se é verdade e para onde foram, com tua magia.

Shakba movimentou alguns papiros que havia trazido por debaixo da túnica — cada um continha uma imagem —, e a seguir concentrou-se e pediu a Ischmé:

— Pensa no que desejas saber e escolhe um.

— A jovem obedeceu, e Shabka revelou:

— Esse homem está se afastando de ti. Vai rumo à grande cidade do templo!

Ao ver que a mulher se havia calado, Ischmé se impacientou:

— Qual cidade, Shakba? De que templo falas?

Shakba fez um movimento para que se calasse. A seguir, concentrou-se nos papiros e prosseguiu:

— Disseste que ele partiu com um amigo e que está acompanhado por uma mulher... Não, não! Ele está cercado por três mulheres. Uma jovem, bela; as outras são mais velhas.

Ischmé sentiu que seu sangue fervia:

— Dize-me, essa jovem é realmente bela? Poderá se interpor em meu caminho?

Shakba continuou, pensativa:

— O destino os aproximou; necessitarás do auxílio de forças muito poderosas para separá-los, minha menina.

Ischmé torceu as mãos nervosamente. Precisava fazer alguma coisa.

Ao deparar com o sofrimento da amiga, Shakba procurou tranqüilizá-la:

— Eu ainda não disse que está tudo perdido. És bela e conheces bem os homens... Saberás seduzir o jovem romano. A moça que o acompanha é ingênua como uma pomba. Tem a alma frágil. Tu, Ischmé, és forte e sabes bem o que queres!

Ischmé tornou, preocupada:

— Mas e o destino? Não disseste que o destino os tinha unido? Como poderei lutar com tão poderoso adversário? Se essa é a vontade dos deuses, o que poderei fazer?

Shakba sorriu e, passando as mãos castigadas sobre o rosto de Ischmé, explicou:

— Prometi à tua mãe que serias feliz. Cumprirei a minha promessa enquanto puder. Quanto ao destino, deves saber que os caminhos são muitos na vida e, para trilhá-los, temos a opção da escolha...

Ischmé ouvia atentamente.

— Quando o romano tiver de escolher entre a tua beleza apaixonada, cheia de vida e a dócil patrícia, seus impulsos naturais de homem dedicado às disputas penderão para ti...

Ischmé sentia-se aliviada, mas ainda não sabia como o encontraria. Como se adivinhasse seus pensamentos, Shakba esclareceu:

— Irás para a terra do Nazareno. Vi um grande templo com homens orgulhosos. Infelizes! Pensam que possuem grande saber por conhecerem a Lei... — Shakba deu uma gargalhada estrondosa.

Ischmé, que nada entendera, suplicou:

— Diga-me, Shakba, que cidade é essa? Como vou me aproximar de Caius sendo eu, como sabes, uma prostituta? Priscus, o nosso amigo em comum, me conhece e a estas horas deve saber que me envolvi em sua perseguição...

Shakba sorriu e retrucou, confiante:

— Nada temas, Ischmé. Irás para Jerusalém, pois é para lá que eles se dirigem. Chegarás antes de Priscus e procurarás alguém que conheci há muito tempo e que sei que ainda reside lá: chamase Ashaf Harat, o mago. Ele te será muito útil, te guiará os caminhos e te poderá informar acerca de uma família romana recémchegada à cidade. A seguir, te aproximarás do grupo com alguma desculpa que saberás inventar. É prudente que leves contigo uma poção que, se ministrada aos poucos e diariamente, tem efeitos devastadores em um corpo frágil. Logo o jovem romano não terá olhos para ninguém a não ser para ti...

Ischmé sorriu. Shabka confirmara com os seus poderes psíquicos a informação que já possuía. Agora saberia o que fazer. Ia agradecer à mulher, mas lembrou-se de Priscus:

— E quando Priscus chegar? Irá me desmascarar, decerto...

Shakba balançou a cabeça e disse:

— Deves agir com presteza, mas asseguro-te de que vou tornar a viagem do teu amigo um pouco atribulada...

— O que pretendes fazer?

— Isso não te diz respeito. Estou trabalhando pela tua felicidade, é tudo o que importa. Agora vai, minha filha, e cuida-te! Nasceste para um grande destino e não quero que percas a oportunidade. – A seguir, entregou a Ischmé pequena ânfora com um líquido transparente.

Ischmé abraçou a mulher, colocando pequeno um saco cheio de moedas em suas mãos. Shabka se afastou rapidamente.

Parada diante de um grande espelho, Ischmé sabia o que deveria fazer dali para a frente. Caius não pertenceria à jovem romana.

Para a bela e orgulhosa Ischmé, nada haveria entre o céu e a Terra que a impedisse de ter o homem que amava.

CAPÍTULO 8

Samaria

Mais tarde, recostada em um coxim, Ischmé via o seu passado se desenrolar diante dos seus olhos.

Quando chegara a Roma, alguns anos antes, acompanhada de Shakba, ficara deslumbrada com seus palácios, suas residências aristocráticas e todo o esplendor da vida palpitante daquela grande cidade.

O desejo de conquistar uma existência de luxo e ostentação passou a dominar todos os seus pensamentos.

Sua mãe morrera na miséria e confiara o seu destino a Shabka, sua amiga, que lhe prometera proteção e cuidados.

À medida que crescia, contudo, a beleza de Ischmé chamava a atenção de todos. Shakba, ao perceber o interesse de alguns patrícios, passou a exibir a moça em reuniões particulares.

Começaram a surgir propostas de altos mandatários do Império, senadores e alguns militares destacados, e assim Ischmé conheceu homens muito ricos e poderosos.

"Felizmente, nessa época Caius estava em uma campanha, longe de Roma" – pensou.

Lembrava-se de que Shakba, então, pedira-lhe que escolhesse o seu caminho. Ischmé, inexperiente e amedrontada com a perspectiva de terminar como sua mãe, acabou cedendo e escolhendo uma vida que, apesar da fortuna, rapidamente lhe trouxera grandes dissabores.

Impedida por Shakba de se expor, a quem passara a sustentar e por quem, apesar de tudo, trazia uma profunda gratidão, enriqueceu. Ao encontrar Caius, no entanto, não pôde se aproximar na condição que gostaria – como pretendente a esposa.

O próprio Priscus, certamente, a impediria de tentar qualquer coisa, pois acreditava que a delataria a Caius.

Ischmé deu um suspiro, enquanto duas lágrimas surgiram inesperadamente.

Reconhecia a distância que a separava de Caius, mas isso acontecia por obra dos deuses. Se tivesse nascido na casa de um patrício, não teria certamente sucumbido aos apelos de uma vida que passara a desprezar.

Quando voltou à realidade, Ischmé percebeu que a noite já havia caído. Bateu palmas, e Noori se apresentou sem demora.

Deu ordens aos escravos para prepararem a bagagem, pois faria uma longa viagem.

Olhou para o grande salão, onde tantas vezes recebera homens importantes e onde gostava de ouvir Noori cantar as músicas de sua terra distante – a Núbia –, que lhe soavam como lamentos saídos das fibras de sua alma melancólica.

Perpassou o olhar ainda sobre os reposteiros bordados finamente com fios de ouro, as esculturas em mármore, que reproduziam corpos perfeitos, cujas vestes pareciam balançar ao toque do vento... O mobiliário confortável, os vasos preciosos, enfim, tudo o que fizera parte de sua existência até aquele momento.

O que a esperaria em Jerusalém? Pouco sabia a respeito da cidade para a qual se dirigia e evitou comentar perto dos escravos sobre seu destino, com exceção de Noori.

Talvez pela primeira vez em sua vida Ischmé sentia medo. Sem ter criado laços verdadeiros, vivendo apenas para a matéria, acabara por dedicar uma afeição especial a Noori.

Sabia que muitas vezes a tratava com excessiva frieza, mas não tinha dúvidas quanto à sua fidelidade.

Dirigiu-se aos seus aposentos e, enquanto diligenciava pessoalmente o arranjo de seus objetos pessoais, Noori comentou:

– Perdoe-me, senhora, mas está levando tanta bagagem que parece que não retornará mais a Roma...

Ischmé olhou pensativa para Noori, enquanto guardava um de seus braceletes. Em seguida respondeu:

– Talvez não retorne mesmo, Noori. Roma me trouxe o dinheiro, mas não a felicidade. Parto agora à procura do homem amado. Se o encontrar, não terei motivos para voltar.

Noori sorriu, mostrando os dentes muito alvos, que contrastavam com sua pele negra, e pronunciou, admirada:

– A minha boa senhora é tão linda que jamais vi outra igual. Possui tantos admiradores e nunca quis nenhum! Seu amado deve ser um privilegiado dos deuses.

Ischmé mostrou um sorriso triste e contrapôs:

– Noori, estás exagerando. Esta não é a opinião da maioria. Acreditam que sou apenas uma mulher do prazer, sem sentimentos, disponível para alguns momentos de felicidade. Estou disposta, ao partir, a deixar tudo isso. Não levarei nem escravos.

Os olhos de Noori se anuviaram. Aproximou-se de Ischmé e manifestou sua angústia, com a voz embargada:

– A senhora vai deixar Noori? O que farei, minha senhora? – Noori se ajoelhou, chorosa, diante de Ischmé.

Comovida, a jovem cortesã segurou as mãos da escrava e propôs:

– Se quiseres, poderás me acompanhar. A escolha é tua: dou-te a liberdade, Noori, para que também procures a tua felicidade, mas se preferires vir comigo terei uma dívida contigo para sempre!

Noori sorriu, feliz. Olhou para Ischmé e esclareceu, com seu modo simples:

– Eu não tenho ninguém, minha senhora. Sozinha, não teria como viver neste lugar, pois logo seria escravizada novamente. Com minha ama tenho tudo o que preciso e não sou maltratada.

Ischmé terminou de organizar uma pequena arca com os seus pertences e concluiu:

– Pois então partirás comigo. Precisamos terminar logo com isso, porque não me devo demorar. Então levarei apenas tu e Anuk comigo, pois são meus escravos mais fiéis.

Entusiasmada, Noori começou a recolher os objetos que sabia serem da estima da sua patroa. Aprendera a amar a bela Ischmé, apesar das oscilações do seu temperamento.

Em algumas ocasiões, Ischmé a tratava com gentileza e algumas amabilidades, oferecendo-lhe pequenos mimos; mas havia dias em que mal podia olhar para a jovem. Sabia, então, que era melhor ficar ao largo, aguardando suas ordens, procurando ser prestimosa.

Ischmé dirigiu-se a uma dependência da casa, onde guardava o dinheiro. Seria necessário levar tudo o que possuía para recomeçar uma vida digna e estar à altura de Caius.

Sua maior preocupação, agora, era comigo, Priscus. Shabka, a feiticeira, lhe prometera agir, e ela sabia que isso significaria ganhar algum tempo antes que eu reencontrasse Caius e minha família.

* * *

Desde que partira de Chipre, Caius procurara dedicar uma atenção especial a Otávia e Lucília.

Ao perceber a dor estampada naqueles rostos que me eram tão caros, o coração endurecido de meu amigo se condoeu, fazendo com que ele procurasse apoiá-las no que fosse possível.

A viagem se deu pelo mar, e a embarcação foi direto ao porto de Cesaréia. A partir dali, se dirigiram por terra a Jerusalém, passando por Sebaste, antiga capital conhecida como Samaria.

Após ser totalmente destruída por disputas de diversos povos, que se confrontavam pela terra, só conseguiu se reerguer verdadeiramente sob as ordens de Herodes, que a reconstruiu em homenagem a Augusto, deixando-a formosa e inigualável.

Mais tarde, com sua morte, ela passou a fazer parte das terras de seu filho, Arquelau. Acabou dando o nome a toda a província.

A Samaria era, assim, um local que servia de "caminho" para quem se dirigisse ao sul da Judéia.

Com o domínio romano, as províncias adquiriam características do seu *genus vivendi*, e isso era visto não apenas nos trajes usados, mas também na arquitetura, com inequívoca influência latina.

Era comum, portanto, irmos de uma região para outra e sentirmos certa familiaridade com as populações que ali encontrávamos.

A língua, um dos fatores que asseguram o domínio cultural, no passado e no presente, servia não apenas como um meio de nos fazermos entendidos, mas carregava consigo toda a nossa cultura.

Dessa forma, a passagem de Caius pela Samaria deu-se sem maiores incidentes.

A pequena distância que os separavam de Jerusalém asserenou os ânimos de minha mãe e de Lucília.

Flávia Pompília, procurando manter a serenidade, aproximou-se de Caius e ponderou:

— Caius, meu filho, devemos nos instalar em Jerusalém e, como sabes, deixamos quase tudo o que nos pertencia para trás. Nero já deve ter se apoderado de todos os nossos bens. Nossa infortunada Otávia, por sua vez, pouco pôde trazer na nossa fuga de Pafos... O que faremos ao chegar a uma terra estranha e misteriosa como essa a qual nos dirigimos? Sem dinheiro e sem escravos, visto que os que trouxemos nos deixaram...

Caius olhou para a mãe com preocupação. A seguir, procurando não demonstrar o que o inquietava, avaliou:

— Temos o suficiente para nos instalarmos nos primeiros tempos. Devemos pedir aos deuses que Priscus não se demore, para que possamos adquirir uma propriedade, mesmo que distante da cidade.

— Tens razão. Otávia e Lucília estão profundamente abatidas e já não consigo distraí-las, a fim de que esqueçam a tragédia pela qual passaram.

Caius observou Lucília, que descansava com a mãe próxima a uma frondosa árvore, distante alguns metros.

— Não desejaria ver o que restou da família de Priscus passando por tanto sofrimento. Farei o possível para resolver esta situação.

Flávia voltou-se e, ao observar particularmente Lucília, comentou:

— É uma bela moça, não concordas? Acho que já tens um olhar diferente para a nossa bela amiga...

Caius volveu o olhar para a mãe e objetou:

— Sabes que não penso em casamento ainda, mas admito que a nobre Lucília representa o que há de melhor na sociedade romana. Possui qualidades apreciáveis para ser uma boa esposa.

Flávia sorriu e assinalou:

— Estás certo em teu julgamento, meu filho. Dificilmente me engano sobre o caráter das pessoas e, ao contrário de Priscus, que às vezes me assusta com seu temperamento impetuoso, sua jovem irmã me representa um oásis de tranqüilidade.

Naquele momento, Lucília se aproximou, junto com sua mãe.

— Esta região é muito bela, apesar de ser um pouco agreste. Como são as terras de Judá? — indagou Lucília, interessada.

Caius, que conhecia a região, respondeu:

— Pode parecer estranho, pois o solo é pobre, mas em Jerusalém plantam-se muito as oliveiras; algumas frutas, legumes e várias espécies de animais ali se desenvolvem. Nas herdades situadas em Jope existem verdadeiros celeiros, que praticamente alimentam Jerusalém. Muitos romanos vieram para esta região após o grande incêndio.

Lucília sentiu que um sopro de esperança lhe inundava a alma. Otávia, percebendo o entusiasmo da filha, atalhou:

— Talvez consigamos adquirir algumas dessas granjas e, com a ajuda de alguns escravos, viver dignamente.

Caius retorquiu, otimista:

— Aqui sabemos que não seremos perturbados pelos soldados de Nero. Mas não poderemos nos expor muito, para evitar alguma denúncia, por isso vamos substituir nossas vestes antes de chegarmos à cidade.

Flávia retomou a conversa:

— Devemos seguir viagem, pois já estamos próximos e precisamos encontrar alguma estalagem, a fim de passarmos a noite. Amanhã Caius poderá providenciar uma acomodação melhor até a chegada de Priscus.

O grupo resolveu retomar a montaria e seguir viagem. A tarde ia a meio e ainda era necessário vencer alguns estádios[1] até chegarem à terra de Davi, a terra onde Jesus vivera os seus últimos momentos.

---

1 Um estádio romano representava 185 metros.

CAPÍTULO 9

Rumo à prisão

Após sair da residência de Metelus Sulpicius, ainda profundamente decepcionado com o tratamento que ali recebi, procurei um local para me alojar e pernoitar.

Imaginara que sairia dali direto para Jerusalém, mas os acontecimentos haviam fugido ao meu controle.

Sem saber exatamente a que atribuir a minha desdita, procurava incriminar os cristãos, Nero e todos os que simpatizassem com ele.

Havia me despojado de minhas vestes militares e trajava somente a conhecida túnica e uma capa, que, apesar de indicar minha origem, nada revelava quanto à minha função.

A maior parte do dinheiro ficara em nossa residência, portanto só me restavam algumas dezenas de denários para seguir viagem.

Logo ao anoitecer, procurei uma estalagem onde pudesse passar a noite. Trazia o corpo dolorido, um cansaço extremo me entorpecia os membros e insuportável dor de cabeça me impedia o raciocínio.

Cavalgara a metade do dia até chegar a discreta hospedaria. Havia muito movimento nos arredores e não percebera nada de anormal.

Pagara com antecedência alguns denários, a fim de assegurar um aposento mais limpo. O local que escolhera, por força dos acontecimentos, não era exatamente asseado.

Fiz uma refeição composta de alguns pães e vinho e, a seguir, caí quase desfalecido sobre um leito rústico.

Sentia-me febril. A necessidade de repouso, não obstante, era de tal forma premente, que mergulhei em sono profundo.

Não sei ao certo quanto tempo se passou. O dia não tinha amanhecido, quando meu quarto foi invadido violentamente.

Os sequazes de Nero me haviam encontrado, com o auxílio de Metelus e Lucius Aelius.

Metelus me considerava um traidor e Lucius pretendia, acima de qualquer coisa, me afastar de Claúdia.

Inicialmente, ouvi um barulho ensurdecedor que me despertou de forma inesperada. Em seguida, sem nada compreender, fui levado para fora do aposento a socos e pontapés.

Quando ia me reerguer senti uma pancada violenta na cabeça. Sem mais poder resistir, desmaiei.

Só recuperei os sentidos algumas horas mais tarde. Não saberia precisar exatamente quanto tempo se passara. Percebi que o sol ia alto e eu estava com as mãos e os pés amarrados.

Reconheci o caminho: estava retornando a Pafos.

Um misto de dor e ódio se apoderou de mim e, confesso, senti vontade de chorar.

Não podia entender como minha vida desmoronara de um momento para o outro.

Perdera a fortuna, minhas insígnias, a minha família, amigos... Tudo!

Era como se uma avalanche de desgraças tivesse sido lançada em minha direção. Ao mesmo tempo, sentia a cabeça dolorida, não conseguia concatenar as idéias.

Experimentava uma sensação de prisão, não apenas fisicamente, mas algo invisível me impedia de raciocinar com a clareza que me era habitual. Uma sensação de opressão sobre o peito, um mal-estar terrível me limitava as ações.

Estava algemado por grilhões invisíveis.

Para onde me estariam levando? Iriam me entregar a Galba? Seria eu morto?

Não sabia o que esperar. Sentia que olhos invisíveis me espreitavam e seres horripilantes riam sarcasticamente da minha desgraça.

Desconhecia, então, as leis que regem o Universo. Não imaginara que um dia teria de colher as sementes que lançara no caminho da vida.

As religiões da época não norteavam nossa conduta moral. Serviam apenas para práticas exteriores, para exaltar o nosso orgulho e amor-próprio com templos suntuosos.

Marte, o deus a quem eu cultuava, me protegia nas batalhas, me dava forças e coragem – assim eu considerava – e eu me sentia como um de seus filhos prediletos.

Jamais o desapontara e, mesmo nas derrotas, eu o dignificava, não deixando nunca me abater ou cair em mãos inimigas.

Desesperado, orei com o fervor que me era possível:

— Marte, filho de Júpiter e Juno, senhor do meu destino! Sempre defendi teu nome nas guerras que enfrentei. Conquistei povos, derrubei inimigos, feri tantos, para que teu nome fosse respeitado e honrado... Livrai-me desse flagelo que me tolda o raciocínio e me sufoca o peito! O que fiz eu? Por que permitiste que a desgraça se abatesse sobre mim? Só amais os vencedores? Esqueceste de teu servo dedicado?

Subitamente, senti como se suave bruma me envolvesse.

Não era o deus pagão que me trazia o alívio para minhas desventuras.

Apesar da minha ignorância e total desconhecimento de sua existência, era o Senhor dos mundos, aquele que mais tarde eu reconheceria como o Deus de infinita Bondade e Justiça, que vinha em meu socorro.

Só logrei aceitá-lo algum tempo mais tarde, quando pude, finalmente, reconhecer a grandeza de Jesus.

Mas para isso haveria de sepultar o orgulhoso romano Vinicius Priscus e permitir que nascesse outro homem, conforme veremos adiante.

Ao chegar a Pafos, com a intenção de acirrar meus padecimentos, fui obrigado a fazer o caminho a pé, manietado e acompanhado de perto por dois soldados da guarda romana.

Revia aqueles locais que eu tanto apreciava com dolorosa amargura.

Acostumado a dar ordens e ser obedecido sem ressalvas, via-me na humilhante situação de ser capturado como um foragido, como um inimigo de Roma!

O ódio e a revolta me dilaceravam a alma e, em um momento em que mais me mortificava pela injustiça que estava sendo cometida, bradei ao decurião que me prendera:

— Não deves esquecer que sou um patrício... Não podes me tratar desta forma!

O soldado riu e anotou, irônico:

— Vejam só! O nobre Priscus, o denodado centurião de César, está a nos lembrar sua origem. Estás perdido, nobre patrício! Nero está morto, e Servius Sulpicius Galba é o novo imperador!

Ao ouvir a notícia que ainda não me chegara aos ouvidos, fiquei estarrecido.

Se Nero me caçava por julgar que o traíra, Galba já devia ter recebido ordens de me prender a pedido de Metelus.

Estava totalmente perdido! Nada fizera e, no entanto, era considerado traidor por todos!

Uma sensação de impotência e um desânimo que jamais sentira tomaram conta de todas as minhas forças.

Deixei-me levar sem resistência, desacreditando tudo e todos.

Com a cabeça baixa, caminhava trôpego pelas ruas da cidade, sem esperança.

Como tudo aquilo começara? Como chegara àquele mísero estado?

Desde que resolvera perseguir os cristãos...

Ischmé, Cláudia, Metelus, até Lucius... Todos me haviam traído.

Até meu pai! Sim! Ele também era culpado por todos aqueles acontecimentos! Como pudera engendrar uma traição a Nero, sendo conhecedor de sua astúcia?

Por que não me dissera o que estava ocorrendo?

Imediatamente soube a resposta. Aurelius não quisera me envolver naquela trama. Pedira que eu fosse a Roma com a desculpa da perseguição aos cristãos para me afastar da cidade.

Aceitara a incumbência por saber que aquele encargo era uma questão de honra para ele. Aurelius detestava os cristãos e era conhecido o seu desprezo pelos ensinamentos do profeta judeu.

Argumentava que aquelas crendices forjavam homens fracos, sem dignidade e amor-próprio; julgava serem desprovidos de orgulho e respeito aos valores maiores de um homem: a família e o seu povo.

Tristes enganos que meu pobre genitor cometera e que nos distanciariam de nossa própria redenção!

Agora, no entanto, era tarde. Ele estava morto, e eu teria de pagar por sua traição.

Atravessava o mercado da cidade em direção às prisões do palácio do governador, quando, inesperadamente, alguém colidiu comigo.

Apesar da fraqueza e do péssimo humor, ia revidar, quando reconheci a minúscula figura à minha frente.

Novamente tinha diante de mim aquele rapazote que eu, em meus primeiros dias de volta a Roma, evitara que furtasse algumas frutas.

Na ocasião, estava no ápice da minha vida e dirigia-me às termas, local destinado aos patrícios romanos.

Agora, ao ver seus olhos surpresos, senti um misto de alegria e tristeza por ver alguém que conhecia. Envergonhado pela minha condição, me mantive calado.

O jovem arregalou os olhos e observou, reticente:

— Meu senhor! Íamos partir hoje à sua procura...

Humilhado, respondi sem esperanças:

— Diga a Argos que fui preso e acho que permanecerei aqui em Pafos por algum tempo. Acham que traí o novo imperador também! — Naquele momento, não pude resistir e dei uma risada.

A seguir, continuei:

— Dirijam-se a Jerusalém. Caius e minha família já devem ter chegado à cidade.

Para minha surpresa, o jovem murmurou:

— Não poderemos partir sem o senhor! Pedirei a Argos que vá vê-lo na prisão.

Admirado, pois não lembrava já ter ouvido a voz daquela criatura, tornei:

— Não discuta as minhas ordens! Peça a Argos que cuide de minha mãe e de Lucília. Talvez Caius possa me ajudar... Tem muitos amigos.

Ao perceber que a conversa se alongava, um dos guardas se aproximou e empurrou o escravo para longe. A violência do gesto foi tão grande que o jovem foi arremessado, caindo alguns metros adiante.

O guarda começou a rir. A seguir, comentou com os companheiros:

— Para que serve um escravo desses? Parece uma donzela...

Todos os demais riram do comentário.

Vermelho de raiva, tentei atingi-lo com os pés. Ele se esquivou, deu uma gargalhada e seguimos em direção à prisão.

Logo, eu seria mais um dos prisioneiros da ilha de Chipre.

* * *

Assim que conseguiu se erguer, meu jovem escravo correu até a confortável casa em que residíamos antes de se iniciarem as perseguições à minha família.

Infelizmente, era apenas uma sombra do que fora. Desde que Nero ordenara as prisões minha e de Caius, a guarda romana invadira nossa residência, destruíra e saqueara grande parte dos nossos bens.

O jardim onde Lucília cultivava suas roseiras com tanto carinho estava revirado e destruído.

As portas, arrombadas, os reposteiros, arrancados, os móveis e utensílios, destruídos. Pouco restara.

Por que, então, a moradia não fora preservada para outro patrício?

O imperador determinara que tudo fosse destruído, para que servisse de exemplo e inibisse outras conspirações.

Era seu desejo que aquela *domus* ficasse marcada com o selo da traição...

Não haveria novos moradores; e assim foi.

Dessa forma, Argos e o jovem escravo permaneceram escondidos até a retirada da guarda romana. Ao verificar que haviam partido, retornaram, na esperança de salvar alguma coisa.

Pouco restara. Abrigaram-se nas dependências destinadas aos escravos, as quais haviam sido preservadas por não terem despertado maior interesse.

Argos ultimava os preparativos antes de partir, quando o rapazote entrou correndo e gritou:

— Ele voltou! Ele voltou, Argos! — disse, ofegante, enquanto o velho escravo o observava sem nada entender.

— Quem voltou, pelos deuses?! Do que estás falando, menino!

Quase sem poder articular as palavras, o jovem continuava:

— Eu estava próximo ao mercado, tentando conseguir algum alimento como me mandaste, e esbarrei nele, de novo! Foram os deuses que me levaram até ele! Ele está de volta, senhor!

Os olhos de Argos se encheram de lágrimas. Lembrava-se da primeira vez em que o rapaz se chocara comigo. Temeroso, resolveu arriscar:

— Estás querendo dizer que o senhor Priscus voltou? É isso, *jovem?*

A resposta foi afirmativa. Argos saiu olhando em todas as direções e, ao não me encontrar, voltou decepcionado:

— Estás brincando comigo, seu larapiozinho? Não ouses zombar de um velho como eu, pois ainda posso lhe dar uma lição!

Vallerius exasperou-se e disse:

— Argos! Ele foi capturado e o trouxeram para Pafos! Acho que foi levado para a prisão do palácio.

— Precisamos tira-lo de lá! Temos de ajudá-lo a fugir!

Vallerius referiu com tristeza:

— Ele me pediu que lhe dissesse que deveríamos seguir para Jerusalém. Está preocupado com as senhoras.

Argos ficou pensativo. Recebera uma ordem de seu senhor. Não caberia a ele contestá-la.

Vallerius olhou, curioso. Ao notar o embate em que Argos se detinha, lembrou reticente:

— Sei que ele deu uma ordem... Mas ninguém volta dessas prisões. Se ele tivesse me entregado à guarda naquele dia... Eu já teria morrido!

Argos fitou os belos olhos de Vallerius. Ele tinha razão.

Se abandonasse o seu senhor naquele momento, não tornaria a vê-lo jamais nesta vida.

Precisaria encontrar uma maneira de libertá-lo, de trazê-lo de volta e juntos partirem, finalmente, rumo a Jerusalém.

Tinha que agir rápido, antes que Priscus fosse levado a Roma.

Se isso acontecesse, não poderia fazer mais nada.

Ashaf, o mago

CAPÍTULO 10

A fim de evitar perder mais tempo, Ischmé preferiu ir direto ao porto de Jope e, a seguir, tomar o rumo de Jerusalém por terra.

A viagem tinha sido deveras cansativa e, logo ao chegar à cidade, procuraram localizar a residência de Ashaf Harat.

Ischmé sabia que Shabka enviara um mensageiro antecipadamente, e que o mago a estaria esperando.

Desde a infância, convivera com Shabka e se familiarizara com as práticas relativas aos poderes psíquicos e ao conhecimento de suas leis.

Sua origem pagã, acostumada com vários deuses e com o comércio de favores com as divindades, tornava incompreensível os costumes e as crenças daquele povo ímpar que via diante de seus olhos.

Ischmé observava através das cortinas de sua liteira: haviam entrado na cidade pela porta de Jafa, voltada para o porto da conhecida cidade.

Como uma típica cidade urbana, o movimento era intenso, algumas mulheres com roupas estranhas para os seus costumes iam e vinham, absortas em seus afazeres; estrangeiros, peregrinos e mercadores vindos de locais próximos como a Samaria e a Galiléia carregavam seus fardos para os dois grandes mercados; da Mesopotâmia, do Egito, da Panfília, da Líbia e da Frígia, enfim, de todas as partes do mundo de então as pessoas chegavam, ininterruptamente, procurando locais para se instalar; crianças corriam diante de sua liteira, curiosas de ver quem a ocupava; homens com vestes escuras e longas seguiam na direção do templo.

Chamaram-lhe a atenção alguns, que se destacavam pela sobriedade e circunspeção.

Afastaram-se do burburinho e entraram em uma rua transversal que ligava o palácio de Herodes ao templo; após alguns minutos, a liteira estacou diante de uma imponente moradia.

Era a residência de Ashaf Harat.

Imediatamente, escravos solícitos vieram até os degraus da esplêndida residência.

Ischmé desceu da liteira e foi convidada a acompanhá-los, seguindo por um discreto jardim. Adentrou a porta principal e, depois de alguns passos, viu-se dentro de confortável salão.

Os escravos se retiraram, e Ischmé olhou ao redor, porém não divisou ninguém além de seus escravos, Noori e Anuk. De repente, um reposteiro foi erguido lentamente.

Ischmé voltou-se e verificou, surpresa, que um homem alto, vestindo uma longa túnica de fino linho egípcio se aproximou.

Admirada, foi em direção do desconhecido. Este sorriu e lhe disse, com uma voz enérgica e ao mesmo tempo aveludada:

– Sinto-me honrado de receber em minha casa a bela Ischmé! A partir de agora, tens em mim, Ashaf Harat, um escravo!

Ischmé sentiu uma emoção desconhecida ao ouvir sua voz.

Ergueu os olhos e viu que o homem à sua frente não deveria ter mais do que quarenta anos.

Trazia um grande medalhão de ouro com diversas inscrições, que logo foram reconhecidas pela moça como símbolos cabalísticos.

A tez morena, os olhos de um tom verde como nunca vira, o cabelo longo e liso preso atrás, emolduravam uma imagem totalmente diferente da que idealizara.

Imaginava encontrar um ancião e, na verdade, estava diante de um homem ainda jovem e muito belo.

Procurou responder à saudação, evitando que o magnetismo daquele olhar a perturbasse:

– A honra é minha, senhor! Peço que me perdoe, mas esperava encontrar outra pessoa...

Ashaf sorriu e, segurando a mão de Ischmé, beijou-a delicadamente. Depois, parecendo ouvir algum conselho invisível, tornou:

– Deves estar cansada, minha jovem. Mandei preparar o melhor aposento para tua chegada. Havia muito te aguardava...

Ischmé fitou-o, demonstrando não compreender o que Ashaf dizia. Com um sorriso enigmático, o mago esclareceu:

– Não fiques preocupada com minhas palavras, minha bela. É o fruto de uma grande emoção que não posso esconder. Mas os deuses te trouxeram, finalmente! Vem, acompanha minhas escravas até teu aposento, elas te ajudarão a acomodar-te.

Ischmé procurou com o olhar Noori e Anuk e explicou:

— Peço que apenas me acompanhe até o aposento. Trouxe os meus escravos particulares, que me atenderão às necessidades. Anuk poderá auxiliar os seus escravos, enquanto Noori me auxiliará no que for preciso.

Ashaf esboçou um pequeno sorriso e concluiu:

— Será feito como desejares. Quero que te sintas em tua própria casa.

Ashaf bateu palmas e dois escravos surgiram imediatamente. A seguir, falou numa língua desconhecida para Ischmé e convidou a moça a acompanhá-los.

Logo que se viu no aposento que lhe fora destinado, Ischmé deixou-se cair no leito. Sentiu o odor perfumado que se espalhava pelo ar, proveniente de algumas folhas que queimavam em um braseiro próximo ao leito. Experimentou, então, a mesma sensação de quando Shabka a advertira de que estava sendo requisitada por homens de muitas posses e que, se quisesse sobreviver na cidade dos Césares, teria de se tornar uma cortesã.

Naquela ocasião, temendo o fim cruel que sua mãe tivera, acabara concordando. Sentindo o coração opresso, Ischmé teve vontade de chorar.

"Por que Shabka me mandou para cá?" – perguntava-se. "Qual serão as intenções desse homem estranho, que desde o primeiro olhar me inspirou sentimentos tão fortes?"

Não sabia por que, mas uma sensação de temor havia se apoderado dela.

Estava imersa nesses pensamentos, quando ouviu Noori dizer-lhe:

— Seu banho está pronto, minha senhora.

Ischmé continuava pensativa, enquanto Noori a ajudava a se despir. A escrava, percebendo que algo a preocupava, assinalou, com um sorriso malicioso:

— É muito belo o nosso anfitrião, não é mesmo, senhora? Também o achei esquisito...

Ischmé voltou a si de suas conjecturas e confessou a Noori:

— Achei que se tratasse de um homem mais velho, um idoso. Não desejo ficar muito tempo aqui, Noori, precisamos encontrar o quanto antes um lugar para nos acomodar.

Os olhos de Noori brilhavam, enquanto murmurava:

— Acho que esse esquisito não a deixará partir tão cedo. Do jeito que ele olhava para a senhora...

O comentário de Noori preocupou-a ainda mais. Desejando esquecer suas novas inquietações, Ischmé ordenou:

— Não quero comentários sobre esse senhor! Prepare uma roupa leve, pois desejo repousar um pouco.

Noori se desculpou e saiu para cumprir as ordens que recebera. Já vira muitos homens olhar daquela forma para a sua ama, mas aquele "senhor esquisito" – conforme ela o denominara – tinha um olhar de fogo. Parecia uma serpente.

Naquele ínterim, um criado levou uma bandeja de prata com diversas iguarias: tâmaras, mel, uvas, figos, vinho, pães e uma porção de carne.

Ischmé recusou qualquer alimento. Estava exausta e precisava repousar.

Os últimos acontecimentos haviam absorvido suas últimas energias.

* * *

A noite já encobrira aquela parte do globo, quando Ischmé despertou.

Dormira profundamente por algumas horas e, apesar de estar mais disposta, a perspectiva de rever Ashaf ainda naquele dia tornou a prostrá-la.

Ao ver que sua ama acordara, Noori se aproximou.

— Um escravo disse que o senhor Ashaf está à sua espera na sala de refeições, senhora.

Ischmé olhou desalentada para Noori e pediu:

— Traga-me a túnica azul, Noori. Ah! Os adereços também.

Noori sabia que Ischmé se referia ao colar e ao cinto banhado a ouro e cravejado de pedras preciosas que lhe adornaria a cintura.

Sua ama ficaria linda naqueles trajes!

Uma hora mais tarde, Ischmé mirou-se em um espelho e aprovou o resultado: queria que sua beleza sobressaísse de maneira suave e delicada.

Jamais voltaria a usar as roupas que normalmente utilizava em Roma.

Segundo pensava, aquele tempo acabara. Infelizmente, ainda sentia o gosto amargo e o vazio que a existência a que se entregara lhe havia trazido.

Tinha vinte e poucos anos e, no entanto, sentia-se cansada dos prazeres da vida. Esgotara o cálice dos prazeres no qual vivera até então; agora, desejava recomeçar sua jornada.

Enquanto se dirigia ao encontro de Ashaf, Ischmé perguntava-se se aquele homem estranho saberia de seu passado. Teria Shabka lhe contado sobre a sua vida?

Teria ele algum interesse maior por saber que ela havia sido uma cortesã?

Um arrepio perpassou o corpo de Ischmé. Precisava sair imediatamente daquele lugar.

Ao se aproximar do aposento destinado às refeições, Ashaf veio gentilmente recebê-la.

Estendeu a mão morena, que segurou a mão alva de Ischmé, conduzindo-a à parte central do aposento.

Pouco à vontade, a moça fez alguns comentários sobre o bom gosto na decoração do local e finalizou, dizendo:

— Shabka não me havia falado muito sobre o senhor. Pensei que se tratasse de um homem humilde...

Ashaf deu um leve sorriso e, afastando-se de Ischmé, acrescentou, enquanto servia duas taças de capitoso vinho:

— Ainda não me manifestei sobre o quanto estás deslumbrante, Ischmé. Não poderia imaginar que retornarias tão bela!

Ante o olhar interrogativo da moça, Ashaf prosseguiu:

— Pedi a Shabka que lhe omitisse alguns detalhes. Tive receio de que não viesses, se tivesses ciência de alguns pormenores. Ansiava por este momento!

Ignorando as palavras de Ashaf, Ischmé procurou esclarecê-lo sobre os motivos de sua ida àquela cidade:

— Talvez não saiba, senhor, mas ficarei apenas por alguns dias, o tempo necessário para adquirir uma propriedade e me transferir com meus escravos. Vim com um propósito, e nada fará com que eu me afaste dele.

O brilho no olhar de Ashaf modificou-se, exprimindo contrariedade. Aproximou-se de Ischmé e declarou de forma brusca:

— Lamento dizer-te, adorável Ischmé, mas aquele a quem buscas não te merece. Levar-te-á à ruína, novamente!

Ischmé voltou-se e, deixando transparecer o seu indomável orgulho, indagou:

— Como sabes disso? Não autorizei Shabka a revelar os motivos que aqui me trouxeram!

Ashaf tornou a sorrir e, aproximando-se de Ischmé, assinalou:

— És uma criança ainda. Por acaso Shabka não te disse quem eu sou? Não sabes que possuo o domínio de forças que desconheces?

Ischmé lembrou-se de que se tratava de um mago. Sabia, na realidade, o que aquilo significava, pois conhecia muito bem as atividades de Shabka.

Ela mesma possuía algumas faculdades estranhas, para Ischmé incompreensíveis. Procurou agir de modo cauteloso:

— Lamento se o aborreci. O senhor fala de coisas que não compreendo; deixou-me inquieta... Afinal, tive muitas surpresas desde a minha chegada.

Ashaf se aproximou e, segurando o rosto delicado de Ischmé, disse-lhe, mais sereno:

— Perdoa-me. Talvez eu tenha precipitado as coisas. Peço-te que não me chames de "senhor", está bem? Quanto ao que falei, mais tarde te explicarei do que se trata. Posso dizer-te, Ischmé, que nos conhecemos há muito tempo e estamos apenas nos reencontrando.

Ischmé fixou Ashaf e tornou:

— Estás falando de viver em outros corpos após a morte? Os meus antepassados acreditavam nisso. Shabka também me fala nesses assuntos. Sim! Acredito que já vivemos muitas vezes, isso me parece lógico.

Ashaf, sorridente, obtemperou:

— Trouxeste esta crença de outras vidas. Como pudeste esquecer tudo o que se passou outrora? Bem, mas vamos cear e depois te mostrarei algo que vais apreciar.

Mais tranqüila, Ischmé o acompanhou na refeição. Podia observar que as iguarias haviam sido preparadas com esmero e que Ashaf procurava impressioná-la.

O repasto transcorreu sem maiores incidentes. Ashaf observava os mínimos gestos de Ischmé, o que a deixava pouco à vontade.

– Por que me olhas dessa forma? Desejas falar-me algo?

Ashaf meditou por alguns instantes, para dizer:

– Existe uma infinidade de coisas que gostaria de dizer-te, Ischmé. Mas ainda não é hora. Preciso aguardar o momento.

Ischmé calou-se. Entendeu que deveria ter muita cautela com aquele homem. Acostumada a perscrutar a alma masculina, sentira que aquele homem misterioso possuía sentimentos apaixonados em relação a ela, sem que ela pudesse explicar como aquilo se dera.

Teria ele guardado na memória um amor do passado? E por que ela não sentia o mesmo?

A presença máscula de Ashaf a impressionara, era verdade, mas não havia comparação ao sentimento que dedicava a Caius.

Ashaf tomou-lhe a mão e a convidou para irem até o pequeno jardim. Ischmé deixou-se conduzir lentamente.

Ao chegarem a determinado ponto, Ashaf convidou-a a olhar as estrelas no firmamento.

A noite cálida e límpida proporcionava a visão de um céu repleto de estrelas.

Ischmé deu um suspiro, admirada. A seguir, sorriu e murmurou:

– Adoro olhar o céu em noites como esta. Faz-me sentir segura e ao mesmo tempo me traz muita serenidade.

– Eu sei disso, Ischmé. Foi por esse motivo que a trouxe aqui. Costumávamos observar a abóbada celeste em outros tempos...

– Se é como dizes, como pude esquecer tudo?

Ashaf explicou, um pouco perturbado:

– Talvez tenhas deixado o corpo de modo precipitado. Mas quero que observes aquela estrela ali. O céu na terra de onde venho é muito belo, e meu povo sempre se dedicou ao estudo dos astros. Podemos identificar todas as constelações. Já presenciaste algum eclipse? – perguntou Ashaf, mudando de assunto.

Ischmé respondeu que desconhecia aquela matéria. Ashaf procurou, então, lhe explicar como a Terra se deslocava em relação ao Sol e à Lua e como o fenômeno se dava.

Impressionada, a moça se mostrou interessada, o que fez com que Ashaf procurasse transmitir-lhe com maior dedicação os conhecimentos sobre o assunto.

Ao final da noite, Ischmé se despediu de seu anfitrião mais confiante e esperançosa de que seus temores iniciais fossem infundados.

Precisaria saber quais eram as intenções de Ashaf, para depois agir na direção dos seus objetivos.

* * *

Quando Ischmé acordou, na manhã seguinte, havia muito o Sol já resplandecia no firmamento.

Vestiu-se com sobriedade e solicitou a Noori um penteado mais simples do que as mulheres de então costumavam usar em Roma.

Andou pela imensa habitação à procura de seu anfitrião, mas não o encontrou.

Resolveu perguntar a um servo sobre o seu paradeiro e foi informada de que seu amo tinha ido ao grande templo, tratar de negócios com um dos rabinos.

Ischmé voltou a se sentir inquieta. Andou pela residência, detendo-se em cada ambiente, para observar melhor.

Sem dúvida, Ashaf devia ser um homem muito rico. O luxo e a ostentação se faziam presentes em cada sala, em cada aposento.

As cortinas de púrpura – tinha certeza de que eram da Babilônia –, os tecidos sobre o mobiliário, provenientes da Índia e o perfume que inundava a residência, Ischmé sabia que eram originários do Oriente. Aquilo apenas atestava que seu anfitrião havia de ser um homem poderoso e possivelmente perigoso, caso decidisse interferir em seus planos.

Estranhamente, apenas um aposento conservava a porta fechada. Ischmé perguntou a Nabu o motivo, e o escravo lhe esclareceu, reticente:

— É a sala de estudos do meu senhor. Não sei de mais nada...

Preocupada, voltou ao quarto e mandou Noori chamar Anuk com urgência.

Dali a instantes o escravo se apresentou, prestativo.

Ischmé olhou ao redor e murmurou:

— Anuk, quero que vás até as zonas de maior movimento e inquiras os mercadores, os estalajadeiros, o povo que se aglomera nesses lugares sobre um grupo de romanos recém-chegados à cidade. São três mulheres e um jovem, que devem ter procurado abrigo em algum lugar. Depois vem imediatamente à minha presença e me relata tuas descobertas.

Anuk curvou-se respeitosamente e saiu às escondidas.

Apesar das medidas tomadas por Ischmé, havia um pequeno orifício junto a uma das tapeçarias que lhe adornavam o quarto que permitia a observação por outro aposento.

O escravo particular de Ashaf, Nabu, não pôde ouvir o que era dito, porém desconfiou de que Ischmé atribuíra a Anuk alguma tarefa especial, que teria de ser realizada fora dos portões da propriedade.

Sendo assim, ele resolveu seguir o escravo sorrateiramente.

Ao constatar que Anuk buscava informações sobre um grupo de romanos, retornou e aguardou a chegada de Ashaf, para colocá-lo a par dos acontecimentos.

Os olhos de Ashaf tornaram-se sombrios:

— Terei de tomar providências e me precaver das artimanhas da bela Ischmé. O que descobriste sobre os romanos?

— Até agora nada, senhor. Eles devem estar escondidos em alguma estalagem afastada.

— Está bem. Eu mesmo tratarei desse assunto. Tenho alguns amigos que alugam casas para forasteiros. Agora vai-te, Nabu, e me mantém informado de tudo o que acontece nesta casa!

Nabu se retirou, e Ashaf ainda permaneceu por algum tempo conjeturando.

Talvez precisasse recorrer à magia para que Ischmé ficasse, talvez, para sempre...

A princípio resolvera evitar a utilização de seu conhecimento sobre as forças imperceptíveis que atuam sobre a matéria; não obstante, se isso se fizesse necessário, não dispensaria os seus dons.

Sabia de antemão da existência do romano, e isso o afligia sobremaneira.

"Precisarei fazer uso de meus poderes?" – questionava-se. "Não seria melhor deixá-la agir ao sabor de sua vontade e aguardar até que veja quem é Caius Pompilius?"

Esperara muito por aquele momento e não desejava perdê-la de novo.

A imagem de Ischmé permanecera gravada em seu espírito por diversas encarnações; não conseguira apagá-la, embora a moça o repudiasse reiteradamente.

Na última oportunidade em que a tivera em seus braços, no Egito, o surgimento de Caius pusera fim ao sonho de felicidade que tão amorosamente construíra.

Para seu desagrado, Ischmé voltava ao seu convívio buscando mais uma vez reaver o amor do romano.

–"Farei tudo ao meu alcance para evitar esse reencontro! Preciso mantê-la afastada o mais possível e, para isso, deverei lutar com todas as minhas armas!"

A seguir, Ashaf vestiu seu longo manto de cor púrpura, que um escravo lhe alcançava, e saiu apressado.

Quando Ischmé o procurou, ele já tornara a sair.

Anuk retornara sem nenhuma notícia sobre Caius, e Ischmé mandou uma carta para Shabka, procurando saber até que ponto ela estava envolvida naquela situação.

Não podia – ou não queria – acreditar que sua protetora fizesse parte daquela trama.

Por que ela jogara mais uma vez com sua vida, colocando-a em uma situação perigosa? Qual a ligação de Shabka com Ashaf?

Após terminar a correspondência, entregou-a ao escravo, para que fizesse chegar ao seu destino.

Onde estaria o misterioso Ashaf Harat?

Quais seriam suas verdadeiras intenções?

Não descansaria enquanto não descobrisse tudo e pudesse sair daquela casa.

CAPÍTULO 11

A morte se avizinha

Ashaf, novamente na rua, tomou o rumo do lado oposto da cidade, evitando despertar o interesse dos transeuntes.

Apesar de Jerusalém ser uma cidade que abrigava pessoas de várias raças e origens, a figura do mago atraía a atenção do povo.

À sua chegada apressada, todos os olhares se fixaram na interessante figura.

Incomodado, Ashaf chamou seu conhecido a um canto e esclareceu:

— Preciso de tua colaboração, Majid! Deve ter chegado, por estes dias, um grupo de romanos à cidade. Talvez estejam sem as vestes normais romanas, mas sei que tu os reconhecerás. Quero que descubras onde estão hospedados.

Majid sorriu, mostrando os dentes em deplorável estado, e disse satisfeito:

— Ora, meu senhor, esperava uma tarefa mais difícil! Ainda amanhã direi onde estão os patrícios.

Ashaf prosseguiu, com a expressão fechada:

— Eles devem estar procurando uma moradia, provavelmente para alugar. Quero que te aproximes e ofereça uma das minhas propriedades, não importa o que pagarem, não me interessa o valor, podes ficar com o aluguel.

Os olhos de Majid brilharam. De imediato tornou-se mais obsequioso, cheio de maneiras, e tornou:

— Entendo, sim, meu senhor. Alugarei uma de vossas residências por um valor módico e o senhor, que é muito generoso, permitirá que eu fique com a quantia...

— Exatamente. Isso deverá ser mantido em sigilo, ninguém poderá saber que eu sou o proprietário, ouviste? Dar-te-ei a chave e poderás iniciar a tua empreitada.

Majid agradeceu de mil maneiras, curvando-se, rogando a proteção de Alá, fazendo justamente o que Ashaf não desejava: chamar a atenção dos circundantes.

Enfim, Ashaf conseguiu se desvencilhar do homem e voltou para sua residência.

Ischmé o esperava no salão principal. Leve ruga apareceu na testa de Ashaf, mas, ao se aproximar da moça, dissimulou e declarou:

— Nenhuma flor da Judéia possui tanto encanto e frescor como a que tenho diante de mim! Como está passando a minha adorável hóspede?

Ischmé respondeu sem meias palavras:

— Um pouco preocupada se desejas saber. Não vim a esta cidade para permanecer na condição de tua hóspede. Creio que já sabes o motivo que me trouxe a Jerusalém, senhor.

O semblante do caldeu se modificou. De temperamento instável, Ashaf Harat ia de um extremo a outro, da afabilidade à cólera em poucos segundos. Procurando conter-se, explicou:

— Peço que perdoes meu descaso para contigo, bela Ischmé. Estive resolvendo algumas pendências e fui obrigado a deixar-te só, provavelmente a imaginar coisas que por certo não são verdadeiras...

Ischmé sacudiu a cabeça e tornou:

— Não se trata disso. Quero que me auxilies na aquisição de uma casa o quanto antes, para que eu possa me instalar em definitivo na cidade.

Ashaf pensou e respondeu:

— Está bem, se é isso o que desejas, assim o será! De fato posso ajudá-la, pois possuo inúmeros imóveis na cidade. Procurarei algo que lhe agrade.

O olhar penetrante de Ashaf fez com que a moça estremecesse. Não saberia definir seus sentimentos, pois lhe eram incompreensíveis e contraditórios. Experimentava uma sensação de temor e ao mesmo tempo uma atração que definitivamente a perturbava.

Confusa, Ischmé concluiu que seria melhor e mais prudente ter Ashaf como aliado. Resolveu tocar no ponto que a afligia:

— Não sei o que Shabka falou sobre mim... A verdade é que vim para Jerusalém para começar uma nova vida.

Ashaf se aproximou e disse, muito próximo a Ischmé:

— Nova vida! — A verdade é que queres recomeçar tua existência reincidindo em antigos erros. Afirmo-te, o romano só te trará sofrimento e dor.

– Por que me dizes isso? Por que te achas no direito de julgá-lo?

– Um dia, se quiseres, te mostrarei alguns fatos do teu passado. Poderás ver com os olhos de tua alma a destruição que esse homem trouxe ao teu caminho.

Intrigada, Ischmé indagou:

– Por que Shabka não me disse isso? Ao contrário, apoiou a minha vinda...

O olhar de Ashaf tornou-se profundo, como se quisesse penetrar no íntimo da moça. A seguir, pronunciou:

– Shabka é uma velha amiga, que intercedeu em meu favor. Conhece alguns fatos... do nosso passado.

Com o coração palpitante, Ischmé inquiriu o mago:

– A que passado te referes? Não entendo nada do que me dizes!

– Ainda o ignoras? Seja franca, quais são teus sentimentos em relação a mim?

Ischmé perturbou-se e, procurando concatenar as idéias, retrucou:

– Por que desejas me confundir dessa forma? Falas de coisas que ignoro e me torturas com esse passado que desconheço. Tudo me é estranho neste lugar, não entendo esse povo, essas crendices. É tudo muito diferente de Roma.

Ashaf se aproximou e, segurando delicadamente o rosto de Ischmé, asseverou:

– Tu voltaste para mim, Ischmé! Já nos amamos no passado, e eu te aguardava havia muito tempo...

Ischmé recuou assustada. Como poderia esperar receber ajuda para se aproximar de Caius de um homem que julgava amá-la desde outra vida?

Determinada a não alimentar nenhum tipo de ilusão no mago, afirmou:

— Se isso que dizes é verdade, não me recordo. Conheço os sentimentos que guardo nesta vida em relação a outra pessoa. Não gostaria de desapontá-lo, mas amo Caius e não pretendo abrir mão desse amor por um passado de que não lembro.

Ashaf se afastou e propôs:

— Farei a tua vontade, Ischmé. Não a quero contrariada em minha casa. Alimentei por anos o desejo de rever-te e acreditava que, ao nos reencontrarmos, poderias lembrar-te de alguma coisa. Peço, porém, que me propicies a felicidade de mostrar-te que o que te afirmo é a verdade.

— Não duvido de tuas palavras. Como poderás fazer isso?

— Tenho os recursos magnéticos necessários para te induzir a um estado psíquico no qual poderás ver algo do que se passou.

Ischmé meditou por algum tempo e anuiu:

— Aceito tua proposta. Quero saber o que aconteceu. Mas adianto que isso não mudará as minhas resoluções...

Ashaf se retirou, dizendo:

— Amanhã à tarde venha até a minha sala de estudos. Os criados te indicarão o caminho.

Ischmé ficou sozinha no aposento. Olhou ao redor e sentiu o coração opresso.

O que aconteceria no dia seguinte? Estaria ela agindo de forma correta?

Poderia confiar naquele homem que a amava de forma apaixonada e que a atemorizava tanto?

Deu um longo suspiro.

— Que os deuses me protejam! – sussurrou.

* * *

Enquanto Ischmé se sujeitava aos caprichos de Ashaf, em Chipre eu permanecia prisioneiro do poder romano.

Sentia-me cada dia mais fraco, idéias confusas atravessavam meu cérebro e as privações e os maus-tratos que passaram a me infligir quase diariamente me levavam ao desespero.

Fora colocado junto a indivíduos da pior espécie, não obstante a minha condição de patrício, que me outorgava o direito de ter um julgamento e outros privilégios.

O ódio se instalara em meu coração e, apesar de ter mãos e pés atados, havia momentos em que uma fúria incontrolável se apoderava de mim com tal intensidade que eu lutava contra inimigos invisíveis, que pareciam caçoar de minha desdita.

Ouvia as risadas estentóricas de meus supostos adversários que, disformes e ensangüentados, formavam um cortejo infernal a repetir, como se entoassem tenebrosa ária:

— Assassino! Covarde! Onde está a tua coragem agora, nobre Priscus? Vais às galés e não mais voltarás a encontrar tua família...

Com o passar dos dias, a tortura ia aumentando e já não conseguia conciliar o sono, pois, toda vez que isso acontecia, via os miseráveis ao meu redor, ferindo-me e provocando sensações horríveis de desânimo e fraqueza.

Mais tarde, pude reconhecer naqueles seres a presença de antigos inimigos de outras vidas, que se aliaram àqueles que eu havia prejudicado e – por que não dizer? – de quem roubara a vida nas minhas campanhas militares.

Sem apetite e insone, dividindo a cela com indivíduos que já estavam doentes e dezenas de roedores imundos, logo os primeiros sintomas de uma doença maligna começaram a me invadir o organismo debilitado.

O delírio sobreveio e, aliado ao meu aspecto enlouquecido, expôs um quadro assustador aos meus companheiros de infortúnio. Por ter ameaçado destruir tudo à minha volta, as autoridades foram chamadas.

Ao verificarem a situação, concluíram que eu não sobreviveria à viagem nas galés até Roma. Não viveria por muitos dias, conforme afirmou o encarregado das prisões.

Temendo represálias por parte de Galba, pois haviam desconsiderado os direitos que a lei me assegurava e diante dos problemas que eu poderia causar, sendo morto por meus companheiros, fui colocado em uma cela sozinho.

Quando eu morresse – o que parecia ser em breve – diriam que fora por haver contraído uma peste no caminho de Roma.

Dois dias depois, embora eu tivesse piorado, surgiu um fato alentador.

Argos e Vallerius foram até a prisão levar alguns mantimentos e roupas, supondo que poderiam me auxiliar em uma fuga.

Ao ver o meu estado, Vallerius desesperou-se, pois eu estava bem no dia em que me vira; Argos olhou com tristeza e indagou:

– Meu senhor, o que posso fazer?

Consegui responder a custo:

– Jerusalém! Procure minha mãe e Lucília.

Argos voltou-se para Vallerius e considerou:

– Não podemos deixá-lo morrer dessa forma. – A seguir, pareceu meditar por alguns segundos e murmurou: – Senhor, não partirei sem antes cumprir com meu dever. Devo isso à memória de seu pai. Farei o que tiver de ser feito após...

Compreendi que Argos se referia ao meu enterro.

Fechei os olhos, sem forças, enquanto o meu fiel escravo falava em tom estranhamente alto:

— O meu senhor não passará desta noite. Amanhã viremos buscar o cadáver.

O guarda que estava de sentinela junto à minha cela perguntou:

— Acreditas mesmo? Achas que ele morrerá em breve?

Argos fez um sinal positivo com a cabeça e completou:

— Pobre amo! Depois de servir tanto a Roma, acabar dessa forma! Morrer como um miserável traidor...

O guarda conjeturou:

— Lamento ver um patrício morrer assim... Soube que era um dos melhores centuriões de César.

Argos aproveitou a oportunidade e comentou:

— Sou apenas um escravo, mas se me permites ouso afirmar que és um homem de bem. Não gostarias de ter de enterrar o meu senhor no meio da noite sozinho, não é mesmo?

— Claro que não. Além do mais, me disseram que ele está enfeitiçado.

— Talvez tenhas razão. Para ficar desse jeito, só com feitiço mesmo! Deverás ter cuidado para não tocares nele. Podes adquirir ou a doença ou o feitiço...

O guarda arregalou os olhos, enquanto Vallerius acrescentava:

— Vi um caso desses em Roma. O filho de um tribuno foi enfeitiçado e, quando ele caiu no chão, saía-lhe espessa baba da boca... Parecia um cão danado... Tremia todo!

— E o que aconteceu? – perguntou o guarda, com o rosto já coberto de gotículas de suor.

— Um homem veio ajudá-lo e, quando o tocou, começou imediatamente a tremer e a babar!

O soldado, que procurava disfarçar o terror de que estava possuído, sugeriu com voz trêmula:

— Talvez seja melhor enterrá-lo longe daqui. Se quiserem, poderão vir buscá-lo. Direi que eu mesmo o enterrei...

Argos fingiu estar pensando na melhor solução. O guarda não conteve o nervosismo:

— Posso mandar chamá-los, se quiserem. Poderão enterrá-lo junto a seus familiares...

— É muito perigoso... Mas vamos fazer isso em memória de seus antepassados — disse Argos, enquanto se retirava. Voltou-se ainda e, da grande porta que levava às celas, anotou: — Partiremos amanhã. Não tardes em nos avisar!

— Pelos deuses, eu o farei!

Adeus, centurião

CAPÍTULO 12

Apesar dos tormentos que experimentava desde minha saída de Roma, o ódio pelos cristãos não arrefecera em meu coração.

Sentia raiva de Nero e de toda a sua descendência; passara a detestar Metelus e Claúdia e desconfiava de tudo e de todos; mas, ainda assim, dedicava parte de meu ódio aos seguidores de Jesus.

Não podia aceitar os preceitos cristãos. Não admitia perdoar uma afronta sem a adequada resposta.

Tal estado de espírito piorava minha saúde orgânica.

Ligava-me a inimigos desencarnados que, impacientes, deliberaram haver chegado a hora da vindita.

Com o organismo debilitado e sem haver cultivado ao longo da vida atos e pensamentos que me garantissem uma intercessão mais direta dos planos superiores, ficara à mercê de meus desafetos, sem possibilidades de reação.

Shabka, conforme sua promessa, valendo-se de sua afinidade com entidades sombrias, conseguira envolver-me em uma teia maléfica, que deveria me levar inexoravelmente ao túmulo.

Ao ouvir as palavras de Argos, percebi que me indicava o que fazer nas horas que se seguiriam.

Assim, antes que o dia amanhecesse, comecei a falar palavras desconexas, que atraíram o guarda que permanecia diante de minha cela.

Assustado, o jovem se aproximou e, ao ver que eu respirava com dificuldade, percebeu que chegara a hora derradeira. Os comentários de Argos e Vallerius sobre os "feitiços" fizeram tanto efeito que o pobre não esperou que eu morresse, mandando chamar Argos imediatamente.

Eu mesmo não acreditava que pudesse me salvar, mas desejava voltar à minha casa e ali dar o meu último alento.

Conforme planejado, depois de um bom quarto de hora, acabei "morrendo".

Argos e Vallerius chegaram a seguir e removeram o meu "cadáver", levando-o para minha casa. Inconsciente, não percebi que o lugar que eu tanto amara se havia transformado em ruínas.

Nossa *domus* fora saqueada, e o que não pôde ser retirado fora quebrado e inutilizado: reposteiros rasgados, utensílios de decoração quebrados, móveis avariados...

Argos tentara reconstituir, com a ajuda de Vallerius, uma boa parte da mobília, mas a casa em que eu morara deixara de existir.

Impossibilitado de viajar em busca de Otávia e Lucília, Argos acomodou-me em um leito improvisado e, com o auxílio de Vallerius, velou por longos dias junto à minha cabeceira.

O jovem Vallerius surpreendeu pelo seu conhecimento de ervas medicinais e por sua dedicação constante.

Mais de uma vez Argos o observara, desconfiado, pois era visível a preocupação do rapaz com a minha vida.

Deixara de se alimentar e dormia apenas quando o cansaço lhe impossibilitava a permanência de sua vigília.

Após alguns dias, ensimesmado e deveras desconfiado, Argos resolveu questionar o jovem, pois nunca obtivera muitas informações sobre ele.

Após ter ministrado uma de suas tisanas, Argos se aproximou de Vallerius e comentou:

— Não sabia que dedicavas tanta afeição ao meu amo...

Vallerius enrubesceu e procurou se explicar:

— O *domine* Priscus foi muito bondoso, quando me defendeu da guarda romana. Sou-lhe grato, apenas isso.

Argos observou o jovem mais de perto e asseverou:

— Existe algo errado em ti, meu jovem. Esses belos olhos têm um brilho diferente. Notei que evitavas os outros escravos, estavas sempre sozinho, nunca conversaste com ninguém. A não ser comigo, é claro, pois pareces um carrapato no meu pé...

Vallerius respondeu de forma evasiva:

— Sinto-me protegido ao teu lado. Da mesma forma que o senhor Priscus.

Argos se aproximou e inquiriu, desconfiado:

140 *Tanya Oliveira / espírito Tarquinius*

— Protegido de quê? Do que tens medo?

Novamente, Vallerius enrubesceu. Procurou se afastar, mas Argos o segurou pelo braço e falou, impaciente:

— Seja lá o que for, quero que me contes, jovenzinho. Caso contrário, terei de afastá-lo de meu amo.

Ao ouvir a ameaça de Argos, Vallerius se aproximou e, com os olhos marejados, implorou:

— Oh! Não! Peço-te, Argos, não me afastes dele!

Argos ficou visivelmente emocionado diante da demonstração de gratidão daquela frágil e indefesa criatura. Certo de que suas suspeitas estavam corretas, exclamou:

— Por que não me contastes antes o teu segredo, *minha jovem?* Não confiavas no velho Argos?

Com as lágrimas a lhe rolarem pelo rosto, "Vallerius" sussurrou:

— Eu não podia contar sem correr o risco de me afastar dele... Não suportaria deixá-lo!

Argos deu um suspiro. Não havia o que fazer agora. Passando a mão cheia de calos pelo rosto, perguntou:

— Diga-me, então, qual é o teu nome verdadeiro?

A jovem baixou o olhar e disse:

— Meu nome é Beatriz...

— Pelos deuses! — Argos levantou as mãos aos céus: — Além de tudo és grega!

A jovem, que se tornara rubra, assinalou:

— Nasci aqui mesmo nesta ilha. Meus pais, sim, nasceram em Atenas.

— O que fazias em Roma quando meu amo te flagrou roubando?

Desconcertada, Beatriz informou com tristeza:

— É uma história longa e triste; fui enganada pelo mercador. Deu-me as frutas e em troca quis... Tive de fugir!

Argos olhou para a jovem e assentiu:

— Teus remédios estão fazendo algum efeito no meu amo. Aguardaremos para ver como ficam as coisas. Tão logo seja possível, partiremos. Acho conveniente que permaneças com as vestes de rapaz. Haverá menos riscos nas estradas...

Beatriz concordou, com um largo sorriso.

— Podes deixar, Argos, tenho certeza de que nosso amo ficará bom... do corpo. Acho que o seu maior problema será curar-se da doença que carrega na alma.

— O que queres dizer? A que te referes?

— Afirmo que o senhor Priscus está envolvido em sombras. É como se grilhões o prendessem a criaturas que o odeiam tenazmente. O orgulho e o desespero o fizeram ligar-se a esses seres.

Argos permaneceu pensativo. Talvez a jovem tivesse razão. De qualquer forma, acreditava que minha natureza forte reagiria sobre qualquer malefício que estivesse atuando sobre mim.

Enquanto eu lutava contra a morte, que me espreitava a cada minuto, em Roma era dada oficialmente a notícia da morte do centurião Vinicius Priscus.

* * *

Em Jerusalém, sentindo-se de certa forma prisioneira de Ashaf, Ischmé foi à sua procura em sua sala de estudos.

Como a porta estava trancada, Ischmé bateu de leve; em alguns segundos, surgiu a figura imponente de Ashaf.

— Finalmente, ei-la aqui comigo! Há muito espero por este dia, Ischmé. Serás a única, a partir de agora, a conhecer este aposento de minha casa.

Ischmé entrou lentamente e verificou, apesar da penumbra, que a sala era composta de mais de um ambiente.

À esquerda viam-se dezenas de frascos sobre um armário composto por várias prateleiras, com formatos e cores diversas; uma longa mesa, coberta por papiros com grafias estranhas era iluminada de uma candeia.

Plantas diversas jaziam sobre uma pequena mesa, a um canto; as paredes haviam sido pintadas com cal e nela inscritos símbolos em cores vibrantes, que iam do azul, passando pelo púrpura e amarelo, ao ouro.

À direita, notava-se um triclínio com uma peça de seda aos pés; um altar desconhecido para Ischmé, mas que, presumivelmente, deveria ser de um deus da crença de Ashaf.

O lugar todo lhe causava medo. Havia um aspecto sombrio no aposento, como a própria personalidade de Ashaf.

Ao adentrar o recinto, um papiro deixado aparentemente ao acaso, próximo ao triclínio, chamou-lhe a atenção. Ischmé caminhou em sua direção e viu que nele estavam grafados hieróglifos e alguns desenhos que lhe pareciam familiares. Ashaf sorriu e anotou:

— Se eu tivesse alguma dúvida, neste momento a abandonaria... Isto te é familiar, não é mesmo?

Ischmé observou os papiros em suas mãos e comentou:

— Não sei por que me chamou a atenção. Devo confessar que não me são estranhos...

Ashaf tomou os papéis com delicadeza das mãos da moça:

— Vamos iniciar nosso trabalho. Quero que tomes uma beberagem que fiz, que irá facilitar teu desprendimento da matéria.

Um temor desconhecido tomou conta de Ischmé. Nunca se detivera diante de situações que exigissem coragem e determinação, mas, desde que chegara à casa de Ashaf, sentia-se tomada por uma fraqueza desconhecida. Parecia-lhe que aquele homem possuía um poder que aniquilava suas forças. Como se adivinhasse seus pensamentos, Ashaf tranqüilizou-a:

— Não te preocupes, minha bela. Não te farei mal algum. Sabes que o meu maior desejo é o de ver-te feliz. Foi por isso que te esperei tanto tempo...

Ischmé estendeu a mão e segurou o cálice que lhe era oferecido. Tomou alguns goles e reclinou-se no triclínio.

Aos poucos, uma sensação de leveza e de alheamento da realidade material foi se apoderando de seu ser. Viu que Ashaf se aproximava e lhe falava algumas palavras, pedindo-lhe que observasse o colar de ouro com um medalhão que costumeiramente usava.

À medida que o colar balançava à sua frente, ia sentindo uma sonolência invencível e, apesar de tentar lutar contra o sono, não conseguiu resistir.

Ashaf se postou ao lado de Ischmé e falou com voz enérgica:

— Estás me ouvindo, Ischmé?

A moça respondeu, tranqüila:

— Sim.

Ashaf prosseguiu:

— Quero que voltes, Ischmé, não para a tua última vida, mas muito antes, quando viveste no Egito.

Ischmé permaneceu em silêncio e, após alguns minutos, onde expressava sentimentos dolorosos, falou titubeante:

— Não posso! Não quero rever aqueles dias...

Ashaf ordenou, autoritário:

— Quero que revejas alguns fatos. Lembras quem eras naquela época?

— Sim, era uma sacerdotisa de Ptah.

Ashaf sentou-se ao lado da moça e, segurando-lhe a mão, pronunciou:

— Lembras que amavas um homem, que iria se casar contigo...

O rosto dela se contraiu. Algumas lágrimas começaram a cair de seus olhos.

— Sim, ia me casar com um sacerdote do templo. Nós nos conhecíamos desde crianças, e nossos votos de casamento haviam sido feitos por nossas famílias ainda em nossa infância.

Ashaf segurou a mão de Ischmé com mais força e tornou:

— Quero que recordes tudo o que estamos falando ao acordar. Continuando... Amavas esse sacerdote, não é mesmo?

— Sim, mas algum tempo antes do casamento conheci um jovem... Um hitita...

Ashaf tornou-se lívido. Doía-lhe a lembrança da traição que Ischmé engendrara ao tentar se unir a Caius.

Represando o turbilhão de sentimentos que lhe fustigavam o peito, contrapôs:

— Na verdade, sempre amaste o sacerdote, que nunca te traiu e dedicou todos os seus sonhos a ti.

Ischmé começou a chorar e exclamou:

— Jamais desejei traí-lo! Pensava amá-lo sinceramente, mas, quando encontrei o jovem hitita, verifiquei que tinha cometido um engano. Não conhecia o verdadeiro amor...

Contrariado, Ashaf resmungou de forma brusca:

— Não desejo saber o móvel de tua traição. Quero que vejas o que o hitita fez contigo.

Uma expressão de inenarrável dor se fixou no rosto de Ischmé.

— Fomos denunciados e tu nos impediste a fuga... Mataste Caius! Ele nada fez, tu foste a nossa ruína!

Surpreso, Ashaf resolveu terminar com a incursão de Ischmé ao passado:

— Será melhor que retornes. Não deves se lembrar de tudo!

Descontrolada, Ischmé continuou:

— Não queres que eu saiba de tudo? Pois foste tu que me traíste, fingindo aceitar o meu amor por Caius!

— Ele jamais se casaria contigo... Amava outra mulher!

Exasperada, Ischmé tornou:

— É mentira! Ele sempre me amou. Saiba que não me arrependo um dia, apesar dos sofrimentos atrozes por que passei, de ter tirado a minha vida, enquanto me aguardavas no dia de nosso casamento!

Ashaf tornou-se lívido. Ele também jamais se esquecera daquele dia terrível.

Por várias existências Ashaf se dedicara aos estudos da alma, razão pela qual desenvolvera capacidades psíquicas transcendentes, que lhe permitiam a lembrança de outras vidas.

Sabia que, naquele dia ao qual Ischmé se referia, seria celebrado o seu casamento com a jovem sacerdotisa que tanto amava.

Acreditara que Ischmé — que então se chamava Neferure — o perdoara pela morte de Caius e, envolto na ilusão que subjuga os corações apaixonados, imaginou poder reconstruir seus sonhos de felicidade ao lado da moça.

Quando tudo já estava preparado para a cerimônia, o atraso da noiva despertou a atenção dos convidados; a princípio não dera maior importância, mas os minutos foram passando e, quando finalmente resolveu ir até os aposentos daquela que seria sua esposa, deparou com a cena aterradora.

Os familiares que se haviam adiantado na busca estavam aterrorizados, a mãe batia as mãos contra o peito e tentava arrancar os cabelos, e o pai, homem importante do palácio do faraó, olhava estarrecido para a jovem que jazia no leito.

Ashaf se aproximou e viu Ischmé vestida com o maior apuro que uma jovem da época poderia desejar em seu casamento. Os trajes suaves e delicados possuíam detalhes bordados com fios de ouro; as jóias eram da mais esmerada ourivesaria egípcia; os adornos dos cabelos tinham sido oferecidos pela própria esposa do faraó...

Tudo isso de nada adiantara, pois ela se havia suicidado, ingerindo um potente veneno.

Sem acreditar no que via, Ashaf tentava inutilmente reanimá-la. Ao fim de algum tempo, ao sentir o corpo frio de Neferure e percebendo as alterações características da morte em seu rosto, desistiu.

A vingança de Ischmé fora deveras cruel. Por muito tempo a odiara com todas as forças de sua alma, mas a certeza do sofrimento que a acompanharia no além-túmulo fez com que o ódio fosse dando lugar à compaixão e, por fim, a piedade fez com que o antigo amor ressurgisse.

Terminou seus dias no deserto, longe de tudo e sempre procurando reencontrar o espírito de Ischmé, fato que só conseguira na encarnação que agora narramos.

Ischmé sempre fora o único ser ao qual Ashaf dedicara verdadeiros sentimentos; espírito voltado à ciência desde épocas remotas, só sentira o coração vibrar diante daquela frágil e voluntariosa moça.

As ouvir as palavras de Ischmé referindo-se ao sofrimento por que passara após o suicídio, sentira recrudescer a antiga chaga por ela aberta em seu peito. Com uma expressão dolorosa na voz, redargüiu:

— Tu sofreste por ter agido contra a vontade dos deuses, tirando a tua vida. Acreditas que Caius faria o mesmo por ti?

Ischmé tornou, chorando:

— Não sei o que ele faria, mas dei-te o que merecias! Não fui e nunca serei tua! Deixa-me ir, quero partir em busca do homem que amo. Não quero mais recordar aquilo tudo. Sofri muito, Ashaf!

— Mesmo que em teu futuro ainda exista muita dor e sofrimento?

— Não podes determinar o futuro. Não podes dispor da minha vida!

Ashaf se aproximou e concluiu:

— Está bem. Fomos longe demais. Trouxe à tua consciência tudo o que houve. Quando eu bater as mãos, deverás retornar lembrando tudo o que viste, está bem?

Ischmé, ainda chorando muito, fez um movimento positivo com a cabeça. Ashaf bateu as mãos e a jovem abriu os olhos.

Olhou para o ambiente como se não o reconhecesse e desmaiou.

Ashaf acorreu, pressuroso, e verificou que o esforço e a energia psíquica despendida pela jovem haviam sobrecarregado sua débil constituição orgânica.

De imediato, chamou alguns escravos, que o ajudaram a levar Ischmé até o quarto. Ao ver a ama desmaiada, Noori acorreu sem demora, ajeitando o leito para que Ashaf depositasse o corpo da moça.

Preocupado, Ashaf foi até a sua sala de estudos e trouxe alguns frascos com os quais preparou uma beberagem; tentou fazer a jovem engolir, com dificuldade.

Aguardou alguns minutos e, sentindo que fora longe demais, pediu para ficar a sós com Ischmé. Noori relutava em afastar-se, mas Ashaf ordenou secamente que saísse.

A seguir, pediu auxílio aos deuses e, ao buscar um profundo nível de concentração, leve palidez tomou conta de seu semblante.

Acostumado com os fenômenos espirituais, dos quais havia longa data possuía conhecimento, Ashaf se afastou do corpo denso.

Olhou ao redor e viu Ischmé, ainda em lágrimas, próxima ao seu corpo.

Ashaf se aproximou, mas a moça recuou. Procurou, então, falar-lhe:

— Deves retornar ao corpo, Ischmé. Os laços que te prendem à vida podem se tornar frágeis demais se te mantiveres afastada.

Ischmé chorava muito. A seguir, olhou para Ashaf e desabafou:

— Não era isso o que querias? Trazer-me a lembrança de minha desgraça, para que eu ficasse em tuas mãos? Esta foi a tua vingança!

— Não imaginei que pudesses ser tão sensível, tão impressionável... Tu mesma consentiste em rever o passado.

— Não sabia o que iria encontrar. Tinha apenas curiosidade, que tu despertaste com tuas afirmações de que me conhecias. Queria saber o papel que Caius desempenhara no meu passado...

Preocupado, Ashaf ponderou:

— Agora é hora de voltares. Não podes permanecer afastada do corpo dessa maneira. Teus sinais vitais estão muito fracos.

— Deixarás que eu parta?

— Prefiro que me deixes a voltar a tê-la morta em meus braços...

Ischmé deu um longo suspiro. Era preciso voltar à consciência.

Ashaf se aproximou de seu corpo e retornou do transe em que se encontrava.

Aguardou algum tempo e percebeu que Ischmé dava um longo suspiro. A moça olhou ao redor e, demonstrando grande cansaço e prostração, tornou a fechar os olhos.

Ashaf sorriu. Ela estava salva.

Seguindo o coração

CAPÍTULO 13

Essas recordações que se fixaram em meu espírito há quase vinte séculos resgatam uma paisagem da Terra muito diferente da dos dias atuais.

Não me reporto às transformações que a inteligência humana realizou, melhorando a situação material do planeta.

Sem dúvida, a contribuição que a tecnologia trouxe no sentido de facilitar a vida no orbe é inquestionável, principalmente nos dois últimos séculos da era Cristã.

Refiro-me, no entanto, às edificações do espírito, que só se tornaram possíveis de forma completa após a passagem de Jesus pela Terra.

É inegável que, antes do Cristianismo, grandes almas, de elevadas conquistas espirituais, deixaram aqui as suas pegadas, entre a miséria moral e espiritual em que o planeta se achava.

Mas ressaltamos que, com o advento do Cristianismo, um portal de luz se abriu na escuridão dos caminhos humanos, propiciando a redenção das almas endurecidas, que tateavam nas trevas dos próprios erros.

Jesus foi como um clarão na noite escura de nossas almas; nossos ouvidos, pela primeira vez, registraram a palavra "perdão". Nossas atenções voltaram-se para o semelhante, agora considerado um irmão.

Estes conceitos nos eram, então, de difícil compreensão. Era quase impossível aceitar que deveríamos perdoar a quem nos ofendesse e considerar como um irmão alguém que nos era totalmente desconhecido.

Eram idéias muito profundas para o nosso obtuso entendimento. Seria necessário, para nossa infelicidade, que o látego da dor vergastasse nosso orgulho para, finalmente, compreendermos o ensinamento libertador das consciências: "Amais-vos uns aos outros...".

Mas devemos prosseguir com o nosso relato.

Ashaf era um espírito perscrutador, ávido de conhecimento, que buscava entender – da forma que a época lhe permitia – os fenômenos da matéria e do espírito.

Conhecedor das realidades espirituais havia muito tempo, trazia consigo o desejo – e o fazia – de dominar seu semelhante por meio desse seu conhecimento invulgar.

Não cogitava utilizá-lo em favor do próximo e não possuía nenhuma censura moral nem religiosa para orientar o seu saber.

Encontrava-se, portanto, distante dos ensinamentos de Jesus, de quem já ouvira falar, mas que não lhe despertara maior atenção.

Imaginava que Jesus fosse um homem poderoso, mas o considerava um ingênuo que não soubera usar seus dons de maneira adequada; acreditava que o Nazareno poderia ter sido um grande líder se tivesse se associado aos homens poderosos da época.

Na realidade, apesar de sua inteligência, não podia compreender o alcance moral dos ensinamentos do Mestre.

Sabia utilizar poções e fórmulas, possuía alguma noção sobre a vida espiritual, mas o seu entendimento não abrangia uma compreensão maior da sabedoria divina.

Por muito tempo Ashaf permaneceu indiferente ao Cristo, o que lhe trouxe dolorosas provações, principalmente no campo da inteligência, da qual se viu privado em sucessivas encarnações, até que desenvolvesse as virtudes do coração.

O amor que sentia por Ischmé contribuiu para a sua ascensão, pois era o sentimento mais verdadeiro que já dedicara a alguém.

Naquele momento, a perspectiva de perder a mulher que amava afetou profundamente a sua alma insensível. Aceitara atender ao pedido de Ischmé de partir, para não vê-la de novo vítima de suas deliberações.

Enquanto Ischmé jazia em sono profundo, Ashaf se aproximou e, tocando de leve seus cabelos, trouxe-os aos lábios e os beijou com ternura.

Por que os deuses determinaram que outra vez ela não lhe pertenceria?

Conseguira encontrá-la, mas não fora capaz de atingir o seu coração. O que fazer para conquistá-la?

Já utilizara a força no passado, obrigando-a a se casar consigo; mas ela fugira da vida, deixando-o enlouquecido de dor e remorso no dia do próprio casamento.

O que fazer? – questionava-se.

Em pensamento, chamou alguém que lhe era familiar.

Não demorou muito tempo para que uma entidade adentrasse o ambiente, interpelando-o.

Ashaf fez um sinal respeitoso e esclareceu:

– Meu bom amigo e protetor Amenothep! Preciso de tua ajuda.

O olhar austero do espírito fez com que Ashaf baixasse a cabeça.

– Ainda utilizas teu conhecimento para teus próprios interesses, Ashaf! Esqueceste o que te ensinei, quando foste meu discípulo?

Ashaf fixou o olhar em Amenothep e tornou:

– Não desejo incomodar-te. Apenas quero um conselho da tua sabedoria.

A entidade se aproximou de Ischmé e, demonstrando a emoção no semblante, disse:

– Neferure, minha pobre criança! Quantos enganos pelos caminhos da vida... E que preço ainda terá de pagar!

A seguir, voltando-se para Ashaf, recriminou-o em tom áspero:

– Quase acabas com a vida dela, Ashaf! Agiste mal em fazê-la recordar o passado! Sua estrutura psíquica é deveras frágil. Peçamos ao Poder Supremo que a auxilie a se recuperar. Foste um inconseqüente, e tu bem o sabes!

Preocupado, Ashaf perguntou:

– E agora? O que devo fazer?

– Liberte-a do teu jugo, Ashaf, senão a perderás de novo. Ela necessita de paz e tranqüilidade. De outro modo, se não deixar este mundo em algumas luas... Cairá em total desequilíbrio!

Ashaf estremeceu. Faria tudo para evitar a morte de Ischmé.

Amenothep continuou:

– Não posso me demorar. Aconselho-te que acedas ao pedido de Neferure e a deixe partir. Permita-lhe viver as experiências que necessita, e a vida se encarregará de ensinar-lhe as lições que ela busca.

— Devo deixá-la ir em busca do romano?! — Ashaf estava estupefato.

Amenothep tornou com paciência:

— Se não agires assim, não te poderei auxiliar. Procure a amizade e admiração de Neferure e um dia ela voltará a te procurar. Tens de reconquistar a confiança dessa mulher. Já a prejudicaste muito, e é necessário que saibas esperar. Quem sabe se o futuro não te reserva algo inesperado? Tenha fé e não a prejudiques mais.

Ashaf tornou, inconformado:

— Eu sempre a amei; se a prejudiquei, foi por amá-la demais.

A entidade fez um gesto de adeus e acrescentou:

— O verdadeiro amor liberta o ser amado; o amor egoísta, ou a ilusão de um amor construído sobre os alicerces do egoísmo, aprisiona e mata...

Ashaf permaneceu meditando ainda alguns minutos. Se resolvesse manter Ischmé em sua casa, ela certamente tomaria uma atitude drástica, como já fizera no passado.

Não lhe restava opção; o melhor seria deixá-la ir.

* * *

Nos dias que se seguiram, embora Ischmé apresentasse enorme prostração, Ashaf procurou não encontrá-la, para evitar maiores contrariedades à sua hóspede.

Procurava agradar-lhe, enviando-lhe o melhor da época: vinho, doces e guloseimas, tâmaras, nozes assadas, pães, bolos, mel, manteiga e óleo de rosas, muito apreciado pelas mulheres de então como artigo de perfumaria.

Ischmé a tudo parecia indiferente. As lembranças de outra vida haviam atingido as fibras mais íntimas de sua alma.

Acreditava que Ashaf não permaneceria afastado por muito tempo, visto que identificara nele uma paixão violenta, capaz de levá-lo, inclusive, à prática de um assassínio.

"Ele matou Caius! Como pôde?" – perguntava-se. "Senti desde o princípio que esse homem misterioso poderia me prejudicar... Na verdade ele já o fez!"

Ischmé recusava-se a sair do quarto. Ashaf mandava todos os dias seu servo obter notícias sobre sua saúde e, invariavelmente, Ischmé se negava a falar-lhe.

Após uma semana, o mago resolveu ir vê-la pessoalmente.

Ao perceber que se tratava de seu anfitrião, Noori se aproximou de Ischmé; a jovem se encontrava recostada em uma cadeira, com os olhos fechados. Ao sentir a presença da escrava, perguntou:

– O que queres, Noori? Fala logo e deixa-me em paz!

A escrava tornou, temerosa:

– O mago está vindo para cá, senhora...

Ischmé abriu os olhos, que ficaram ofuscados com a luz do dia. A muito custo postou-se de pé e aguardou a chegada de Ashaf.

A porta se abriu e o mago adentrou o aposento com passadas firmes.

Ao deparar com Ischmé de pé, sorriu e exclamou:

– Graças aos deuses, estás bem novamente! Folgo em ver-te recuperada, minha bela!

Ischmé, como sempre, e agora mais do que nunca, retrucou, aborrecida:

– Não vieste apenas admirar a minha beleza, decerto. Prefiro que sejas breve, pois ainda me sinto sem forças, depois que me mostraste os teus dons...

O tom irônico da moça não passou despercebido a Ashaf. Sentindo o orgulho ferido, ia retrucar, mas resolveu ignorar as palavras de Ischmé e conduziu o diálogo em uma direção mais conciliadora:

— Tens razão. Estive pensando e acho que posso te ser útil aqui em Jerusalém. Nada conheces deste povo e, apesar de por aqui passarem pessoas de todos os cantos do mundo, é uma cidade um pouco diferente.

Ischmé fixou o olhar em Ashaf, atenta. O mago continuou:

— Bem, como ia dizendo, existem algumas regras ditadas pela religião do povo que norteiam a vida das pessoas. Por exemplo, existe uma proibição de se alugarem casas em Jerusalém.

— Como isso pode ser possível? E as pessoas que vêm de fora? São obrigadas a adquirir um imóvel?

Ashaf convidou Ischmé a sentar-se e prosseguiu:

— A verdade é que muitas proibições e leis não são cumpridas. Eu possuo algumas caravanas que atravessam os desertos, trazendo e levando mantimentos. Em resumo, sou um comerciante. Essa atividade me permitiu amealhar um bom patrimônio e, considerando alguns favores que prestei aos homens do templo, consegui a confiança de alguns e pude adquirir algumas casas. Ofereço-te uma delas. Caso contrário, terás de buscar uma das estalagens locais, que, em sua maioria, são contíguas aos templos.

O interesse de Ischmé era visível. Receando a resposta de Ashaf, indagou:

— Aonde pretendes chegar? O que isso tem a ver comigo?

Ashaf respirou fundo e capitulou:

— Farei como quiseres, Ischmé. Deixarei que partas quando quiseres. Vai em busca do romano... Sei que um dia voltarás.

Desconfiada a princípio, Ischmé parecia não acreditar no que ouvira. Um tímido sorriso surgiu pela primeira vez em seus lábios:

— Pretendes vender-me uma dessas casas? Desejas negociar comigo?

— Não vou me desfazer do meu patrimônio. Pretendo alugar-te, se assim o quiseres.

— Concordo, é claro. E quanto a... Caius? — arriscou Ischmé, reticente.

Ashaf tornou, irritado:

— Sei onde o romano se encontra. Já está na cidade há alguns dias. Existem muitas estalagens e não é difícil encontrar um habitante de Roma. Não podes esquecer que Jerusalém está em guerra contra os romanos.

Ischmé empalideceu. Caius correria grande perigo se fosse reconhecido na cidade.

Ashaf continuou:

— Não te preocupes. Aqueles a quem procuras estão disfarçados de gregos, e até bem convincentes.

Ischmé olhou para Ashaf e inquiriu:

— Por que estás me deixando partir? Como poderei acreditar que...

Ashaf a interrompeu, dizendo:

— Faço-o por mim mesmo! Não quero ver-te morrer de novo por minha causa. Além disso, tenho certeza de que o romano não te aceitará depois que souber... Bem, tu sabes. Porém, não te deves preocupar, não falarei nada. Ele descobrirá por si mesmo.

Ischmé estremeceu. Um calafrio perpassou seu coração; ela sentiu que, apesar de tudo, Ashaf a aceitara, mesmo sabendo do seu passado.

Aproximou-se e, roçando a pequena mão sobre o manto do mago, falou:

— Esta é a maior prova de amor que me poderias dar... Sou-te grata, Ashaf!

Os olhos do mago cruzaram com os da moça e, procurando manter-se impassível, ele respondeu:

— Adeus, Ischmé! Que os deuses te protejam!

* * *

Mesmo com a desencarnação de Nero e a ascensão de Galba ao poder, pouca coisa havia mudado nas relações impiedosas de Roma com o resto do mundo.

Aqueles foram anos de revoltas, traições e distúrbios internos dentro do Império. Galba permaneceu no poder por alguns meses, sendo assassinado no início do ano 69; seguiram-se Otão e Vitélio em reinados curtos e marcados por violências e desregramentos de toda ordem.

Era visível, naquela época, o cunho separatista de várias facções de nosso exército, sendo que nas diversas regiões do Império, principalmente na Germânia e nas províncias do Oriente, cada general emprestara apoio a um imperador.

No final daquele ano, Roma aclamava Vespasiano como imperador, iniciando a dinastia Flaviana. Governou por muitos anos, enfrentando graves crises em quase todas as províncias.

Vespasiano conhecia muito bem a Judéia, pois comandara as legiões naquela província a mando de Nero.

A revolta judaica, que se estendia desde 67, embora houvesse fatos isolados em época anterior, fora instigada pela cobrança excessiva de impostos e, muito especialmente, pelo desrespeito romano às crenças dos judeus, que chegara a um clímax deveras negativo.

Havia mesmo um certo preconceito de nossa parte em relação ao povo judeu, que, tendo sua vida vinculada aos ditames da lei e adorando um Deus que não era visível, concreto, afigurava-se-nos incompreensível.

Como agravante, não aceitavam nossos imperadores como divindades, negando-se mesmo a prestar adoração diante de suas imagens.

Nossas legiões atacaram primeiro a Galiléia, de onde muitos judeus partiram em desespero rumo a Jerusalém.

Quando Caius, sua mãe, Otávia e Lucília chegaram à cidade, dirigiram-se para a parte baixa, onde se localizavam os viajantes oriundos da Grécia.

Apresentaram-se em uma hospedaria como se fossem uma família grega, que vinha de Éfeso, transferida para a cidade com o intuito de evitar as perseguições dos romanos.

Ardiloso, o dono da hospedaria observava os traços do grupo e não conseguia determinar se eram mesmo gregos; o porte e rosto com traços determinantes de Caius sugeriam um homem dedicado à vida militar; as senhoras mais velhas possuíam um ar de dignidade que dificilmente se encontraria em mulheres do povo, e a jovem que os acompanhava deixava evidente sua linhagem nobre.

Ora, Majid, o dono da hospedaria contratado por Ashaf, espalhara aos quatro ventos que daria alguns denários para quem lhe informasse sobre a chegada de um grupo suspeito à cidade.

De todos os lados surgiam informações de pessoas consideradas "suspeitas", mas Majid sabia muito bem a quem dar crédito.

Quando ouviu a descrição do hospedeiro sobre Caius e as mulheres que o acompanhavam, não teve dúvidas: foi pessoalmente averiguar e, após certificar-se de que correspondiam à descrição de Ashaf, colocou em prática o seu plano.

* * *

Caius havia saído e, enquanto aguardava o retorno do jovem romano, Majid se aproximou de uma das mulheres, comentando:

– Que os deuses a protejam, digníssima senhora... Desculpe a intromissão, mas por acaso pretende ficar aqui em Jerusalém?

Flávia Pompília olhou desconfiadíssima para o intruso e murmurou:

– Anda não sabemos, senhor.

Majid fez um gesto como se lamentasse e tornou:

– É uma pena! Pensei que hoje seria o meu dia de sorte. Não adianta, vossos deuses conspiram contra mim...

– Ora, por que "vossos deuses"? E por que haveriam de conspirar contra alguém como o senhor?

Majid continuou, dando prosseguimento à sua interpretação teatral:

– Oh! Perdão, senhora! Não lhe quis ofender! Já percebi que são provenientes da Grécia e respeito seus deuses. Mas o fato é que não tenho tido muita sorte com seus compatriotas.

– Do que se trata?

Majid retirou seu turbante, coçou a cabeça suada e prosseguiu em tom mais baixo:

– É que tenho algumas propriedades aqui nesta cidade. Os judeus, em sua maioria, são proprietários. Não tenho tido sorte com os estrangeiros, principalmente com os da sua região; quanto aos romanos... – E Majid deu uma gargalhada. – Eles não haveriam de se aventurar por estas terras em tal ocasião, não é mesmo?

Flávia deu um meio sorriso e ajuntou:

– Talvez o senhor deva falar com o meu filho. Ainda não decidimos, mas se o senhor quiser poderá falar com ele mais tarde.

Majid exultou. Tudo sairia exatamente como desejara.

No dia seguinte, procurou Caius e mostrou-lhe a residência de Ashaf como se fosse sua e, conquistando sua confiança, acabou por alugar-lhe a moradia.

Tal como combinara com Ashaf, assim que obteve êxito em seus intentos, foi comunicar-lhe. Seus olhos brilhavam ao descrever as particularidades do grupo:

– O jovem romano deve ser um soldado, meu senhor! – dizia, triunfante. — E as senhoras parecem ser verdadeiras matronas romanas, e não gregas! – Majid deu uma risadinha.

Ashaf ouviu extremamente contrariado as notícias e, após colocar uma pequena bolsa nas mãos de Majid, considerou:

– Trabalhaste bem, Majid. Sabia que poderia contar contigo. Quero que me mantenhas informado sobre todos os movimentos dessas pessoas. Entendeste?

Majid piscou os olhos rapidamente e respondeu:

– Sim, claro, meu senhor. Assim que tiver notícias virei informá-lo.

– Agora podes ir. Não te arrependerás se fores esperto...

* * *

O fato de terem conseguido um local para morar de forma tão casual não despertou a atenção de Caius e das mulheres.

O desejo de encontrar um abrigo longe das investidas da guarda romana e dos próprios judeus fez com que se tornassem alvos fáceis para Ashaf.

Ischmé, por sua vez, não conseguira descobrir onde Caius se encontrava.

Preparava-se para sair da casa de Ashaf, quando seu anfitrião foi ao seu encontro.

Estava com a bagagem pronta e havia pedido aos escravos que a levassem. Ashaf se aproximou e assinalou:

– Ainda podes desistir, Ischmé. Sabes que a aceito sem ressalvas. Não me interessa teu passado. Conheço tua alma e sei que a perversidade dos homens não te corrompeu.

Os grandes olhos de Ischmé brilharam. Aproximou-se de Ashaf e falou com sinceridade:

— Sou grata por tuas palavras, mas não acredito ser ainda a pessoa que guardas na lembrança. Aprendi muitas coisas erradas na minha vida. Fiz escolhas das quais me envergonho, mas agora é tarde. Preciso enfrentar as conseqüências.

Ashaf passou suavemente a mão em seu rosto. Aproximou os seus lábios da boca de Ischmé e beijou-a com delicadeza.

Ischmé ia se desvencilhar, mas Ashaf apertou-a de encontro ao peito e beijou-a de novo.

Notando que aquele sentimento, represado por tanto tempo, não mais poderia ser impedido de manifestar-se, deu vazão a toda sua paixão.

Ischmé a custo conseguiu se libertar. Lutara com todas as suas forças para deixá-lo e partir em busca daquele que considerava como seu destino.

Não permitiria que nada a afastasse dos seus objetivos. Resolvera dispensar o auxílio de Ashaf, procurando se instalar em local ignorado pelo mago.

Apesar disso, sabia da influência de Ashaf em Jerusalém e que decerto ele a encontraria, se quisesse.

Infelizmente, teria de conviver com o fantasma do mago, que a espreitaria aonde quer que fosse.

Pudera ver a determinação em seus olhos e tinha a convicção de que ele não desistiria.

Assim, instalou-se provisoriamente em uma hospedaria junto a uma das sinagogas. Escolhera a que recebia os peregrinos provenientes de Alexandria, no Egito. Ali o movimento era intenso e poderia verificar a presença de estrangeiros com mais facilidade.

Era uma forma de despistar Ashaf, em quem definitivamente não confiava; com razão, pois mal saíra da casa do mago e este, com um simples gesto, ordenou a um escravo que a seguisse.

Ischmé, por sua vez, ordenara a Anuk e a Noori que investigassem o paradeiro de Caius; em razão da revolta do povo judeu contra a opressão romana, qualquer estrangeiro que cruzasse a cidade era motivo de desconfianças.

Caius poderia mudar as vestes e falar o grego, mas para ela nunca passaria despercebido.

Assim, Ischmé passou a se chamar Hannah, uma jovem órfã vinda de Listra em busca de seus parentes em Jerusalém.

A condição de mulher solteira e sem uma família que a pudesse amparar era inusitada em Jerusalém.

Naquela época, o destino da mulher na Judéia era o de servir primeiro ao pai, respeitando-o e dispensando cuidados com seu bem-estar; a seguir, deveria servir ao marido.

No templo existiam lugares separados destinados aos homens e às mulheres. Ao sair na via pública, não deveria deixar aparecer seu rosto em hipótese alguma.

Alguns rabinos, inclusive, aconselhavam que se evitasse ao máximo falar com uma mulher. Sobretudo se não fosse a sua...

É certo que, nas famílias formadas pelos laços do verdadeiro amor, cumpria-se a lei sem deixar que os preceitos rígidos secassem a fonte dos corações que se amavam.

Acostumada com a absoluta liberdade que usufruía em Roma, Ischmé, ou melhor, Hannah, teve de se acostumar com sua nova situação.

Enquanto isso em Chipre...

Laços do destino

CAPÍTULO 14

Após algumas semanas de total inconsciência, comecei a perceber alguns movimentos a meu derredor.

As pálpebras pesavam-me, e não conseguia pronunciar uma palavra sequer.

Verifiquei que o jovem Vallerius permanecia longas horas comigo, ora ministrando horríveis beberagens, ora sussurrando palavras incompreensíveis ao meu entendimento.

Apesar do estado de apatia no qual me encontrava, meu pensamento registrava os acontecimentos e eu desejava falar, mas uma terrível angústia se apossava de mim e eu não conseguia emitir nenhum som.

Era como se pesada pedra me esmagasse impiedosamente o peito, impedindo-me de verbalizar meus pensamentos.

Não imaginava que do outro lado da vida espíritos a quem eu prejudicara investiam-se de justiceiros e prendiam-me com grilhões ao peito. Outros tantos, a quem eu mandara cortar a língua em acessos de fúria, acomodavam-se junto a mim em sinistros rituais de vingança, transmitindo-me a carga de seus terríveis sofrimentos.

Shabka, a feiticeira, os conclamara ao serviço pelo qual havia muito esperavam. Como até então eu mantivera o pensamento em faixas vibratórias diferentes, não lograram me atingir.

No momento em que as dificuldades e os reveses bateram à minha porta, por não possuir o respaldo das boas ações e uma fé que me sustentasse nas horas difíceis, a revolta, o desespero e o ódio aos que me prejudicaram me ligaram aos que estavam na mesma situação e, conseqüentemente, o elo magnético se deu de forma natural.

Com a aparência embrutecida, o olhar perdido, refletindo o aspecto de minhas companhias espirituais, observava o olhar desolado de Argos. Ouvia, a distância, seus comentários desanimados a meu respeito:

– Pelos deuses! Como um dos mais valorosos soldados do Império pôde ficar assim?! Se mil vidas tivesse, em todas elas destruiria o responsável por isso...

Beatriz, que continuava vestida como um rapaz, respondeu preocupada:

– Entendo o que o senhor sente, mas o ódio só perpetua o mal. O nosso amo necessita é de perdão. Está atormentado pelo mal que causou a tantos. A doença o fará meditar sobre tudo o que fez, e quiçá possa mudar ainda nesta vida...

Argos olhou desconfiado para Vallerius e resmungou:

— Não entendi nada do que disseste, rapaz! Queres dizer que meu amo, o centurião Priscus, deve perdoar os miseráveis que o ultrajaram, dizimando a sua família e tudo o que possuía?!

Beatriz respirou fundo e continuou:

— A vingança só traria frutos nefastos ao seu caminho, Argos. Ele deverá passar por um longo tempo nessa condição em que se encontra, para que possa meditar sobre suas ações. Oremos para que ele consiga se libertar das influências das quais é vítima no momento. Nosso amo só chegou a essa posição porque espalhou muito ódio em torno de si...

Argos coçava a cabeça. Não podia entender que, sendo ele a vítima, deveria ainda perdoar os que o haviam ultrajado.

Ao final de algum tempo, exclamou:

— Deves estar zombando do velho Argos! De onde tiraste essas idéias absurdas?

Beatriz desviou o olhar e comentou, aparentemente distraída:

— Ora, sabes que venho da Grécia. Temos as nossas idéias espalhadas por todo o mundo, nossos pensadores são conhecidos...

— Eis no que deu: os homens de tua terra pensaram demais, e os romanos foram lá e tomaram conta de tudo.

Beatriz sorriu e atalhou:

— Deixemos de lado essa conversa. Vamos cuidar de nosso amo, que necessita de nossa presença.

Assim, eles se aproximaram de mim sem desconfiar que eu registrara todo o diálogo.

Percebia uma dedicação tão profunda da parte do jovem que muitas vezes me comovi ao verificar seus cuidados.

Sem recursos para nos sustentar, pois os romanos haviam saqueado a nossa *domus*, o jovem Vallerius resolvera aplicar-se na tecelagem de vestes e cobertores, atividade a que minha irmã, Lucília, se dedicava por lazer.

Dessa forma, conseguiam obter algum alimento, como vinho, óleo e pão; havia ocasiões em que, com o auxílio de Argos, que fizera algumas economias, comíamos um bom pedaço de carne.

Embora apático e distante, com o passar dos dias pude me levantar do leito e me sentar nas ruínas do que fora nossa confortável residência.

Olhava emudecido para as paredes escurecidas pela fumaça – pois haviam tentado incendiá-la – com indizível tristeza.

O mármore das escadas tinha sido quebrado em pedaços; as tapeçarias, rasgadas; as pinturas delicadas representando Vesta, a deusa do lar, e Marte, o deus da guerra, totalmente destruídas.

Apesar dos esforços de Argos, que improvisara uma porta principal, já que a anterior fora arrombada, o cenário era desolador.

Sentia-me o pior dos mortais e não desejava outra coisa senão a morte.

* * *

Em Jerusalém, Caius e minha família se haviam alojado na casa que Majid lhes oferecera.

Com a ascensão de Vespasiano ao poder, meu amigo acreditava que a sorte poderia ter voltado a lhe fazer companhia.

Sabia que não poderia se apresentar pessoalmente em Roma e que só lhe restava uma aproximação de Tito, filho do imperador.

A revolta que os judeus engendraram contra Roma haveria de lhes custar caro, pois Tito, que já se encontrava na Judéia, consagrara todas as suas energias em debelá-la.

Seria impossível imaginar, naqueles dias, que a cidade seria arrasada, inclusive o grande templo, e que o povo judeu seria disperso novamente pelo mundo afora.

As próprias intrigas internas e as divergências quanto à necessidade de enfrentar Roma criaram facções antagônicas, que acabaram por dividir um povo que lutava ainda pela união de pontos de vista.

Caius imaginou que seria um bom momento para se aproximar de Tito e lutar ao seu lado. Só que, para isso, teria de se afastar da cidade, deixando as três mulheres desprotegidas.

Ao ver que o rapaz andava nervosamente de um lado para o outro, Flávia perguntou, aflita:

— Pelos deuses, meu filho! O que está acontecendo?

Caius fitou a mãe e desabafou:

— Acho que deveria ir me apresentar ao general Tito, colocando-me à disposição para lutar nessa rebelião. Seria uma forma de demonstrar que estou do lado de seu pai, Vespasiano. Poderíamos recuperar tudo o que era nosso e retornar a Roma!

Os olhos de Flávia brilharam de satisfação. Jamais poderia imaginar que em tão pouco tempo pudesse retornar à vida que tanto prezava.

Caius, no entanto, considerou com tristeza:

— Infelizmente isso não será possível. Não posso me afastar daqui enquanto Priscus não chegar...

— E se ele não vier, Caius? O que faremos? — perguntou Flávia, torcendo as mãos, nervosa.

— Não quero nem pensar em tal possibilidade. Continuaremos aguardando. Vou expedir uma correspondência para Tito, colocando-me a seu serviço. Isso deverá interessá-lo, visto que, daqui de dentro da cidade, também poderei ser útil.

Flávia indagou, preocupada:

– Vais te tornar um delator dessa gente? Isso será muito perigoso!

Caius sorriu e, abraçando a mãe, disse:

– Ora, minha mãe, estou defendendo aquilo que nos pertence. O Império não se construiu com escrúpulos e fraquezas.

Naquele momento, Otávia e Lucília entraram na pequena sala. A primeira foi logo perguntando:

– Receberam alguma notícia de Priscus?

Caius respondeu, compassivo:

– Ainda não, nobre Otávia. Vou andar pela cidade para ver se consigo alguma informação.

Lucília ponderou, preocupada:

– Não será perigoso? Apesar do disfarce, temo por tua segurança.

Os olhos de Caius brilharam com a atitude carinhosa de Lucília. A seguir, respondeu, com um belo sorriso nos lábios:

– Não te preocupes. Serei bastante cuidadoso. Creio que Priscus também deve estar disfarçado, pois do contrário não conseguirá chegar até aqui.

Otávia completou:

– Não poderíamos imaginar que essa rebelião se tornasse tão séria. Temos insatisfeitos por todo o Império!

– Tens razão, Otávia. Priscus, inclusive, me havia alertado sobre isso. Ele acha que os cristãos insuflam os povos à desobediência – completou Caius.

Flávia interveio:

—Mas os judeus, em sua maioria, não são cristãos.

Caius procurou esclarecer:

– A questão é que o tal Messias era desta terra. Coincidentemente, estamos enfrentando uma das maiores rebeliões. Se Priscus estivesse aqui, decerto já estaria em plena luta contra esse povo.

Otávia deu um suspiro e exclamou:

– Que os deuses protejam o meu filho. Não vejo a hora de que esse pesadelo acabe.

Em seguida, Caius foi redigir uma carta a Tito, contando tudo o que ocorrera desde a sua saída de Roma e colocando-se à disposição para combater os judeus insatisfeitos.

Lucília se dirigiu ao pátio da residência, a fim de plantar algumas sementes, para iniciar uma pequena horta.

Apesar de não estarem acostumadas, Flávia e Otávia procuraram se ocupar com as lides domésticas.

À primeira vista, parecia uma família grega que se havia mudado para fugir da perseguição de César.

* * *

Era a época da Páscoa, e a cidade fervilhava de pessoas provindas de todos os lugares.

Havia comunidades judaicas espalhadas por todo o mundo conhecido de então: vinham do Oriente, da Germânia, Hispânia, Frígia, Galácia, Síria, Mesopotâmia, da Ásia, entre outras regiões.

Jerusalém era a capital do judaísmo, e esse contingente trazia prosperidade e fartura à cidade.

Existia o preceito de que todo judeu deveria comparecer às grandes festas realizadas na cidade, embora houvesse algumas concessões em alguns casos.

Existiam também os "novos judeus", que necessitavam testemunhar a sua fé, o que aumentava consideravelmente o número de peregrinos.

Tal obrigação não existia para as mulheres, sobretudo se não estivessem acompanhadas do pai ou do marido.

Aproveitando a multidão que se encontrava na cidade, Ischmé, agora chamada Hannah, vestiu-se de maneira sóbria e, colocando um longo manto que lhe cobria a cabeça e uma espécie de tela grosseira que lhe ocultava o rosto, saiu à via pública.

Desejava conhecer o local, as pessoas, procurar entender um povo que lhe era totalmente estranho.

Verificava a presença de poucas mulheres nas ruas. Essas, em sua maior parte, eram do povo.

Grupos se reuniam em discussões acirradas, ora sobre temas religiosos, ora sobre a questão política.

Ischmé procurava se aproximar dos grupos de estrangeiros que se reuniam conforme a sua origem. Sabia que Caius não deveria estar usando vestes romanas, e buscava entre os transeuntes alguém que se assemelhasse ao homem que amava.

Depois de andar por algumas horas, desistiu e resolveu retornar para o local onde se hospedara.

Ao chegar, encontrou Noori aguardando-a. A escrava se aproximou, murmurando:

— Minha senhora, algumas mulheres queriam lhe falar. Vieram para a Páscoa e trouxeram alguns presentes. Eu disse o que a senhora mandou...

Ischmé franziu o cenho e perguntou:

— O que disseste, Noori? Quero saber exatamente o que falaste a elas.

— Falei que a senhora vem de Listra. Que ficou órfã e procura parentes na cidade.

Ischmé caminhou até uma pequena mesa onde se encontravam algumas frutas secas e óleos perfumados. A princípio desconfiada, examinou os presentes e refletiu, mais tranqüila:

— Talvez este seja um bom augúrio que os deuses nos trazem. Amanhã cedo irei agradecer pelos presentes.

Enquanto isso, Caius fora até a cidade para localizar algum mensageiro que pudesse levar a sua carta a Tito.

Infelizmente, lembrou-se de Majid, o dono da hospedaria onde se havia alojado quando da sua chegada em Jerusalém.

O velho árabe logo o reconheceu e foi dizendo:

— Como estão passando, meu senhor? Espero que estejam gostando da minha humilde casa...

Caius respondeu com a forma arrogante que lhe era peculiar:

— Preciso que me indiques um mensageiro para levar uma carta. Trata-se de uma questão de vida ou morte!

Os olhos do homem demonstraram intensa curiosidade, quando observou:

— Por Alá, meu senhor! Deve se tratar de assunto sigiloso.

— Entendeste a importância desta missiva. Deves conhecer alguém que me possa prestar esse serviço. Um estrangeiro, certamente.

Majid procurou pensar rápido numa maneira de ganhar tempo para avisar Ashaf e disse, com um sorriso brejeiro:

— Sim, sei onde poderá encontrar o tal mensageiro, senhor. É claro que não queremos que sua carta caia nas mãos de um judeu, não é mesmo?

Caius procurou evitar dar maiores detalhes sobre o assunto:

— Então, onde posso encontrar?

— O senhor sabe, é Páscoa, a cidade está cheia... Tem mercadores de todos os lados. Eles, na certa, poderão ajudá-lo. Vou verificar se existe algum amigo de confiança na cidade e amanhã levarei o senhor até ele.

Caius demonstrou contrariedade. Desejava que sua carta chegasse antes que Tito invadisse a cidade. Como não tinha outra solução para o caso, porém, concluiu:

— Está bem, Majid. Amanhã estarei aqui para resolvermos isso.

O jovem romano se afastou a passos largos, e Majid esboçou um sorriso, enquanto coçava o queixo, onde uma espessa barba piorava o seu aspecto geral. "O senhor romano irá ter uma pequena surpresa... Preciso avisar o senhor Ashaf."

No dia seguinte, Hannah se preparou para ir ter com as "vizinhas" que a haviam presenteado.

Deixou o longo cabelo solto e vestiu uma túnica sem adereços, revelando simplicidade e singeleza.

Aproximou-se de uma senhora mais velha e disse, com humildade:

— Venho retribuir a oferta que me fizeste ontem, senhora. Agradeço por sua gentileza.

Marta olhou para a moça e sorriu:

— Deves ter estranhado nossa ousadia, minha jovem. Mas, do lugar de onde venho, tais gestos são comuns.

Hannah se interessou e perguntou:

— Vieste de Alexandria, suponho...

— Claro que sim! Viemos de Alexandria, eu, meu marido e um casal de filhos. Existem muitos judeus naquela região e viajamos em uma caravana.

— Não os tinha visto ainda. Cheguei há dois dias e estou tentando me adaptar à cidade.

— Soube que vieste só... Isto é uma temeridade, minha filha! Esta rebelião ainda nos custará muito caro! As estradas estão cercadas. Javé deve ter guiado teus passos.

Hannah sorriu e ajuntou:

— Tenho certeza de que me guiou pelos caminhos certos. Venho de Listra e procuro algum parente de minha família. Fiquei órfã com a morte de meu velho pai e resolvi vir à terra de meus antepassados, para recomeçar minha vida.

Os olhos de Marta demonstraram comoção. Simpatizara com a jovem desde a primeira vez que a vira e, se aproximando, anotou com carinho:

— Não te conheço, mas vejo que tens sofrido e buscas recomeçar tua jornada. Conta conosco, minha querida! Enquanto estivermos aqui, nós a protegeremos.

Ao ouvir aquelas palavras ditas com tanta bondade, os olhos de Hannah se encheram de lágrimas. Sem intrometer-se em sua vida, Marta a acolhera sem reservas.

Depois de algum tempo, ouviram um alarido vindo da rua. Voltaram-se e depararam com três pessoas adentrando o ambiente.

À frente, um homem por volta dos sessenta anos trazia alguns mantimentos; a seguir, uma menina, beirando os quatorze anos, o acompanhava e, mais atrás, um rapaz de vinte anos mais ou menos carregava uma bilha d'água.

Marta se aproximou e apressou-se em explicar:

— Queridos, esta é Hannah, nossa vizinha aqui em Jerusalém. Veio retribuir os agrados que lhe levei ontem.

Zacarias e os filhos cumprimentaram a jovem e a conversa logo se estabeleceu, animada.

Os filhos de Marta contavam o que haviam visto na cidade e comparavam as diferenças existentes entre Jerusalém e Alexandria.

Hannah dissera que já estivera em Roma de passagem e que nunca vira cidade tão esplêndida.

Zacarias resolveu questioná-la sobre sua família, o que fez com que ela se mostrasse reticente.

Fitou Hannah cuidadosamente com seus pequenos olhos, dizendo a seguir:

— Não possuis os traços característicos da raça, minha jovem. Devo supor que não pertenças a uma das casas de Israel...

Hannah não soube o que dizer. Pouco sabia sobre o povo judeu e não imaginava que teria de justificar sua ascendência.

Saul, o filho de Marta, vendo o embaraço da moça, veio em seu socorro:

— Perdão, meu pai, mas os traços de Hannah lembram os descendentes da tribo de Benjamin.

Marta, preocupada, com a intromissão do filho, tentou desviar o assunto:

— Falaremos disso outra hora.

Zacarias insistiu:

— Diga-me alguma coisa sobre tua família, Hannah. És filha de mãe e pai judeu?

Sem saber o significado daquela pergunta, Hannah respondeu, titubeante:

— Meu pai era judeu egípcio, e minha mãe era filha de Israel.

Zacarias tornou, satisfeito:

— Deves saber, certamente, a genealogia de tua família. Afinal, todos os descendentes de Abraão o sabem. Quero que me fales de teus antepassados. Devo ter conhecido algum parente teu. Além do mais, teu pai deixou uma bela herança, pois vi que possuis escravos...

Aquele simples detalhe não passara despercebido ao astuto Zacarias. Sentindo-se desorientada diante de um interrogatório assaz perturbador, Hannah olhou para Marta, pedindo auxílio.

Achando que o assunto a perturbava pelas lembranças, Marta pediu que evitassem fazer mais perguntas sobre a vida da moça.

Hannah explicou que eram escravos de seu pai que resolveram acompanhá-la. E, assim que foi possível, retirou-se, para evitar maiores embaraços.

Preocupadíssima, Hannah decidiu que iria limitar ao máximo suas visitas à casa de Zacarias.

Apreciara muito Marta e seus filhos, mas, quanto a Zacarias, sentira que deveria ter cuidado.

Invisíveis fios do destino reconstituíam laços que se haviam perdido nos vestígios do tempo.

CAPÍTULO 15
Intriga e sedução

Hannah dirigiu-se ao seu quarto experimentando sensações novas. Não estava acostumada ao carinho e respeito que a família de Zacarias lhe demonstrara.

Tornara-se arredia e voluntariosa por não encontrar amizades sinceras e desinteressadas no meio em que vivera.

No silêncio de seu quarto, pensava na felicidade de possuir uma lar, de sentir-se protegida. Jamais tivera a segurança que uma família proporciona. Acabara nas mãos de Shabka, que, de certa forma, a incentivara a se tornar uma cortesã.

Um calafrio perpassou todo o seu corpo.

Se seus novos amigos descobrissem o seu passado, certamente não a receberiam com tanta afabilidade; principalmente em relação a Zacarias, constatara a sua desconfiança e decidira que se manteria longe da sua presença.

Teria de esconder, a qualquer custo, sua verdadeira identidade.

Um ar de preocupação lhe surgiu na face. O tempo passava e era preciso fazer alguma coisa...

No dia seguinte, mandou Anuk até outras hospedarias em busca de informações.

Semira, a filha de Marta, tinha vindo convidá-la para fazer a refeição junto dos seus. Hannah aceitou, pois apreciara verdadeiramente a companhia dos vizinhos.

Logo ao chegar, saudou a todos e foi ter com as mulheres, Marta e Semira. Elas comentavam sobre uma visita que haviam recebido pela manhã.

Um homem chamado Majid, conhecido de Zacarias, estava à procura de determinado comerciante, Jamal, para que este levasse uma correspondência até a Galiléia.

Como não o encontrara, Zacarias havia se oferecido, pois passaria pela região no seu retorno; mas Majid se negara peremptoriamente a lhe entregar a carta.

Dizia ser algo sigiloso, sobretudo para um judeu.

O marido de Marta estranhara o acontecimento, pois estava acostumado a levar e trazer cartas, quando de suas viagens como comerciante.

Se Zacarias ficara intrigado, Marta ficara muito desconfiada.

"Ora", pensava, "se esse tal Majid disse que um judeu não poderia levar a tal carta é porque tem algo a ver conosco".

Quando Hannah e Semira adentraram a pequena sala, Marta estava totalmente distraída.

Semira se aproximou da mãe e exclamou:

— Minha mãe, Hannah veio cear conosco!

Marta continuou com o pensamento distante.

Semira tornou:

— Desculpe, mas Hannah está aqui e pode se aborrecer...

Marta olhou para a filha e para Hannah e, percebendo o que acontecia, desculpou-se:

— Oh, minha jovem! Por Javé, perdoe minha indelicadeza... Sinto que existe algo estranho nesse acontecimento de hoje cedo...

Marta inteirou Hannah do que ocorrera. Ambas ficaram pensativas e Hannah assinalou:

— Acho que tens razão, senhora. Deve haver algum motivo para todo esse cuidado com a tal missiva.

Marta franziu o cenho:

— Sabes o que penso? Deve ser alguma coisa secreta relativa à rebelião de nosso povo. Alguma carta que só os romanos podem ler...

— Mas quem teria interesse em enviar uma mensagem dessas?

— Alguém que deseja se comunicar com os romanos e não pode. Talvez um traidor ou um romano mesmo...

Os olhos de Hannah se iluminaram. Quem sabe se... Não podia ser verdade! E se estivessem falando de Caius?

Soubera que Vespasiano era o novo imperador. Tito, seu filho, estava próximo de Jerusalém, talvez na Galiléia. O fato de Majid haver se negado a entregar a carta a Zacarias deixava Hannah cheia de esperanças.

Após a refeição, arranjou uma desculpa e se retirou. Ao chegar ao cômodo onde se hospedava, chamou Anuk e lhe deu a seguinte instrução:

— Quero que vás à procura de um homem chamado Majid. Diga-lhe que vens da parte de Jamal e que Zacarias, de Alexandria, lhe informara que havia uma correspondência para ser entregue.

Anuk, prestimoso, saiu rapidamente, satisfeito com o encargo que Hannah, nossa conhecida Ischmé, lhe dera.

Ocorre que, após localizar a hospedaria de Majid, o que não foi difícil, pois o árabe era deveras conhecido na cidade, Anuk teve uma surpresa.

Ao encontrar Majid, lembrou-se de que, quando Ischmé estava na casa de Ashaf, vira o escravo particular do mago falando com aquele homem.

Apesar das deficiências naturais de Anuk, o escravo conseguiu depreender que Majid, de alguma forma, tinha uma ligação com Ashaf.

Aproximou-se da hospedaria e transmitiu a Majid o recado tal como fora instruído por Hannah.

O velho árabe sorriu e mandou que esperasse, pois o remetente da correspondência haveria de chegar em poucos minutos.

Assim de fato ocorreu; não demorou muito para que Caius chegasse.

Anuk não teve dúvidas de que se tratava do jovem romano, por quem sua senhora deixara toda uma vida de luxo e riqueza e se aventurara naquela região inóspita e pobre.

Majid, sorridente, disse a Caius que encontrara um mensageiro e que este lhe mandara seu escravo para levar a carta.

Desconfiado, Caius pediu para acompanhar Anuk até o seu amo.

Anuk, por sua vez, sabia que não lhe adiantaria levar a carta sem descobrir o paradeiro de Caius.

Disse, então, que pediria a seu amo para ir pessoalmente à residência do jovem romano, para tratar do assunto; evidente que Caius não aceitou e voltou a insistir em conhecer Jamal, o comerciante.

Majid, que a tudo ouvia, começou a ficar intrigado. Fingindo estar incomodado com as desconfianças de Caius, lamentou-se:

— Não entendo, meu senhor. Fui pessoalmente em busca de Jamal, e Zacarias é um homem de bem, apesar de ser judeu. Sei dos seus cuidados e não indicaria alguém que não fosse de extrema confiança.

Caius, percebendo que revelara mais do que desejava, procurou reconsiderar:

— Sei que nos tens prestado grandes favores, Majid, mas sou novo nesta cidade, e esses costumes diferem muito dos do lugar de onde venho. Gostaria de conhecer a pessoa que vai nos prestar esse serviço.

Anuk, com astúcia, aproximou-se e disse, aparentando humildade e serventia, enquanto se mantinha de olhos baixos:

— Perdoem-me senhores, mas creio que meu amo apreciará conhecer o senhor. Posso levá-lo hoje mesmo à sua casa.

Majid confirmou:

— Não vejo nenhum perigo nisso. Sei que o senhor teme pelas senhoras e a sua jovem noiva, mas não há nenhum perigo, asseguro-lhe. Além do mais, é uma das minhas residências, e Jamal não teria motivos para prejudicá-lo.

Por fim, Caius concordou:

— Está bem, aguardarei hoje ao anoitecer a presença de Jamal. Majid lhe dará a indicação da moradia.

Dizendo isso, Caius se retirou. Majid ficou olhando para o romano, enquanto ele se afastava.

A seguir, falou a Anuk:

— Esse romano pensa que está nos enganando! Quanto mais desconfia de nós, mais se revela. Bem, quanto a ti, leva o endereço a teu amo. Acho que fizemos um bom trabalho. Ashaf vai nos retribuir.

Tão logo ouviu o nome de Ashaf, os olhos de Anuk se arregalaram. Não se enganara. Majid estava mesmo a serviço do mago! Precisava avisar Hannah o mais rápido possível, antes que o tal mago "esquisito" descobrisse que fora ludibriado.

Assim, Anuk saiu em disparada em direção à sinagoga, onde a suposta Hannah estava hospedada.

O pequeno escravo irrompeu nos aposentos de Hannah quase sem fôlego.

A jovem, que já estava preocupada com a demora do escravo, se encaminhou em sua direção e indagou, ansiosa:

– Diga, Anuk, o que aconteceu?

Tentando respirar mais calmamente, Anuk respondeu:

– Tenho algo a lhe contar, minha senhora...

Assim, Anuk colocou Hannah a par de tudo o que ocorrera. Disse-lhe que Majid trabalhava para Ashaf e que o mago sabia do paradeiro de Caius, tendo inclusive lhe alugado uma casa.

À medida que Anuk falava, Hannah ia empalidecendo. Noori correu para lhe trazer um pouco de vinho com água, antes que a moça perdesse os sentidos.

Sempre suspeitara das boas intenções de Ashaf, mas agora sabia do que ele era capaz.

Tinha de agir rápido, pois, quando ele descobrisse que fora ludibriado, poderia fazer algo terrível...

Anuk terminou, dizendo:

– O nobre Caius a espera hoje ao entardecer. Pensa que receberá Jamal em sua casa. Eis o endereço.

Hannah não podia acreditar no que ouvira. Esperara tanto por aquele momento, e agora via-se diante da iminência de encontrar o homem que tanto amava!

Atônita, sem saber o que dizer, olhava para Anuk e Noori. O destino a colocara no caminho de Caius!

Lembrara-se de Shabka, que lhe dissera que ele estava em seu caminho e que teria de lutar por ele.

Aos poucos, foi retomando a posse de suas emoções e ordenou a Noori:

— Veja a túnica mais bela que possuo. Quero poucos adereços; infelizmente não posso usar os trajes de costumava usar em Roma.

Noori correu em direção a um baú e, tomando nas mãos belíssima túnica de linho egípcio, observou:

— A senhora sempre gostou deste traje...

Hannah olhou para a túnica e anotou:

— Ashaf me fez recordar uma vida no Egito em que, tal como agora, eu amava Caius perdidamente. Usarei esta túnica, que sempre me agradou talvez por esse motivo: a lembrança de um passado remoto.

Encaminhou-se em direção a pequeno cofre onde guardava suas jóias e, retirando fino bracelete, ofereceu a Anuk.

O jovem escravo não quis aceitar. Hannah insistiu, dizendo:

— Gosto de presentear os que me são fiéis, Anuk. Agiste muito bem hoje e te devo esta pequena recompensa.

O escravo, muito desajeitadamente, segurou com as duas mãos a preciosa peça. A seguir, fez uma reverência e se retirou, sorridente.

Jamais recebera uma jóia de alguém. Tocava-a com as mãos castigadas pelos trabalhos que a vida lhe reservara, procurando sentir a impressão que o contato com a peça lhe causava.

Da mesma forma, a escolha da túnica egípcia por sua senhora lhe havia causado estranha comoção.

Sabia que estava próximo à sua terra natal, podia sentir na brisa das tardes o mesmo perfume que experimentava junto à casa de seus pais.

Mas não ousaria pedir que Hannah o libertasse. Ficaria ao seu lado até que ela não mais necessitasse de sua presença.

* * *

Ao final daquela tarde, finalmente a nossa Ischmé logrou sucesso no objetivo ao qual havia dedicado o último ano de sua vida

Conhecedora do coração masculino, utilizara poucos adornos, procurando na simplicidade e na pureza de seus traços impressionar seu grande amor do passado.

Com a longa e sedosa cabeleira solta, a túnica, que em sua simplicidade lhe delineava o corpo perfeito, e uma capa escura, que a cobria da cabeça até os pés, sentia-se segura para apresentar-se diante de Caius.

Na hora acertada, uma biga com uma parelha de cavalos se postou diante da casa onde Caius estava alojado.

Hannah tivera o cuidado de sair por um caminho alternativo, pois agora sabia que Ashaf a espreitava.

Após bater de forma delicada, a porta se abriu e Caius apareceu à sua frente.

Sem compreender o que estava acontecendo, o jovem romano estampou no olhar a surpresa de que se via objeto.

Esperava, na verdade, Jamal, um homem rude, comerciante, assim como Majid.

No entanto, via diante de si uma jovem belíssima, apesar do manto que lhe cobria o corpo e parte do rosto.

Hannah fez menção de entrar, e Caius, desculpando-se pelo lapso de não a haver convidado, manifestou-se:

– Perdoa-me, mas esperava outra pessoa...

Hannah afastou a capa do rosto e a deixou cair pelos ombros. A seguir, disse com simplicidade:

– Sou eu quem lhe pede perdão, senhor. Ocorre que meu pai não pôde vir e, como se trata de assunto sigiloso, mandou-me em seu lugar.

Desconfiado, Caius redargüiu:

– Não foi isso o que combinamos... E o escravo que esteve conosco hoje à tarde?

– Acompanhou-me até aqui. Meu pai queria evitar que Majid soubesse do teor de sua carta. Se caísse em suas mãos, certamente o senhor logo seria denunciado. Ele trabalha para um homem muito poderoso deste lugar, que nutre um ódio acirrado por nossos conquistadores.

Ante a perplexidade de Caius, Hannah resolveu explicar-se, voltando-se para Otávia e Flávia, que a tudo assistiam assustadas:

– Senhoras, assim como Majid, também sei que são romanos. Ouvi comentários na sinagoga onde estou hospedada. Vim com meu pai para as comemorações da Páscoa. Ele deseja que eu permaneça por mais algum tempo, mas quero retornar a Roma, onde já estive algumas vezes.

O desejo de tornar a sua história aceitável levou Hannah a mentir impiedosamente.

Em sua inconseqüência, não percebia que a farsa que começava a construir a enredaria de tal forma que acabaria por afastá-la daquilo que mais desejava.

Apesar da desconfiança de Otávia, Flávia simpatizou com a moça. Procurando deixá-la mais à vontade, assinalou:

– Confio em ti, minha jovem. Dá-me tua capa e vamos conversar.

Hannah entregou a veste, causando forte impressão em todos por sua beleza. Continuou, como se nada percebesse:

– Agradeço, minha senhora. Meu pai ficará feliz em lhes ser útil, pois não aprecia Majid; ele toma a maior parte dos lucros dos carregamentos feitos para o seu senhor, que não desconfia de suas trapaças e dos seus negócios escusos.

Otávia, como se adivinhasse, por uma poderosa intuição, quis saber:

— Qual o motivo desse interesse por nossa família? O que a trouxe aqui, na verdade?

O sangue pareceu estancar nas veias de Hannah. Ela, porém, prosseguiu com a farsa:

— Nasci em Listra, uma província romana, como devem saber. Vivi algum tempo em Roma e acostumei-me com os seus hábitos. Desejaríamos retornar... Meu pai não concorda com a revolta e por isso também corre perigo.

Flávia Pompília a interrompeu, interessada:

— Dize-me, minha jovem, qual o teu nome?

— Chamo-me Hannah... Minha mãe era judia. Sua família deixou esta cidade há mais de cinqüenta anos. Em Listra, ela conheceu o meu pai e, apesar de afrontarem as tradições da raça, casaram-se.

Caius resolveu intervir, preocupado:

— Disseste há pouco que Majid não é de confiança. Por que ele ainda não nos denunciou? Foi ele quem nos alugou esta residência.

Hannah franziu o cenho, aflita. Se Ashaf descobrisse que ela havia interferido em suas ações contra Caius, estaria perdida. Pensou por alguns minutos e esclareceu:

— Acho que devem sair o quanto antes deste lugar. Não estarão seguros, enquanto estiverem ligados a Majid.

Otávia observou Hannah e afirmou:

— Talvez esteja exagerando, minha jovem. Estamos aguardando o meu filho, que deve chegar em poucos dias; assim que isso acontecer, poderemos retornar para Roma.

186 *Tanya Oliveira / espírito Tarquinius*

Flávia arrematou:

— Além disso, se essa carta chegar a tempo, estaremos a salvo! Ninguém nos poderá atingir.

Naquele momento, ouviu-se um barulho vindo do interior da casa, ao que surgiu Lucília timidamente.

O olhar de Hannah em sua direção atingiu-a como um dardo. Lucília sentiu que seu coração disparava incompreensivelmente.

Procurando romper o silêncio que se estabelecera, Hannah sorriu e comentou com aparente naturalidade:

— Deve ser a sua esposa, não é mesmo?

Lucília enrubesceu, e Caius de pronto redargüiu:

— Ainda não é minha esposa, mas assim que Priscus chegar e retornarmos a Roma celebraremos os nossos esponsais. Lucília é irmã de meu melhor amigo, Vinicius Priscus.

Ao ouvir meu nome, a falsa Hannah, nossa conhecida Ischmé, sentiu um calafrio.

Onde andaria o nobre Priscus, que tantas vezes a visitara e adulara com presentes caros?

"Desejo, sinceramente, que esteja bem longe, quiçá morto!", pensou.

Retornando de seu devaneio, aproximou-se de minha irmã e declarou com brandura:

— Fico feliz em conhecer-te, Lucília. Espero que teu irmão não tarde a chegar.

Lucília, em sua inocência, esboçou um largo sorriso. Não escondia a admiração que sua nova amiga lhe causava.

Devia ser alguns anos mais velha, mas era uma moça muito bonita e agradável. Com a sinceridade que lhe era característica, respondeu:

— Agradeço por tuas palavras, Hannah, e saiba que sempre terá em mim uma amiga.

Dessa forma, Ischmé conseguira se aproximar de Caius sem despertar maiores desconfianças quanto à sua origem. Ninguém a reconhecera.

No que concerne a Caius, a presença daquela jovem mulher o havia perturbado mais do que desejara.

Admirara suas vestes, seu porte, sua beleza delicada e ao mesmo tempo provocante.

"Onde terei visto esse rosto?", questionava-se. "Talvez, em Roma..."

Na saída, ao vê-la despedir-se de sua mãe, de Otávia e Lucília, experimentara a estranha sensação de já ter visto aquela cena antes...

E aquele olhar? Parecia que imantava, magnetizava aqueles que estavam ao seu redor!

Hannah finalmente levara a carta que esperava chegasse ao seu destino.

A mente de Caius jazia envolta na atmosfera psíquica que ela havia criado, através de suas vibrações de amor e paixão.

"Como poderei rever essa bela jovem?", perguntava-se.

Esquecendo-se das promessas que fizera a Lucília, Caius começava a se envolver nas sensuais e ocultas promessas de Ischmé.

* * *

Majid, após dar o problema de Caius por resolvido, fora comunicar os acontecimentos a Ashaf.

Este, ao saber que Majid agira por conta, ficara furioso.

Fazendo voar os papiros da sua sala de trabalho, vociferava, tomado de cólera profunda:

— Por que agiste sem minhas ordens?! Não deverias ter procurado Jamal, pois ele não me tem trazido o lucro devido!

Majid engoliu em seco, pois uma parte do lucro ele vinha extorquindo de Jamal.

Tentando remediar a cólera de seu amo, Majid obtemperou:

– Senhor, pensei que lhe prestaria um favor evitando esses contratempos. Jamal sempre foi o escolhido para levar suas mensagens...

– Não deves em hipótese alguma decidir por mim, Majid! Devo saber de tudo o que acontece! – contrapôs aos gritos.

Majid, percebendo que aquilo lhe custaria caro, considerou:

– Sempre lhe tenho servido com fidelidade, senhor Ashaf! Nunca questionei suas ordens e só tomei essa iniciativa para lhe ser útil.

Ashaf voltou-se e, ainda com as veias saltadas nas têmporas, murmurou:

– E quanto ao romano? Sabes o teor da carta?

Majid coçou a cabeça e tornou:

– Não consegui pegá-la em minhas mãos. Tentei de todas as formas, mas não foi possível. Jamal deve ter ido ontem ao entardecer à casa do romano buscar a mensagem.

Ashaf ficou pensativo. Qual deveria ser o teor de tal missiva? Por certo seria algo realmente importante...

A seguir, voltando-se para Majid, afirmou:

– Esta seria uma boa oportunidade de acabar com o romano... Aguardarei os acontecimentos. Os deuses ainda me favorecerão!

Ashaf fez um sinal para que Majid saísse. Bateu palmas e o seu criado de confiança entrou, postando-se.

Olhando-o fixamente, perguntou:

– Quais as notícias que me trazes de Ischmé? Ela continua na hospedaria da sinagoga?

O escravo baixou os olhos e disse:

– Sim, senhor. Passa o dia todo naquele local. Tem alguns amigos novos, uma família de Alexandria.

Ashaf ficou pensativo:

– Mantenha-me informado de todos os passos dela. Quero saber quem são esses amigos, de onde vieram, quanto tempo vão ficar em Jerusalém...

O criado curvou-se e foi se retirando, sem voltar as costas a Ashaf.

Ensimesmado, o mago buscava um estágio de concentração tal que lhe permitisse descobrir o que Ischmé estaria planejando.

CAPÍTULO 16

A caminho da retaliação

Naqueles dias, em virtude da latente brutalidade de minha alma, não podia eu perceber as transformações que a humanidade experimentava após a presença de Jesus entre nós.

A vida tinha muito pouco valor, e a miséria que dominava grande parte do mundo levava o ser humano a viver unicamente pela subsistência.

A condição espiritual do planeta denotava o grau de elevação dos espíritos que aqui habitavam: estávamos na infância de nossa jornada evolutiva, apesar de progressos já se fazerem notar em alguns povos.

O povo judeu era o único que estava apto a receber o Messias, pois já tinha alcançado o fundamento básico da existência de um só Deus, enquanto outros se dividiam na adoração a uma série de divindades.

O sofrimento e as provações pelas quais esse povo passou deveriam proporcionar o amadurecimento espiritual necessário ao entendimento de realidades novas, que tornavam reais as promessas de seus profetas.

Apesar disso, o Nazareno foi traído, julgado e condenado pelo seu próprio povo, que não percebeu a verdade nos seus ensinamentos; não soube reconhecer que se tratava do Messias prometido, porque ele não havia chegado em um carro de guerra, como um general vitorioso, mas na singeleza de seus trajes e na simplicidade de suas palavras de infinita sabedoria. Trouxe, assim, ao mundo verdade que, sábio algum, de qualquer cátedra do planeta, jamais havia pronunciado.

Mas meus ouvidos eram surdos, meus olhos jaziam cegos, e minha boca o Senhor emudecera temporariamente, para que eu pudesse ouvir a voz de minha consciência e aprender a linguagem do amor...

Só quando pude perceber as trevas de minha alma verifiquei a luz que me buscava para um novo recomeço.

E nessa luz encontrei o caminho de volta para a verdadeira vida do espírito imortal, após muitos reveses...

Mas ainda não era o tempo e, por isso, naqueles dias do século I, eu ainda era um homem cruel.

* * *

O coração de Hannah vivia um conflito sem precedentes.

Alcançara aquilo que buscava fazia tanto tempo, a aproximação de Caius, mas por meios que jurara não mais utilizar em sua vida.

Os ardis, a mentira, a farsa já haviam sido seus companheiros fiéis em outros tempos. Agora, no entanto, queria se afastar dessa espécie de artifício.

Observava a vida simples e as atitudes da família de Zacarias e sentia-se envergonhada; principalmente pelo fato de ter de continuar mentindo àqueles que a haviam recebido com sinceras demonstrações de afeto.

No entanto, não existia outra saída. Não abriria mão de Caius logo agora...

Mandara Anuk levar a mensagem na qual Caius depositava tantas esperanças de reaver seu posto e seus bens.

Tão logo fosse possível, deveria convencer a mãe, Otávia e Lucília da importância de buscarem outra residência, se possível fora da cidade.

Não podia correr o risco de ser desmascarada.

Naquele momento, Hannah recordou-se de Shabka. Não recebera a resposta da carta que lhe enviara...

Resolveu escrever nova mensagem e, desta vez, pediu notícias minhas. Queria saber sobre Priscus.

Sabia que Ashaf já a havia localizado e apenas temia que ele descobrisse que encontrara Caius.

Precisava ser cuidadosa e, para isso, uma lembrança oportuna lhe veio à mente: Semira e Saul.

Os dois filhos de Marta lhe poderiam ser muito úteis.

Assim, Hannah mudou suas vestes, vestindo uma túnica simples, sem adereços, tal como as usavam as mulheres judias; colocou um manto sobre a cabeça e foi ter com seus vizinhos na hospedaria do templo.

Ao chegar, Marta veio ao seu encontro, sorridente.

– Querida Hannah! Que Deus te saúde! Estranhamos, pois não te vimos oferecer nenhum sacrifício no templo por estes dias... Por acaso necessitas de algum auxílio? Sabes que Zacarias trouxe, além dos impostos devidos, o segundo dízimo.

Hannah ignorava a que Marta se referia, mas percebeu que havia faltado com os costumes que dizia seguir. Relutante, esclareceu:

– Agradeço tua bondade, Marta, mas estive confirmando algumas informações sobre os meus familiares... E acabei, bem, tu sabes... Cumprirei com minhas obrigações o quanto antes.

Marta observou Hannah com atenção e advertiu:

– Conheces a lei e o seu rigor. Não devias sair sozinha sem a companhia de um homem. Não entendo como pudeste fazer esta viagem até aqui... Logo serás malvista na comunidade.

– Como poderei procurar os meus, Marta? Não posso ficar indefinidamente nesta cidade. Além disso, estou acostumada, pois em Listra os costumes são outros.

Marta olhou com preocupação para Hannah e observou:

– Zacarias não me permite sair a não ser em sua companhia ou na de Saul. Semira também não pode colocar os pés além da soleira da porta. – E ajuntou: – Sabe, acho que o meu Saul te poderá auxiliar.

Os olhos de Hannah se iluminaram. Era o que ela desejava; a proposta de Marta vinha ao encontro de seus anseios.

Marta prosseguiu:

– Quando precisares sair em busca da tua família, peça para que Saul te acompanhe. Ele irá de bom grado, é um rapaz excelente. Assim evitarás comentários.

Hannah ainda perguntou:

– Achas que ele não se incomodará? Afinal de contas, é tão jovem...

Marta falou com o orgulho de mãe a lhe moldar as palavras:

– Nosso filho é a esperança de nossa velhice. É forte, saudável, conhece a lei e a segue com todas as forças de sua alma. É uma bênção, assim como Semira.

As palavras de Marta novamente tocavam a sensibilidade de Hannah.

Jamais vira ser humano com tanta generosidade, tanto amor pelos seus e pelo semelhante.

Avaliava a vida daquela mulher e verificava que ela não tivera um palácio, vestes em seda ou púrpura, não possuía escravos, a não ser os domésticos. Não fora aclamada por sua beleza, mas trazia a alma serena como ela, Ischmé, nunca experimentara, apesar de ter possuído tudo o que a terra poderia oferecer a uma mulher.

Ao sair da casa de Marta, sentia-se tomada por um sentimento de inferioridade em relação à sua amiga.

De alguma forma, Marta tivera uma vida oposta à sua, mas Hannah percebia claramente que ela era uma vencedora.

Mesmo que conseguisse conquistar Caius, sabia que deixara em sua vida um rastro de paixão e ao mesmo tempo de destruição, não só dos que a cortejavam, mas de si mesma.

Lembrou-se de mim, Priscus. Agira por despeito quando me intrigara com Nero, mas só agora, ao conhecer Otávia, que me aguardava, ansiosa, entendia o que realmente havia feito.

Hannah teve ímpetos de ir até a casa de Caius e contar toda a verdade. Mas, se fizesse isso, estaria perdendo tudo o que alcançara em sua vida de tristes ilusões...

* * *

Alguns dias se passaram e Hannah procurou cumprir com os sacrifícios e oferendas judaicas para não despertar desconfianças.

Eu, Argos e Vallerius estávamos, finalmente, a caminho de Jerusalém.

A viagem seria longa e extenuante para nós, mas nada justificava nossa permanência em Chipre.

Tinha recuperado meus movimentos, mas as dificuldades com a fala me impediam de me comunicar como seria de desejar; no máximo, conseguia emitir alguns sons sem sentido, que só Vallerius conseguia entender.

Poderia mesmo dizer que ele lia os meus pensamentos, sabia quando estava com sede ou fome, ou quando algo me incomodava.

Aquilo me perturbava muito, pois, embora fosse comum na época aquela espécie de amor, repudiava as preferências do inesquecível Alexandre.

Às vezes, meu prestimoso ajudante cantarolava canções que eu jamais ouvira, mas que me faziam imenso bem.

Sua voz cristalina entoava cantigas que deveriam ser provenientes do local de onde viera e que embalavam meu sono e meus sonhos de reencontrar minhas amadas Otávia e Lucília.

Depois de alguma economia e a troca de serviços a bordo de uma embarcação que se dirigia a Tiro, conseguimos, finalmente, iniciar nossa viagem em direção a Jerusalém.

Eu mesmo tive de participar dos trabalhos de limpeza e distribuição de alimentos junto com os escravos, pois nenhuma outra galé aceitara nos receber.

A lição me era oferecida para que o meu orgulho fosse fustigado e as humilhações me levassem a refletir sobre a relativa posição dos homens no mundo.

O cinzel de Deus buscava o burilamento do meu espírito por meio de sábias lições, em que o sofrimento deveria fazer surgir uma alma sem máculas, integrada no concerto do amor, que embala a sagrada engrenagem do Universo.

No entanto, eu ainda não despertara para uma vida maior. Jazia entregue no cipoal de minhas paixões e ilusões, onde o orgulho ainda me fazia tremer de ira por qualquer afronta a mim dirigida.

Preparava-me, isso sim, para erguer o gládio da vingança sobre todos os que me haviam desprezado.

Segundo imaginava, Ischmé seria a primeira vítima...

CAPÍTULO 17

Reencontro de duas almas

R ealmente, o destino não me era favorável naquela época.

Colhia naquela existência mesmo o fruto de minhas atitudes irrefletidas e inconseqüentes.

Antes de terminar o período destinado à Páscoa, Hannah pediu a Saul para que ele fosse ao bairro dos imigrantes gregos.

Desejava enviar alguns mantimentos a Caius, pois sabia que não deveriam ter recursos para se manter. Preparou uma cesta com alimentos variados, bolos, pães, tâmaras, azeite e óleo perfumado para Otávia, Flávia e Lucília.

A manhã já ia a meio, quando Saul chegou.

Hannah se aproximou do rapaz e comentou:

— Saul, tua mãe disse que poderias me prestar este favor. Espero não te importunar com esse pedido...

Os belos olhos negros de Saul brilharam, quando afirmou:

— Faria qualquer coisa por ti, Hannah.

Ela sorriu, murmurando:

— És um bom rapaz! Pois bem, desejo que mantenhas em segredo o que vou te pedir.

— Dize do que se trata, Hannah, estou curioso.

— Quero que vás a uma determinada residência no bairro dos gregos. Pretendo ajudar uma família que mora lá, mas não posso ir agora. Deves ter cuidado para que não te sigam; compreendeste, Saul?

O rapaz não cabia em si de alegria por prestar um serviço a Hannah.

Desde que a vira não pensava em outra coisa. Hannah possuía todas as virtudes da raça, era bela e tinha um bom coração.

A maior prova disso era o gesto que pedira para que ele mantivesse em segredo.

Dessa forma, cumprira com suas recomendações, conforme determinara e, ao retornar dissera que os "amigos gregos" dela haviam ficado muito surpresos e que o "senhor" que o atendera mandava agradecer pela amabilidade da moça.

Alguns dias mais tarde, impaciente com a falta de notícias tanto de Anuk quanto de Shabka, Hannah resolveu ir à residência de Caius para, antes de qualquer coisa, revê-lo, e também saber se tinham recebido alguma notícia a meu respeito. Temia por meu retorno e desejava acompanhar de perto os acontecimentos.

Chamou Saul e pediu para que ele a acompanhasse até o conhecido bairro.

Haviam combinado que sairiam juntos e, após passarem pela zona de maior movimento, Hannah se afastaria e Saul seguiria sozinho.

O rapaz insistiu em ficar ao seu lado durante todo o trajeto, mas Hannah negou peremptoriamente. Temendo desapontá-la, Saul se calou e procurou seguir suas orientações.

A ex-cortesã de Roma trazia, além da beleza que lhe era característica, energias ligadas à sensualidade, que formavam sua atmosfera psíquica. Alimentada por espíritos que sintonizavam na mesma faixa, apesar de seu desejo de modificar seus caminhos, Ischmé precisaria desenvolver uma grande luta pessoal para vencer as dificuldades daquela encarnação.

Tal como ocorre com outros desvios anímicos, o desafio que vislumbramos à frente consiste sempre no seu incansável enfrentamento; essa luta diuturna é a única forma de mantermos a distância nossos irmãos desencarnados que se comprazem com nossas dificuldades íntimas e delas se aproveitam.

No caso de Ischmé (Hannah), a sensualidade que cultivara e explorara em seu próprio benefício agora lhe aprisionava a alma desejosa de libertação. Seria necessária uma luta acerba para que vencesse a si própria e, a partir de então, combatesse seus adversários da sombra.

Infelizmente, ainda não chegara o momento das grandes lutas de Ischmé...

Assim que se aproximou da casa de Caius, seu coração começou a bater descompassadamente.

Era uma sensação nova, mas sabia que era o amor por Caius que a fazia se sentir daquela forma. Sorrindo, constatava ser também uma mulher comum, que, apaixonada, ansiava por encontrar o homem amado.

Deu leves batidas na porta e, depois de alguns segundos, Caius veio recebê-la.

Hannah deu um sorriso tímido e murmurou:

— Ansiava por notícias. Quis vê-los pessoalmente...

O rosto másculo de Caius, em geral impassível, tornou-se terno e, enquanto fazia um gesto para que entrasse, assinalou:

— Aguardávamos tua vinda. Foste muito amável ao nos enviar a cesta de...

Hannah o interrompeu, dizendo:

— Ora, por favor, esquece. Foi apenas um gesto de amizade.

Flávia e Lucília acabavam de entrar na pequena sala e perceberam o olhar de Caius para Hannah.

Lucília, principalmente, registrou o fascínio que a jovem exercia sobre seu futuro marido. Fingindo nada perceber e dando mostras da nobreza de sua alma, exclamou, enquanto segurava as mãos de Hannah:

— Querida, que alegria rever-te! Apreciamos muito a cesta que nos mandaste!

Hannah, desconcertada, retribuiu, gentil:

— Já disse ao teu noivo que é uma pequena demonstração de amizade. Não tenho mãe nem irmãos, e fiquei feliz ao encontrá-los.

Flávia deu um passo em direção a Hannah e comentou em tom cordial:

— Podes contar conosco, minha jovem. Tens nos ajudado desinteressadamente, visto que não podemos retribuir-te as gentilezas; alertaste-nos contra Majid na questão da mensagem de meu filho... Quem sabe se um dia não virás conosco a Roma?

Hannah estremeceu e leve palidez envolveu seu rosto. Otávia, que a tudo assistia, indagou:

— Estou enganada ou a idéia não lhe agradou?

A moça apressou-se em explicar:

— Não se trata disso, minha senhora. Ao contrário, sempre desejei retornar àquela bela cidade. Ocorre que a revolta de meu povo tem dificultado nossas vidas e acho que não seria bem recebida. Meu pai partiu há mais de duas semanas e ainda não obtive notícias. Ouvi dizer que haverá um cerco à cidade em breve.

Caius pareceu preocupado. Com o rosto tenso e demonstrando o quanto aquela situação lhe era penosa, sentenciou:

— Lamento dizer, mas não podemos mais aguardar Priscus. Evitei alarmá-las, porém acredito que algo tenha acontecido. Ele deve estar preso e certamente deverá ir a julgamento, pois é cidadão romano. Só então poderá esclarecer a Vespasiano tudo o que aconteceu. Não posso mais esperar. Vou ao encontro de Tito mesmo sem receber uma resposta.

Hannah e Flávia se opuseram de pronto:

— Meu filho, não vás, peço-te! Não me abandones nesta terra estranha...

— Senhor Caius, rogo que aguarde mais alguns dias. Sei que Anuk não deverá tardar.

O olhar lacrimoso da mãe e a tristeza estampada no semblante de Hannah surtiram efeito no coração de Caius. Não costumava modificar suas decisões, mas aceitou o pedido com uma condição:

— Tendes razão, não partirei antes de transferi-las para um local seguro. — E, voltando-se para Hannah, perguntou: — Não poderiam ficar junto a ti na sinagoga? Talvez se passando por judias...

— Creio que não seria possível. Tua família teria dificuldades, logo despertaria suspeitas. Os costumes são muito rígidos e diferentes daqueles dos romanos.

Caius ponderou:

— E se todas ficassem juntas em outro local, como Betfagé ou Betânia? Não despertariam tanta atenção... Além do mais, teu pai te poderia ir ver sem problemas, pois estaria fora do perímetro de Jerusalém.

Hannah achou a idéia excelente. Poderia se esquivar do controle de Ashaf.

Otávia, mais ponderada, obtemperou:

— Não seria uma decisão precipitada? Poderíamos esperar mais alguns dias por Priscus.

Lucília abraçou a mãe e asseverou:

— Sei como te sentes, minha mãe, em relação ao nosso amado Priscus, mas não podemos deixar nossos amigos em perigo por causa de um capricho de nossa parte. Seria uma demonstração de egoísmo imperdoável. Priscus nos encontrará se esta for a vontade dos deuses.

Otávia permaneceu em silêncio. Não confiava em Hannah e achava que estavam colocando suas vidas nas mãos de uma estranha.

Após os acertos em relação à mudança, Hannah se retirou.

Em seus aposentos, Otávia comentou com Lucília:

— Minha filha, sinto que há algo errado com essa moça, Hannah. Não sei exatamente o que é, mas acho a sua história estranha. Parece que alguma coisa não se ajusta...

— O que queres dizer, mãe? — questionou a jovem, curiosa.

Otávia refletiu e disse:

— Não achas estranho que uma jovem tão bela não se tenha ainda casado? Não devem ter faltado pretendentes.

– Talvez o pai os tenha recusado... Ou ela tenha tido alguma decepção.

Os olhos de Otávia brilhavam, enquanto prosseguia:

– É exatamente esse o ponto! Pelo que sei, as meninas desta terra são prometidas em casamento em tenra idade. Se não me engano, por volta dos treze anos. Hannah deve ter um dote considerável.

Lucília ficou pensativa e garantiu:

– Isso não a desabona em nada. Ela me parece uma boa moça. Talvez tenha tido alguma decepção amorosa!

Otávia passou a mão delicada sobre os cabelos da filha e afirmou, em tom confidencial:

– Querida, és muito jovem e não vês a maldade do mundo. Essas moças não escolhem o marido, isto é feito pelo pai. Por que o tal Jamal ainda não escolheu o marido de Hannah? Além disso, o que me preocupa, e já deves ter reparado, é o olhar de Caius para ela...

Lucília enrubesceu de leve e asseverou:

– Acredito no amor de Caius. O que me incomoda é pensar que ele deseja se ligar a mim por causa de Priscus. Como se pagasse uma dívida... Desejo ser amada pelo que sou, e não pelos sentimentos de amizade ou gratidão a meu irmão. Se ele vir nela qualidades maiores que as minhas... – Lucília não pôde continuar.

Otávia afirmou com serenidade:

– Não deves desistir de Caius dessa forma. Precisas ter forças e lutar se for preciso!

– Mãe, eu jamais poderei disputar um homem com Hannah, bem sabes disso.

– Reconheças, no entanto, não possuir ela as virtudes que tu tens. És uma cidadã romana, tua família está ligada à própria origem de Roma. És uma filha incomparável... – As lágrimas sobrevieram aos olhos de Otávia.

Lucília – inspirada – abraçou a mãe e declarou, enquanto olhava pela janela o céu bordado de estrelas:

– Não chores, mãe. Devemos depositar nossas esperanças naqueles que nos protegem. Não estamos sós nem abandonadas. Confiemos que um dia reencontraremos Priscus e voltaremos a ter um lar. Creio que ainda seremos muito felizes!

Em silêncio, Otávia olhou para o firmamento. Lucília tinha razão.

"Os deuses" sempre as haviam protegido. Deveria confiar e entregar seu destino aos lumes tutelares, que, apesar das provações pelas quais estavam passando, não lhes haviam negado um teto que as protegesse nem o alimento que as sustentasse.

* * *

O general Tito recebera reforços de várias guarnições, especialmente do Oriente.

Com cerca de oitenta mil homens, encaminhava-se para os muros de Jerusalém.

Naquele cenário, onde já se previam episódios dramáticos, eis que Hannah recebe a resposta da carta enviada a Shabka.

Nela Shabka afirmava que o centurião Vinicius Priscus havia sido dado como morto em Chipre, em uma de suas prisões.

Segundo informava, eu fora acometido por uma peste desconhecida e enterrado na própria ilha por alguns escravos de meu pai.

Shabka lamentava pelos contratempos causados por Ashaf, mas desculpava-se dizendo que não tivera como tomar outra atitude em virtude do poder e da influência do mago.

Dizia amar muito Ischmé e exultava pela minha morte. Enfim – observava –, Ischmé poderia ser feliz ao lado de Caius. Só precisava se precaver contra Ashaf.

Aconselhava-a a sair o quanto antes de Jerusalém, se possível em direção a alguma província do Oriente, onde não pudesse ser reconhecida.

Pedia que sua tutelada não retornasse a Roma em hipótese alguma. Tivera sonhos estranhos, incompreensíveis, mas lembrava ter visto Ischmé em uma prisão.

Dizia, ainda, estar muito doente e acreditava que se despedia para sempre, e por isso pedia perdão por todo o mal causado a ela.

Ao ler as últimas linhas, os olhos da moça se turvaram e as lágrimas caíram sobre o papel, molhando-o.

Sentia profunda tristeza ao saber que não mais veria Shabka.

Sabia que aquela mulher fora a responsável por sua queda moral, que não a protegera das ciladas da vida, mas mesmo assim lamentava sua morte iminente.

Era a única mulher lhe que dedicara algum afeto – com exceção de sua mãe –, mesmo que a orientasse por caminhos obscuros.

Quanto à minha morte, esta lhe trazia um grande alívio. Não precisaria mais se preocupar em fugir de minha presença! "Priscus jamais chegará a Jerusalém!", conjeturava.

Como, no entanto, daria uma notícia dessas a Otávia e Lucília? Como Caius reagiria?

Sem refletir, pegou um manto e, cobrindo o rosto, saiu às pressas.

Seria melhor dizer o quanto antes a Caius o que havia ocorrido.

Caminhou em direção ao bairro helênico e, após entrar em uma via menos movimentada, adentrou a rua onde encontraria a família romana.

Como normalmente acontecia, Caius lhe veio atender.

Estranhando o fato de Hannah o procurar tão cedo, indagou, preocupado:

– O que houve, Hannah? Estás pálida... Aconteceu alguma coisa?

Hannah pediu que falasse mais baixo e segredou-lhe:

– Tenho de falar-te, Caius, a sós...

Caius a segurou delicadamente pelo braço e a conduziu para fora da habitação. A seguir, indagou:

– Diga-me o que está acontecendo.

Hannah suspirou e começou a falar:

– Sei que vais achar estranho... Mas mandei uma carta aos meus amigos em Roma, pedindo notícias do teu amigo, Priscus. Compadeci-me com o sofrimento de Otávia e Lucília.

– Sim? E então? – quis saber Caius, com o cenho franzido.

Hannah continuou, reticente:

– Bem, Caius, as notícias não são boas...

– Peço-te que me digas o que houve.

Hannah foi direta:

– Teu amigo morreu em uma prisão em Chipre. Foi encontrado morto após contrair moléstia desconhecida.

Caius empalideceu. Com o rosto contraído e o olhar distante, parecia não ver nada à sua frente.

Voltou-se para Hannah e ainda tentou manter alguma esperança:

– Como podem saber que era ele? Isso talvez seja uma notícia falsa.

Hannah tornou, aparentando comoção:

– Ele foi enterrado na própria ilha por escravos de seu pai.

A dor que se estampou no semblante de Caius atingiu em cheio o coração de Hannah. Adivinhava a tristeza do rapaz, pois sabia da amizade que o unia a mim.

Instintivamente, Hannah colocou a mão sobre o ombro de Caius:

— Eu o amava como a um irmão, Hannah! E pensar que poderia tê-lo avisado do perigo que corria...

Hannah fitou Caius sem entender.

— Quando saí de Roma junto com Priscus, eu sabia da trama dos militares contra Nero. Temia ser perseguido e, como o próprio pai dele, Aurelius Priscus, nada lhe falara, achei melhor silenciar. Priscus pensava em empreender uma perseguição aos cristãos.

Hannah compreendeu o motivo da súbita partida de Caius comigo. Avaliando o remorso que o meu amigo devia estar sentindo, deslizou a mão delicada sobre o braço de Caius e murmurou:

— Por favor, não se culpe, Caius. Priscus estava enfrentando o imperador. Não tinha chances...

— Mas ele morreu sem saber que eu poderia ter evitado toda essa tragédia. Jamais imaginou que eu sabia das conspirações no exército contra Nero, que conhecia a participação de seu pai e do seu desejo de livrar Roma daquele insano! Pensou que era apenas a amizade que nos ligava que me movia no sentido de acompanhá-lo até Chipre. Nunca me perdoarei!

Vendo a fraqueza momentânea de Caius, Hannah se fez mais terna e, passando a mão sobre os seus cabelos, tornou:

— Tens uma vida pela frente, Caius. Logo as tropas de Tito estarão às portas da cidade; poderás lutar e fazer justiça, mostrando a todos que Priscus foi, na verdade, um herói! Que ele morreu por uma injustiça. Assim, o estarás redimindo aos olhos de todos, e sua família poderá recuperar o que lhe pertence.

Caius olhou para Hannah e, aproximando seu rosto do da jovem, lhe disse:

— Por que não te conheci antes, Hannah? Não posso negar que desde que te vi não consigo tirar-te do meu pensamento...

Hannah exultou intimamente.

Afinal, pensava, a notícia de minha morte servira para aproximá-la de Caius.

Sorrindo, com tristeza declarou:

— Não podes dizer tais coisas a mim. Tens um compromisso com Lucília...

Caius desviou o olhar e obtemperou:

— Isso não muda meus sentimentos. Iria rompê-lo tão logo Priscus chegasse. Agora terei de cumprir com minha palavra, não poderei abandoná-las.

Os olhos de Hannah brilharam intensamente. Procurando dominar-se, argumentou:

— Aceitarás te casar apenas para aliviar tua consciência?

Perturbado, Caius prosseguiu:

— Como deixá-las agora? Amo-te, és a mulher que eu esperava havia muito... Pensei que não existisses...

Hannah pensava em tudo o que fizera para se aproximar de Caius. Largara tudo, o luxo de sua vida em Roma, aventurara-se por caminhos íngremes e perigosos, sujeitara-se aos caprichos de Ashaf, mentira, enganara... E tudo seria em vão se Caius se casasse com Lucília!

O olhar angustiado da moça fez com que ele percebesse seus sentimentos. Notando que era correspondido e que Hannah sofria, Caius se aproximou e, segurando delicadamente o seu rosto, a beijou.

Ischmé entregou-se ao carinho que esperava receber fazia muito tempo.

Inebriados com o reencontro de suas almas, beijaram-se apaixonadamente.

CAPÍTULO 18

Uma gazela entre lobos

Assustada com a intensidade dos próprios sentimentos, Hannah recuou.

Caius, interpretando como um gesto de arrependimento pela candura da moça, apressou-se em esclarecer:

— Perdoa-me, Hannah, não quis te ofender. Devo confessar que não sei o que acontece comigo desde que te conheci.

Hannah apenas ouvia as palavras que Caius articulava, constrangido, sem esboçar nenhum tipo de reação, fato este que tornava a ocasião ainda mais delicada para o orgulhoso romano.

Ele se sentia um bruto que se aproveitara de um momento de fraqueza de uma donzela indefesa, que simplesmente lhe dava um testemunho de amizade.

Confuso, ele prosseguia:

— Não quero que me consideres um homem sem escrúpulos, Hannah! Eu seria incapaz de desrespeitá-la, apenas não consegui me conter.

Aparentemente desconcertada, Hannah disse:

— Também não entendo meus sentimentos...

— Sim, e é isso o que me espanta, Hannah! Tenho a impressão de conhecer-te há séculos. Desde o primeiro dia em que te vi, experimentei uma sensação estranha de já te haver encontrado em algum lugar. Sei que deves pensar que estou louco depois de tudo o que passamos...

Hannah apenas comprovava as lembranças que tivera sob hipnose em casa de Ashaf.

Tinha vontade de dizer-lhe que sim, que realmente ambos se conheciam desde tempos remotos, mas sabia que não poderia fazê-lo.

Precisava guardar o segredo de sua origem, do amor que sentia por ele, do quanto o buscara para poder viver aquele momento.

Sim! Deixara uma vida para trás e deixaria quantas vidas tivesse para estar em seus braços!

Voltando à realidade, indagou:

— Como podes me falar dessa forma se estás comprometido com Lucília?

Caius passou a mão pela testa e anuiu:

— Sei que não tenho o direito de confessar meus sentimentos. Realmente não poderei romper com a promessa de casamento que fiz a Lucília em um momento de irreflexão. Acreditava que Priscus voltaria e poderíamos romper, se fosse o caso. Agora, no entanto...

Hannah fixou um límpido olhar na figura de Caius e completou:

— Agora, a única forma de te redimires será se casando com a bela Lucília, não é mesmo?

Caius desviou o olhar e continuou:

— Não vejo outra solução. Aceitei casar-me sem amor porque acreditei que Lucília seria a esposa ideal para mim. É uma bela jovem, livre, filha de uma família tradicional de Roma... Irmã de meu maior amigo. Não acreditava que ainda pudesse me apaixonar por alguém.

Aquelas palavras torturavam o coração de Hannah. Os predicados de Lucília eram insuperáveis em todos os aspectos.

Sabia que apenas a superava na beleza. Era realmente muito mais bela do que Lucília, entretanto não passava de uma cortesã sem família e, para completar, nem romana era.

Sem poder conter a amarga emoção que se apoderou de seu coração, deixou que lágrimas abundantes se precipitassem por seu nível rosto.

Caius, emocionado, apressou-se em explicar:

— Não quis te magoar... Se fosse um homem livre, deixaria todas as convenções do mundo para ficar junto a ti.

Hannah se aproximou e desabafou com tristeza:

— Pensas que eu acreditaria nisso, Caius? Tu és o retrato de Roma: orgulhoso, pensas que és o centro do mundo! Sim, te amo, mas eu não hesitaria um segundo em fazer o que fosse preciso para ficar ao teu lado. Deixaria tudo, esqueceria o amigo morto pela vontade dos deuses e não carregaria o fardo de um casamento sem amor!

Caius se aproximou de Hannah e, segurando-a pelos braços e encorajado por aquela contundente declaração, atalhou:

— Minha vida será uma tortura sem ti! Vou me unir ao exército de Tito e, se ainda me quiseres, no meu retorno...

– E quanto a Lucília? O que pretendes fazer?

– Nada direi a ela por enquanto. Não desejo vê-la sofrer. Quando retornar, encontrarei uma forma de contar-lhe toda a verdade.

Hannah sabia que não poderia obrigá-lo a tomar uma decisão que poderia trazer conseqüências dolorosas para aquela família. Também – no íntimo – se sentia culpada por minha morte e julgou que o melhor seria aguardar algum tempo.

O mais importante já alcançara: ter o amor de Caius. Agora, seria preciso apenas esperar.

* * *

Enquanto isso, na embarcação que nos conduzia, eu, Vallerius e Argos resistíamos a toda a sorte de trabalhos humilhantes que nos eram atribuídos.

Jamais imaginara ver-me em condição tão ultrajante. Era obrigado a limpar toda espécie de imundície da tripulação e, pior ainda, como se não bastasse, muitas vezes dos próprios escravos que infectavam a horrível embarcação.

"Tudo isso é mais do que posso suportar! Teria sido melhor morrer na prisão!", pensava eu.

A minha pálida fé nos deuses romanos, àquela altura, já se havia perdido em meio a minhas atribulações.

O único consolo que ainda possuía era que, se chegasse vivo a Jerusalém, encontraria minha mãe e irmã.

Soubera que Vespasiano subira ao trono e que seu filho lutava nos arredores de Jerusalém.

Tinha, portanto, pressa em chegar àquela estranha cidade, que levara um de seus próprios filhos à morte, o profeta Nazareno, entregando-o à justiça romana.

Na ocasião, Pilatos, ardiloso como era, delegou ao povo judeu a decisão. Assim, mantinha-se fiel a Roma e não desagradava ao Sinédrio.

Sim! Tudo começara por causa do Nazareno! De alguma forma, admitia algum poder naquela figura humana tão peculiar.

Eu acreditava piamente que ele se vingava de mim, pois, desde que resolvera persegui-lo, minha vida havia desmoronado.

Essa certeza, no entanto, em vez de modificar positivamente minha alma rebelde, tornava-a mais arredia e recalcitrante.

Jesus significava para mim o começo do meu sofrimento, e estava convicto de que algum cristão me enfeitiçara com um de seus sortilégios.

Tinha o raciocínio lúcido, mas quando ia me manifestar parecia um débil, idiota, gaguejando coisas incompreensíveis, que me transformavam em motivo de riso e chacota.

Nem de longe parecia o centurião romano temido e respeitado de outrora. Mais parecia um pobre coitado que viera ao mundo apenas para limpar o chão que os outros pisavam.

Meus dias de glória estavam tão longe que eu mesmo mal conseguia lembrá-los.

Certa feita, no convés da embarcação, ao deparar com Vallerius carregando um gamela muitas vezes superior ao seu próprio peso, condoí-me e me aproximei para auxiliá-lo.

Assustado, o rapaz se afastou e eu, em uma atitude de desconfiança que tornara-se-me peculiar, interpretei aquilo como um gesto de repulsa.

Tomado de raiva e ódio, pois passara a considerá-lo quase um amigo, na tentativa de evitar que se afastasse, segurei-o pela estranha proteção que sempre usava na cabeça.

Jamais o havia visto sem aquela espécie de touca. Ocorre que quando eu o segurei, o jovem se afastou e fiquei com a touca em minhas mãos.

A surpresa, no entanto, foi que a touca escondia uma cascata de sedosos cabelos loiros. Espantado, olhei para Vallerius e vi que estava muito pálido.

Argos chegava naquele momento e, ao ver o meu espanto, se aproximou, coçando a cabeça nervosamente, pois sabia que teria muito a explicar.

Apenas o fitei com o olhar que me era característico em ocasiões como aquela, e Argos entendeu que era hora de elucidar o caso. De modo confuso e reticente, ele começou:

— Peço-lhe, meu senhor, que me perdoe por não ter dito nada antes. Descobri há pouco tempo que o tal moleque era, na verdade, uma jovem.

Jamais reparara mais detidamente na figura de Vallerius, embora me admirasse a sua dedicação e os cuidados em relação a mim.

Acreditava que o rapaz deveria sentir uma espécie de gratidão por eu o haver livrado das ruas, da fome, da miséria.

Nem cogitava que, provavelmente, se tivesse uma família, eu o teria igualmente afastado dela.

A sensação de poder e domínio sobre a vida das pessoas que para nós não passavam de meros escravos era tão grande que agíamos como se fôssemos seus donos, podendo deles dispor como bem nos aprouvesse.

Enquanto a observava, a jovem baixou o olhar e pude perceber o intenso rubor que lhe cobria a face.

Olhei de forma inquiridora para Argos e ele compreendeu no mesmo instante o que desejava saber:

— Pelos deuses, diga o teu nome!

A moça levantou os olhos e murmurou, receosa:

– Chamo-me Beatriz, senhor. Vivia com minha avó na periferia de Roma. Achávamos que eu estaria protegida se usasse vestes masculinas... Não passaria de mais um jovem esfomeado em busca de alimento.

Argos completou:

– Ela foi muito esperta, pois assim fugia do assédio das guarnições em Roma. Beatriz é uma boa moça, senhor, já deu provas disso...

Fixei o olhar novamente na jovem. Com mais cuidado, pude observar que possuía traços delicados, que lhe ressaltavam o belo olhar.

Sim! Beatriz era bela! Apesar da magreza e do ar cansado, podia ver naquele rosto juvenil uma beleza clássica, despojada dos artifícios das jovens romanas.

Nem mesmo Cláudia Sulpícia possuía um rosto tão atraente e formoso.

Como não notara antes? Bastava ter olhado com mais cuidado e fatalmente perceberia que se tratava de uma mulher.

Usava roupas largas que não lhe definiam o corpo, mas era demasiadamente franzina e delicada para ser um rapaz; em momento algum a vira sem a estranha touca na cabeça.

"Pelos deuses! Era só o que me faltava!", pensei, aborrecido.

Além de todos os problemas que já possuía, agora trazia uma jovem e bela escrava em uma galé romana abarrotada de outros escravos e gente da pior espécie.

Mal conseguia me proteger, pois era considerado um incapaz, que na verdade Argos protegia.

Com extrema dificuldade, tentei falar:

– Vá em..bo..ra... Não a que..ro a..qui!

Beatriz começou a chorar e, atirando-se a meus pés, suplicou:

– *Domine* Priscus! Não me mande embora! Desejo ficar e servi-lo para sempre!

Olhei para a jovem sem entender. O tom de voz de Beatriz havia atingido meu inflexível coração.

Como podia desejar ser minha escrava se eu a havia capturado em plena luz do dia em Roma, tirado a sua liberdade arbitrariamente e, com boa probabilidade, levado sua avó à morte?

Indeciso, questionei:

– Então... Não me o... odeias?

Beatriz olhou-me fixamente e asseverou:

– Há muito já o perdoei, senhor. No início sofri muito com a separação de minha avó, pois eu era o seu único arrimo; com o tempo, pude ver que, apesar de tudo, o senhor não era tão perverso. Também foi vítima de uma fatalidade que destruiu sua vida... Eu não teria o direito de fazê-lo sofrer mais...

À medida que Beatriz falava, ia me sentindo mais culpado e, a despeito do meu porte avantajado, tinha a impressão de que Beatriz era muito maior do que eu.

Na realidade, sua grandeza era moral. Aquela delicada mulher fazia com que eu me sentisse um verme.

Recobrando o sangue-frio, tornei:

– De... pois... fa... la... remos. – Voltei-me para Argos, fazendo um sinal para que ele tomasse conta da jovem.

Pretendia dar-lhe a liberdade tão logo aportássemos.

A astúcia de Ashaf

CAPÍTULO 19

O grande templo de Jerusalém era considerado um lugar sagrado para o judaísmo, pois era para lá que tudo convergia: as preces, as oferendas, os sacrifícios, enfim, tudo o que se referisse à fé judaica. De lugares remotos afluíam peregrinos pelo menos três vezes ao ano nas grandes celebrações.

Sua restauração só foi finalizada em 64 d.C., ou seja, poucos anos antes de ser destruído.

Tratava-se de uma construção magnífica e, para se ter uma idéia do seu luxo, cabe-nos dizer que seus pórticos eram recobertos de ouro e prata.

O madeiramento em cedro do Líbano e o revestimento em mármore contribuíam para sua grandeza e ostentação.

Os trabalhos de manutenção e as atividades durante os ofícios eram tantos que uma parcela considerável de trabalhadores se mantinha à custa do templo.

Seguindo uma hierarquia rígida, consentânea com os próprios costumes, dentro do santuário havia divisões que indicavam a posição social da pessoa, origem e se era judeu legítimo ou judeu com "mancha"; mancha essa que poderia ser leve ou grave.

Para desempenhar o seu papel na sociedade, era imprescindível que o israelita soubesse de qual das doze tribos descendia.

As que se atribuíam uma ascendência "real" eram as tribos de Judá – entre elas as de Davi e de Benjamin.

Os casamentos dos sacerdotes exigiam uma prova de "pureza" racial que remontava a até cinco gerações.

No templo, havia lugares destinados às mulheres – o átrio das mulheres – assim como os dos gentios, dos judeus convertidos etc.

Jesus costumava pregar no último pátio, o dos gentios, pois eram esses exatamente os que o buscavam e costumavam ser, também, invariavelmente rechaçados dos outros ambientes.

O Cristo ali chegara pela primeira vez ainda criança, aos doze anos, quando seus pais realizaram a tradicional peregrinação até Jerusalém.

Era comum aos meninos judeus, quando atingiam essa idade, ir ao templo; servia como um ritual de passagem à idade adulta.

Assim, em um dia ensolarado, um veículo vindo de uma das transversais à rua principal, estacionou em frente ao templo.

Nervoso, seu ocupante subiu os degraus rapidamente e se dirigiu a um dos pátios, onde poderia falar com mais tranqüilidade.

Na realidade, era Ashaf, que nada conseguia entrever através de seus dons mediúnicos, pois Ischmé era protegida por amigos espirituais, entre eles o próprio Amenothep, que assim evitava que seu discípulo cometesse maiores desatinos.

Desde que saíra de sua casa, Ischmé era constantemente vigiada por um dos escravos de Ashaf. Ele mal podia esperar a hora em que acabaria com a farsa, que – segundo imaginava – a jovem teria engendrado para se aproximar de Caius.

Ocorre que o tempo passava e ele não via a aproximação de Ischmé do centurião romano. Mal sabia ele que a jovem da Galácia havia conseguido ludibriar até mesmo o esperto Majid.

Sim! Ischmé tinha essa capacidade de envolver as pessoas, torná-las dóceis aos seus desejos, manipular coisas e situações a seu bem querer.

Eu a conhecia muito bem e, mesmo assim, fora traído pela aparentemente indefesa mulher.

Mas retornemos.

Ashaf não poderia entrar no templo, pois não era judeu; muito ao contrário, era visto com desconfiança pela comunidade local.

Ele e o sacerdote que buscava mantinham alguns interesses em comum, pois possuíam juntos caravanas que atravessavam o deserto, levando e trazendo mercadorias para a cidade.

Assim que o avistou, Ben Ezequiel se aproximou e, saudando-o, disse:

— Por Javé, estavas desaparecido! Esperava-te há algum tempo.

Ashaf esboçou um sorriso nervoso, enquanto expunha:

— Necessito de tua ajuda, meu amigo. Não são os negócios que aqui me trazem.

Diante do ar de curiosidade que se estampou no rosto do ancião, Ashaf continuou:

— Trata-se de assunto sério e creio que envolva mesmo uma conspiração contra o teu povo.

Ciente do resultado de suas palavras na alma do sacerdote judeu, prosseguiu:

— Há algum tempo, chegou a esta cidade um grupo de romanos; duas mulheres e um homem. Bem sei o quanto esse povo despótico tem usurpado os tesouros de Jerusalém! — afirmou dramaticamente Ashaf, demonstrando falsa solidariedade à causa dos judeus.

Ben Ezequiel ouvia com os olhos bem abertos. Ashaf seguia, descrevendo os acontecimentos, conduzidos de acordo com os seus intentos:

— Bem, o acaso fez com que esses tais buscassem um dos meus empregados para alugar uma residência. A partir de então, tenho-os vigiado e posso garantir que estão tramando algo...

Ben Ezequiel perguntou, alterado:

— O que te leva a desconfiar exatamente desse grupo? Não estariam de passagem por Jerusalém?

Os olhos de Ashaf brilharam, quando respondeu:

— Também admiti essa hipótese, mas surgiu um fato novo: o romano desejava mandar uma correspondência para a Galiléia de forma secreta; procurou meu empregado, pedindo tal serviço. Não queria que fosse levada por um judeu...

O sacerdote franziu as grossas sobrancelhas e, quase fechando os olhos miúdos e juntos, exclamou:

— Isso já é um caso mais sério! Devem ser espiões que levaram alguma mensagem a Tito. O cerco à cidade não deve tardar.

Admirado, Ashaf indagou:

— Perdoa-me a insolência, mas o senhor acredita que Jerusalém poderá fazer frente ao exército romano? Tenho visto a movimentação dos ferreiros e dos curtidores, mas creio que será necessário muito mais do que isso para vencer Roma.

A resposta foi confiante:

— O Senhor nos protegerá. Defenderemos com todas as nossas forças este solo sagrado, a terra prometida de nosso povo. Saberemos lutar. Já guardamos provisões para muito tempo e temos onde nos abrigar.

A seguir, Ashaf deu todos os detalhes necessários à captura de Caius.

Desejava desmascarar Ischmé e vê-la desprezada pelo romano, para que o esquecesse de uma vez por todas; como até aquele momento não lograra êxito em tal intento, resolvera denunciar Caius e, certo de sua morte, comunicar à moça.

* * *

Não muito distante dali, Ischmé acertava os últimos detalhes da sua partida da sinagoga.

Os dias festivos da Páscoa haviam acabado e todos os hóspedes se preparavam para retornar aos seus lares.

Zacarias e sua família ficariam mais algum tempo, pois Marta e os filhos só voltariam no próximo ano; queriam aproveitar as dádivas que julgavam receber com a estada na cidade sagrada.

Hannah viera se despedir de seus novos amigos. Emocionada, Marta pediu:

— Prometa que tão logo encontre tua família, irá nos visitar em Alexandria...

Hannah sorriu e respondeu com sinceridade:

— Farei o possível. Jamais esquecerei a acolhida que me deste no seio de tua família, Marta. Tenho uma dívida de amizade contigo e, se o Deus de Israel permitir, algum dia a saldarei.

Marta a abraçou e comentou em tom maternal:

— Hannah, nunca toquei neste assunto por julgá-lo pessoal. Agora, no entanto, vamos nos separar e gostaria que confiasses em mim...

Hannah fixou o olhar em Marta. A boa mulher continuou:

— Bem, a verdade é que tens algum segredo. Sei que não devo me intrometer em teus assuntos, pois nossa amizade é recente... Mas não sei por que, desde que te vi, tive a impressão de que já nos conhecíamos. O que eu quero dizer é que podes confiar em mim. Sou tua amiga, independentemente de qualquer outra coisa.

Os olhos de Hannah ficaram umedecidos. Procurando manter o controle, respondeu com um fio de voz:

— Eu sei, Marta. Foste o único coração amigo que encontrei nesta cidade. Agradeço por tua bondade e consideração comigo.

Marta respondeu, espontânea:

— Ora, minha querida, apenas cumpro o que as nossas escrituras, que tu bem conheces, nos ensinam. Tive grande simpatia por ti e, se ficássemos mais algum tempo, teríamos dificuldade de levarmos o nosso Saul daqui... — acrescentou Marta com um sorriso maroto.

Hannah olhou surpreendida para Marta. A seguir, exclamou:

— Ora, ele é apenas um menino! Encontrará uma jovem à altura dele. Sabes que meu único desejo é buscar meus laços de sangue, para recomeçar.

Marta fitou Hannah.

— Hannah, por acaso és cristã?

A jovem emudeceu diante da pergunta inesperada. Ia responder, quando Marta assinalou:

— Não te desejo julgar. Tenho observado teu comportamento e pensei que talvez fosse esse o teu segredo.

Hannah ia responder que não, que não entendia os ensinamentos do profeta Nazareno. De repente, sem saber como nem por que, murmurou, reticenciosa:

— Sim, Marta, é esse o meu segredo...

Marta sorriu:

— Eu já imaginava isso. Tuas saídas em horários estranhos, as ausências inesperadas... Enfim, não vives como uma jovem de nossa religião. Semira gosta muito de ti e me perguntou sobre o teu proceder. Disse-lhe que tinhas outros hábitos no lugar onde moravas. Saul é muito calado, mas percebi que estava enamorado de ti. Resolvi dizer-lhe que já tinhas um noivo. Não quis que alimentasse esperanças sobre os teus sentimentos.

Hannah tornou, aliviada:

— Fizeste bem, Marta. Não sei se algum dia me casarei, mas também não quero que ninguém sofra por minha causa.

— Não te julgo, como já disse. Devo confessar que esse rabi disse coisas admiráveis; enquanto nossas leis nos falam de um Deus autoritário, ele nos ensinou a chamá-lo de Pai! Também ensinou a amarmos o nosso semelhante como a nós mesmos. Imagina, o nosso povo amar um samaritano ou um babilônio! Ainda levará muito tempo para que essas idéias sejam aceitas.

Hannah, que mal conhecia o cristianismo, acrescentou:

— São idéias novas e difíceis de aceitar. Mas já existem muitos adeptos...

— Pois bem o sei! Sinto algo muito especial nessa nova religião, mas não posso falar-te mais. Zacarias me devolveria aos meus pais se ouvisse o que te digo! Agora esse é o *nosso* segredo.

Hannah ia responder, mas Saul e Semira entraram na sala. Hannah se despediu de seus novos amigos com promessas de voltar a revê-los algum dia.

Saul lhe ofereceu pequena ânfora de óleo de rosas, e Semira lhe deu delicada jóia para colocar no cabelo.

Hannah, da mesma forma, presenteou os amigos com alguns mimos, e a Marta ofereceu um manto bordado com fios de ouro, que adquirira em Roma.

Marta ficou extasiada com o presente. Jamais vira uma peça tão bela em toda a sua vida.

Apesar de ter uma existência sem preocupações, Zacarias não propiciava luxo para sua família.

Viviam de modo simples, sem exageros, ao contrário, de seus co-irmãos em Jerusalém, onde a corte de Herodes criara uma indústria para manter sua ostentação.

Em poucos lugares do mundo se vira tamanha suntuosidade e tantos artigos de luxo.

Zacarias olhou a peça com desconfiança, mas, como já iam partir, não fez maiores comentários.

Assim, Hannah viu aquela boa família partir levando dela uma imagem que não refletia a verdade.

CAPÍTULO 20

A sorte está lançada

Após a partida dos amigos de Alexandria, eis que Noori vem ao encontro de Hannah, avisando que Anuk havia retornado.

O escravo fora retido por Tito, a fim de que fosse averiguada a veracidade do documento que entregara nas mãos do destemido general.

Somente depois de submetê-lo a vários interrogatórios, Tito se convenceu de que Anuk era um mensageiro leal, que levava uma carta de grande interesse para a estratégia que tinha em mente.

Saber que Caius Pompilius estava em Jerusalém, a postos, e que poderia dar informações precisas da cidade além de suas portas era mais do que uma boa notícia.

Tito considerava a vitória uma questão de tempo. Apesar de um revés inicial para os romanos, as legiões que se haviam deslocado para se unir a ele representavam uma vantagem considerável.

O que o valoroso militar temia era, na verdade, a crença fervorosa e o espírito de sacrifício dos quais o povo judeu sempre dera testemunho.

Tito não estava acostumado àquele tipo de demonstração de fé e coragem, que leva seus profitentes a atitudes de extremado amor a um Deus que ele não compreendia.

Não fora esse mesmo Deus que permitira, havia alguns séculos, que os assírios e depois os babilônios os expulsassem de sua terra?

Não existiam comunidades inteiras de judeus fora de Judá perdidos pelo mundo como apátridas, distantes da terra que lhes fora prometida?

Como era possível amar esse Deus invisível e que exigia imensos sacrifícios de seus filhos como prova de amor?

Não, realmente, não podíamos compreender aquela espécie de devoção.

Era isso mesmo que o assustava. Costumava, antes de suas legiões atacarem, estabelecer táticas a partir das possíveis reações de seus adversários.

Nesse caso, não podia contar com isso. Os judeus eram imprevisíveis e já vira, na própria Galiléia, grupos israelitas voltarem-se contra o seu próprio povo.

Não sabia o que o aguardaria, e isso o fazia esperar mais do que o necessário para atacar; seu pai, Vespasiano, já lhe cobrava a tomada de Jerusalém.

A mensagem de Caius mudava o rumo dos acontecimentos.

A presença do centurião dentro dos muros da cidade, o que possibilitaria, talvez, o comando de uma guarnição *in loco*, representava um ganho inestimável para os seus propósitos.

Por mais fé que aquele povo tivesse no Deus invisível, teriam de admitir que ele nada poderia fazer contra o poder de Roma.

Se Tito Flávio pudesse imaginar que ele próprio retornaria para construir aquilo que tão meticulosamente planejou destruir, certamente teria tomado outro caminho.

Nossa cegueira espiritual era tamanha que só com a luz da experiência, através dos séculos, poderíamos curar tal enfermidade.

Tito ordenou que Anuk voltasse a Jerusalém com a resposta para Caius. Era imperativo que este levasse sua família o mais depressa possível para fora da cidade, enquanto ele deveria organizar uma centúria, que se espalharia por toda a cidade, disfarçada de diversas formas, aguardando a ordem de atacar.

Ao saber das notícias, Hannah foi imediatamente à casa de Caius.

Estranha sensação lhe dizia que precisavam partir imediatamente.

Ao chegar, encontrou um ambiente de desolação na residência.

Caius havia, finalmente, contado a Otávia e a Lucília que eu, Priscus, havia morrido.

Desesperadas, as duas mulheres choravam abraçadas uma à outra, formando um quadro de dor incomparável.

Sem minha presença, aqueles corações se consideravam perdidos nas tempestades da vida.

Consciente do papel que exercera na minha "morte", Caius se aproximou e, abraçando-as, declarou:

228 *Tanya Oliveira / espírito Tarquinius*

— Jamais as abandonarei... Enquanto eu viver, estarão sob os meus cuidados.

Flávia se aproximou e concordou:

— Sim, nunca ficarão à mercê da sorte! Tens em mim e em meu filho a família que foi dizimada. Ficarão junto a nós até que possamos voltar a Roma e reaver o que nos foi roubado.

Hannah, percebendo a dificuldade do momento, ia se retirar, mas Caius a segurou pelo braço, pedindo:

— Perdoa-nos, Hannah! Esquecemos que também sofres pela ausência de notícias de teu pai.

Otávia, estranhando a intimidade de Caius com Hannah, perguntou:

— Não sabia que já eram tão amigos... Hannah, pelo que vejo, fizeste até confidências a Caius.

Notando aonde Otávia desejava chegar, Caius retrucou:

— Cara Otávia, Hannah apenas me disse que o seu pai não retornou a Jerusalém. Provavelmente ficou retido em algum lugar próximo. A cidade será sitiada a qualquer momento.

Procurando evitar o prolongamento do assunto, Flávia adiantou-se:

— Devemos deliberar sobre o que faremos de agora em diante. Caius deverá aguardar Tito dentro da cidade... E nós, para onde vamos?

Caius respondeu de pronto:

— Agora que sabemos a fatalidade que acometeu Priscus, deveríamos alugar uma casa fora da cidade, para que fiquem em segurança. A questão é que as nossas economias acabaram.

Hannah percebeu que chegara o momento de interferir:

— Se não se opõem que eu as acompanhe, meu pai me deixou uma boa soma para minhas despesas. Caius poderia alugar uma vivenda nos arredores da cidade.

Otávia olhou para Lucília, para que a filha tomasse alguma atitude. Lucília, por sua vez, sorriu para Hannah e disse com sinceridade:

— Serás muito bem-vinda junto a nós, Hannah! Gosto da tua companhia e acho que tua presença só nos fará bem.

Caius exultou, enquanto Otávia lhe relembrava o compromisso ainda não assumido:

— Talvez seja mesmo uma boa idéia. Assim Hannah poderá te ajudar nos preparativos do enxoval.

Caius ficou sério e contrapôs:

— Lucília terá muito tempo para isso. Estamos diante de uma guerra sem precedentes de uma província... Quando retornarmos a Roma, Lucília poderá escolher o que desejar.

Hannah fingia sorrir. Teria de tomar algumas providências antes que aquela tragédia acontecesse.

Segundo conjeturava, Lucília jamais seria mulher de Caius enquanto ela vivesse.

Nem que fosse preciso tomar medidas extremas.

* * *

Os acontecimentos se precipitavam. Caius conseguiu alugar uma moradia em Betânia, a uma distância de meia légua de Jerusalém.

A residência era simples, porém confortável e, tão logo arrumaram os seus pertences, dirigiram-se para a agradável cidade localizada além do Monte das Oliveiras.

Hannah exultava por haver conseguido sair da cidade sem que Ashaf a tivesse encontrado.

Como de costume, saíra por uma porta lateral do templo, usando as vestes das mulheres da localidade, coberta por um véu que escondia o seu rosto.

Noori e Anuk se encarregaram do resto, usando também roupas de operários do templo.

Assim que todos se reuniram na nova morada, Caius se preparou para partir.

Anuk, porém, que havia retornado à cidade, trouxera notícias, informando que uma guarnição do templo invadira a residência na qual estiveram hospedados anteriormente.

Hannah deduziu que Ashaf, tomado de cólera, os havia denunciado. Esse fato inviabilizava o retorno de Caius para Jerusalém.

Acertaram, então, que o centurião iria ao encontro de Tito, que deveria estar a caminho da cidade.

Nos dias que antecederam a sua partida, embora evitasse demonstrar, Lucília sofria ao ver o olhar de seu futuro noivo voltado para a bela Hannah.

Caius não conseguia esconder seus sentimentos, e isso irritava Otávia, que desconfiava das verdadeiras intenções de Hannah.

Dois dias depois, Caius pediu para falar com Lucília em particular.

Caminharam até um recanto mais afastado e Caius fitou o horizonte, como se buscasse inspiração para começar a conversa.

A sensibilidade de Lucília captou o constrangimento do noivo e, procurando facilitar as coisas, minha boa irmã ponderou:

— Acho que as palavras te faltam neste momento, Caius. Posso ajudar-te?

Caius voltou-se e concordou:

— Tens razão, Lucília. Faz algum tempo que não nos encontramos a sós.

Lucília anuiu com tristeza:

— Posso te adiantar quando estivemos juntos pela última vez. Foi alguns dias antes de conheceres Hannah...

Caius olhou surpreso para Lucília. Não imaginava que fizesse tanto tempo. Procurando desculpar-se, tornou:

— Hannah nada tem a ver com isso. Se bem te lembras, ela nos advertiu do perigo de nos expormos.

Lucília sorriu, compreensiva. Sabia que já não ocupava o lugar de antes no coração de Caius.

Envergonhado, o rapaz continuou:

— Quero que saibas, Lucília, que manterei a palavra empenhada com tua mãe de desposar-te.

As lágrimas vieram aos olhos da moça:

— Por favor, Caius, poupa-me de tua piedade. Não me faças sentir-me tão miserável! Sei que perdi tudo: meu lar, a minha família, posição social, tudo. Mas saibas que ainda tenho suficiente orgulho para renunciar a ti, se me quiseres apenas por uma promessa feita, agora o vejo, sem amor...

A nobreza de Lucília se estampava em sua face. Sua alma cristalina fazia Caius corar.

Sentia-se um covarde que se aproveitara do amigo, enganando-o ao dizer que o acompanhava por amizade, quando na verdade fugia e me comprometia com Nero; por outro lado, em Jerusalém só pudera esperar a minha chegada, pois sentia-se de mãos amarradas, sem dinheiro nem amizades que lhe propiciassem alguma atitude mais enérgica.

Ao mesmo tempo, iludira Lucília, fazendo nascer em seu coração um sentimento que, na verdade, ele não partilhava inteiramente.

Achara conveniente casar-se com a jovem. A sua origem, o grau de parentesco comigo, tudo o fizera acreditar que poderia ser feliz com ela.

Mas tudo mudara. Ao ver Hannah, desejara mil vezes não ter se comprometido com Lucília.

Hannah lhe trouxera uma torrente de sensações que lhe eram totalmente desconhecidas.

Pela primeira vez, reconhecia, capitulava diante de uma mulher.

Sentia-se enfeitiçado com o seu perfume, sua presença marcante, a sua beleza.

Percebia, agora, que nunca realmente amara na vida.

Hannah resumia todos os seus desejos mais profundos em relação a uma mulher.

"O que dizer a Lucília?", perguntava-se.

Novamente, Lucília interrompeu seus pensamentos:

— Acredita, Caius, não o julgarei por ter se apaixonado por Hannah. Se me amasses, eu lutaria por ti, mesmo que fosse uma luta desigual. Mas, se este compromisso te pesa tanto, é porque nunca me quis verdadeiramente.

— Não foi sempre assim, Lucília! Ademais, tens qualidades que nenhum homem poderia menosprezar.

— Mas em nenhum momento sentiste a paixão que vejo em teus olhos por Hannah. Ah! Quisera eu que sentisses, por um minuto, o amor que demonstras por essa moça! — interrompeu-se Lucília, chorando.

Caius se aproximou para consolá-la, mas a moça se afastou, dizendo:

— Não, Caius! Piedade não! Desejo apenas que não contes a ninguém sobre o nosso rompimento. Quando voltarmos a Roma, diremos que desistimos do casamento. Até lá, fingiremos que tudo continua como antes.

Caius ia retrucar, mas Lucília se afastou, entrando na residência.

Otávia, ao ver a filha chorando, perguntou o que havia acontecido. Lucília respondeu sem dar maiores detalhes:

— Estava conversando com Caius. Nós nos despedimos. Tenho medo, minha mãe, de que algo lhe aconteça...

Otávia sorriu e comentou:

— Ora, Lucília! Teu futuro marido é um militar! Como vais viver, então, depois que se casarem? Ele sempre estará fora, em suas campanhas, como o teu pai. Terás que te acostumar.

Ao ouvir a mãe, sabendo que suas palavras jamais se tornariam realidade, Lucília desatou em prantos. Otávia, abraçando-a, lhe disse:

— Vai para o teu quarto e enxuga essas lágrimas. Não quero que Caius veja a tua fragilidade.

A moça obedeceu e se retirou.

No lado de fora, Caius meditava sozinho.

Estava livre para viver o seu amor com Hannah. Sabia, no entanto, que seria muito difícil enfrentar a sociedade à qual pertencia.

Ao contrário do que imaginara, não sentia alívio com o rompimento com Lucília. Tinha a impressão de que a liberdade que desfrutava naquele momento iria lhe trazer grandes dissabores no futuro.

Na verdade, mal conhecia Hannah, e desistir de tudo por ela era uma atitude que estranhava em si mesmo.

Resolvera nada contar a Hannah, aguardaria os acontecimentos.

Levantando-se do banco onde se sentara, Caius entrou na casa.

"Afinal de contas", pensava, "*alea jacta est!*". (A sorte está lançada!)

CAPÍTULO 21

Maus presságios

No dia seguinte, muito cedo ainda, Caius partiu em direção ao norte, a fim de se integrar às tropas de Tito.

Hannah procurava se entreter tocando uma cítara que trouxera de Roma, recostada em uma acolhedora figueira, quando Otávia se aproximou.

Na realidade, Hannah pouco podia auxiliar nas lides domésticas, pois não fora preparada para isso.

Ao contrário da mulher romana, que, mesmo tendo recursos, devia saber orientar os seus criados, Hannah jamais tivera interesse em aprender as atividades de uma mulher comum.

Para isso sempre tivera suas inúmeras escravas, que se esmeravam em lhe atender aos caprichos.

Noori e Anuk assumiram as atividades mais desgastantes, e as demais mulheres – com exceção de Hannah – se entretinham em tecer e fiar.

Após observar por alguns minutos a moça, Otávia disse:

– Tocas muito bem a cítara. Não sabia que as jovens judias aprendiam a tocar esse instrumento.

Hannah, que conhecia as desconfianças de minha mãe, tornou:

– Desculpa-me, mas creio já haver dito que morei algum tempo em Roma.

– Mas és uma exímia instrumentista! Os deuses devem ter te iluminado.

Hannah largou o instrumento e considerou:

– Aprendo com facilidade algumas coisas. Mas não foste atraída até aqui pela minha música...

Otávia deu alguns passos ao redor de Hannah e declarou:

– És boa observadora. Assim como eu. Tenho algumas dúvidas sobre a tua origem, Hannah. Por mais que eu tente, não consigo entender determinados fatos.

Hannah fixou os belos olhos em Otávia, enquanto a ouvia. Curiosa, perguntou:

– Bem... O que te causa tantas dúvidas?

Otávia voltou-se e arriscou:

– Por que não te casaste, Hannah? Sabemos que teu povo tem por tradição o arranjo dos casamentos ainda na infância. Acho estranho que, sendo o teu pai um homem de posses, não tenhas contraído matrimônio ainda.

236 *Tanya Oliveira / espírito Tarquinius*

Hannah pensou rapidamente e explicou:

— Não me casei porque Javé não o permitiu; já fui noiva, se queres saber, mas meu noivo morreu em uma emboscada, quando acompanhava meu pai em uma de suas viagens.

— É uma triste história. Não houve outros pretendentes?

Hannah procurava se controlar, pois sabia exatamente aonde Otávia desejava chegar.

Pensando nas conseqüências se perdesse a paciência, procurou ser o mais fria possível:

— Sim, é claro. Ocorre que Saul deixou uma grande saudade em meu coração e não quis mais pensar no assunto. Acho que será muito difícil encontrar outro homem como ele.

Otávia se aproximou ainda mais e atalhou, olhando firmemente para Hannah:

— Creio que não precisamos mais de subterfúgios para nos entendermos, minha cara. Já deves ter percebido a fascinação que Caius demonstra por ti.

Hannah ia responder, mas Otávia prosseguiu:

— Sei que não és tola. Tu deves saber também que Caius é noivo de minha filha e se casarão tão logo ele retorne dessa revolta absurda.

— Tens razão, Otávia. Sempre soube do noivado e posso assegurar-te que esse assunto não é do meu interesse. Se Caius demonstra algum afeto por mim, nada tenho com isso.

Como se não a tivesse ouvido, Otávia seguiu em frente:

— Na verdade, nada poderás ter com ele; Caius é um patrício romano e deverá se casar com alguém de mesma estirpe! Mesmo que almejasses algo, não passarias de uma reles concubina.

O sangue de Hannah lhe fervia nas veias. Quem era aquela mulher que ousava lhe dirigir a palavra daquela forma? Como atrevia-se a ofendê-la?!

Tinha vontade de dizer que Caius a amava e que desmancharia o compromisso com Lucília.

Que, embora fosse romana e gozasse de uma boa posição social, Lucília não conseguira ter o que ela, Hannah, sem nobreza nem títulos já obtivera: o amor de Caius.

Segura de que sairia vencedora no final, manteve-se tranqüila, quando disse:

— Não sei do que tens medo, Otávia. Jamais tomei nenhuma liberdade com o noivo de tua filha, para me fazeres essas advertências.

Otávia arqueou as sobrancelhas de forma orgulhosa, quando declarou:

— Enganas-te, minha jovem, nada temo. Apenas acho que deves saber que, se Caius a procurar, não será para te propor um matrimônio. Será para que sejas sua amante... A esposa de Caius Pompilius será Lucília!

Hannah permaneceu em silêncio; e se Otávia tivesse razão?

Teria Caius pensado em mantê-la como sua amante?

Não podia acreditar nisso. Ele a amava e faria qualquer coisa para possuí-la.

No entanto, só saberia a resposta quando ele retornasse.

* * *

Enquanto isso, alguém "rugia" de raiva em Jerusalém.

Um escravo de Ben Ezequiel fora lhe entregar uma mensagem que desgostara o nosso amigo profundamente.

O sacerdote lhe dizia que uma brigada havia estado, dois dias antes, no local onde ele afirmara se encontrar o centurião romano e nada encontrara. A casa estava deserta, e que se houvesse alguém habitando a moradia, já tinha partido.

Ashaf foi até a sinagoga onde Ischmé se hospedara e, ao verificar que a jovem tinha partido fazia pouco tempo, concluiu que fora ludibriado por sua própria autoconfiança.

Certo de que com seus poderes nunca a perderia de vista, Ashaf deixou o tempo correr na esperança de que a moça não encontraria Caius e acabaria desistindo.

Esquecera-se de que Ischmé era uma mulher ardilosa e que, mesmo sob a aparência de uma jovem ingênua, sua alma trazia experiências no campo da sedução e da dissimulação.

Amava-a, mas tinha de reconhecer que sua escolhida era perigosa, sabia criar falsas ilusões nas pessoas.

Quando conseguiu concatenar as idéias, invocou o espírito que lhe era particularmente familiar; após alguns minutos, um ponto luminoso se fez no ambiente.

A luz foi se expandindo e assumindo a forma humana. Ao término de pequeno espaço de tempo, o mentor se manifestou:

— Meu filho, por que me chamas se já sabes que Neferure tem outros compromissos na presente existência?

Ashaf ajoelhou-se diante da entidade e suplicou:

— Peço-te, amigo, se me queres bem, ajuda-me a encontrá-la! Não quero perdê-la novamente...

Amenothep balançou a cabeça e assinalou:

— Não está na hora de começarmos o trabalho que te trouxe à Terra? Deverias estar usando teus recursos mediúnicos em favor dos que sofrem! Não era isso o que fazias no templo?

Ashaf baixou os olhos e considerou:

— Naquela época eu a tinha junto a mim! Era minha noiva e iríamos nos casar! O romano a roubou e tudo se perdeu...

— Por tua inconformidade com as leis divinas te rebelaste e, desde então, tens sofrido, amargando teus dias com essa obsessão. Vamos, meu filho, ainda há tempo...

Ashaf se postou de pé e pediu mais uma vez:

– Diga-me onde encontrá-la e eu farei o que me pedes! Só tenho esse desejo na vida: ficar ao lado de Ischmé!

A entidade o fitou com tristeza e, enquanto ia se tornando diáfana, acrescentou:

– Não posso te ajudar, Ashaf. Só tenho permissão para te dizer que ainda a verás nesta existência. E terás em tuas mãos o seu destino!

A ira contida de Ashaf não se abrandou com as palavras de Amenothep.

Graças à ponderação daquela entidade, fora orientado inúmeras vezes no sentido de deixar Ischmé seguir o seu caminho.

Agora, pensava, iria agir por conta própria.

Ao que tudo indicava, Ischmé havia encontrado Caius – o que fazia com que seu sangue fervesse – e provavelmente deveriam estar juntos.

Como ela conseguira? Em que ponto falhara?

Agora, reconhecia revoltado, era tarde.

Teria de usar todos os seus recursos para encontrá-la e, então, sim, haveria de castigá-la!

Ninguém jamais agira assim com ele, Ashaf, o mago; mostraria a Ischmé que ela abusara da sua boa vontade.

Um sentimento de amor e ódio se misturava, naquele momento, em seu íntimo.

Espírito orgulhoso, Ashaf, sentia-se humilhado, desprezado, ludibriado.

Caminhou até uma mesa e, afastando uma graciosa cadeira de bronze, acomodou-se.

A seguir, preparou a substância de cor azulada e tomou alguns goles. Com o pensamento fixo em Ischmé, Ashaf procurou mentalizar a imagem da moça.

Aos poucos, sob o efeito da beberagem, sentiu-se mais leve e percebeu que se afastava do corpo.

O rosto da moça não lhe saía do pensamento e serviu como um rastro que em espírito ele seguiu.

Após alguns minutos, divisou uma localidade não muito longe de Jerusalém, que não conseguiu identificar inicialmente.

A simplicidade do casario branco denunciava que ainda se encontrava na Judéia. Olhou para os lados e verificou que três jovens se aproximavam.

Não foi difícil reconhecer que uma delas era Ischmé.

Apesar da vestimenta discreta, quase sóbria, reconheceria aquele vulto em qualquer lugar.

A outra jovem trazia estampado no rosto o sofrimento que lhe tomava o coração.

Era Lucília, que havia aceitado o convite de Ischmé para irem até o mercado da cidade buscar alguns mantimentos.

A terceira jovem era Noori, que as acompanhava um passo atrás.

Ashaf, percebendo o que havia ocorrido, não pôde deixar de estampar um sorriso de admiração.

"Então a bela Ischmé, além de entregar à fúria de Nero o irmão da jovem romana, ainda lhe rouba o noivo!"

Distraídas, as duas caminhavam lado a lado, sem imaginar o que ocorria do outro lado da vida.

Ashaf, parcialmente desprendido de seu corpo, gozava de uma liberdade semelhante à dos espíritos desencarnados.

Assim, acompanhou Ischmé, Lucília e Noori por todo o percurso, tentando identificar qual seria aquela localidade.

Elas se comunicavam na língua grega, sendo que Ischmé ainda falou algumas palavras em hebraico.

Quando retornavam para casa, Ashaf notou que um velho mendigo com faculdades psíquicas aguçadas, pelas irradiações que emanavam de sua mente, jazia sentado a certa distância.

Verificou que o pobre mendigo trazia uma alma límpida e que, com os recursos de medianeiro entre os dois mundos, auxiliava a quantos lhe cruzassem o caminho.

Ashaf não conseguiu se aproximar, pois o ancião era protegido por outras entidades.

Conseguiu perceber que ele tivera os olhos vazados por um ex-senhor, que o acusara injustamente de haver furtado alguns pertences.

Ao vê-lo, Ischmé e Lucília, que vinham muito próximas, estacaram assustadas. Noori também recuou na retaguarda.

O idoso caminhou em sua direção e começou a falar em altos brados:

— Por Javé! Acreditem! Estes olhos sem vida vêem o que muitos jamais verão! Eis que vejo, diante de mim, uma alma radiosa junto a um charco cheio de sombras.Uma é como uma flor pura, que fenecerá, mas encontrará ainda em vida a seiva que a fará florescer na eternidade! A outra, essa atravessará os séculos nas sombras de seu orgulho e sua vaidade! Escuta, alma impura, ainda é tempo. Não desprezes o Senhor quando chegar a tua hora. Curva-te à Sua majestade, ele que é o Messias prometido pelas escrituras.

Enquanto assim falava, o homem foi se aproximando de Hannah.

A moça foi empalidecendo e, procurando reagir, se afastou, levando Lucília consigo.

O homem continuou:

— Volta enquanto é tempo, mulher! Não conseguirás o que almejas, pois teu rastro é de cinzas como as paixões que despertas.

Irritada e envergonhada, pois alguns transeuntes se haviam aproximado, Hannah voltou-lhe as costas e resolveram retornar para casa.

Lucília nada entendera das palavras daquele homem, apenas lhe ressoava na memória a idéia de que ela seria feliz algum dia.

Quanto a Hannah, as palavras duras que lhe dirigira fizeram Lucília se compadecer da moça.

Como aquele homem ousara ofender em praça pública uma jovem que não conhecia?

Aborrecida por ver Hannah desgostosa, Lucília a abraçou de forma carinhosa e murmurou:

— Não fiques assim, querida Hannah. Esse pobre coitado deve estar insano para dizer tais tolices! Retornemos o quanto antes.

Hannah ainda não se recuperara por completo das insinuações que ouvira.

— Realmente foram tolices de um velho louco. Como pôde me acusar dessa forma?! Jamais o vi em minha vida! – E recobrando o sangue-frio: – Peço-te, por favor, Lucília, que não comentes isso com ninguém. Nem com tua mãe! Isso só irá deixá-la nervosa. Além disso, Flávia poderá pensar que descobriram que são romanas.

Lucília, na generosidade de seu coração, tornou:

— Hannah, és muito generosa! Acabas de ser ofendida em praça pública e ainda pensa em nosso bem-estar! Não entendo a implicância que minha mãe tem contigo.

Hannah deu um pequeno sorriso e prosseguiu:

— Eu a compreendo. Não me conhece e suspeita de mim pela forma inusitada pelo qual os conheci. Também agiria assim em seu lugar.

Dizendo isso, apressaram o passo.

Logo ao chegar, Hannah se dirigiu para seu quarto e Lucília foi auxiliar Noori a guardar os víveres que haviam trazido.

A seguir, silenciosa, foi para o jardim cuidar de suas flores.

Otávia, que percebera algo diferente nas duas, a seguiu:

— Aconteceu alguma coisa na tua ida ao mercado? Achei estranhos os modos de Hannah...

Lucília admirou-se da perspicácia da mãe, porém respondeu de modo evasivo:

— Não aconteceu nada... de diferente. Hannah apenas se cansou com o longo trajeto.

Ensimesmada, Otávia prosseguiu:

— Minha filha, vejo que desde a partida de Caius tens passado os dias inteiros neste jardim. Sei do temor que trazes em teu coração; eu o senti a vida toda quando teu pai saía em uma campanha. Mas deves reagir. Pensa no teu enxoval; isso te dará forças até retornarmos a Roma.

Lucília nada dissera sobre o rompimento com Caius.

Procurando evitar maiores explicações, ajuntou:

— Tens razão, preocupo-me em demasia. Aqui, no jardim, sinto uma grande paz. Tenho a impressão de que todos esses acontecimentos que ocorreram em nossas vidas têm um propósito...

— O que queres dizer com isso? — inquiriu Otávia, preocupada.

— Não sei exatamente, minha mãe. Sinto que me modifiquei com o sofrimento que tenho experimentado. Não almejo as mesmas coisas de antes. Queria apenas retornar para a nossa casa, em Pafos... Queria rever o meu pai, Priscus... — E as lágrimas brotaram de seus olhos.

Otávia a abraçou, também com os olhos nublados pelas lágrimas, e a custo falou:

— Eu também, minha filha. Sinto muita falta dos meus amados e da nossa *domus*. Se não fosse por ti, acho que não suportaria a vida!

– Não deves falar assim, minha mãe. Sempre foste uma mulher forte, o esteio de nossa casa. Meu próprio pai buscava em teu equilíbrio e bom senso a força para suas lutas.

– Não gosto quando falas dessa forma estranha. Tenho a impressão de que carregas um fardo que não queres dividir com tua mãe... Há dor em teu olhar, e isso me desespera ante a minha impotência em te socorrer – disse Otávia, magoada.

Lucília passou a mão nos cabelos de Otávia e observou:

– Já não usas os belos penteados romanos, mas continuas linda. – E a seguir: – Não quero que te apegues exageradamente a mim. Às vezes me sinto como uma folha seca que ao sopro do vento é levada... – Lucília riu.

Otávia franziu o cenho e contrapôs:

– Não me repitas mais essas tolices, Lucília! Teu pai e teu irmão te repreenderiam se a vissem dizendo tais asneiras.

Lucília se tornou séria e continuou:

– Acho que esta terra tem algo de misterioso... Lá em Jerusalém quase nunca saía, pois Caius não nos permitia. A não ser uma ou duas vezes, lembras? Saímos à tardinha, para não sermos reconhecidos. Fomos até aquele monte que se avista daqui. O Monte das Oliveiras... É um lugar encantador!

– Nunca me falaste sobre esse passeio. O que existe de especial nesse lugar?!

Com os olhos brilhando intensamente, Lucília respondeu:

– Não sei ao certo. Naquele local sopra uma brisa doce e inesquecível, como se o vento trouxesse palavras imperceptíveis aos nossos ouvidos, mas que tocam fundo os nossos corações. O lugar é lindo e possui um belo jardim. O fato é que tive uma sensação de paz muito grande, certo alívio dos meus padecimentos. Ouvi alguns habitantes de Jerusalém dizer que o Messias que foi crucificado muitas vezes ali se reunia com seus discípulos...

Otávia balançou a cabeça, exclamando:

— Pelos deuses! Tomara que esta guerra acabe logo! Se ficarmos mais tempo, tu irás te contaminar com as crendices dessa gente! Estás renegando tua religião, Lucília?

Lucília sorriu e esclareceu:

— Prefiro morrer a te decepcionar, minha mãe! Apenas não desdenho a crença dessas pessoas. A força de nosso povo está no seu exército e nas armas. A deles está na fé e na confiança em seu Deus!

Impressionada, Otávia deu o assunto por encerrado e a convidou para entrar.

No interior da pequena casa, em seus aposentos, Hannah caminhava de um lado para o outro. A princípio se assustara com as palavras do mendigo.

Seriam verdadeiras? Seria ela, mesmo, um charco cheio de sombras?

E quanto ao orgulho e à vaidade? E o rastro de cinzas?!

Conquanto sentisse muita raiva do pobre homem, Hannah tinha de admitir que ele dissera a verdade.

Na certa, refletia, tratava-se de um bruxo ou mago, assim como Ashaf, de utilizara os seus poderes para ofendê-la sem motivo aparente.

"Ashaf! Estará ainda me procurando?", questionava-se.

Com um sorriso de satisfação, Hannah murmurou consigo:

— O presunçoso Ashaf deve estar à minha procura em Jerusalém. Quando ele perceber, eu já estarei com Caius a muitas léguas daqui...

Subitamente, Hannah lembrou-se da profecia do velho mendigo, de que não conseguiria o que almejava... Caius.

Com uma expressão de ira contida, pronunciou entre os dentes:

— Veremos, velho asqueroso, se alguém se interporá em meu caminho! Não existe nada sobre a terra que possa me impedir de ter Caius!

No mercado de Tiro

CAPÍTULO 22

No prosseguimento de nossa viagem, eu, Argos e Beatriz fomos surpreendidos por mais uma corrigenda do destino.

Ao ver o incidente que a descoberta da verdadeira identidade de Beatriz causara, o comandante da galera, que desconfiava de nosso grupo, tomou uma decisão.

Desde que embarcáramos em Pafos, havia suspeitas de que fôssemos escravos em fuga.

Como pagáramos uma parte em moeda romana e nos oferecêramos para trabalhar como membros da tripulação durante a viagem, o comandante resolvera concordar com o nosso transporte porque não havia nada a perder.

Homem voltado aos negócios, nem sempre escrupuloso, ao descobrir que Vallerius era na verdade uma mulher, deduziu que utilizáramos o disfarce para fugir da ilha.

Passou a nos analisar e, apesar das minhas dificuldades, pois não passava de uma sombra do legionário romano que fora um dia, tinha um porte avantajado.

Isso significava – segundo deduzia – que eu deveria estar acostumado aos serviços braçais, atividade designada aos escravos.

Beatriz deveria ser minha concubina e Argos um velho escravo, talvez o pai de Beatriz, que se encarregara de organizar a fuga.

Enquanto cofiava a barba malfeita, o comandante conjeturava: "Hum... Vejamos... um escravo em perfeitas condições, perturbado das faculdades mentais por causa de uma febre, mas que ainda pode ser muito útil no trato da terra. Ou conduzindo animais".

As idéias tomavam forma em sua mente: "A moça é muito bela, nos dará um bom preço no mercado de Tiro. Ou quem sabe até mesmo em Jerusalém. Mas não arriscarei, a cidade está para ser sitiada pelos romanos. Vou vendê-los tão logo chegue a Tiro".

Continuamos a exercer as nossas atividades até a véspera de atracarmos na grande capital da Fenícia.

Às vezes subia até o convés e punha-me a observar a paisagem, emudecido pela beleza dos quadros deslumbrantes que a natureza oferecia.

Pela primeira vez em minha vida eu observava andorinhas e outras aves marinhas, que migravam da África para o nosso continente em busca de calor e alimento.

A claridade estonteante do dia, que aumentava pela incidência dos raios solares na água cristalina, descortinava-me um mundo até então estranho para mim.

Quantas vezes fizera aquele percurso sob o mesmo céu de infinito azul?

Era curioso como aquelas paisagens pareciam ser por mim percebidas pela primeira vez.

Sempre envolto em meus próprios pensamentos e alimentando o desejo de maiores conquistas, vivera sem perceber inúmeros aspectos de minha existência; passara ao largo das demonstrações que a vida insistia em me revelar.

Qual seria a origem de tudo aquilo? Seriam mesmo os deuses?

Tanta magnificência e doação se opunham às tradições romanas que nos mostravam deuses vaidosos e orgulhosos.

As reflexões que perpassavam meu cérebro me impediram de perceber que alguém se aproximara.

Subitamente, voltei-me e encontrei o olhar terno e compreensivo de Beatriz.

A moça observou a paisagem e comentou:

– Quanta beleza! É impossível negar a existência do Criador diante de tão bela paisagem.

Procurei responder:

– Cria... dor? De on... de tra... zes estas i... déias?

Beatriz sorriu ao dizer:

– Vejo que recuperas tua fala, senhor! Sim, isso também é obra do Deus em que acredito.

Olhei o rosto de Beatriz mais detidamente. Apesar de ainda usar vestes masculinas, não conseguia mais vê-la como um rapaz.

Os fios de cabelos loiros que escapavam da estranha touca que usava na cabeça brilhavam intensamente sob a luz do sol.

O olhar claro e límpido como as águas do mar deixavam entrever uma alma sonhadora e cheia de vida.

Os traços, muito suaves, nos lembravam uma menina que ainda roçasse os quinze anos.

Eu descobria no jovem moleque que capturara como escravo a título de punição uma jovem mulher que me impressionava sobremaneira.

Beatriz fora um anjo que se postara à minha cabeceira quando estivera às portas da morte.

Auxiliara-me na condição de escravo mais do que qualquer ser humano que conhecera em toda a minha vida.

Eu não possuía sentimentos nobres, mas não podia esquecer o quanto ela fizera por mim.

Com inaudito esforço, reclamei:

— Os deu... ses me a... bandona... ram! Estou à mer... cê da sor... te, sem di... nheiro ou po... sição.

A jovem olhou para o céu e comentou:

— Acredita o senhor que aquele que idealizou este espetáculo que temos diante dos olhos nos deixaria ao léu, sem amparo nem proteção? Assim como vela pelas mais ínfimas de suas criaturas, também o faz por nós, seus filhos. Não estás só, meu senhor, pois ainda reencontrarás tua família. Tornarás a ver Roma, mas de forma diferente!

Voltei-me e, fixando-a intensamente, indaguei:

— Acre... ditas ni... sso? Que eu volta... rei a ser o que era? Que te... rei uma famí... lia nova... mente?

Beatriz baixou o olhar e, corando levemente, respondeu:

— Peço essa bênção ao Criador todos os dias.

Percebendo a perturbação da moça, tornei:

— Se isso a... con... tecer, dar-te-ei a liber... dade, prome... to!

Voltou-se o olhar da moça para mim; foi quando ela declarou, revelando incontestável dor moral:

— Jamais serei livre, senhor!

Ao assim se manifestar, a formosa escrava se afastou rapidamente.

Aqueles poucos minutos de conversa tinham servido para me modificar o ânimo.

A confiança serena de Beatriz no futuro, e em particular na minha recuperação, me conduzia à esperança de um desfecho feliz para a minha atribulada vida.

Mas ainda não chegara a hora da minha vitória...

Mal havíamos aportado em Tiro e o comandante Sidonius mandou que fôssemos acorrentados e conduzidos ao grande mercado da cidade.

Lutei desesperadamente para me livrar dos grilhões, mas, quanto mais eu me esforçava por me libertar, mais me feria e era vergastado pelas chicotadas dos homens de confiança do comandante.

Chegara ao auge da exaustão e tombara, quase desfalecido, quando vi que retiravam grotescamente a touca que Beatriz usava e que mantinha sua identidade resguardada na galera.

Tentei levantar-me no intuito de defendê-la, mas fui ao chão após receber violenta bofetada.

Desesperada, Beatriz tentou se aproximar de mim, no que foi impedida.

Com uma risada escarninha, Sidonius comentou, enquanto a moça se debatia:

— Ora, vejam só, que atrevida a peça que eu transportei em minha embarcação... Por Melkart! Deve valer um bom punhado de denários romanos...

Foi quando o comandante ficou pensativo. A seguir, proferiu:

— Preciso dar um jeito no escravo mais velho. Devo livrar-me dele, pois não me valerá muita coisa.

Ao ouvir a menção de livrar-se de Argos, Beatriz se atirou aos seus pés e suplicou:

— Peço-lhe senhor, por favor, não me separe de Argos! Serei sua escrava, se quiser, mas não me afaste dele.

O homem coçou a barba e disse, interessado:

— Tu vales mais no mercado, onde posso fazer o preço que quiser. Por certo pego uma boa quantia. Talvez fosse melhor me livrar dos dois homens.

Beatriz ergueu-se e exclamou com atrevimento:

— Irás vender um legionário romano em um mercado público? Sabes qual a punição para aqueles que ousam colocar as mãos em um patrício?

Sidonius empalideceu a princípio, mas depois recobrou o sangue-frio:

— Não vejo nenhum legionário romano à minha frente; estou diante de uma escrava, um velho e um desequilibrado mental.

Argos resolveu intervir:

— Covarde! Paguei-te o que me pediste para nos conduzir até aqui. Deixa-nos ir em paz e não sofrerás nenhum dano quando meu amo recuperar a saúde.

Sidonius tornou:

— Teu amo jamais se irá recuperar. Já vi patrícios sucumbir por muito menos. Se esteve nas prisões da ilha, será melhor que jamais lembre o que passou. Mas deixemos de conversa: preciso levá-los até o mercado.

Destarte, fomos conduzidos ao mercado junto a quase meia centena de homens.

A cidade não me parecia totalmente estranha, porém não conseguia me lembrar de pormenores. Apenas sabia que já estivera lá.

O movimento intenso com mercadores de todas as partes do mundo demonstrava a importância comercial do local.

Na realidade, os fenícios possuíam colônias espalhadas por todo o Mediterrâneo, África, até a Hispânia.

Tiro era, pois, uma das mais importantes rotas comerciais entre o Oriente e o Ocidente.

Após algum tempo, quando aguardávamos as negociações em que Sidonius procurava tirar o maior proveito, foi acertado o preço. Fomos colocados junto a outros escravos e, no meio de intenso burburinho, os compradores foram se aproximando.

Éramos examinados da cabeça aos pés. Sentia-me vexado e, à medida que a raiva tomava novamente conta de mim, percebia que minha mente ficava como que imantada a espectros assustadores, que me embotavam o raciocínio.

Sidonius resolvera vender-nos juntos, pois afirmava que formávamos uma família.

Uma família...

Teria eu ainda alguma família perdida pelo mundo?

Mal conseguia recordar minha mãe... Lucília...

Parecia que fora há tanto tempo! E passara-se apenas pouco mais de um ano.

Infelizmente, tinha de admitir que elas não eram mais do que sombras em minha memória.

De súbito, uma voz se fez ouvir mais alto do que as outras: eu fora vendido!

Enquanto os olhos de Sidonius expressavam cupidez ao receber as moedas de ouro, Argos implorava ao meu proprietário que o adquirisse juntamente com Beatriz.

Relutei em caminhar, mas logo o estalido do chicote me fez andar tropegamente.

Voltei o olhar para trás e vi que Beatriz soluçava nos braços de Argos, que se esforçava em manter-se de pé.

Segui meu "amo" com a legítima sensação de que jamais veria os meus amigos novamente.

Sentia que os deuses me haviam abandonado mais uma vez.

* * *

Após o retorno ao corpo físico, Ashaf permanecera muito tempo em absoluta concentração, na tentativa de identificar o local onde Ischmé se encontrava.

Sabia que ela estava nas proximidades de Jerusalém, mas tinha dificuldades em determinar exatamente onde com precisão, pois de alguma forma ela se achava sob a proteção de uma entidade de luz.

Havia percebido logo que a moça que a acompanhava se tratava de minha irmã.

Pensava, admirado, na capacidade de envolver as pessoas que Ischmé possuía, pois conseguira se aproximar da família do homem que praticamente entregara nas mãos de Nero, por mero capricho.

Ashaf olhou, então, em direção a uma ampulheta na qual os grãos de areia escorriam lentamente, como que a lembrá-lo de que o tempo – soberano abençoado e intransigente de nossas vidas – continuava sua marcha rumo à eternidade.

Aproximando-se e olhando mais detidamente, Ashaf teve uma espécie de intuição sobre o futuro.

Pressentiu que o tempo para Ischmé estava no fim.

Era como se a cada grão de areia que caía pelo estreito canal, mais se aproximava o momento em que a moça se veria em apuros.

Ashaf meditou por alguns momentos e considerou que os acontecimentos o favoreceriam, pois tinha absoluta certeza de que um dia ela estaria em suas mãos.

"Apesar do orgulho – e isso é uma característica de Ischmé – ela virá a mim quando tudo estiver perdido...", conjeturava.

Decidiu utilizar sua influência para sair da cidade. Separou alguns pertences e todo o ouro que possuía e buscou a rua.

No caminho, notou o movimento desusado e a agitação nervosa que se observava nos semblantes das pessoas; o cerco à cidade já se fazia sentir.

Alguns sacerdotes e homens poderosos de Jerusalém haviam doado tudo o que guardavam em seus celeiros e reunido uma grande quantidade de alimento, o que daria para a cidade se manter por muito tempo.

Ocorre que os principais líderes da rebelião consideraram esse ato uma traição à *causa*, uma vez que desejavam um confronto direto com as tropas romanas.

A primeira vitória, quase sessenta anos antes, havia colocado a cidade nas mãos dos judeus rebeldes – os zelotas – e levado a uma inesperada vitória sobre a décima segunda legião de Cestius Gallus, governador da Síria.

Em 67, Vespasiano assumiu o comando e resolveu tomar a Judéia inicialmente pela região Norte, a Galiléia.

Paciente, sabia que não deveria expor suas tropas ao frio do inverno e que seria prudente atacar quando as forças judaicas estivessem combalidas.

Mais tarde, após experimentar várias estratégias, que acabaram por estabelecer o cerco a Jerusalém, Vespasiano avançou da Galiléia pela costa até Jerusalém, deixando que seu filho, Tito, terminasse o que começara.

Como a cidade era extremamente fortificada, não havia como atacá-la diretamente.

Após o cerco, os romanos aguardaram duas semanas até conseguirem dominar o primeiro muro; em seguida venceram o segundo, mas o domínio da cidade ainda era dos judeus.

Só após muitas perdas nosso exército conseguiu se apossar do então inexpugnável templo de Jerusalém.

Ali naquela cidade vivera alguém que, para minha desdita, eu levara muito tempo a compreender.

Poucos antes de ser sacrificado, ele ainda profetizara ao seu povo:

— Jerusalém, Jerusalém, que matas os homens de Deus e apedrejas aqueles que são enviados a socorrer-te! Agora a vossa casa será destruída e abandonada; nunca mais me verão outra vez até que digam: "Bem-vindo aquele que vem em nome do Senhor".

A situação se agrava

CAPÍTULO 23

Do grande mercado de Tiro fui levado em uma caravana de um mercador egípcio, que rumava para Jerusalém.

A cidade ficava a uma boa distância, e o meu "amo" tentaria vender grande parte das suas mercadorias aos romanos.

O exército sempre fora um grande comprador dos mais variados tipos de artigos, desde alimentos até objetos de uso pessoal.

Enquanto a caravana se deslocava mansamente pelo caminho, comecei a arquitetar um plano.

O meu senhor, até então, desconhecia por completo a minha origem patrícia.

Sidonius tivera o cuidado de ocultar o meu passado, dizendo que tratava-se de "um bom escravo para trabalhos pesados, mas com pequeno desequilíbrio da mente"...

Esclarecera que os maus-tratos me haviam prejudicado o raciocínio, contudo, para a finalidade à qual estava destinado, de nada me serviria o discernimento. Arrastando um arado ou coisa parecida...

Lembro-me de que o astuto egípcio e Sidonius haviam rido muito da última observação.

O sangue me fervera nas veias e sentira as têmporas latejar pela raiva que sentira.

Recordo que o mercador ainda observara:

— E quanto a esses traços? Poderia jurar por Osíris que se trata de um romano.

Sidonius se apressou em esclarecer:

— Na verdade, ele é descendente de gregos. Deve ter, remotamente, algum sangue romano. Coisa que não se pode provar.

Pois o tal Jamal se deu por satisfeito e iniciamos a viagem rumo a Jerusalém.

Mal podia acreditar que, enfim, me aproximava de meu objetivo. Não era, é verdade, exatamente como eu pensara, mas, de todo modo eu estava indo em busca de tudo o que perdera.

Tentava recordar fatos e circunstâncias de minha vida anterior.

As imagens me vinham à mente aos poucos, como se precisasse assimilá-las devagar, para não ter um colapso.

Percebia que, quanto maior o ódio que acumulava em meu coração, mais dificuldades encontrava em ver as coisas com mais clareza.

Aprendi a evitar os sentimentos que as lembranças me traziam, para manter o controle de meus pensamentos e atos.

Compreendi, muito tempo depois, que nas ocasiões em que eu emitia pensamentos de ódio ou raiva, sintonizava com os companheiros que, na ocasião, nada mais eram do que desafetos meus do passado.

Evidentemente, o singular processo obsessivo que me atingia era antigo, estava instalado havia muito; mas nessas oportunidades, quando eu "esquecia" o passado, conseguia alguns momentos de liberdade e podia agir como o centurião Vinicius Priscus.

Sentia-me forte, invencível e com o raciocínio ágil de que tanto me orgulhava; planejava e arquitetava o meu futuro.

Compreendo hoje que foi justamente por este motivo – o orgulho de minha argúcia – que fui atingido tão duramente na capacidade de pensar e demonstrar as minhas virtudes.

Ouvira falar que encontraríamos Jerusalém sitiada; não seria possível adentrarmos a cidade.

Esse era o ponto em que me detinha: precisava entrar de qualquer forma.

Tito era um antigo companheiro e amigo. Eu participara junto de seu pai, o imperador Vespasiano, de uma campanha na Bretanha.

Será que eu poderia me aproximar de Tito?

Se isso acontecesse, me reconheceria após esse tempo de maustratos, fome, desgostos?

Realmente eu mudara. Envelhecera precocemente; a tez queimada pelo sol, a barba e os cabelos desgrenhados não deixavam entrever nem a sombra do que eu fora nos felizes dias de Roma.

Assim, então, carreguei meu fardo preso às correntes que denunciavam, sem sombra de dúvida, que eu era um mero escravo.

260 Tanya Oliveira / espírito Tarquinius

Quanto tempo ainda teria de curvar minha cerviz àqueles que eu julgava seres inferiores?

Uma tênue esperança começou a surgir em meu amargurado coração.

* * *

Enquanto isso, em Betânia, na casa de Otávia, as preocupações cresciam a cada dia.

Lucília emagrecia a olhos vistos, perdendo o viço e a cor rosada que outrora denunciavam sua saúde e juventude.

Minha mãe desesperava-se ao ver que sua amada filha, o único ente que lhe restara na vida, se aproximava a cada dia mais do túmulo.

Em vão, perguntava a Lucília o que estava acontecendo. Já não podia atribuir às saudades do noivo o estado em que a jovem se encontrava.

Flávia e Hannah trocavam olhares aturdidos, pois também não sabiam a causa do mal que atingira a moça.

Em uma tarde, sem saber a quem recorrer, Otávia deixou ao largo suas reservas em relação a Hannah e, se aproximando, ponderou:

— Nunca vi com bons olhos tua aproximação de nossas vidas, mas o tempo me tem mostrado que talvez eu possa estar enganada...

Hannah, que dedilhava sua cítara, voltou o olhar surpreso para Otávia e, antes que pudesse se pronunciar, ela continuou:

— Sei que não tenho o direito de pedir-te nada, Hannah, mas venho na condição de mãe rogar-te auxílio em relação a Lucília. — Duas lágrimas furtivas deslizaram pelo rosto da orgulhosa romana.

Refeita da surpresa, Hannah procurava concatenar as idéias. A seguir, falou:

— Esqueça o passado, Otávia. Também me preocupo com o estado de Lucília. Não entendo o que se passa.

Otávia se sentou em um banco próximo e perguntou, aflita:

— Ela não te disse nada? São jovens, pensei que minha filha poderia ter-te feito alguma confidência...

Hannah balançou a cabeça e tornou:

— Lucília é muito reservada. Sei apenas que lamenta muito a falta de Caius. Além disso, a morte de Priscus a afetou sobremaneira.

Otávia deu um suspiro, evidenciando um grande cansaço. A notícia de minha morte havia selado suas esperanças de felicidade no mundo.

Buscava forças no grande orgulho que herdara de seus antepassados, que não lhe permitia sucumbir; por outro lado, precisava ver Lucília casada, para considerar sua tarefa como mãe cumprida.

Pressionara Caius diretamente, para que ele oficializasse o compromisso algum tempo antes. No entanto, desde a chegada de Hannah, notava-o diferente.

Preocupada, hostilizara a moça desde o primeiro momento. Percebia, no entanto, que, apesar de Caius haver confirmado o casamento para o seu retorno, Lucília piorava a cada dia.

Evitava sair dos seus aposentos e, quando o fazia, era sempre desacompanhada, ao entardecer, sem nada dizer.

Hannah lembrou-se do velho mendigo que as havia impressionado tanto.

"Teria Lucília voltado a falar com aquele demente?", indagava-se.

Um arrepio lhe percorreu todo o corpo. Passara a detestar o infeliz ancião que lhe dissera aquelas coisas horríveis.

Lucília nunca mais comentara nada com ela... Seria possível?

A inquietação de Hannah chamou a atenção de Otávia, que, perspicaz, lançou um olhar sobre a moça e indagou:

— Estás me escondendo alguma coisa, Hannah? Dize-me, seja lá o que for.

Hannah tornou, hesitante:

— Não sei ao certo. O fato é que essa situação é angustiante. Não sei se conseguirei esperar por meu pai até a rebelião acabar.

Otávia replicou, surpreendida:

— Vais nos deixar? Não querias retornar a Roma conosco?

Hannah prosseguiu:

— Ainda não sei o que farei. A cidade está cercada tanto tempo, e o pior ainda não aconteceu. A guerra! Será torturante permanecermos aqui à margem dos acontecimentos.

— Sim, tens razão. As tropas de Tito estão às portas da cidade, mas a situação não se define; certamente sairemos vencedores, porém perderemos muitos dos nossos bravos soldados...

Hannah empalideceu. Jamais lhe ocorrera que Caius pudesse tombar na batalha.

Otávia notou algo diferente no semblante da moça e interpelou-a:

— Não sabia que te preocupava tanto com nossos soldados... Ou será a lembrança de um deles que te fez empalidecer?

Hannah fixou o olhar em Otávia e respondeu:

— A guerra ceifará não apenas soldados romanos, mas homens, mulheres e até mesmo crianças! Desejaria somente estar longe deste lugar.

— Devo, neste ponto, concordar contigo, Hannah. Mas é preciso que a corrigenda seja dada a esse povo teimoso e rebelde. Nossos imperadores não deixariam por menos uma afronta dessas.

Hannah calou-se e voltou a dedilhar o seu instrumento. Otávia se retirou, preocupada com o seu futuro e de sua filha. Se por uma tragédia do destino Caius não retornasse, não saberia o que fazer.

Encontro com Jamal

CAPÍTULO 24

A pouca distância dali, como se recebesse os pensamentos angustiosos de Betânia, Caius, distraído, escovava sua montaria.

Não recebia notícias havia várias semanas, e a saudade dava lugar agora à preocupação.

Teria Lucília revelado que haviam rompido o noivado?

Como reagiria Otávia e sua mãe, Flávia?

A situação era delicada e previa uma série de aborrecimentos à sua volta.

Lembrou-se de Hannah. A sua figura bela e sedutora se desenhou em sua tela mental. Inconscientemente, Caius deu um suspiro.

Hannah era diferente. Podia perceber por trás de sua simplicidade e doçura havia uma mulher formosa e sensual.

Onde já vira aquele rosto?, questionava-se. Hannah parecia ter saído de algum lugar no passado...

Tocaram-lhe de leve o ombro, e Caius voltou-se, assustado.

Era Tito, o general. Com um sorriso malicioso, perguntou:

– Deixaste algum coração feminino suspirando em Roma, nobre centurião?

Caius sorriu e, balançando a cabeça, tornou:

– Não se trata de uma romana, general. Ela é de outra região do mundo, a Galácia; em realidade, é de Listra, cidade da Licônia.

O olhar de Tito se alongou para além das muralhas da cidade.

Com uma expressão de tristeza no semblante, advertiu:

– Se tua eleita não é romana, encontrarás muitos entraves para teu romance.

Caius concordou, enquanto terminava de selar o animal. A seguir, disse, durante a caminhada de retorno à sua tenda:

– Tenho esperança de que, após esta guerra, eu possa me afastar definitivamente de Roma e me unir a Hannah.

O olhar de Tito tornou-se expressivo. Diminuindo seu tom de voz, confidenciou:

– Também te apaixonaste por uma judia? Realmente, são mulheres encantadoras.

Os olhos de Caius denotavam sua surpresa. Tito prosseguiu:

– Perdi a conta do tempo em que estou nesta terra misteriosa. Ocorre que participei inúmeras vezes da mesa farta de Herodes Agripa I e acabei conhecendo uma de suas filhas, a princesa Berenice. O fato é que, apesar de ser um pouco mais velha, trata-se de uma das mais belas mulheres que tenho visto. Inteligente e ambiciosa, Berenice está à altura de qualquer reino do mundo.

Caius tornou, demonstrando cumplicidade:

— Então teremos uma imperatriz judia no futuro?

Tito meneou a cabeça, melancólico.

— Pelos deuses! É tudo o que desejo além de vencer esta guerra! Pretendo levá-la a Roma depois de nossa vitória, e isso é questão de tempo, para desposá-la diante da sociedade; sei, no entanto, que encontrarei inúmeros obstáculos.

Caius assentiu positivamente:

— Não desejo tirar-lhe as esperanças, senhor, mas será difícil que nossa sociedade aceite uma estrangeira. Nós, os patrícios, só podemos nos unir a sangue romano.

Tito concordou e, voltando-se, prosseguiu, ao olhar detidamente para Caius:

— E tu, o que pretendes fazer com tua bela estrangeira?

Caius ficou pensativo e respondeu:

— Sei que não poderei me casar com Hannah em Roma; este é o seu desejo, mas ainda não lhe falei dessa impossibilidade. Quanto à sua beleza, senhor, devo confessar-lhe que, apesar de minha experiência, jamais vi mulher tão bela e sedutora.

Tito deu uma gargalhada, enquanto sorvia um gole de capitoso vinho:

— Então prenderam o teu coração, soldado? Bem o entendo, nobre Caius. Esse dia chega para nós todos, apesar de nossa arrogância e orgulho.

Caius continuou:

— Sei que pareço um adolescente apaixonado, mas, como lhe afirmei, Hannah possui algo mais que os belos traços. Ela seduz com um simples olhar... Apesar de sua pureza quase infantil, em certos momentos seus olhos refletem promessas que transtornam qualquer homem.

Tito ponderou um instante e confidenciou:

— Entendo a que te referes. Conheci há muitos anos uma jovem assim em Roma. Talvez a tenhas conhecido. Trata-se de uma cortesã que nossos companheiros admiravam excepcionalmente...

— Fiquei muito tempo afastado, em campanhas pelo Império. Logo após minha chegada a Roma, meu pai faleceu e permaneci algum tempo junto a minha mãe. Em seguida, Priscus me convenceu a segui-lo em sua caçada aos cristãos.

— Pois saibas que essa cortesã a que me refiro foi muito conhecida em Roma. Lembro-me dos cabelos, muito escuros, soltos ao longo do corpo... Os olhos claros, a boca rósea... Não creio que tenha visto mulher mais formosa. A não ser minha Berenice! Mesmo assim, devo reconhecer que Ischmé era fascinante! Muitos amigos nossos perderam suas fortunas, e soube até de suicídio de patrícios após terem sido rejeitados pela jovem cortesã.

Caius ficara impressionado. Quem seria aquela mulher tão conhecida em Roma e que ele jamais vira?

Curioso, perguntou:

— Onde habitava essa deusa do amor? Talvez tenha ouvido falar algo a respeito, mas nunca a encontrei.

Tito deu um sorriso malicioso e disse:

— Devias estar entretido com alguma beldade romana. Não duvido que nunca a tenhas visto, pois ela jamais saía às ruas. Morava a alguns quarteirões do centro da cidade.

O assunto se encaminhava para o seu encerramento, quando um soldado se aproximou e, saudando o general, anunciou:

— Nobre general, está se aproximando do acampamento uma caravana vinda dos lados do norte. Parece um mercador.

Tito mostrou contrariedade e ordenou:

– Averigúe o que deseja. Diga aos responsáveis pela logística que podem adquirir os mantimentos necessários. Afinal, não sabemos quanto tempo esses judeus irão agüentar o cerco.

O soldado se curvou e saiu rapidamente.

Tito voltou-se para Caius e desejou, antes de o rapaz se retirar:

– Espero que sejas feliz com tua amada. Se puderes, foge aos preconceitos tolos e procura ser feliz.

Caius acenou concordando e saiu.

Lá fora o alarido era grande. O mercador trouxera vários tipos de suprimentos, porquanto era sabido que o exército romano era um excelente comprador.

Andava distraído, observando o alvoroço dos soldados que examinavam as mercadorias, quando ouviu algo que lhe despertou o interesse. Caius aproximou-se e prestou mais atenção. Não teve dúvidas: ele realmente ouvira o nome de Jamal!

Autoritário, foi abrindo caminho entre a soldadesca e postou-se à frente do velho egípcio.

Perturbado, perguntou com energia:

– És Jamal, o mercador de Jerusalém?

O velho sorriu e, fazendo uma mesura, declarou orgulhoso:

– A seu serviço, senhor. Pelo que observo, já conhece a fama dos meus produtos.

Caius tornou com uma expressão séria:

– Não se trata disso. Se fores quem penso, deves ser o pai de uma jovem que conheço.

Jamal ficou sério, por sua vez. Coçou a barba e, tentando sorrir, comentou:

– Acho que está havendo algum engano, meu senhor. Sou Jamal, mercador conhecido nesta região, mas não possuo nenhuma filha. Nunca me casei, o senhor sabe...

Caius o interrompeu, desconcertado:

– Não me interessam as tuas histórias, homem! Quero saber se não foste procurado para entregar uma correspondência ao general Tito há algum tempo.

O homem começou a ficar nervoso. O que estaria acontecendo? Como dizer ao centurião romano que ele estava enganado? E se ele resolvesse – como era comum nesses casos – descarregar sua raiva nele, um pobre mercador?

Tremendo de medo, Jamal procurou contemporizar:

– Nobre e digníssimo senhor! Talvez eu não seja quem deseja, mas posso ajudá-lo. Conheço todos os caminhos e mercadores deste lugar. Sou a pessoa certa para auxiliá-lo.

Uma ruga se desenhara na testa de Caius. Por que Hannah diria que era filha de Jamal se isso não fosse verdade? Por que mentira daquela forma?

Sempre estranhara a aproximação da jovem, mas procurara não entrar em detalhes porque havia se apaixonado e não desejava saber a verdade, se é que existia uma.

Mas agora... A dúvida começava a lhe espicaçar a alma de homem orgulhoso, que, mesmo amando, não admitiria ser enganado.

Olhou para o velho à sua frente e percebeu que ele estava sendo sincero. Sem dizer uma palavra, afastou-se.

Precisava pensar, concatenar as idéias.

No íntimo, uma sensação dolorosa começava a se apossar de seu coração. Algo lhe dizia que haveria mais verdades a ser descobertas...

CAPÍTULO 25

Inimigos de longa data

No dia seguinte, mais um acontecimento veio tirar o relativo sossego do acampamento militar.

Um homem se evadira de Jerusalém e exigia falar pessoalmente com Tito.

O general não se dispôs a atender e pediu que Caius o recebesse.

Fortemente escoltado, Ashaf adentrou a tenda de Caius.

Ao chegar, Ashaf o observou de cima a baixo, revelando uma expressão de desdém e desprezo no rosto.

Caius percebeu e, revelando o orgulho natural de um patrício, perguntou:

— Como ousas vir até o nosso acampamento? O teu lugar é dentro dos muros dessa miserável cidade.

Ashaf permaneceu em silêncio. Caius tornou, irritado:

— O que desejas, forasteiro? Não vês que não dispomos de tempo para falar com um... — Como faltassem termos para se expressar, Ashaf completou por ele:

— Eu diria um mago, nobre Caius. Não sou judeu, se é isso o que desejas saber. Tenho informações valiosas para o teu general.

Caius o observou com curiosidade. Não poderia mandar o estranho homem embora, ele talvez tivesse, de fato, alguma informação útil.

Sem disfarçar a antipatia que ele lhe despertara, objetou:

— Tito está ocupado pois o venerável senador Publio Lentulus acabara de chegar... Se tens algo a dizer, deves fazê-lo a mim.

O semblante de Ashaf estava impassível. No fundo se divertia em ver a pose de Caius, pois ele já previra muito do que iria acontecer.

Olhando fixo nos olhos do romano, falou com a energia que lhe era própria:

— Diga ao teu general que Ashaf Harat, o mago, está aqui e deseja transmitir-lhe informações importantes. Não falarei em nenhuma outra circunstância. E tu serás o responsável por um eventual fracasso que advenha de tua arrogância.

Caius desatou a rir. Mal podendo falar, tornou irônico:

— Acreditas que tuas previsões podem mesmo ajudar o exército romano? Achas que o general Tito depende de ti e de tuas "valiosas" informações?

Ashaf procurava não demonstrar a tempestade que se formava em seu íntimo. Reencontrava o seu velho rival depois de muito tempo!

Mas ele nada mudara. Orgulhoso, arrogante, detestável... Aquele era o homem que lhe roubara Neferure, agora reencarnada como Ischmé.

Odiava-o! E o odiaria sempre até que se consumissem os tempos!

Impassível, Ashaf fitou demoradamente Caius. A seguir, asseverou em um tom quase profético:

– O teu riso escarninho de hoje é o prenúncio de tua infelicidade do porvir, centurião. Não te enganes! Teu caminho será pontilhado por farpas e espinhos e não possuirás o que desejas.

Caius empalideceu. O teor vibratório com que foram ditas aquelas palavras o atingiu diretamente.

Estranho mal-estar se apossou do jovem romano. Tinha a sensação de que algo lhe atingira o estômago.

Antipatizara com aquele homem desde o primeiro momento. Inconscientemente, detectara a presença de antigo inimigo que voltava ao seu caminho para um acerto de contas.

Ainda aturdido com as palavras do mago, revidou:

– Ameaças-me? Tens a ousadia de vir à minha presença com tuas palavras maléficas para me amedrontar?! – bradou Caius com os olhos injetados de ódio.

Deu uma volta ao redor do mago e, observando-o, concluiu:

– Talvez tenhas razão. Devo levar-te até o general, para que ele próprio te coloques em teu lugar; ademais, és um traidor do povo que te acolheu. Poderemos negociar-te com algum lucro!

Ashaf procurava controlar as emoções. Revelando orgulho indescritível, tornou:

– Traidor, eu? Quem até ontem vivia escondido em Jerusalém por ter traído a confiança de um amigo? Não sou judeu e nada tenho com esse povo. Põe a mão em tua consciência, romano orgulhoso, antes de acusares a quem quer que seja.

Caius voltara-se violentamente em direção a Ashaf, quando Tito adentrou a tenda.

À presença imponente do general, os ânimos foram controlados.

Com uma expressão de contrariedade, exclamou:

— O que significa isto? Fui chamado pela guarda, pois me disseram que um de meus centuriões estava prestes a se debater em uma contenda com um estranho.

Caius se recompôs e explicou:

— General, este homem escapou de Jerusalém e disse ter vindo até nós com informações supostamente importantes. Ocorre que procurei sondá-lo e ele mostrou desconhecer a hierarquia de nosso exército e ameaçou-me com maus presságios. É um mago...

Tito observou Ashaf atentamente. Em seguida, perguntou com energia:

— O que tens a dizer, homem? Como te atreveste a vir até nosso acampamento nos oferecer aquilo que teu fantasioso julgamento considera importante?

Ashaf curvou-se diante de Tito e a seguir falou com tranqüilidade:

— Não trago apenas fantasias da minha mente, senhor. Trago mapas e posso descrever os principais itinerários da cidade. Sei onde estão amotinados os grupos mais perigosos e posso orientar sobre o portão mais vulnerável de Jerusalém... Também saberei orientar sobre o melhor local para construíres as torres de cerco e invadir a cidade.

Os olhos de Tito fixaram-se em Ashaf. Realmente era uma figura peculiar.

A tez morena, própria dos homens de sua região, o alvo turbante que usava e que deixava entrever seus cabelos negros, os olhos de um verde esmeraldino... Além disso, a vestimenta de Ashaf revelava que se tratava de um homem de posses.

As sedas e os ricos tecidos bordados que compunham o seu traje sugeriam que não era um homem qualquer.

Curioso e inquieto, Tito considerou:

— Não sei quem és; como poderei confiar em ti? Por que vieste até mim? Tenho conselheiros que conhecem Jerusalém. A pedido de meu pai, o senador Publio veio nos auxiliar com sua experiência, pois também conhece a cidade.

Ashaf, utilizando de sua argúcia e perspicácia, atingiu o general no que ele tinha de mais vulnerável: a vaidade.

Medindo pausadamente o efeito de suas palavras, esclareceu:

— Vim a ti porque está escrito que serás o próximo imperador de Roma. Tu sucederás a teu pai e envergarás a coroa de louros.

Ashaf atingira o seu objetivo. Tito arrefeceu os ânimos:

— Se tuas palavras forem verdadeiras como as que foram ditas a meu pai... Acho que devo acreditar mesmo no que dizes, mago.

— A tua vitória não tardará. Ficará registrado pelos séculos futuros Tito, o conquistador de Jerusalém. Serás louvado por todo o Império!

A resistência fora vencida. Tito convidou Ashaf para, junto a outros conselheiros, ir à sua tenda para analisarem os mapas que o mago trouxera.

Contrariadíssimo, Caius seguiu o grupo. Além do pequeno incidente que tivera com Ashaf, estava cismado com relação ao episódio com Jamal.

Se Hannah não era filha de Jamal, por que mentira? Que motivo teria para ter se aproximado e levado sua mensagem a Tito?

Por mais que pensasse, não conseguia entender.

Jamal, por sua vez, havia deixado o grupo de escravos que conduzia a alguma distância do acampamento.

Não queria incomodações, caso descobrissem que levava escravos romanos, inclusive, ao que tudo indicava, um patrício.

Iria revendê-los nas cidades próximas a Jerusalém; talvez Betânia ou Jope.

Assim, antes que Caius viesse a indagar-lhe mais alguma coisa que pudesse esclarecer o caso, Jamal se dirigiu a Betânia.

Eu não podia imaginar que estivera a poucos metros de distância de Caius.

Tudo poderia ter acabado naquela oportunidade; no entanto, eu desafiara a suprema justiça, e ela vinha altaneira me cobrar os antigos débitos.

Se tivesse buscado em Deus o auxílio que necessitava, certamente haveria um abrandamento de meu resgate.

Eu, porém, não aceitava a existência de um ser que regesse o destino dos homens.

Preferia me apegar às falsas concepções que nos ensinavam que "os deuses" existiam para nos servir e, por nossa vez, deveríamos oferecer sacrifícios para agradar-lhes.

Eu era um mísero pagão que me aferrava às idéias que mais favorecessem a execução dos meus objetivos.

* * *

Ao chegarmos a Betânia, Jamal procurou alguns conhecidos na cidade, para encaminhar a venda dos escravos o mais rápido possível.

A ameaça de guerra iminente deixava a todos angustiados, pois muitos moradores locais tinham familiares em Jerusalém.

A pequena cidade estava localizada muito perto da capital do judaísmo e nela repercutiam os acontecimentos que lá se davam.

Eu soubera por outros escravos que muitas vezes o Nazareno se dirigia para a adorável Betânia, pois sempre fora recebido com carinho fraterno por seus habitantes.

Betânia se transformara em um oásis dentro da Palestina, e o Messias amealhava energias renovadoras no contato singelo e verdadeiro com seus humildes seguidores.

Evidentemente, aqueles escravos eram cristãos e conheciam todos os passos que o seu Messias dera durante sua existência.

Costumavam relatar os fatos extraordinários que o Nazareno propiciara, realizando curas, consolando os aflitos através da esperança de um reino onde não haveria vencidos nem vencedores e onde todos encontrariam a verdadeira felicidade.

Comentavam que, ainda naquela época, deveriam morar ali alguns seguidores de Jesus; diziam que um deles, de nome Lázaro, havia morrido, e o profeta o ressuscitara.

De início não dei importância aos comentários. Sabia que não passavam de pobres coitados que jamais haviam conhecido uma vida melhor; além disso, era evidente a estreiteza mental daquelas criaturas, o que justificava serem tão crédulas.

Chamava-me a atenção o fato de apresentarem incompreensível serenidade, apesar de muitos possuírem as marcas do chicote nas costas.

Não entendia aquele conformismo e aquela aceitação de só poderem ser felizes em um reino distante e desconhecido dos homens.

Descendente de uma raça pragmática, cujos horizontes não iam além da matéria, a conversação de meus companheiros de infortúnio passara a me incomodar.

A esperança que lhes iluminava o olhar era para mim um acinte perante minha desgraça.

Diante das circunstâncias, tive uma idéia: como no local havia muitos cristãos, propus ao pequeno grupo que planejássemos uma fuga juntos, procurando refúgio na casa dos seguidores do Nazareno.

Um pouco espantados, olharam-se e, voltando-se para mim, um deles, Ariel, explanou:

— Sabemos que não aceitas o Cristo, mas talvez isso ocorra porque ainda não o compreendeste. Jesus nos ensinou a aceitar a vontade de Deus, nosso Pai e Criador, e a buscarmos nossa melhoria íntima, independentemente da posição em que estivermos.

Olhei estupefato para o jovem à minha frente. Não imaginara que haveria uma recusa na adesão ao meu plano. Indignado, perguntei:

— Queres dizer que preferem permanecer escravizados? É isso o que a tua crença te impõe?

Com um olhar tranqüilo, Ariel respondeu:

— Como te disse, não entendes ainda a nossa crença. Uma fuga, no momento, só atrairia a ira de Jamal sobre nós. Sofreríamos represálias maiores e possivelmente nossos familiares também seriam perseguidos. Jamal conhece bem estas terras e possui amigos influentes. Aguardaremos o momento propício. Além do mais, a ignorância humana pode escravizar os nossos corpos, mas não o nosso espírito, que é livre e imortal!

Para mim, aquilo tudo não tinha sentido. Recusar a liberdade em nome de uma fé!

Ariel, percebendo minha decepção, tornou:

— Sabemos que és um cidadão romano e que a fatalidade te trouxe até aqui. Não podemos compartilhar dessa fuga neste momento, pelas razões que já expusemos. Não obstante, teríamos grande prazer em ajudá-lo...

Mais surpreso ainda, perguntei:

— Estão dispostos a me ajudar na fuga? Não têm o desejo de voltar às suas famílias?

— A nossa família carnal está espalhada pelo mundo; muitos de nós a perdemos ainda quando éramos crianças. Quanto a mim, tenho apenas os meus irmãos. Mas aprendi com Jesus a reconhecer a família espiritual.

Aquelas palavras soavam incompreensíveis para mim. Jamais vira tal desprendimento em um ser humano. Aturdido, resolvi perguntar:

— Não posso obrigar ninguém a me seguir... Como me poderiam me auxiliar?

Ariel chamou outro escravo, José, e esclareceu:

— José, meu irmão, o nosso amigo está planejando uma fuga há algum tempo, mas eis que agora talvez lhe tenha surgido a oportunidade. Sei que tens amigos em Betânia... Achas que poderiam nos ajudar?

José afirmou prontamente:

— Não tenho a menor dúvida. Quando estivermos no mercado, passarei um bilhete a um de nossos conhecidos; ele trabalha lá, e logo veremos o que é possível fazer.

Preocupado, obtemperei:

— Não será arriscado esperar até esse momento? E se eu for vendido novamente?

José respondeu confiante:

— Não te preocupes. Tudo sairá bem! Nossos amigos cuidarão para que não haja nenhum contratempo.

Totalmente incrédulo quanto ao sucesso daquele cometimento, acabei aceitando o auxílio que aqueles bons homens me ofereciam.

Eu os julgara em razão de sua posição social e agora era preciso reconhecer que possuíam qualidades morais que encontrara em poucos homens ao longo de minha vida.

Ansioso com a perspectiva da liberdade, por ora só me restava esperar...

CAPÍTULO 26

Medo da verdade

Em Betânia, acontecimentos singulares despertavam as atenções, inquietando Otávia, Flávia e até mesmo Hannah.

As ausências de Lucília em horas determinadas do dia e sua insistência para que não fosse acompanhada deixavam as outras mulheres ensimesmadas.

Hannah suspeitava de que minha irmã tivesse adoecido de suas faculdades mentais desde o dia em que cruzara com o mendigo no centro da cidade.

Certa de que encontraria alguma coisa, propôs às outras mulheres seguir Lucília em uma de suas saídas habituais.

Otávia e Flávia concordaram, e Hannah vestiu uma túnica simples, e cobriu-se com um manto de algodão escuro, que não permitia que vissem o seu rosto.

Aguardou algum tempo após a saída de Lucília e seguiu de longe minha desventurada irmã.

Esta, sem perceber que era observada, pois trazia o pensamento distante, aproximou-se de pequena vila localizada próxima à estrada que conduzia ao centro da cidade.

O local era muito agradável e estava recoberto por exuberante vegetação, o que era raro naquela região.

A vivenda não era muito grande, mas comportava umas trinta e poucas pessoas.

Na sua chegada, Lucília foi fraternalmente recebida por um homem beirando a maturidade; além dele, várias mulheres, jovens e até mesmo crianças se acercaram de Lucília para lhe dar as boas-vindas.

Procurando ser o mais discreta possível, Hannah se aproximou de um grupo que chegava, fazendo parecer que os acompanhava.

Ao perceberem a presença de um novo membro, o grupo a saudou, mas não tentou identificá-la, procurando saber a sua origem.

Mantiveram silencioso respeito, sabedores que poderia se tratar de alguém que não pudesse se identificar devido à sua posição social.

Hannah deu um suspiro de alívio ao ver que não seria importunada. Observou ao redor e viu que ali estavam pessoas de todos os tipos e procedências.

A maioria, no entanto, se achava doente, malvestida, com deformidades e – para seu espanto – percebeu a presença de leprosos.

Apavorada, recuou instintivamente. Ao dar um passo para trás, esbarrou em alguém.

Quando ia pedir escusas pelo incidente, reconheceu assombrada que se tratava do mendigo cego que dissera, havia algum tempo, coisas horríveis a seu respeito.

Novamente Hannah se afastou e colocou-se perto de outro grupo, mais adiante.

Com o coração aos pulos, resolveu aguardar os acontecimentos.

Já desconfiara de que Lucília se convertera aos ensinamentos do Messias Nazareno.

"Lucília é fraca e impressionável; deve ter sido fácil sugestioná-la. Trocou nossos deuses poderosos e belos por um Deus desconhecido e invisível!", pensou.

Após um quarto de hora, quando todos já haviam chegado, o homem que recebera Lucília e que parecia ser o dono da chácara se postou diante da pequena audiência que se formara e, pensativo, parecia relembrar momentos extremamente caros ao seu coração.

O brilho no olhar revelando a emoção que era ativada sob o influxo daqueles pensamentos se transmudou em suaves palavras, que foram pronunciadas com serena energia:

Meus queridos Irmãos do caminho!

Bendito seja Jesus Cristo, Nosso Senhor, que nos uniu com os seus ensinamentos de luz!

Na tarde de hoje, gostaria de relembrar os momentos sublimes em que eu, ainda um jovem, pude desfrutar da casa de nossos queridos Lázaro, Marta e Maria.

Não desconhecemos o profundo amor que unia aqueles espíritos ligados às falanges do Cristo desde tempos remotos.

Aqui em Betânia, junto aos amigos do coração, nosso amado Mestre sempre encontrou o carinho das amizades sinceras que sustentam o espírito, e cujo manancial de eflúvios revigorantes nos abasteceram para as grandes lutas que nos aguardavam.

Certamente, Ele, a Estrela Radiante, vinha trazer as bênçãos dos mundos de luz a nós outros, miseráveis analfabetos do conhecimento maior, oferecendo aos pobres amigos que aqui habitavam o pão da vida e a água que nos dessedentaria para sempre... O ensinamento superior, que constitui o rumo que devemos traçar ao nosso espírito necessitado de reabilitação.

Não vos enganais, meus queridos amigos! Ainda teremos grandes provas no porvir; portanto, vós que buscais esta casa nesta tarde, sejam quais forem as dores no corpo ou na alma, não resisti ao apelo de Nosso Senhor Jesus Cristo! Buscai em seu amor a força e a coragem que nos manterão fiéis na hora do testemunho!

Sede dóceis ao convite que fraternalmente ele vos faz, para o seguirdes.

Ele é o modelo que, como humilde cordeiro, veio à Terra para ser sacrificado pelos lobos cruéis. E nós, como seus seguidores, precisamos estar com o espírito fortalecido na fé e na coragem, para as grandes renovações necessárias à nossa alma, tal como fora previsto nas Escrituras. Como profetizou Isaías, ele foi o "Ungido de Deus" e veio para nos libertar!

Precisamos nos livrar de nossas amarras — não as materiais, mas a nossa aliança com a inferioridade —, abandonar os caminhos tortuosos que trilhamos nesta ou em outras existências e buscar uma nova vida.

Como Ele mesmo disse: "Eu sou o Caminho, a Verdade e a Vida".

Dos seus ensinamentos cheios de misericórdia e bondade emanam eflúvios divinos, que transformam a nossa vida de espíritos imortais; quem não ouviu falar, aqui mesmo em Betânia, da ressurreição de nosso amado Lázaro?

Quem ignora que, após uma moléstia cruel, Lázaro faleceu e somente quatro dias após o seu sepultamento Jesus veio ao nosso encontro?

Sim, meus queridos! Eu estava lá e senti o cheiro da morte no sepulcro! Bastou, entretanto, que o Raboni (Mestre dos mestres) dissesse: "Lázaro, vem para fora!" para que Lázaro surgisse por entre as mortalhas, ressuscitado para a vida, nos mostrando claramente que após a morte o espírito pode retornar ao corpo, embora saibamos que nos é necessária uma nova veste física.

Nem o sábio Nicodemos compreendeu a lição! Todo o seu conhecimento da lei não lhe permitia vislumbrar a profundidade e lógica das lições singelas e belas de nosso Mestre Amado!

Como poderá alguém contestar a realeza de Jesus e a fidelidade de sua missão diante de provas como as que temos presenciado?

E quanto ao leproso, Simão, a quem alguns até conheceram, aqui em Betânia?

Quem, a não ser Jesus, realizou milagres e curas tão maravilhosas?

E as aparições depois de sua morte? Aqui mesmo em nossa cidade, quantas vezes ele retornou, na casa do próprio Lázaro?!

Sei que muitos de vós o viram e confirmaram o cumprimento de sua promessa de nunca nos abandonar!

Tudo isso atesta e confirma a vinda de nosso Salvador, filho legítimo da casa de Davi, que por Clemência Divina veio até nós trazer o ensinamento que atravessará os tempos e que nos trará a liberdade definitiva ao ser finalmente praticado.

Prestai atenção todos vós! Somos seres em aprendizado, necessitados das lições da vida para avançarmos na senda evolutiva. Por isso aqui estamos! O Senhor, no entanto, nos facilitou o caminho, convidando-nos a seguir os seus passos e, através de seus ensinamentos, buscarmos a remissão de nosso passado culposo!

Em determinado momento, o olhar de Luciano vagou pela sala e, percorrendo o humilde ambiente como se procurasse alguém, deteve-se em Hannah.

Com o rosto semi-oculto e temendo ser descoberta, a jovem evitava fixá-lo. Luciano a observou com fraternal ternura e declarou:

Alguns de vós viestes a Betânia em busca de algo que não dessedentará vossas almas.

Estais necessitados de um amor diferente, de origem divina, que se estende à humanidade e que consiste na doação ao semelhante; vence todas as adversidades e nos leva à prática do perdão incondicional ao nosso próximo.

O amor que nos tolda a visão pela efervescência da paixão nos torna cegos e pode nos levar a cometer crimes inimagináveis!

Atendei a Jesus e modificai o vosso rumo, alma querida!

Deixai que o verdadeiro amor se apodere de vosso coração. Lembremo-nos da nossa valorosa Maria de Magdala.

Sim! A desvelada irmã, amparo dos infelizes leprosos, fora um dia uma cortesã! Ao sentir, no entanto, o chamado de Jesus, abriu-se uma janela de luz em seu coração e ela efetuou a modificação do seu espírito com um esforço sobre-humano, alcançando uma das maiores conquistas de que um espírito é capaz!

Afastou-se das trevas para seguir a Luz!

Deixou que o seu imenso amor se expandisse e se colocou a serviço do bem, socorrendo os enfermos — os mais espezinhados e desfavorecidos — e, junto deles, galgou os degraus da sua redenção.

Nada temais! Jesus vos trouxe aqui hoje para realizar o convite que fez a Maria de seguir-lhe os passos — e Luciano voltou-se à pequena Assembléia *— a todos os que compartilham deste aprendizado conosco, para que tenham fé e coragem!*

À medida que Luciano falava, uma sensação indescritível se ia apoderando de Hannah.

Acostumada a ouvir falar dos sortilégios e feitiços que os cristãos aplicavam nas pessoas, imaginou que estava sendo vítima de alguns de seus truques.

Contudo, não podia deixar de constatar que as palavras do pregador estavam absolutamente certas.

Conforme ele ia narrando a história de Maria Madalena, uma emoção muito forte se apoderava de sua alma.

Tinha vontade de chorar, de se arrojar aos pés daquele homem e dizer que também fora como Madalena. Mas ainda não se sentia em condições de seguir aquele Mestre que não entendia!

Jamais conseguiria perdoar daquela forma. Não abriria mão de Caius. Não aceitava o amor que renunciava em favor de outrem.

Sentindo que as forças se lhe escapavam, Hannah se levantou e, sob os olhares curiosos dos que ali se encontravam, saiu apressada.

Não queria mais ouvir aqueles sortilégios que quase a haviam vencido.

Retornou para casa aos soluços, desejando nunca mais retornar àquele lugar.

As companhias espirituais de Hannah a mantinham imantada a um passado em que sucumbira à sua influenciação e que fatalmente a levaria a um doloroso futuro.

Infelizmente, não conseguira auferir o valor da oportunidade recebida e adiava indefinidamente sua reabilitação espiritual.

Ardilosa Ischmé

CAPÍTULO 27

Ao retornar à sua casa, Hannah ainda trazia no olhar a comoção que as palavras de Luciano lhe provocaram.

Grande sofrimento moral se lhe apoderara da alma.

Jamais ouvira alguém se pronunciar daquela forma, com tanta serenidade e ao mesmo tempo energia.

As alusões ao rabi Nazareno haviam comovido intimamente o seu espírito inquieto.

Seria mesmo um sortilégio? Mas não vira nada de anormal no ambiente. Não notara ervas nem infusões, não bebera nada. Era tudo muito diferente da casa de Ashaf.

Além do mais, conhecia magia, pois fora criada por Shabka; apesar de ela nunca lhe haver ensinado nenhum feitiço, sabia que eles existiam.

Mas aquele homem só lhe falara de amor e perdão...

"Será o Messias um profeta enviado dos deuses para mudar a humanidade?", cogitava. "Terá mesmo ele perdoado a cortesã que, como eu, se perdeu no vício e na degradação moral? Quem será a tal Maria de Magdala?"

Um desejo incontido de conhecer aquela mulher se apoderou de seu coração.

Assustada com os próprios pensamentos e ao mesmo tempo comovida com o que ouvira, Hannah buscava concatenar as idéias.

Devia estar perturbada; procuraria esquecer tudo o que vira e ouvira naquela tarde.

Otávia e Flávia vieram recebê-la, aflitas. Hannah lhes disse que Lucília nada fizera de anormal, apenas fora realmente passear pela cidade e que levara comida a alguns miseráveis.

Apesar de estranhar a atitude da filha, Otávia teve de reconhecer que deveria ser mesmo verdade.

Lucília sempre fora dada a essas demonstrações de bondade e, lembrava-se, na ocasião em que seu marido mandara castigar alguns escravos cristãos em Chipre, Lucília implorara a remissão do castigo.

Eu, por minha vez, apoiara o meu pai incondicionalmente, causando pequeno atrito familiar, em que foi necessária a intervenção de minha mãe.

Hannah falara com tanta convicção que as duas mulheres se deram por satisfeitas.

No entanto, a moça não suportava mais aquela situação. Não agüentaria ficar por muito tempo vivendo naquela casa à espera do término da guerra. Em seu cérebro, uma idéia começou a tomar vulto. Precisava rever Caius, falar com ele, tê-lo em seus braços.

Como faria isso, porém? Caius estava às portas de Jerusalém e prestes a invadir a cidade...

Isso, não obstante, parecia não consistir em um empecilho para ela. Hannah não via obstáculos quando desejava ardentemente alguma coisa.

Lembrava-se de já ter falado com Otávia sobre o seu desejo de partir. Após pensar por algum tempo, tomou uma decisão: iria até o acampamento, que não era muito distante dali, e procuraria Caius.

Precisava falar-lhe sobre os últimos acontecimentos e, mais do que isso, estar em seus braços.

Aproveitou a hora da ceia para comunicar a Otávia e Flávia sua decisão:

— Amanhã cedo devo partir em direção a Betfagé, pois ouvi dizer ontem à tarde que existem vários mercadores na cidade. Tenho esperança de encontrar meu pai...

As duas mulheres a olharam surpresas e retrucaram quase a um só tempo:

— Vais assim, sozinha? Não temes que algum malfeitor te ataque na estrada? Conheces bem a fama desses caminhos que levam a Jerusalém... Os próprios mercadores evitam transitar em determinadas horas.

Hannah obtemperou:

— Se me permitem, levarei Anuk, que conhece bem essas estradas. Não creio que deva demorar, talvez dois ou três dias. Só quero ver se o encontro.

Flávia aconselhou:

— Querida Hannah, sentiremos muito tua falta. Preocupa-me o fato de que, se a guerra começar, correrás grande perigo.

Hannah sorriu e falou com sinceridade:

— Agradeço tua preocupação, cara Flávia, mas preciso fazer essa viagem. Além do mais, não devem se preocupar, deixarei uma boa quantia em dinheiro e mantimentos para que nada lhes falte.

— Sabes que não me refiro a isso, Hannah. Aprecio tua presença junto a nós.

Hannah a abraçou com carinho e tornou:

— Jamais a esquecerei. És muito cara ao meu coração...

As duas mulheres manifestaram sua afeição com um suave e caloroso amplexo.

Otávia, que se mantinha a alguns passos, a inquiriu:

— Irás mesmo à procura de teu pai? Achas que ele ainda permanece nesta região na iminência de uma guerra?

Demonstrando alguma irritação, Hannah redargüiu:

— Tenho certeza absoluta de que ele está a minha procura. Infelizmente, adiei minha partida, e agora devo me expor dessa forma...

— Infelizmente? — perguntou Otávia, admirada. — Vejo que te arrependeu de ter nos auxiliado...

Hannah enrubesceu e esclareceu:

— Não me referia a isso.

Flávia, percebendo que a discussão se prolongaria, resolveu interceder:

— Calma, minhas amigas! Estamos surpresas com a decisão de Hannah, mas devemos respeitá-la. Aguardaremos confiantes o teu retorno, se possível com boas notícias.

Hannah agradeceu e se retirou.

Algumas horas mais tarde, Lucília retornou de seu habitual passeio.

Expressão tranqüila, apesar da suave melancolia que trazia no olhar, foi comunicada da decisão de Hannah.

Preocupada, dirigiu-se ao quarto da amiga. Hannah organizava sua bagagem; quando percebeu a presença de Lucília, comentou:

— Ainda não estou de partida, Lucília. Tenho algumas coisas a arrumar.

Lucília se aproximou e, tomando as mãos de Hannah com delicadeza, convidou-a para que se sentassem em pequenos bancos ali dispostos.

Curiosa, Hannah acedeu, e Lucília iniciou o diálogo:

— Minha cara Hannah, acho que percebeste as singulares modificações que têm ocorrido comigo.

— Sim, é verdade. Tua mãe, inclusive, me transmitiu a sua apreensão. Falei das tuas preocupações com Caius.

O rosto de Lucília se iluminou e um suave sorriso se estampou em seu rosto. Externando a pureza de sua alma sincera, declarou, com comovedor desprendimento:

— Apesar de não possuir muita experiência da vida, posso perceber quando o coração de um homem não corresponde aos nossos anseios. Desde o princípio, observei o modo como Caius a olhava e entendi que jamais teria aquele olhar apaixonado sobre mim...

Hannah ia dizer alguma coisa, mas Lucília a interrompeu:

— Sei que vais negar, minha boa Hannah. No entanto, devo dizer-te que não deves partir por minha causa. Não sou um empecilho à tua felicidade com Caius.

Diante do olhar espantado de Hannah, Lucília prosseguiu:

— Devo dizer-te que não existe nenhum compromisso entre Caius e mim. Rompemos antes da sua partida, pois não suportaria prendê-lo a um compromisso sem amor.

As lágrimas não permitiam que Hannah falasse. Após alguns minutos, afirmou:

— Caius me disse que cumpriria com sua palavra...

Lucília tomou fôlego e contrapôs:

— Não aceitaria um casamento por obrigação, um compromisso que nos tornaria infelizes. Reconheço, Hannah, que a tua beleza desconcertou Caius e que devo seguir outro caminho.

— Não gostaria que as coisas fossem dessa forma. — Hannah experimentava uma ponta de remorso.

Lucília sorriu e asseverou:

— Às vezes, os acontecimentos desagradáveis, as frustrações, as grandes dores vêm ao nosso encontro para aferir nosso valor. Tenho aprendido algumas lições valiosas sobre a nossa existência na Terra e verificado que existe algo mais além daquilo que os nossos sentidos percebem.

Hannah a observava admirada. Lucília continuava como se uma inspiração superior a dominasse:

— Como sabes, em Roma possuímos vários deuses, cada um com determinadas atribuições e poderes. Não obstante, aqui em Jerusalém, este povo tão forte e valoroso possui apenas um só Deus; e ele é tão ou mais poderoso que todos os nossos reunidos. Não achas mais lógico que exista apenas um Criador de todas as coisas?

Hannah, que não se dava a divagações dessa ordem, respondeu titubeante:

— Não sei ao certo... O que queres dizer, Lucília?

A moça continuou:

— Creio que deve existir um Ser Supremo, Criador de todas as coisas, e que um dia todos os homens o adorarão. Além disso, ao estudar algumas escrituras desta terra soube que alguns profetas já haviam anunciado, há muitos séculos, a vinda de um Messias...

Hannah não pôde se conter:

– Queres dizer que és cristã? Perdeste a razão?

Lucília sorriu complacente e respondeu:

– Em algum momento dei provas de não estar no meu juízo perfeito, Hannah? Apenas estou te falando de fatos que se concretizaram nesta mesma região, alguns aqui em Betânia. Sim, sou cristã, e se não fosse pelo infeliz desconhecimento dos ensinamentos do Cristo, Priscus não teria se aventurado em sua malfadada caçada aos seguidores do Nazareno. Devo te afirmar que não fui enfeitiçada e que as consolações e o amparo que tenho recebido de Jesus são o que me tem sustentado diante das perdas que carrego na presente existência.

Hannah não sabia o que dizer; realmente, Lucília apresentava uma lucidez admirável nas idéias que exteriorizava.

Lucília fez uma pausa, enquanto aguardava o efeito de suas palavras.

A seguir, prosseguiu:

– Sei que ainda não é o momento para atenderes ao chamado de Jesus, Hannah. Minha própria mãe me consideraria perturbada, pois creio que Júpiter ainda demorará a se curvar diante do Cordeiro. Peço-te, por isso, que não comentes, por enquanto, a minha nova convicção.

Hannah assentiu com a cabeça e observou:

– Não estarás correndo perigo junto a essas pessoas? Deves saber que falam de sortilégios e feitiços, além de estranhas práticas...

Lucília fez um gesto de compassivo entendimento e tornou:

– Não te preocupes, minha cara Hannah. A única prática que Jesus nos pede é a de nos amarmos como irmãos, ou melhor, "amarmos a Deus sobre todas as coisas e ao próximo como a nós mesmos"! Dessa forma, passei a ver Caius como um irmão do meu caminho, que tem no momento outros compromissos. Isso deixou minha alma livre e, posso te afirmar com sinceridade, feliz!

Hannah ainda insistiu:

— Vejo tristeza ainda em teu olhar. E tua magreza nos faz pensar que estás doente.

Lucília falou com honestidade:

— Não te preocupes, Hannah. Não pude impedir que o sofrimento deixasse alguns efeitos indesejáveis em meu corpo. Contudo, sinto minha alma leve e forte para as lutas do futuro. O que me aguarda? Sinceramente, prevejo alguma felicidade ao lado de muitas lágrimas. O que me inquieta nesta hora é minha mãe...

Hannah detestava Otávia, mas, diante da angústia de Lucília, afiançou:

— Se depender de mim, nada lhe faltará. Sabes que ela não me aprecia, talvez por achar que eu quisesse roubar Caius de ti...

Lucília sorriu e completou:

— A implicância dela foi por saber que ele daria preferência a ti! Talvez ela já tivesse essa intuição. Mas deixemos esse assunto de lado... Quando retornas?

Hannah, que jamais sentia remorso pelas atitudes que tomava, sentia indefinível mal-estar. Na verdade, estava indo em busca de Caius e em nenhum momento pensara em Lucília, mesmo sem saber que ela já não era noiva do rapaz.

Aparentando tristeza e com uma invencível sensação de culpa, respondeu:

— Lucília, minha amiga, talvez não retorne mais.

Lucília a olhou preocupada e perguntou:

— Estás me escondendo algo? Posso ajudá-la, Hannah?

Hannah fixou mais uma vez o olhar brilhante de Lucília e prosseguiu:

— Existem lagos tão límpidos que refletem o céu, assim como existem olhares que refletem a nossa própria alma... Às vezes, é preciso nos afastarmos deles, pois nos mostram o que não desejaríamos ver.

Sem entender, Lucília ainda insistiu, porém Hannah alegou que se atrasaria se prolongasse a conversa.

* * *

A partida de Hannah, embora já tivesse sido considerada havia algum tempo, efetivou-se muito rapidamente.

No dia imediato, pela manhã, a moça se despediu e seguiu acompanhada por Anuk em direção a Jerusalém.

Sabia que a invasão das tropas romanas era iminente e o desejo incontrolável de rever Caius mais uma vez, antes da Grande Guerra, fez com que a jovem ignorasse o perigo que corria.

Anuk, que além de escravo era um fiel conselheiro, insistia para que sua ama reconsiderasse sua posição; no entanto, como já previra, todas as advertências foram em vão.

Hannah subiu em sua montaria e Anuk seguiu à frente, atento a qualquer movimento ou caravana suspeita.

Era comum, naquela época, as pessoas realizarem aquele trajeto a pé. O terreno íngreme e as estradas malcuidadas levavam à utilização de pequenos animais de carga, como mulas e jumentos.

Hannah, devido às suas posses, utilizou um belo cavalo, que a conduziu lentamente pelo escarpado caminho.

Os raios do sol começavam a atingir sua pele alva e, também por precaução, para não ser vista, cobriu parcialmente o rosto com o manto que a envolvia; apenas seus belos e sedutores olhos podiam ser observados.

À medida que se aproximavam do acampamento militar, Anuk se tornava mais apreensivo, pois já se podia perceber o movimento das tropas.

A Décima Legião de Tito estava, além de cansada, impaciente com a espera. Era quase impossível conter os ânimos dos soldados, que havia muito aguardavam o inevitável.

Toda a tensão acumulada naqueles longos dias talvez possa explicar a selvageria com que a cidade foi assaltada.

Não era comum aos romanos, apesar de seus reconhecidos atos de impiedade, destruir com tal ferocidade as cidades inimigas.

Algo sempre era preservado, pois contavam com a aquiescência dos derrotados para levar adiante a aculturação, que consistia no princípio basilar do seu domínio.

Naquela ocasião, infelizmente, não foram poucas as atrocidades que se concretizaram, antes mesmo da entrada na cidade.

Anuk ouvira falar, no mercado de Betânia, que centenas de judeus haviam sido mortos ao tentar fugir da cidade.

Ao olhar para Hannah, sua beleza e sua aparência frágil, temia por sua integridade física; não obstante, sabia como ninguém que aquela aparente fragilidade escondia uma vontade férrea e indomável, que não arrefeceria diante de nenhum obstáculo. Nem mesmo do exército romano.

Quando já estavam muito próximos de algumas sentinelas, Anuk se aproximou de Hannah e advertiu, respeitoso:

— Minha senhora, se me permite, estive pensando, e se me consentir...

Hannah escutou e retrucou, impaciente:

— Diga logo, Anuk, o que tens em mente?

— Bem, minha senhora, sou um escravo, mas sei que estamos em sérios apuros...

Hannah obtemperou, convicta:

— Já estiveste aqui, Anuk! Lembras-te da mensagem de Caius? O próprio Tito já o conhece. Nada de mal lhe fará.

Anuk ponderou:

— Sim, minha senhora, mas por que eu retornaria? Devo ter uma desculpa convincente para não desconfiarem de Anuk. Vão achar que estou espionando.

— Não pensei que seria tão difícil. O que sugeres? Sabes que não recuarei.

Anuk tornou com voz pausada:

— Irei à procura do senhor Caius, dizendo-lhe que alguém de sua família, muito doente, está à sua espera...

Hannah pensou alguns minutos e considerou que Caius poderia mandá-la embora, tendo em vista o perigo que corria. Assim, tomou outra resolução:

— Não, Anuk. Irei contigo até Caius e me passarei por sua irmã... Ele irá estranhar a situação, mas não hesitará em me receber; e os demais me respeitarão, por saber que sou a irmã do centurião Caius Pompilius!

Anuk sorriu e concordou. Essa era a Ischmé com quem estava acostumado.

Ao chegarem ao acampamento romano, foram recebidos de forma violenta, ríspida pelos soldados da guarda.

Enquanto Hannah cobrira todo o rosto e se encontrava curvada sobre a montaria, tossindo muito, Anuk bradava, desesperado:

— Salve, soldados de César! Que os deuses os protejam! Trago esta mulher gravemente enferma, para se despedir de seu irmão, o centurião Caius Pompilius.

Os soldados olharam desconfiados para Hannah. Imediatamente a jovem começou a arfar o peito e murmurar, com aparente dificuldade:

– Senhores! Minha hora não tarda... Diga a meu irmão que Lucília Pompília deseja vê-lo antes de... – E a jovem começou a chorar.

Os soldados, que estavam sob violenta carga emocional, ao lembrar da família, mulheres, filhos e na possibilidade de não voltar a revê-los, entreolharam-se. A seguir, um deles, Octavius, ordenou, autoritário:

– Tullius, procure o centurião Caius e diga-lhe que venha com urgência. Não quero ver esta mulher morrer diante de meus olhos.

O jovem soldado saiu correndo, e alguns minutos depois surgiram dois homens. Caius vinha na frente acompanhado de Lucius Claudius Severus, amigo e companheiro de antigas batalhas.

Com o rosto transtornado pela preocupação, pois acreditava ser mesmo Lucília, sem perda de tempo ele se precipitou sobre o cavalo e, tomando Hannah em seus braços, caminhou em direção à sua tenda.

Claudius o acompanhou na tentativa de poder auxiliá-lo. Tão logo adentraram a confortável tenda, Caius depositou o precioso fardo em uma cama improvisada e solicitou a Claudius:

– Peça ao médico grego que venha imediatamente à minha tenda... Que venha imediatamente!

Hannah se movimentou no leito e pronunciou com voz sussurrante:

– Caius, antes desejo falar-te a sós!

Impressionado com a fraqueza da jovem, Caius solicitou ao amigo para que se retirasse.

A seguir se aproximou e, quando ia levantar o manto que cobria as feições de Hannah, imaginando tratar-se de Lucília, ela, com premeditada desenvoltura, descobriu o formoso rosto.

Caius recuou e, sem entender o que estava acontecendo, exclamou:

— És tu, Hannah?! O que significa isso?

Hannah se levantou e, revelando o belo dorso que o manto ocultava, aproximou-se, com um sorriso malicioso:

— Foi a única forma que encontrei de ter ver, Caius! Não me censures, eu não suportava mais a idéia de ficar longe de ti!

Imediatamente caminhou em direção ao patrício e, envolvendo suavemente seu pescoço com seus braços alvos e sedosos, beijou-o com paixão.

Surpreso, a princípio, ao rever Hannah com sua beleza provocante e sentir o toque suave de sua pele, Caius não resistiu, e suas palavras de recriminação acabaram por se misturar àquele beijo ardente e apaixonado.

Sentia, na verdade, uma felicidade inesperada nos braços daquela jovem mulher.

A idéia que tivera de ir procurá-lo, fingindo ser uma sua irmã e ainda por cima doente, era admirável.

Jamais encontrara tanta determinação em uma alma feminina.

Hannah era, sem dúvida, uma mulher incomparável... Não poderia perdê-la jamais! A alegria do reencontro o fez esquecer o episódio de Jamal.

Hannah, certamente, teria uma explicação para o mal-entendido.

CAPÍTULO 28

Sob as asas de
um anjo

Passado o primeiro momento de euforia pelo reencontro, Caius retomou o controle de suas emoções e, externando preocupação, manifestou-se:

– Hannah, isso é uma loucura! Não podes permanecer comigo no campo de batalha! Deves retornar ainda hoje para Betânia. E minha mãe, como está? As notícias não chegam até nós...

A moça arqueou as sobrancelhas, gesto que lhe era peculiar quando contrariada, e retorquiu com segurança:

— Caius, não me arrisquei apenas para ver-te. Quero ficar junto a ti. Nada temo a teu lado.

Apesar da felicidade que aquelas palavras lhe proporcionavam, Caius ponderou:

— Veja bem, minha amada! Logo virão à minha tenda para saber notícias de minha suposta irmã. O que direi? Se disser que tua "doença" é contagiosa, expulsarão nós dois do acampamento. Seria uma temeridade.

Hannah sorriu, enquanto o enlaçava docemente e acrescentou:

— Achas que não pensei nessa possibilidade? Decerto que sim! Quando vierem saber notícias de "tua irmã", dirás que estou à beira da morte e que não desejo ver ninguém a não ser tu, meu adorado irmão. É o meu último desejo...

O jovem romano tornou:

— Será muito arriscado. Tito não deixará de me fazer a gentileza de uma visita pessoal. Sempre fomos ligados, eu e Priscus, de outras batalhas, ao nobre comandante.

Enquanto Caius falava, Hannah sentiu um leve mal-estar. A menção de meu nome sempre lhe trazia calafrios, mas ao falar em Tito, algo foi reavivado em sua memória.

"Seria a mesma pessoa?", questionou-se.

Lembrou-se então com clareza de uma noite, quando alguns jovens oficiais romanos foram recebidos em sua casa em busca de distração... digamos... não familiar.

Na época, Ischmé era a sensação entre os jovens de Roma e sempre os recebia à noite, pois guardava o dia para descansar.

Certa feita, em uma dessas habituais festas, um tanto entediada com as adulações que aqueles jovens lhe faziam, deixou Noori cantando junto a um pequeno grupo ao som de sua cítara e se afastou, procurando um pouco de ar puro.

Realmente sentia grande tédio. Aproximou-se da balaustrada de um muro do terraço e, enquanto vislumbrava as estrelas, distraída, não percebeu a presença de alguém que se aproximava.

Ousado, o rapaz tocou uma mecha de seu cabelo, que lhe caía pelos ombros desnudos.

Ela se voltou com uma expressão de reprovação no olhar, enquanto o jovem se desculpava:

— Peço que me perdoes, bela Ischmé! Desde minha chegada desejava tocar-te os cabelos, sentir o toque de tua pele aveludada...

Ischmé deu pouca importância às palavras do rapaz. Em seguida, tornou desdenhosamente:

— Deves saber que apenas cruzam a soleira de minha porta aqueles que eu escolho, caro patrício. Quanto aos que desejam me tocar, garanto que o preço é muito alto.

O moço se tornou mais insinuante e sussurrou, quase lhe roçando o ouvido:

— Sabes com quem estás falando, minha Vênus? Não sou apenas um patrício, mas o filho de um dos maiores generais que já pisou sobre Roma.

Ischmé passou a examiná-lo melhor e percebeu que dizia a verdade; os traços, a postura, o uniforme impecável, as insígnias... A longa capa púrpura, tudo denotava a *gens* da ascendência do empertigado rapaz.

De súbito abriu um encantador sorriso e anuiu:

— Não duvido de tua palavra, centurião. Conheço um soldado pela maneira de andar. Às vezes os deuses me segredam algo sobre os que me procuram. Acho que serás tão grande quanto o teu pai. Por isso não é necessário que me digas um nome. Tu me agradas, e é isso o que importa!

Impetuoso e no auge de sua virilidade e confiança, Tito puxou Ischmé ao seu encontro e sussurrou:

— Perderia mil batalhas para tê-la em meus braços por uma noite! És a mais bela mulher que tenho visto desde muito tempo. Tu me subjugaste, não apenas por tua beleza, mas por tua ambição.

Assim, Tito a tomou em seus braços e deu-se por vencido no leito de Ischmé...

Caius já repetira algumas vezes o nome de Hannah; como a moça não respondesse, sacudiu-a de leve, falando em tom mais alto:

— O que houve, Hannah? Não me escutas? Estás com o pensamento distante...

Voltando a si de suas lembranças, Hannah desculpou-se:

— Perdoa-me, Caius, estou cansada com toda essa aventura. Lembrei-me de algo que ocorreu há muito tempo. Uma lembrança triste.

Comovendo-se, Caius a aconchegou junto ao peito. Hannah recostou-se como se fosse uma criança temerosa de ser descoberta em uma peraltice.

— Precisas repousar um pouco. Tua vontade é férrea, mas teu corpo, frágil. Direi a todos que te encontras extremamente debilitada e que qualquer sobressalto te abreviaria os dias. Que desejo ficar ao teu lado antes da hora fatal. E direi ao general Tito que estás muito deformada e não desejas ser vista por ninguém.

Hannah olhou para Caius com os olhos úmidos pelas lágrimas que, em seguida, lhe rolaram pelo rosto. Ele compactuava com ela sem saber a terrível verdade sobre sua vida.

Assim, Caius preparou um leito improvisado em sua tenda, tendo o cuidado de ocultá-lo com um reposteiro que dividia o ambiente em duas partes.

Tranqüilo, despediu-se de sua amada e foi ter com os outros legionários.

Anuk permaneceu próximo à entrada da tenda, para avisar em caso de algum intruso se aproximar.

* * *

No mercado em Betânia, o movimento parecia usual, com o burburinho próprio dos aglomerados de mercadores.

As mulheres – sempre procurando as melhores ofertas – buscavam mantimentos e, por muito barganharem por preços menores, criava-se um vozerio ensurdecedor.

A alguns metros de distância, ouviam-se as vozes dos negociantes de escravos, que exibiam, orgulhosos, as características de suas "mercadorias".

A perspectiva de alcançar a liberdade era algo tão ansiosamente esperado que eu mal continha a agitação que carregava no coração.

Chorara dolorosamente na noite anterior. Desejava tanto rever minha mãe e Lucília! Mas ao mesmo tempo sentia uma dor profunda e desconhecida para mim.

Pela primeira vez em minha vida, uma fisionomia de mulher se destacava de todos os meus pensamentos.

Os cabelos loiros, o olhar límpido e claro, as palavras doces e sua dedicação faziam com que a imagem de Beatriz não me saísse da mente.

Por onde andaria aquela suave mulher que me salvara a vida com as suas vigílias e orações?

E quanto a Argos? Onde andaria o meu – mais que escravo – amigo?

Teriam seguido viagem? Onde estariam naquele momento? Sentimentos contraditórios me dominavam por completo. De que me valeria a liberdade sem a presença de Beatriz?

Percebia-me apaixonado pela primeira vez na vida.

Tivera inúmeras mulheres, algumas pertencentes à mais alta nobreza romana. Tudo não passava, no entanto, de romances rápidos, mais voltados às convenções sociais e à atração física do que propriamente ao amor.

Fora justo naquela escrava que se fizera passar por um rapaz, com o intuito de se manter junto a mim, que encontrara a expressão mais doce e pura desse sentimento.

"Beatriz!", chamava mentalmente na escuridão de minha cela improvisada. Voltaria a vê-la?

Assim passara aquela noite entre as angústias da incerteza e o desejo enlouquecedor de livrar-me dos grilhões que há quase dois anos me feriam os braços e tornozelos.

No dia seguinte, na azáfama do mercado, depois de tantas angústias e apreensões, além de mais uma noite maldormida, sentia-me exteriormente como que anestesiado, embora em meu íntimo uma avalanche de lava quente fervilhasse.

Ariel dissera que entraria em contato com alguns amigos da cidade para me auxiliar.

Não imaginava o que estavam planejando e, no fundo, duvidava muito do sucesso daquele cometimento.

Não encontrava nenhuma razão para o Nazareno me auxiliar, mesmo que por seus seguidores.

Eu, que planejara uma perseguição sem tréguas aos cristãos, agora me via na condição de beneficiado por essas pessoas.

Pela primeira vez, sentia que algo se modificara em meu ser.

De alguma forma, o sofrimento realizava, imperceptivelmente, as mudanças necessárias em meu espírito.

Com pés e mãos atados em exposição na praça pública, a antiga arrogância dava lugar a um sentimento de dolorosa angústia diante das perspectivas que me aguardavam.

304 *Tanya Oliveira / espírito Tarquinius*

Subitamente um alarido se fez ouvir na multidão. Homens de diversas procedências avaliavam os escravos que buscavam adquirir.

Um homem se adiantou dentre os demais e, se aproximando de mim, olhou-me com firmeza nos olhos e, voltando-se para Jamal, indagou:

— Quanto desejas por este escravo? Ofereço-te quatrocentos denários romanos.

Os olhos de Jamal brilharam de cobiça e, fiel à sua ganância, ia fazer uma contraproposta, quando foi interrompido:

— Controla a tua cupidez, homem! Estou te pagando muito acima do preço. Aceita a proposta e terminemos esta transação. Ninguém pagará mais por este escravo.

Jamal pensou ainda por alguns minutos e acedeu:

— Negócio fechado, senhor! O escravo é seu. Quando posso entregá-lo?

Desesperado, ouvi o estranho dizer:

— Ele virá comigo. Não serão necessárias as algemas.

Jamal, surpreso, tornou:

— Mas senhor, este escravo é perigoso! E veja como é forte! Não poderá contê-lo se quiser fugir...

Luciano dirigiu um olhar sereno para mim e respondeu, convicto:

— Ele não fugirá, mercador. Precisamos seguir, pois o caminho é longo.

Assim, após quase dois anos de subjugação e humilhações, pude caminhar livremente pela cidade, como um homem livre, sem algemas.

Luciano voltou-se para mim e advertiu:

— Acabo de libertar o teu corpo, mas o Senhor um dia libertará a tua alma.

Compreendendo que se tratava de alguém conhecido de Ariel, perguntei:

– Deves ser um homem de posses para comprar um escravo a tal preço...

Luciano respondeu com espontaneidade:

– Sim, de fato já tive algumas posses, mas hoje as coloco ao alcance dos necessitados. Posso dizer que as moedas se multiplicam à medida que as dispenso aos meus semelhantes. A comunidade local também auxilia muito nessas tarefas. Contudo, enganas-te se pensas que serás meu escravo. De minha parte, és um homem livre, Vinicius Priscus!

Sem nada compreender, permaneci em silêncio. Como sabia o meu nome de família?

Não queria, no entanto, perturbar a plenitude daquele momento com minha curiosidade.

Estava cansado e, apesar da gratidão que lhe dediquei naquele momento, não me fiz pronunciar.

O importante era que, finalmente, eu estava livre!

CAPÍTULO 29 — A nobre romana

No dia imediato à minha saída de Tiro, Beatriz fora adquirida por um patrício romano em viagem pela região.

Tratava-se do filho mais velho do ex-cônsul Marcus Licinius Crassus.

Como a sua jovem esposa necessitasse de uma escrava particular para atender aos seus caprichos pessoais, auxiliando-a na preparação de sua toalete, Beatriz pareceu-lhe ideal para a tarefa.

Ocorre que, ao ser adquirida, a moça lhe implorou, rogando que levassem Argos junto, pois declarara ser ele seu pai.

Cláudia, sua bela consorte, por um momento condoeu-se do triste destino de pai e filha e, com um olhar significativo, convenceu Licinius a adquirir os dois.

Em sinal de gratidão, Beatriz curvou-se diante de sua ama e beijou a fímbria de sua elegante túnica.

A nobre romana, surpresa com a atitude da moça, fez um gesto para que se levantasse e indagou:

— Como te chamas, minha jovem?

Ela baixou o olhar e disse respeitosamente:

— Chamo-me Beatriz, senhora.

Cláudia ficou pensativa e continuou:

— Qual a tua procedência? Teus traços e o teu nome denotam tua origem grega...

— Nasci em Chipre, senhora. Os meus antepassados vieram de Atenas para a ilha.

— Entendo. Deves conhecer a ilha muito bem.

— Passei a maior parte de minha vida em Pafos; minha avó possuía pequena herdade em Roma e resolvemos nos mudar.

Cláudia ouvia, atenta. Havia algo em Beatriz que lhe parecia familiar. A seguir, perguntou:

— E então? Como acabaste como escrava? Não eras livre?

Beatriz ergueu os belos olhos de um azul cerúleo e confirmou:

— Nossa propriedade foi tomada por um patrício romano de grande influência junto ao imperador; nossa situação tornou-se desesperadora.

Cláudia tentou adivinhar o que acontecera:

— Acabaste sendo escravizada para não morrer de fome. Bem, devo avisar-te que sei recompensar os bons escravos. Não tolero insubordinações e atrevimento em meus servos. Se obedeceres às minhas ordens e agires de acordo com minha vontade, serás muito bem tratada em minha casa.

Beatriz perguntou, com os olhos velados de tristeza:

— Iremos para Roma, senhora?

Cláudia respondeu, pensativa:

— Não sei ainda o desejo de meu marido; gostaria de ficar alguns dias em Salamina. Meu pai possui uma vila naquela região. Gostaria de voltar à ilha.

Logo ao chegar à luxuosa residência, Beatriz foi dispensada e se recolheu ao quarto a ela destinado, contíguo ao de Cláudia.

Tratava-se de pequena peça contendo o mínimo para um ser humano repousar.

Ao lado, Cláudia usufruía de um confortável aposento, adornado com as mais belas tapeçarias e sedas trazidas do Oriente.

Seu leito, forrado com alvo linho e perfumado com essências raras, mostravam a distância que separava as duas mulheres de minha vida.

Sim, era Cláudia Sulpícia que o destino aproximara de Beatriz.

Mulher inteligente e caprichosa, desiludira-se após a notícia de minha "morte"; apesar de estar prometida a Lucius Aelius, foi persuadida por seu inescrupuloso pai, Metelus Sulpicius – homem indiferente às questões sentimentais – a contrair matrimônio com um pretendente mais rico e poderoso.

E eu que chegara a alimentar o desejo de me casar com a bela romana!

Afinal de contas, ela reunia todas as qualidades que na época eu admirava em uma mulher: nobreza, beleza e dinheiro.

Cláudia, contudo, logo deixara de me impressionar. Nunca imaginara que ela pudesse ter nutrido sentimento tão forte em relação a mim.

Naquela época, reconheço, a alma feminina era um mistério indecifrável para minha pessoa.

Na realidade, foi uma atitude irresponsável de minha parte tê-la seduzido e feito acreditar que a amava.

Se soubesse o quanto aquele erro repercutiria tragicamente na minha existência alguns anos mais tarde!

Nos dias aos quais me reporto, Claúdia costumava acompanhar o marido, Fulvius, em suas viagens; embora adorasse a vida social em Roma, às vezes sentia-se aborrecida.

Tinha interesse em conhecer as propriedades que o marido herdaria e fazia questão de participar da escolha dos escravos.

Como Fulvius possuísse um cargo de destaque na administração do Império – o que o levava a se ausentar seguidamente –, Cláudia procurava distrair-se como podia.

Oferecia festas com muita originalidade e bom gosto. Contratava artistas famosos e decorava a casa com lembranças trazidas de suas viagens.

Ao verificar a humildade resignada de Beatriz, sentiu-se cativada pela menina.

Tivera muitas escravas, mas percebia amargura e muitas vezes até mesmo inveja em suas criadas.

Sabia de muitos casos de envenenamento de nobres romanas por suas serviçais.

Costumava afirmar que "um bom escravo vale mais que um bom soldado, pois este pode ser substituído, mas aquele é bem mais raro".

Assim, Beatriz conseguiu conquistar sua senhora de forma incondicional.

Certo dia, ao terminar suas atividades antes do previsto, Cláudia encontrou Beatriz recostada em uma coluna no pátio interno da residência.

Seu sogro mandara construir a moradia no mais puro estilo romano, pois era freqüente permanecerem longas temporadas em Tiro.

Ao perceber que a escrava chorava, Cláudia se aproximou e disse:

— Venho notando a tua tristeza, Beatriz. Nada tenho a reclamar dos teus serviços, mas sei que não estás feliz aqui em minha casa. Não posso te dar a liberdade, se é isso o que desejas, mas poderei te ajudar se souber do que se trata...

Beatriz olhou com os olhos ainda anuviados pelo pranto e comentou:

— Ninguém poderá me ajudar, senhora. Choro por algo que perdi, mas que em realidade jamais possuí.

Cláudia, atiçada pela curiosidade, indagou:

— Trata-se de um homem, não é mesmo? Tens um amor, provavelmente não correspondido. Talvez eu tenha te separado dele...

Beatriz apressou-se em dizer:

— Não, quando a senhora me adquiriu ele já havia sido vendido; foi levado por um mercador, não sei para onde.

Cláudia deu um suspiro. Sabia que o caso não tinha solução, não teria como encontrar o tal escravo.

Conhecia bem a dor da separação de um grande amor. Resolveu obter mais informações:

— Diga-me, Beatriz, amas realmente esse homem? Não teria sido uma fantasia que alimentaste? És tão jovem...

Beatriz tornou, convicta:

— Amo-o com todas as forças de minha alma! Suportei situações constrangedoras para ficar ao menos ao seu lado. Ele esteve por muito tempo doente, desmemoriado, até que fosse capturado.

Cláudia observou, impressionada:

— Deve ser um homem de valor! Conheci poucos que me marcassem de tal forma. Trago alguns na lembrança. Mas é melhor esquecer. Quero que me prepares uma túnica bem leve, pois o calor será insuportável esta noite.

— Como quiser, senhora.

Enquanto Beatriz se afastava, Cláudia ainda falou:

— Voltaremos a conversar sobre esse assunto. Quem sabe meu marido consegue localizar o teu escravo?

Beatriz deu um sorriso triste e entrou na residência.

Sabia que seria impossível encontrar um escravo que na verdade era um patrício romano.

Quem sabe se Cláudia Sulpícia não o conhecera?

De repente, o semblante de Beatriz se desanuviou. "Deus tem caminhos misteriosos...", pensou.

Mais animada, procurou cumprir com as suas obrigações com resignação e humildade.

CAPÍTULO 30

Triste fim de um sonho

No acampamento romano a situação se complicava para Hannah, que se sentia ferida em seu orgulho feminino, pois Caius não lhe dispensava toda a atenção de que se julgava merecedora.

Ignorando que se encontrava em um acampamento militar prestes a entrar em batalha, Hannah desdobrava-se em criar artimanhas para manter Caius a seu lado, mas não lograva sucesso.

O legionário mantinha suas atenções voltadas para a inevitável invasão a Jerusalém e, embora se sentisse atraído pela bela mulher, não olvidava seus deveres para com Roma.

Certo dia, Caius teve de atender ao pedido de Tito em sua tenda, para acertarem a estratégia do ataque com as catapultas à imponente muralha.

Perturbado, o centurião procurava se esquivar do inconveniente. Atribuía à falta de espaço e conforto a sua negativa em ceder sua tenda.

Tito deu uma risada e tornou:

— Acaso vês algum conforto em alguma tenda, exceto a minha? Nenhum de meus soldados se negaria a emprestar-me a sua tenda... Escondes algum inimigo na tua, Caius?

Caius se havia tornou lívido. Procurando recobrar o sangue-frio, obtemperou:

— Peço perdão, meu general, se causei essa impressão; a verdade é que minha irmã está agonizando, e não gostaria que assistisses aos seus derradeiros momentos, visto que sua moléstia a deformou muito.

Tito meneou a cabeça negativamente e contrapôs:

— Não seria humano de minha parte desprezar um familiar teu diante de tal situação. Por quem me tomas, Caius Pompilius? Não importunaremos a paz de tua irmã, não te preocupes.

Assim, Caius se viu na obrigação de receber o general em sua tenda.

Apreensivo, mandou Anuk na frente avisar Hannah de que deveria permanecer no leito, pois haveria estranhos no local.

No momento aprazado, Caius se reuniu com alguns centuriões, enquanto aguardavam a chegada de Tito.

Quando o futuro imperador de Roma chegou, o grupo já discutia sobre a melhor estratégia para pôr fim à revolta dos judeus.

Separada por um reposteiro, a tenda oferecia dois ambientes distintos para os seus ocupantes.

Um próximo à saída, onde havia uma mesa improvisada e onde Caius colocara alguns mapas; o outro voltado para o interior, onde Hannah se encontrava.

Ao ouvir as vozes masculinas que aumentavam gradativamente, Hannah não se conteve e avançou em direção à divisória improvisada.

Aborrecida pelas longas horas que permanecia à espera de Caius, afastou de leve o reposteiro à sua frente.

Palidez marmórea tomou conta de seu belo rosto: reconhecera Tito, o jovem que conhecera em Roma alguns anos antes.

Desconfiara de que se tratasse da mesma pessoa, mas no íntimo guardava a esperança de que fosse mera coincidência possuírem o mesmo nome; soubera apenas mais tarde que o rapaz que seduzira em Roma era um dos filhos de Vespasiano. Sabia que o imperador tinha dois filhos. Ignorava, porém, qual estivera com ela naquela noite...

Ainda titubeante, Hannah ouviu Tito dizer:

– Onde está o nosso mago? Cornelius, vá chamá-lo e diga-lhe que, segundo suas próprias palavras, o futuro imperador de Roma o está aguardando.

Todos se entreolharam, temendo que o bom humor de Tito acabasse a qualquer momento.

O oficial se retirou imediatamente à procura de Ashaf.

De repente, eis que surge uma jovem que parecia possuir grande intimidade com os generais.

Trazia uma bandeja com frutas e uma ânfora de vinho; após servir a todos, postou-se à frente de Caius e disse:

– Desejas mais alguma coisa , senhor?

Caius respondeu, constrangido:

— Não, Júlia, podes te retirar...

Mal a moça desapareceu e todos caíram na gargalhada. Tito falou em tom jocoso:

— Nobre Caius, eu poderia julgar-te um traidor por seres o alvo dos olhares de Júlia... Antes de tua vinda, ela só tinha olhos para mim.

Caius tentou sorrir e desculpou-se:

— Nada tenho com essa jovem, senhor. Ela me distingue sem motivos.

Naquele momento, Lucius Claudius, que participava da reunião, considerou em tom sério:

— Ora, não nos esqueçamos de que o nosso amigo Caius era considerado em Roma pelas jovens de nossa sociedade como um filho de Apolo!

O olhar que Caius dirigiu ao antigo companheiro de batalha foi bastante significativo, no entanto o grupo deu novamente uma estrepitosa gargalhada.

Hannah estava aterrada com o que presenciara. Procurava se afastar do local onde se encontrava, quando alguém colocou as mãos sobre sua boca e lhe disse:

— Eis que na tenda do célebre centurião se encontra um tesouro escondido!

Hannah voltou-se e deparou com Ashaf à sua frente; recuou, instintivamente, enquanto dizia:

— O que fazes aqui, Ashaf? O que tens a ver com...

Ele sorriu e observou com ironia:

— Ora, vejam só, a bela Ischmé escondida na tenda de Caius Pompilius! Não sou eu quem deveria fazer essa pergunta? — E o olhar de Ashaf se tornou intenso. — Desde quando permitem a presença de cortesãs de luxo nos acampamentos?

Ischmé se voltou e obtemperou, suplicante:

— Por favor, não menciones isso novamente. Peço-te, Ashaf, não me denuncie...

Percebendo que enfim alcançara seu objetivo, Ashaf falou com seriedade:

— Nunca pensei que a tua insanidade chegasse a este ponto! Como te atreveste a vir atrás desse romano que na verdade te despreza? Onde está o teu orgulho, Ischmé?! Até quando te vais humilhar para esse homem?

Ischmé ouvia as palavras de Ashaf e sabia agora que ele estava com a razão.

Jamais imaginara que chegaria a amar tanto um homem. Na realidade, desprezava todos eles.

Abandonara sua vida, tudo deixara para trás, por causa de Caius. Submetera-se a situações perigosas e, no entanto, descobrira que ele a traíra com uma escrava!

Não acreditaria em suas palavras por um só momento! O olhar daquela escrava lhe dissera tudo...

Sentia um grande vazio no coração. Precisava reconhecer que seus mais profundos sentimentos não haviam encontrado eco no coração de Caius.

Tomada de profunda infelicidade e despeito, sentou-se à beira do leito e, demonstrando desânimo pela primeira vez desde que resolvera ir ao encalço de Caius, indagou a Ashaf:

— Vais me delatar? Já não me importa mais se o quiseres... É bem verdade que será um escândalo! Tito certamente se lembrará de mim.

Ashaf se aproximou e, curvando-se, afirmou:

— O que eu ganharia te delatando? Ver-te mais humilhada do que já estás? Eu te havia avisado que ele não te merecia. Não,

Ischmé, agora não desejo tua ruína. Obtive o prêmio que sempre almejei: presenciar a tua desilusão com o romano, ver-te desprezada por ele. Para mim é o suficiente. Agora devemos partir, pois a guerra é iminente.

Súplice, Ischmé implorou:

— Não digas o meu nome verdadeiro, Ashaf, peço-te! Caius me conhece por Hannah.

Naquele momento, Caius ergueu o reposteiro.

Assustada, Ischmé olhou para Ashaf e para Caius; surpreso, o centurião inquiriu:

— O que está acontecendo aqui? Ashaf, estás sendo aguardado pelo general Tito, que mandou procurar-te.

Hannah permaneceu muda, enquanto Ashaf fazia uma mesura e dizia:

— Recebi o recado, senhor, e vim o quanto antes. Mas encontrei esta antiga cliente de Listra. Ouvi falar no acampamento de que se tratava de tua irmã e vim oferecer os meus préstimos. Aqui chegando, deparei com...

Caius o interrompeu e, olhando para Hannah, questionou:

— Este homem fala a verdade, Hannah? Já o conhecias? Por que não me disseste?

Hannah respondeu, angustiada:

— Oh, Caius! Não sabia da sua presença no acampamento. Encontrou-me por acaso...

Desconfiado, Caius repetiu:

— Não podemos deixar Tito à nossa espera. Depois esclareceremos esse assunto.

Os dois homens saíram, enquanto Hannah se deixava cair em seu leito. Soluçando, via ruir todo o seu sonho de felicidade.

Desejava recomeçar sua vida, mas, como isso lhe fosse negado, via-se novamente diante daquilo que parecia ser a sua sina: para não ser delatada, teria de pertencer a um homem que não amava.

Pensou em retornar a Roma e à sua antiga vida, mas inesperadamente lembrou-se das palavras de Luciano, na vila cristã:

Alguns de vós viestes a Betânia em busca de algo que não dessedentará vossas almas!

Estais necessitados de um amor diferente, de origem divina, que se estende à humanidade e que consiste na doação ao semelhante, vence todas as adversidades e nos leva à prática do perdão incondicional ao nosso próximo.

O amor que nos tolda a visão pela efervescência da paixão nos torna cegos e pode nos levar a cometer crimes inimagináveis.

Atendei a Jesus e modificai vosso rumo!

Deixai que o verdadeiro amor se apodere de vosso coração. Lembremo-nos da nossa valorosa Maria de Magdala...

"Que tipo de amor será esse que desdenha a paixão e nos torna fracos?", pensava.

"Não consigo aceitar essa espécie de amor! E essa Maria... quem será? Era também uma cortesã... Tornou-se cristã e passou a ajudar leprosos", lembrou-se.

Um arrepio lhe perpassou o corpo.

Jamais se uniria a doentes, leprosos ou não, para se redimir de seus pecados.

"Essa Maria Madalena era muito diferente de mim!", admitiu.

Sabia que não teria forças para enfrentar uma mudança tão radical em seu espírito.

Não era dócil como Lucília e não se considerava em condições de seguir os ensinamentos do Nazareno.

Reconhecia que dificilmente conseguiria se evadir do controle de Ashaf. Esta seria a sua sentença.

Esse seria o seu castigo.

* * *

Caius só retornou muito tarde. À medida que o tempo passava, Hannah relembrava tudo o que fizera para se aproximar de Caius; cada atitude, cada circunstância, cada palavra.

Enquanto se entregava às inteligências inferiores que a acompanhavam, Hannah ia sentindo uma amarga sensação de fracasso.

Nunca desistira do que quer que fosse, pois colocava sua vontade a serviço de seus desejos, mas naquele momento sentia-se impotente para lutar com a traição de Caius.

Enfrentara diversos obstáculos durante o caminho, contudo, contra a infidelidade, nada podia fazer.

Percebia o quanto ele era egoísta e que, para amá-lo, deveria aceitar uma posição inferior, ficar em segundo plano, abrir mão dos seus caprichos e fazer vista grossa para as traições do homem que amava.

Repentinamente, um pensamento malévolo lhe surgiu: "Se Caius não for meu, não será de mais ninguém", prometeu a si mesma.

Com a cabeça pesada e o coração opresso, Hannah, após esperá-lo por longas horas, foi vencida pelo cansaço.

No dia seguinte, logo ao amanhecer, Caius se levantou e aguardou pacientemente que ela acordasse. Ao observá-la sobre o leito, reconheceu que jamais vira beleza igual.

Sentia-se orgulhoso por saber que aquela jovem mulher se arriscara tanto por amor a ele; não encontraria outra tão audaz e apaixonada.

Não tinha dúvidas do seu amor por Hannah, mas sua vaidade e seu egoísmo o colocavam acima de tudo.

Desejava que a guerra acabasse o quanto antes para recuperar seus direitos, bem como suas propriedades, pois tinha uma carreira promissora pela frente.

Se Tito tivesse êxito – disso ele não duvidava – seria muito fácil para os dois ascenderem na hierarquia militar romana.

Na certa Tito seria imperador, e ele, Caius Pompilius, um de seus homens de confiança.

Levaria sua mãe, Otávia e Lucília para Roma e, depois que estivessem todas instaladas, pensaria na sua situação com Hannah.

Tudo parecia bem arranjado até aquele momento.

"Qual seria a ligação de Ashaf com Hannah? Ele disse que ela era uma cliente. Será que a jovem usa alguma bruxaria do mago?", indagava-se.

Preocupado, resolveu despertá-la, acariciando seus longos cabelos.

Hannah acordou e, ao vê-lo, esperou que ele falasse. Caius passou a mão mais uma vez em seus cabelos e disse:

– Diga-me a verdade, Hannah, qual a tua ligação com aquele homem?

Hannah levantou-se e sentou-se na cama. Aos poucos, se lembrou do que ocorrera na véspera. Tentando esconder o despeito que a dominava disse:

– Tu tens me deixado muito sozinha, Caius. Sabes o perigo que corri vindo ao teu encontro... Sinto-me só e abandonada, não tens o direito de inquirir-me.

– Não respondeste à minha pergunta.

Hannah deu um longo suspiro e esclareceu:

— Fui sua cliente quando ainda morava em Listra. Também não justificaste as tuas ausências...

Caius se ergueu, alterado. Não estava acostumado a ser cobrado por suas atitudes. Irritado, respondeu:

— Sabes dos meus compromissos, Hannah. Não posso me afastar dos meus deveres por tua causa. És muito caprichosa, nenhuma mulher jamais agiu assim comigo!

Nossa amiga, perdendo o controle, deixou o leito e redargüiu:

— Realmente em nada me pareço com tua Lucília. Jamais serei uma mulher submissa e dependente como ela. Mas também não sou uma escrava como Júlia, para me tratares dessa forma!

Surpreso com a comparação, Caius respondeu:

— Estavas me espionando? Onde está a mulher meiga e adorável que conheci em Jerusalém? Tu me pareces outra pessoa, Hannah. Não tive a intenção de compará-las, mas acredito que Lucília será uma excelente esposa para o homem que com ela se casar.

O sangue de Hannah ferveu. Reconhecia que Lucília lhe era superior em todos os aspectos, mas ver Caius se referir a ela daquela forma... nenhuma afronta para ela seria maior que aquela.

Sentindo-se humilhada pelas demonstrações que dera do seu amor, Hannah não conseguia impedir que lágrimas caíssem de seus olhos. Fazendo um esforço extremo para conter o despeito e a raiva que sentia, declarou:

— Tens razão, Caius. Eu não devia tê-lo colocado nessa situação. Partirei e aguardarei teu retorno, como as outras mulheres. Perdoa-me por ter falado em Lucília. Admiro-a profundamente.

Se Caius Pompilius conhecesse a bela Ischmé que se escondia por trás da brandura de Hannah, não teria acreditado no aparente recuo da jovem. Ainda perplexo com sua atitude, mas aliviado com sua decisão, Caius se aproximou e, segurando suas mãos enquanto a fitava, ajuntou:

— Alegro-me que tenhas reconsiderado. Sabes que te amo, mas isso não significa que deixarei de cumprir com os meus deveres. Preciso dessa aproximação de Tito, conto com sua gratidão no futuro. E quanto a Júlia, deves entender, sou um homem... E estamos em guerra!

Então era verdade! Hannah mordeu o lábio e acrescentou:

— Vi tua negativa diante de Tito e tive esperanças de que não fosse verdade. Entretanto, procurarei te entender, Caius, pois não quero ser um empecilho às tuas pretensões. Verás como me modificarei, para te ver feliz.

Caius, vitorioso, pensou sair ileso da discussão. Algo, no entanto, precisava ser esclarecido:

— Vais me dizer ou não qual a tua ligação com o mago?

Hannah pensou e respondeu:

— Eu era muito jovem e desejava ir para Roma; meus pais queriam me impedir, mas Ashaf conseguiu a permissão, pois era amigo de meu pai.

Caius ouviu e, pela primeira vez, pressentiu uma mentira de Hannah. Notara algo mais do que amizade no olhar de Ashaf; disposto a tirar a limpo a verdade, tornou:

— Não te apaixonaste por ele? Se eras tão jovem, ele poderia ter te seduzido.

— Jamais permitiria que ele me tocasse, Caius, se é isso que desejas saber! Só amei quem eu realmente desejei. Tu foste o meu escolhido e o serás para sempre.

Caius deixou-se levar pela vaidade:

— Está bem. Acredito em tuas palavras. Após o término da guerra, quero levar-te para Roma, junto com minha mãe, Otávia e Lucília; depois nos casaremos...

Os olhos de Hannah brilharam. Partiria em algumas horas e talvez não voltasse a ver Caius.

Estava nas mãos de Ashaf e, portanto, não haveria mais casamento.

A admiração de Caius por Lucília lhe ficara bem clara e, com o seu afastamento da vida do jovem centurião, deixava o caminho livre para que se unissem.

Via em sua tela mental Caius e Lucília juntos e felizes.

Suas companhias espirituais lhe insinuavam que ele a considerara apenas uma aventura e que no íntimo a tratara como todos os outros homens...

Não suportaria viver sabendo que o homem que amava estava feliz nos braços de outra mulher, mesmo que fosse Lucília.

Deu um sorriso tímido, enquanto Caius se aproximava e a beijava com paixão.

Era a despedida.

CAPÍTULO 31 — Lições de bondade

Após a saída de Caius, Hannah mandou Anuk procurar Ashaf, pois precisava lhe falar.

Enquanto aguardava, impaciente, a chegada do mago, Hannah refletia: "Não posso me expor e ser descoberta por Tito! Preciso convencer Ashaf a me levar daqui...".

Em alguns minutos, Ashaf entrou na tenda de Caius. Hannah perguntou aflita:

– Cuidaste para não ser visto? Caius suspeita de nós.

Ashaf riu propositadamente em voz alta. Hannah correu ao seu encontro e suplicou:

– Por favor, Ashaf! Não quero ser descoberta por Tito! Seria terrível, na verdade, não sei se suportaria.

Ashaf se aproximou.

– Está bem, não vou comprometê-la. Por que mandaste me chamar?

Hannah deu alguns passos em torno do mago e expôs:

– Quero te propor um acordo. Acho que será interessante para ti.

– Que tipo de acordo?

Ela olhou-o de frente e prosseguiu:

– Tu tinhas razão. Agora quero que me ajudes a me vingar de Caius! Não abandonei tudo para ser desprezada ou substituída tão logo eu me afaste. Caius nunca me amou o suficiente para abrir mão da sua vida por mim. Sei que acabará se casando com Lucília, pois a admira.

Ashaf, pensativo, indagou:

– E o que ganharei com isso?

Hannah caminhou em sua direção:

– Terás a mim, se é o que desejas! Prometo que não tentarei fugir, serei fiel a ti.

Hannah atingira o ponto frágil de Ashaf. O ardiloso mago agia sempre com extrema frieza e calculadamente. Com Hannah, no entanto, acabava cedendo por ser ela o amor de um passado remoto. Nunca aceitara a idéia de se afastar dela. Lutava com a própria razão, que lhe dizia para esquecer a jovem.

Tanto quanto ela o fizera por Caius, ele abriria mão de tudo o que possuía para vê-la feliz.

Sentindo que violenta emoção se apoderava de seu normalmente insensível coração, Ashaf anotou:

— Como poderei confiar em ti, Ischmé? Já me enganaste quantas vezes? O próprio Caius, a quem dizes amar, é vítima de tuas mentiras.

Ao ouvir seu verdadeiro nome, ela fez um sinal para que se calasse:

— Não me chames assim, Ashaf! Sabes que Caius me conhece por Hannah.

— És e sempre serás Ischmé para mim. Ou, se preferires, Neferure.

Hannah fingiu não ouvir e continuou:

— Quando partiremos?

— Dentro de uma ou duas noites; iremos para Betânia, e depois veremos.

Curiosa, ela quis saber:

— Quanto tempo pretendes ficar em Betânia?

Ashaf olhou demoradamente para a moça e concluiu:

— O suficiente...

A seguir saiu por onde havia entrado, pela parte posterior da tenda.

Apesar do cuidado que tivera, não chegou a perceber que um soldado o observava a alguns metros.

* * *

Em Betânia, eu procurava me adaptar à nova condição de homem liberto.

Apesar do meu orgulho, reconhecia que o cativeiro me deixara suas marcas.

A princípio, evitava levantar a fronte, pois muito fora punido ao olhar de frente os meus senhores.

Atribuíam tal atitude ao meu atrevimento; assim, me acostumara a esconder o que carregava íntimo, não fixando os olhos de ninguém.

Um dia, Luciano, que observava muito minhas atitudes, se aproximou:

— Vejo a luta que começa a se estabelecer em tua alma, centurião. Ninguém passa pelo cativeiro sem aprender alguma coisa.

Respondi de modo áspero:

— De que servem a humilhação e a desonra de um homem? Que Deus deseja ver seus filhos humilhados?

Luciano sorriu pacientemente e assinalou:

— Deus não deseja a humilhação de ninguém. Enganas-te se pensas que cultuo tal Deus. As leis que Ele criou, no entanto, se cumprem.

Meu olhar demonstrou que eu não havia compreendido; meu interlocutor prosseguiu:

— Nosso Criador, a quem podemos chamar de Pai, espera que seus filhos aproveitem as lições pelas quais passam, sempre necessárias a nossa evolução. Somos seres ainda imperfeitos, e para atingirmos os píncaros da nossa jornada precisamos passar pelo cadinho da dor, que aperfeiçoa pelo cinzel da justiça.

Um pouco aturdido, resolvi perguntar:

— De que justiça falas? Não houve justiça alguma ao me tornar escravo! Como sabes, sou um patrício, um legionário de César.

Luciano me convidou para andarmos um pouco. Alguns metros adiante, paramos diante de algumas crianças que brincavam.

Fitou-as com bondade e indagou:

— Dize-me, Priscus, fora os aspectos exteriores, vês alguma diferença entre essas crianças e as que conhecias em Roma?

Observei com atenção e comentei:

– Eu diria que têm a mesma ingenuidade e candura no olhar. Brincam despreocupadas... Crianças são todas iguais!

Luciano continuou:

– Elas trazem um destino, que será marcado pelas experiências próprias da vida de cada uma delas, boas ou más. Parecem ser todas iguais, mas na verdade trazem bagagens diferentes, que irão configurar o futuro, de felicidade ou sofrimento.

– Por que destinos tão opostos? É isso o que o Nazareno ensina?

Luciano me olhou com profunda bondade e acrescentou:

– Jesus é o Messias e veio cumprir as antigas profecias de nosso povo. Veio nos ensinar que somos todos irmãos, filhos de um mesmo Pai; que os nossos sofrimentos são devidos à nossa transgressão das leis divinas, que cobram de cada um segundo as suas faltas. Na verdade, nós sempre seremos constrangidos a refazer nosso caminho mal escolhido; o Mestre mostrou que existe um outro reino além da morte e que esses que conhecemos, da Terra, são frágeis e passageiros se comparados à magnificência dos reinos celestes.

Não relutei em questionar:

– Disseste que ele veio cumprir as profecias de teu povo... E os demais povos da Terra?

Luciano fez um sinal significativo e respondeu:

– Sim, inicialmente ele trouxe ao povo judeu a boa-nova; isso se deu por ser esse o povo que mais condições reunia para compreendê-lo. Como sabes, Priscus, somos monoteístas há mais de um milênio, e isso é uma premissa básica para aceitarmos os ensinamentos cristãos. A seguir, Jesus chamou um valoroso companheiro de meu povo para levar a palavra do Evangelho aos gentios.

Lembrei-me de que ouvira falar ainda em Chipre da conversão de um promissor rabino do Sinédrio. O fato me havia alarmado, sobretudo quando soube que ele possuía a cidadania romana.

Na realidade, o que me chocara e me levara a planejar uma perseguição aos cristãos fora exatamente esse fato: soubera que o jovem Saulo de Tarso teria desencadeado uma grande perseguição aos seguidores do Nazareno.

Nunca pude compreender, no entanto, sua inexplicável conversão. Parecia-me que caíra vitimado por algum sortilégio desconhecido.

Sabedor da sua ferrenha convicção na fé judaica, considerava uma fraqueza a sua conversão à crença que perseguia.

Voltando das minhas divagações prossegui:

— Recordo que ouvi falar no tal rabino. Sempre achei inexplicável a sua súbita modificação.

Luciano tornou, com entusiasmo:

— A história de Paulo é comovedora, Priscus. Deves saber que ele foi morto ainda no reinado de Nero. Um dia, se quiseres, te poderei relatar alguns episódios interessantes. Sei que ultimamente tens meditado sobre muitas coisas.

Naquela época, o olhar claro e sereno de Luciano me causava uma espécie de timidez, que muitas vezes me levava a não fitá-lo. Agora sei que isso se devia à minha pouca iluminação espiritual.

Era um espírito com grandes débitos do passado a quem, por extrema misericórdia, fora permitido conhecer sem merecer a luz que deveria modificar o meu caminho.

Fitando a vegetação rasteira que se estendia em torno da casa de Luciano, expliquei:

— Não pretendo mentir, Luciano. Se tudo o que passei tinha a finalidade de me ensinar alguma coisa, posso garantir que me mostrou como a humanidade é cruel e o quanto devo odiar os meus inimigos.

Preocupado, meu interlocutor considerou:

– Teu sofrimento não terminará se continuares alimentando desejos de vingança. Esquece o passado, Priscus, e olha mais além. Precisas reconstruir tua vida, mas não vencerás se não olvidares os que te fizeram mal. Posso afiançar-te que cairão pelas próprias mãos.

Inconformado com aquelas idéias de esquecimento e perdão, indaguei:

– A que vida te referes? Terei de juntar os pedaços do que sobrou dela! Não sei ao menos onde procurar minha mãe e minha irmã! Deveriam estar em Jerusalém, mas e se Caius as levou para outro lugar, temendo a guerra? E Beatriz? Também foi vendida no mercado em Tiro. Onde poderei encontrá-la?

Luciano refletiu alguns minutos e esclareceu:

– Se queres um conselho, peço-te que espere um pouco mais. Tem paciência, Vinicius Priscus, pois de nada adiantará te aventurares por Jerusalém neste momento. Aguarda, e no momento que julgares oportuno segue o que o teu coração mandar.

Acabei concordando com o pedido de Luciano. Enquanto aguardava os acontecimentos, procurava distrair-me com algumas tarefas que aprendera a desempenhar durante meu cativeiro.

A casa do meu anfitrião possuía dependências onde eram atendidos doentes de todos os tipos. O salão principal era destinado às preleções cristãs.

Nesses momentos, eu me afastava, saía em direção ao pátio, procurava me entreter com atividades em torno da propriedade.

Devo reconhecer que talvez tivesse medo de ser conquistado pelas palavras de Jesus.

Era inegável que o trabalho e a dedicação ao próximo que eu presenciava diariamente naquela casa me confundiam o espírito recalcitrante.

Soube por Luciano que existiam às dezenas núcleos cristãos fundados pelos seguidores do Messias; e que prosperavam, apesar das perseguições.

Admirava-me o fato de Luciano me inteirar sobre o assunto, mesmo sabendo que eu fora um quase perseguidor dos cristãos.

Ao lembrá-lo de meu passado, ele sorria e dizia:

— Nada temos a esconder, centurião. Tomarás as decisões que julgares melhor, tens sempre a liberdade de escolha. Nós, por nossa vez, teremos a proteção de Jesus. Por isso, nada tememos!

CAPÍTULO 32

Jerusalém por um fio

No dia seguinte, Luciano me avisou que, à noite, haveria uma preleção.

O semblante preocupado de meu anfitrião despertou a minha atenção.

Jamais o vira demonstrar nenhuma apreensão com as tribulações da vida. Mantinha-se tranquilo e confiante na vitória do bem.

Eu o admirava por isso, embora estivesse longe de compreender a fé que propalava.

Pensava, às vezes, que talvez fosse um fanático, mas não podia negar que auxiliava a comunidade local.

Aproximei-me e indaguei:

— Vejo que te preocupas. Posso saber do que se trata?

Luciano respondeu de pronto:

— Sinto que se aproxima o dia da grande tragédia. Nossa cidade cairá em poder dos romanos inapelavelmente. Lamento pelas mortes e o rastro de sofrimento que uma luta fratricida como essa deixará.

Admirado da tristeza que demonstrava naquele momento, repliquei:

— Não creio que te devas afligir. Não costumamos destruir as cidades ou lugares sagrados, se é a isso que te referes.

Luciano fitou-me e contrapôs:

— Sim, mas nenhum povo desafiou o poder imperial como o nosso. Posso te garantir que não sobrará nada. As palavras de Jesus se cumprirão, o próprio templo não será esquecido pela fúria romana. A miséria tomará conta desta região; teremos muito trabalho pela frente.

As palavras de Luciano tiveram um efeito inesperado sobre mim e me levaram a pensar nos acontecimentos que se desdobrariam.

Eu não podia esperar mais para tomar uma decisão. Tinha de entrar em Jerusalém à procura de Lucília e minha mãe.

Convenci-me de que, se esperasse, poderia ser tarde demais. Era preciso partir.

Antes do entardecer, comuniquei minha decisão a Luciano.

Sem demonstrar surpresa, ainda tentou me demover, mas repliquei:

— Lamento, mas minha decisão é definitiva; não posso aguardar mais tempo diante das circunstâncias.

— Talvez o que procures esteja mais perto do que imaginas. Ouça-me, Priscus...

— Por favor, agradeço por tudo o que recebi em tua casa, mas é hora de seguir o meu caminho.

Luciano colocou a mão sobre o meu ombro e tornou:

— O que de fato pretendes fazer? Não poderás entrar em Jerusalém a não ser que...

— ...entre como um judeu! É exatamente o que pretendo fazer.

— Evite essa guerra, Priscus. Já tens grandes débitos com as leis divinas — rogou Luciano com tristeza.

— Lembras-te de que ainda sou um soldado? Não posso ficar à margem dessa luta por causa das tuas crenças. Necessito de algumas peças de roupas mais adequadas, para entrar na cidade.

Luciano desistiu. Não podia interferir em meu livre-arbítrio. Sabendo que a minha partida iria prejudicar meu futuro espiritual, insistiu:

— Entendo o teu ponto de vista, mas ouça-me: estás afastado do campo de lutas há quanto tempo? Vieste doente para cá, debilitado. Achas que poderá fazer frente a um povo desesperado, que luta pela própria sobrevivência de sua pátria? Acredite, Priscus, não sobrará nada desta cidade. Seremos esmagados por Roma, a título de corrigenda. Tua mãe e irmã dificilmente se encontrarão em Jerusalém, ainda. Teu amigo as deve ter levado a um local seguro. Peço-te, aguarda um pouco, esse não é o momento apropriado para te aventurares na cidade.

Sentia-me contrariado com as palavras de Luciano. Meu desejo era, obviamente, recuperar a vida da qual a maldição dos deuses me afastara.

Luciano chamou um dos companheiros que o auxiliavam e pediu para que providenciasse o que eu desejasse.

A seguir, despediu-se com um forte abraço e tomou o caminho do grande salão, onde fazia suas preleções evangélicas.

Naquele entardecer, o aposento se encontrava lotado. Estavam presentes os que eram atendidos na própria residência e os que vinham de diversas localidades, como Betfagé e Samaria.

Dirigi-me ao meu singelo aposento, de onde pude ouvir ao longe a voz de Luciano, que se elevava em uma prece; logo após, ele começou a falar:

Queridos irmãos!

Todos sabem que se aproxima um tempo de provação para o nosso povo.

Em breve, seremos chamados a um testemunho doloroso, pois estamos diante da astúcia e voracidade da águia romana.

Quanto tempo ainda nos restará, até que se precipitem em direção à nossa valorosa cidade?

Jerusalém! Solo abençoado, há quantos séculos tu nos abrigas em teu regaço amoroso!

Eis que tu negaste a presença do Messias que vinha em teu socorro...

Tu o abandonaste e o entregaste ao Sinédrio pelas mãos inconseqüentes de Judas. O teu povo escolheu Barrabás em vez de Jesus!

Preferiste o ladrão, o trânsfuga da lei ao Príncipe da Paz! E Ele lamentou a tua escolha, porque sabia que assumias um fardo de dor e sacrifício que só no porvir dos milênios poderias resgatar.

Por isso, neste dia, conclamo a todos os de boa vontade para que estejam preparados para o trabalho que nos espera.

Essa guerra ficará nos anais da humanidade como o combate de um poderoso império contra um povo, uma cidade. E Roma se tornará mais poderosa e temida.

Poucos, no entanto, se lembrarão dos que ficaram. Dos mutilados, dos feridos, dos esfomeados, dos órfãos, dos que enlouqueceram de dor!

Este é o solo que espera o nosso arado, meus amados. A nossa casa se coloca a serviço de Jesus, para mitigar a aflição de nosso próximo, acolhendo-o, apesar de nossas deficiências.

Somos trabalhadores ainda com grandes fraquezas, mas desde que ouvimos o chamado do Senhor ingressamos em suas fileiras com coragem e destemor.

Cumpramos com a nossa tarefa e aguardemos com fé e esperança as promessas de Jesus Cristo, nosso Salvador.

Todos aqueles que puderem se unir a nós serão recebidos de braços abertos.

Que a paz do Senhor esteja presente em vossos corações!

Cerca de uma hora depois, Luciano fez emocionada prece e encerrou a palestra.

Após dominar a forte emoção que envolvia a todos, uma jovem mulher se aproximou e aguardou.

Nesse ínterim, Luciano dirigia a palavra a uma senhora de idade avançada, cujo pranto evidenciava grande sofrimento.

Nosso amigo possuía a alma calejada nas experiências da vida e, compassivo, lhe dirigiu palavras confortadoras, enquanto a fitava com extremado carinho.

À medida que ia falando, a senhora se tornava mais tranqüila, demonstrando gratidão no olhar.

Luciano solicitou auxílio a um de seus companheiros, ao que foi prontamente atendido; um amigo se aproximou e conduziu a boa mulher para o interior da casa.

Essa cena se repetia dezenas de vezes ao dia, mas naquele momento parecia que a atmosfera era mais límpida, o ar, mais puro.

Luciano olhou ao redor, procurando quem ainda necessitasse de seu auxílio.

A moça que o aguardava a certa distância se aproximou e solicitou:

— Senhor, permita-me trabalhar nesta casa, em prol dos desafortunados.

Luciano fixou o olhar no rosto da jovem. Desejava ver além do corpo físico, sua alma.

Após alguns segundos, sorriu e anuiu:

– És bem-vinda nesta casa do Senhor. Vejo que o Cristo já habita teu coração.

Lucília sorriu com timidez e declarou:

– Sim! Eu o tenho como o Mestre e Salvador, que descortinou um novo caminho para a minha existência.

– Poderás vir quando quiserdes. – E Luciano a advertiu: – Terás muito trabalho daqui em diante. Estás pronta para a tarefa?

Lucília respondeu quase solenemente:

– Sim, senhor! Não tenho outro desejo na vida.

Mais uma vez Luciano chamou um dos seus auxiliares e apresentou Lucília, dando orientações sobre como encaminhá-la ao serviço.

Enquanto Lucília iniciava sua jornada como trabalhadora da primeira hora, eu me distanciava, buscando o campo de batalha.

Se tivesse seguido as pegadas do Nazareno, naquela ocasião minha procura teria chegado ao fim.

* * *

Não muito longe dali, Ischmé travava uma luta íntima de grandes proporções. Deixava Caius para sempre e relutava em abrir o caminho para Lucília.

Naquele dia, Caius não demoraria a voltar, e isso significava que logo teria de se despedir. Não poderia retornar a Roma e, caso o fizesse, queria recomeçar uma vida nova.

Suportaria ver Caius feliz, casado com outra? Duvidava disso.

Não era mulher que soubesse perder, e jamais se daria por vencida. A não ser que eliminasse seus adversários...

Ischmé se deixava envolver nesses pensamentos de vingança, quando Caius entrou na tenda.

Trazia a aparência cansada, a testa franzida.

Dirigiu-se a uma pequena mesa e, segurando um jarro de bronze, derramou água em uma bacia do mesmo metal. Lavou o rosto repetidas vezes e, voltando-se para Hannah, bradou:

— Temos de vencer a resistência desses judeus! Os soldados se encontram inquietos, e eu particularmente não agüento mais essa espera.

Hannah se aproximou e aconselhou, carinhosa:

— Não te preocupes tanto, Caius. Eles devem estar sem comida... Quando saí de Jerusalém havia muitas disputas internas. Dizem que alguns mais exaltados queimaram as reservas que os sacerdotes do templo haviam feito. É só uma questão de tempo.

— Mas não podemos esperar para sempre! Isso deve ter um fim!

— Não quero te ver angustiado dessa forma. Precisas reunir tuas forças para que possas vencer teus adversários.

Caius se aproximou e, enquanto Ischmé lhe acariciava a fronte, indagou:

— Como estará minha mãe? E Lucília, Otávia... Não tenho recebido mais notícias delas. Receio que não as veja mais...

— Assim que retornar a Betânia, mandarei notícias. Não devo permanecer mais tempo.

Caius a abraçou, dizendo:

— Sei que eu mesmo te sugeri que partas, mas agora quero que permaneças comigo.

Hannah sorriu.

— Não posso ficar, sabes disso. Assim que termine essa guerra, nos encontraremos e ficaremos juntos para sempre!

Caius perguntou, ansioso:

— Quando partirás?

Hannah o enlaçou com seus braços alvos e falou de forma evasiva:

– Não sei ao certo. Ou melhor, não te avisarei. Quando eu julgar oportuno, irei embora sem te avisar. Assim não sofrerás com a expectativa de minha partida.

Caius ficou pensativo. Percebia que às vezes Hannah gostava de brincar com os seus sentimentos.

No entanto, não queria admoestá-la. Amava-a de qualquer forma.

Assim, dois dias mais tarde, Hannah se foi na companhia de Ashaf, despertando em Caius novas suspeitas e colocando à prova a fidelidade de sua amada.

"Quando a encontrasse, ela teria muito o que explicar" – pensava.

CAPÍTULO 33

Revelação

Argos se tornara o homem de confiança de Fulvius Licinius, marido de Claúdia Sulpícia.

Beatriz, por sua vez, acabara se tornando a confidente de Claúdia.

Como ficava muito tempo sozinha quando acompanhava o marido, Claúdia fora se afeiçoando à jovem escrava.

Naquele dia, quando se dirigia a Salamina, Claúdia parecia particularmente aborrecida. Nem a beleza fulgurante da paisagem, onde o mar esmeraldino fazia contraste com as aves muito alvas que vinham buscar alimento, parecia distraí-la.

Absorta em seus pensamentos, a jovem senhora mantinha o olhar distante, como se enxergasse imagens invisíveis aos demais.

Beatriz se aproximou, atraída pela beleza do cenário natural.

Ao ver que sua ama demonstrava em sua expressão um acento doloroso, se aproximou e falou com delicadeza:

– Senhora, deseja alguma coisa?

Ao ser interrompida, Cláudia voltou-se e, parecendo retornar aos poucos à realidade, respondeu:

– Não, Beatriz. Estou me lembrando de fatos do passado. A última vez que o vi foi em Salamina...

Beatriz a ouvia atenta. Talvez por isso Cláudia prosseguiu:

– Ele estava sendo perseguido e veio me pedir auxílio. Meu pai e Lucius Aelius o traíram... Trataram-no muito mal.

Beatriz se atreveu a dizer:

– A senhora devia gostar muito desse homem.

– Eu mesma não imaginava o quanto! Só agora posso avaliar como o amava. Desiludida com sua morte, casei-me sem amor, a conselho de meu pai, cometendo um grande erro. Teria sido imensamente feliz ao lado de Priscus.

Ao ouvir meu nome, Beatriz empalideceu. Não podia acreditar que o homem que Cláudia amara fosse eu.

"Não!", pensou. "Isso é apenas uma coincidência!"

Cláudia, no entanto, continuava revelando o passado com suas tristes recordações:

– Eu bem que tentei formalizar um compromisso. Ele parecia não perceber o quanto o amava, apenas pensando naqueles malditos cristãos! Por outro lado, quis despertar seu ciúme, me aproximando de Lucius Aelius. Mas, com a denúncia do pai de Priscus, meu pai, que tinha uma aliança com Galba, não quis auxiliá-lo quando Nero o mandou prender. Temia que Priscus o denunciasse.

Beatriz se tornava inquieta. Claúdia ia prosseguir, quando percebeu o que estava acontecendo.

Voltou-se para a escrava e indagou, intrigada:

— O que há, Beatriz? Parece que a minha história te perturba!

Beatriz fixou o olhar em Claúdia e falou, temerosa:

— Conheci um homem com esse nome, em Roma. O dia que me encontraste chorando foi porque sentia muita saudade dele.

Claúdia sorriu com tristeza e acrescentou:

— E eu casei-me com Fulvius por saber que não teria Priscus. Ele morreu pouco tempo depois de ser escorraçado da casa de meu pai.

Ao ouvir a última frase de Claúdia, a jovem se sentiu aliviada. Falou com espontaneidade:

— Lamento ouvir isso, minha senhora. Felizmente para mim, o homem de quem lhe falava foi vendido como escravo no mercado de Tiro, antes de mim e Argos; foi um homem importante, mas perdeu tudo o que possuía vindo a se transformar em um escravo. Morava em Roma, mas a família vivia em Chipre. Sei que não morreu e pretendo encontrá-lo.

À medida que Beatriz falava, Claúdia ia ficando cada vez mais intrigada. Resolveu saber mais detalhes sobre o assunto:

— Diga-me, Beatriz, como se chamava o teu Priscus? Estou achando essa história muito estranha.

De súbito, num átimo, Beatriz compreendeu tudo o que ocorrera.

Corou e ia dizer alguma coisa, quando Claúdia falou com energia:

— Diga-me a verdade Beatriz. Não tentes me ludibriar! Creio que estou prestes a fazer uma grande descoberta.

Beatriz realmente pensara em mentir; mas o olhar de Cláudia parecia queimar-lhe as faces.

Sem possibilidades de enganar sua astuta senhora, Beatriz falou timidamente:

— O nome dele é Vinicius Priscus. Na realidade, eu era sua escrava. Fomos enganados enquanto nos dirigíamos para Jerusalém, e ele foi feito escravo.

Cláudia permanecia muda. Não conseguia articular nenhuma palavra.

Como Vinicius Priscus poderia estar vivo se ouvira da própria boca do imperador que ele morrera?

Não podia ser. No entanto, por que aquela pobre escrava iria lhe mentir? Conhecia a alma de Beatriz e sabia que ela dizia a verdade.

Percebendo o mutismo de Cláudia, a jovem escrava ousou perguntar:

— Aconteceu alguma coisa, senhora? Eu disse algo que...

Cláudia a interrompeu:

— Deve estar havendo algum engano... Ou então estamos diante de uma história singular.

— Desculpe-me, senhora, não entendo.

— Quero que repitas o que disseste. Com detalhes! Como conheceste Vinicius Priscus?

Beatriz respondeu, reticente. Não queria que sua ama soubesse exatamente o que ocorrera.

À medida que Beatriz falava, novamente Cláudia ia se tornando lívida. Ao final da narrativa, levantou-se e pediu que a escrava lhe trouxesse um pouco de vinho.

Cláudia bebeu de um só gole e pediu que Beatriz tornasse a enchê-la. Não podia acreditar que o destino lhe tivesse reservado tal aventura.

Para Beatriz, a reação de Claúdia deixava entrever o quanto ela ainda se interessava por mim. Inexperiente e até certo ponto ingênua, inquiriu:

– A senhora ainda o ama? Não pensei que...

O olhar de Claúdia se tornara brilhante. Parecia que uma chama que havia muito morrera em seu coração voltara a queimar.

Não tinha mais dúvidas: eu não havia morrido e tudo não passara de um engano extraordinário.

A bela mulher não cabia em si em uma exaltação febril. Andava de um lado para o outro, tentando concatenar os pensamentos.

Não podia, contudo, se precipitar. Após analisar a situação, pesou as suas palavras e decidiu:

– Falaremos com o meu pai em Salamina. Preciso saber o que realmente aconteceu...

A seguir, mandou Beatriz dar prosseguimento a seus afazeres.

Cabisbaixa, Beatriz retornou às suas lides na embarcação. Devia, acima de tudo, cuidar do bem-estar de sua ama.

Percebia, triste, que seu desejo de me encontrar levara Claúdia a descobrir tudo o que se passara.

Sentindo-se só e abandonada, Beatriz deixou que as lágrimas rolassem sobre o seu belo rosto.

Não duvidava do sentimento que despertara em meu coração; mas se eu pudesse algum dia escolher – imaginava – certamente escolheria a nobre romana.

A não ser que eu renunciasse a viver em Roma – pois o sangue patrício não podia se misturar ao pebleu –, não haveria futuro para nós.

Estaria eu em condições de fazer tal escolha? Naquela época, eu não saberia responder.

* * *

Após deixar a *domus* de Luciano, me dirigi a Jerusalém tomando todas as precauções possíveis.

Sabia que correria grande perigo, pois a vigilância era constante e sempre haveria o risco de os judeus perceberem minha inegável origem romana; por outro lado, se fosse capturado pelos romanos, poderia não ser reconhecido pelo general Tito.

Lembrava-me de algumas jornadas em que lutara ao seu lado e presenciara algumas crueldades e atos de extrema violência com os soldados inimigos.

Teria Tito se modificado? Continuaria ele com as infelizes amizades que cultivava, se envolvendo em bebedeiras e atos inconseqüentes?

Lembrava-me de tê-lo levado à casa de Ischmé em certa ocasião.

Não costumava acompanhá-lo, mas nos havíamos encontrado no Fórum e, diante de sua insistência em conhecer a famosa cortesã, acabei cedendo e levando-o junto com um grupo de oficiais.

Esperava que o tempo e as circunstâncias o houvessem amadurecido.

Apesar da pequena distância entre Betânia e Jerusalém, o sol causticante do mês de agosto dificultava a marcha da minha montaria.

Na verdade, os romanos já haviam derrubado duas das fortalezas da cidade, mas faltava a última e mais difícil.

A fortaleza do templo seria o derradeiro marco de resistência do povo judeu e, se quiséssemos vencer a guerra, era necessário transpô-la.

Luciano havia me dado instruções de como entrar na cidade pelos caminhos subterrâneos.

Avistei ao longe o acampamento, e uma onda de recordações se apossou de mim.

Rever os grupos de soldados com os seus elmos, suas armaduras, com o tradicional uniforme revivia em mim recordações do passado e uma saudade melancólica do que eu fora.

O coração batia descompassado quando, um dia mais tarde, percebi que me aproximava da entrada do túnel que me levaria à cidade.

Observei que caminhava em direção a uma luz, distante alguns metros.

Usando vestes comuns aos judeus, aguardei a chegada da noite para sair do meu refúgio.

Percebi que estava nas proximidades do templo – que eu não desconhecia – e aventurei-me pelas ruas da grande cidade.

Sabia que procurar Otávia e Lucília naquele local seria uma investida quase desanimadora, mas não via outra saída.

Surpreso e admirado, verifiquei que a cidade que se estendia às minhas vistas em nada se parecia com a Jerusalém que conhecera.

As pilhagens, os conflitos internos e o medo da invasão romana, que era iminente, haviam transfigurado a bela e majestosa urbe em um local onde o medo e a desconfiança a todos dominavam.

A falta de água e comida tornava o ambiente insalubre, com a proliferação de doenças variadas; mulheres atravessavam a minha frente com os filhos ao colo em lamentos desesperados.

A idéia de que os seres que eu mais amava no mundo pudessem já ter perecido, vítimas do sentimento religioso exacerbado daquele povo, fazia com que uma onda de cólera me dominasse.

Ao mesmo tempo, o remorso por tê-las enviado àquele lugar me trazia um sentimento de dolorosa impotência.

O que fazer diante do quadro que se desenhava diante de meus espantados olhos?

Era preciso agir, pois a última fortaleza não demoraria a sucumbir...

Jerusalém, Jerusalém!

CAPÍTULO 34

Corria o ano 70 d.C. e estávamos em plena Páscoa judaica.

O ar pesado indicava que acontecimentos funestos se dariam a qualquer momento.

Dentro e fora da cidade sentia-se que haveria um desfecho na luta desigual que se travara entre um império e um povo acossado.

No acampamento, todos aguardavam a ordem de Tito para concretizar o massacre há muito esperado.

E a ordem não se fez esperar!

Em agosto daquele ano, Tito entrou na cidade com a Décima Legião e promoveu uma das maiores carnificinas de que se tem notícia.

Os soldados, que haviam contido seu desejo de se sobrepor àquele povo orgulhoso e altivo, que não aceitava a soberania romana, invadiram Jerusalém e levaram a nuvem pestilenta do aniquilamento a cada casa, a cada reduto.

A fúria homicida da soldadesca desrespeitou lares honrados; nem mulheres e crianças foram poupadas.

A cidade foi incendiada e destruída.

Envergando ainda a túnica judaica, procurei refúgio no templo, pois conhecia Tito e sabia que jamais partiria de sua boca uma ordem de extermínio da casa sagrada daquele povo.

Subi as escadarias junto com a multidão que buscava proteção na casa de seu Deus como crianças que procuram se refugiar no colo materno.

No entanto, a fúria romana não poupou nem o lugar santo dos judeus.

Tentei, inutilmente, chegar a um dos pátios, onde se aglomerava a maior parte do povo, mas fui violentamente empurrado das escadarias e, ao tentar me reerguer, senti o gélido contato da lâmina de uma espada romana que me atravessava o peito.

Procurei falar em latim com o meu algoz, revelando minha origem patrícia, mas o soldado me empurrou e disse:

– Morre, judeu infeliz! Vamos acabar com essa raça imunda!

Nada mais registrou meu cérebro.

Quando se apoderaram do templo, onde grande parte da população se encontrava, encontraram heróica resistência.

Pela primeira vez, observava os crimes que meus antigos companheiros levavam a cabo e senti horror e vergonha.

Enquanto o santuário era invadido e queimado, os judeus que se encontravam nos pátios internos seguiram o exemplo dos sacerdotes: em uma atitude suicida, projetaram-se em direção às espadas romanas.

Não restou pedra sobre pedra... Conforme a profecia, o templo sagrado era destruído, e a cidade, arrasada.

Não se consideravam, no entanto, vencidos. Morriam dentro da casa de Deus!

Quantos perderam a vida? Soma-se esse número aos milhares e milhares!

O povo judeu novamente se separava e iniciava uma nova peregrinação em busca da reconstrução de sua pátria, o que só se verificou quase dois mil anos depois.

Jorrara o sangue judeu em profusão, mas sua arrebatadora fé fez com que os sobreviventes deixassem como legado para a posteridade a inquebrantável fidelidade a Deus.

Tito foi aclamado entre os soldados e considerado um herói, e seu nome se imortalizou na história dos povos.

Ainda hoje pode ser visto em Roma o Arco de Tito, onde sua vitória foi gravada no mármore para a posteridade.

* * *

Após a destruição da cidade, conforme previsto, Luciano e os demais Irmãos do Caminho, como eram chamados, aguardaram o arrefecimento da exaltação das tropas romanas, que com a longa espera para o início do combate haviam exacerbado seus instintos beligerantes e foram ao encontro do que restara de Jerusalém.

Era necessário dar um fim digno aos despojos dos milhares de corpos que se encontravam espalhados por todo lado.

Devido ao grande número de cadáveres, era necessário queimá-los o quanto antes, a fim de evitar a proliferação de doenças pelas cidades vizinhas.

Ao fitar a cidade destruída, Luciano não pôde evitar que grossas lágrimas rompessem a fortaleza de sua inquebrantável fé.

Com uma tristeza infinita, confirmava as predições do Nazareno.

"Quando esse povo despertará para reconhecer em ti o Salvador? Quando poderás, conforme prometeste, voltar e ser reconhecido como o Messias prometido, o libertador dessa raça? Sinto que os séculos dobrarão e que muito ainda sofreremos até que possamos estar junto a ti novamente!"

De repente, José, filho de Jonas, veio apressado em sua direção e clamou:

– Necessitamos de tua presença, irmão! Acompanha-nos, por favor!

Luciano franziu o cenho e deu-se pressa em tomar a direção indicada por José.

Não muito distante dos escombros do templo, ele estacou e, observando com atenção um homem gravemente ferido, dobrou-se sobre o doente, aflito.

Procurou verificar imediatamente se ainda existia vida naquele corpo.

Após verificar que o coração ainda batia, pediu auxílio e, amarrando uma faixa sobre o meu peito, ajudou a me colocar em uma maca improvisada.

O socorro chegava mais uma vez pelas mãos daquele homem, que ensinaria, entre outras coisas, as primeiras lições de fraternidade ao meu pobre espírito.

Junto a outros feridos, fui de novo recolhido à casa de Luciano.

A bela vila havia se transformado em um grande hospital, que, além de atender às nossas necessidades físicas, trazia um imenso reconforto ao espírito.

Envolto em vibrações evangélicas, visto que Luciano realizava suas preleções acerca dos atos por ele conhecidos da vida de Jesus, passei a sentir enorme bem-estar naquele lugar.

Às vezes, em momentos de muita dor, pedia-lhe que orasse junto a mim, pois reconhecia os benefícios de sua prece.

Atribuía a ele, Luciano, a minha melhora, e não a Deus propriamente dito.

Achava que ele possuía poderes extraordinários, talvez por reconhecer a grandeza de sua alma.

Um dia, quando os ferimentos pareciam ter piorado e a febre alta me perturbava, pedi a Ariel, um dos cristãos que muito me auxiliaram, que chamasse Luciano.

Eu fora transferido para um aposento onde os feridos necessitavam cuidados intensivos e percebi que talvez não sobrevivesse.

Fui informado de que Luciano atendia a uma mulher que agonizava e que logo viria alguém em meu socorro.

Desesperado, pensei que, se tivesse me unido a Tito e lutado, não estaria morrendo ao lado daqueles desconhecidos, entre os seguidores do Nazareno.

Fechei os olhos e chorei. Sentia as lágrimas quentes molhando meu rosto, enquanto os calafrios aumentavam minuto a minuto.

Reconhecia que perdera minha vida. Tudo estava terminado.

Ariel colocara uma faixa de tecido úmido sobre a minha testa, para aliviar os efeitos da febre.

A sede me consumia e, não suportando mais os sofrimentos físicos, clamei:

— Água! Tenho sede! Por favor, ajudem-me!

Naquele momento, vi que algo inesperado acontecia. Uma jovem deixara cair a ânfora que trazia, a fim de saciar a sede dos enfermos.

Tentei movimentar-me, mas as forças me faltaram.

Ouvi a pouca distância uma voz feminina dizendo aos prantos:

— Priscus! Não pode ser! És tu, Vinicius Priscus, meu irmão?!

De um salto, a jovem alcançou meu leito e, como em um sonho, me vi junto de Lucília, a irmã que eu pensara jamais voltar a ver.

A sensação que experimentamos ao rever um ser amado que julgávamos perdido para sempre é inexplicável!

Queria abraçá-la, beijá-la, tocar seus cabelos, acariciar seu amado rosto.

Lucília, por sua vez, soluçava perto de mim e sorria ao mesmo tempo, em um transporte de alegria e júbilo inenarráveis.

Finalmente podia sentir alguém a quem eu amava e que surgia, por ironia, junto aos cristãos que eu tanto odiara.

Isso já não me importava mais, nem a expectativa de morrer me intimidava.

Reencontrara um dos maiores afetos do meu coração.

Passado algum tempo, Lucília voltou a si e, perplexa, articulou algumas palavras que não entendi a princípio.

Envolto nas emanações amorosas daquele momento, não conseguia concatenar as idéias, visto que a febre e as emoções vividas me perturbavam o raciocínio.

Lucília tornou a falar:

— Estás vivo, Priscus! Recebemos a notícia de tua morte há algum tempo. O que realmente aconteceu?

Lembrei-me de que, após a minha fuga da prisão em Pafos, fora declarado morto. Como será que a notícia chegara aos ouvidos de minha família?

Lucília beijava com ternura fraternal minhas mãos calejadas, enquanto dizia:

– Ah, meu querido Priscus! Não podes imaginar nosso sofrimento! Foi como se tivéssemos sido atingidas por um golpe certeiro do destino. Mas vou te relatar os acontecimentos.

Assim, Lucília me inteirou da nova amizade que fizera em Jerusalém. Falou-me de Hannah, uma filha de mercadores que se aproximara do seu convívio em um momento de grande dificuldade.

Conforme dissera, haviam se localizado no bairro dos estrangeiros. O dinheiro acabara, e eu não dera mais notícias.

Caius pensara em conseguir algum trabalho, mas era perigoso, e não podiam despertar suspeitas sobre sua origem romana.

A guerra, então, se encaminhava para um desfecho doloroso.

Hannah fora o anjo de bondade que os auxiliara; chegara mesmo a mandar uma correspondência a Tito, o que fizera com que Caius fosse reintegrado à Décima Legião.

Não fez nenhuma referência ao seu noivado malogrado com Caius e, quando perguntei sobre Hannah, comentou:

– Nunca vi mulher tão bela, meu irmão. Nossa mãe não a aprecia, mas tem sido uma amiga fiel e dedicada.

Não sei a que atribuir, mas à medida que Lucília relatava a influência que a jovem "judia" passara a ter em suas vidas, mais eu me tornava inquieto.

Após tomar alguns goles de água com uma infusão de ervas, para abrandar a febre, resolvi esclarecer a questão que mais torturava minha alma. Olhando firme para minha irmã, perguntei:

– Lucília, o que fazes aqui? Temo ouvir-te a resposta...

Altiva e com um olhar que refletia o sofrimento experimentado no tempo em que permanecêramos afastados, Lucília respondeu, paciente:

– Meu caro Priscus, esta casa que te abriga o corpo ferido um dia acolheu-me também a alma enferma. Aqueles que insististe em perseguir são os que te socorrem em tuas necessidades. O Nazareno, como dizias, quando te referias a Jesus, é o Salvador que um dia abrigará sob seu regaço todos os corações humanos. Desde que te deixamos em Pafos, passamos por grandes sofrimentos e privações. Também precisei passar pela dor de ver um grande amor perdido, quando mais necessitava do seu amparo. Se não fosse o consolo e a esperança que encontrei nos ensinamentos de Jesus, provavelmente não teria suportado a vida! O que me prendia à Terra era nossa mãe, mas a dor pela qual passei foi tão profunda que temi não resistir... Fiquei muito debilitada e, quando os meus olhos não divisavam no horizonte nada que me devolvesse a vontade de viver, foram as bênçãos do Evangelho que me restituíram a coragem e a força para prosseguir... Portanto, se pretendes censurar-me por eu ter me tornado cristã, podes fazê-lo, pois tem direitos sobre mim, que sou tua irmã; mas saiba que darei minha vida se for preciso para provar minha fidelidade a esse Mestre, que um dia tu também conhecerás...

Ia replicar alguma coisa, mas, diante da profunda convicção demonstrada por Lucília, preferi calar-me.

Não que eu concordasse; no entanto, a febre demorava a ceder e eu já não tinha mais forças para chamar Lucília à sua condição.

Para minha surpresa, minha irmã se transformara em uma jovem amadurecida e corajosa.

Lucília beijou-me o rosto, e eu caí em um sono profundo.

* * *

Ao retornar, o comportamento de Lucília chamou a atenção das duas matronas.

Resolvera esperar mais alguns dias para revelar a inesperada notícia de que eu sobrevivera à prisão em Pafos. Como meu estado inspirasse cuidados, preferiu aguardar, para que eu pudesse ser removido para a pequena casa em Betânia.

A alegria, entretanto, que a invadira não passara despercebida a Otávia.

Suas saídas misteriosas, ao mesmo tempo, causavam grande desconfiança e suspeita às preocupadas senhoras.

Não mais podendo se calar às desconfianças que pululavam em seu coração, Otávia se aproximou e expôs sua preocupação:

— Minha filha, acho que devemos falar francamente! Venho notando mudanças em teu comportamento, e isso me tem causado grande inquietação. O que está acontecendo, Lucília? Qual o motivo de tuas saídas ao entardecer? Para quem levas aqueles mantimentos?

O olhar límpido de Lucília cruzou com o de sua mãe, e a jovem respondeu:

— Asseguro-te, minha mãe, que não estou fazendo nada que desonre a mim, nem ao nome de nossa família. Pelo contrário, depois dos enganos que cometemos no passado, procuro agora trilhar os caminhos da verdade.

Otávia olhava para a filha sem nada compreender. Aflita, começou a imaginar que Lucília perdera o juízo. Talvez tivesse sido enfeitiçada por algum encanto próprio daquela inculta região.

Percebendo o que se passava, Lucília continuou:

— Não perdi a razão, se é isso o que imaginas. Estou perfeitamente lúcida, e nunca estive tão convicta do que falo, minha mãe. Deves apenas aguardar alguns dias e te darei a melhor notícia de tua vida...

Otávia ouviu desconfiada as palavras da filha e questionou:

356 Tanya Oliveira / espírito Tarquinius

– Não entendo teu comportamento. Teu noivo está na guerra, perdeste teu irmão e nossa fortuna... Ao mesmo tempo, vejo em teu olhar uma alegria, uma esperança que não tinhas há muito tempo. De onde vem essa resignação, apesar de todo o sofrimento por que tens passado?

Lucília voltou o olhar na direção da casa de Luciano e tornou:

– A origem da minha serenidade vem do conhecimento que venho adquirindo e que me mostra que os verdadeiros bens de uma pessoa não se encontram na Terra. Que existe um Criador supremo que nos ama acima de tudo e que nos criou para que sejamos eternamente felizes. Que nos dotou da faculdade de pensar para escolhermos nossos caminhos. Que, diante das grandes dificuldades que enfrentamos neste mundo, nos abençoou com a presença de seu filho amado, para que nos instruísse sobre os meios de ganhar a vida eterna... Sabe, minha mãe? Olho para trás e vejo que tudo o que passamos nos tornou melhores, mais humanas, como se tivesse lapidado nossa alma. Se observo ao redor, vejo que ainda existem muitos que choram e sofrem por razões e fatos que não teríamos condições de enfrentar. Tenho procurado, minha mãe, levar um pouco de consolo aos que sofrem mais do que eu. Sinto a alegria de nossos tutelados, e acredite, não existe bem maior no mundo do que levar um pouco de consolo aos que padecem infortúnios...

Otávia escutava perplexa as palavras da filha. Agora não tinha mais dúvidas: Lucília estava fora do seu juízo perfeito.

O sofrimento e as provações por que passara haviam lhe prejudicado o cérebro frágil. Teria de aguardar o retorno de Caius para tentar recuperar sua saúde.

Uma sensação de impotência a assolou por completo. Verificando, no entanto, que nada poderia fazer e com o sincero desejo de auxiliar Lucília, abraçou a filha e disse:

– Perdoa-me, querida, não posso entender o alcance de tuas palavras. Saibas, no entanto, que não te condeno e, enquanto tuas idéias te fizerem feliz, não te importunarei.

Lucília retribuiu o carinho materno com sinceridade. Conhecia a mãe e sabia que ela teria um longo caminho a trilhar até poder entendê-la.

O tempo e a vida se encarregariam de mostrar-lhe a verdade.

CAPÍTULO 35

Quando o amor vira ódio

Hannah partira com Ashaf sem deixar rastros, por entre as estradas poeirentas e irregulares da Palestina.

Ausentava-se, assim, temporariamente, da vida de nossos amigos. Acompanhara Ashaf a contragosto, pois queria aguardar o retorno de Caius, ainda em Betânia.

Retornava a Roma de mãos vazias e o coração cheio de rancorosa mágoa.

Para ela, o descaso e a traição inconseqüente de Caius era uma afronta que não conseguia aceitar.

Atormentava-se dia e noite, sendo consumida por pensamentos de vingança e o desejo de acabar com a vida de Caius e Lucília.

Ashaf, que percebia o estado mental da companheira, resolveu lhe falar:

— Precisas esquecer tua vingança, Ischmé! Estás atraindo seres da escuridão, que te incitam cada vez mais a cometer um desatino.

Ischmé voltou-se irritada e resmungou:

— Esse é um assunto meu! Se não queres me ajudar como prometeste, farei tudo sozinha.

Ashaf falou com severidade:

— Vais acabar doente. Não vês que mal te alimentas? Perde os teus dias planejando a destruição de alguém que amavas há alguns dias! Não podias amá-lo realmente...

Ischmé se aproximou e sussurrou, soluçando:

— Amava com todas as minhas forças! Mas, assim como o meu amor poderia ser infinito, o meu ódio também o será!

Ischmé parecia transtornada. De seus olhos emanava um brilho intenso, que o desequilíbrio de suas emoções deixava transparecer.

Ashaf, que era um profundo conhecedor da alma humana, percebia que Ischmé estava enveredando por um caminho que certamente lhe traria dor e sofrimento.

Na tentativa de fazê-la se acalmar, preparou uma taça com vinho e uma substância calmante, para que pudesse dormir um pouco.

Ischmé negou-se a bebê-la e replicou com desconfiança:

— Não me impedirás de agir com as tuas poções, Ashaf. Vou me manter sóbria e acordada, para pensar no que deve ser feito.

Ashaf olhou-a com tristeza. Não que tivesse escrúpulos em praticar o mal; já o fizera tantas vezes... Mas Ischmé tinha um corpo frágil e um psiquismo enfraquecido pelos caminhos que trilhara em passadas encarnações.

Mais uma vez presenciava a irreflexão de Ischmé levando-a a cometer um desatino. Ela tinha no orgulho uma de suas grandes dificuldades a ser vencidas.

Na mesma medida, uma vez que esse orgulho fosse atingido, se transformava em ódio, sem que ela analisasse as conseqüências de seus atos.

O antigo sacerdote egípcio conhecia as leis de retorno que vigem em todo o universo e, apesar de muitas vezes infringi-las em virtude de seus interesses, sabia que seria cobrado pensamento por pensamento, ato por ato.

Tentaria impedir o quanto pudesse a aproximação de Ischmé de Caius e sua família.

Na realidade, agia assim não por possuir valores éticos ou morais; visava apenas a seus próprios interesses, desejava evitar que a mulher que amava se perdesse no emaranhado de compromissos que assumiria em nome de uma vingança inútil.

Recolheu-se e pôs-se a meditar, buscando uma saída para evitar uma grande tragédia.

* * *

Distante de Roma, em Salamina, encontramos Claúdia em presença de Metelus Sulpicius, estupefato diante das notícias que a filha lhe trazia.

A reação de Metelus foi inesperada e, blasfemando contra os deuses, mostrava-se inconsolável.

Sem esconder a grande agitação que o dominava, Metelus desabafou:

— Isso é impossível! Não pode ser verdade! Aqueles miseráveis me enganaram!

Claúdia empalideceu e, sem poder conter o tremor nervoso que a agitava, postou-se diante do pai:

— O queres dizes, meu pai?! A que te referes? Quem te enganou?

Metelus olhou com austeridade para a filha.

— Já deves saber do que estou falando, Cláudia. Nunca gostei do filho de Aurelius. Por que não participou da conspiração contra Nero se sabia tanto quanto o pai de suas loucuras? Era um jovem egoísta, que apenas pensava no próprio prestígio, perseguindo cristãos para agradar a um tirano!

Cláudia se aproximou do pai e desabafou, horrorizada:

— Meu pai! Tu mandaste assassiná-lo?! E depois incentivaste meu casamento com Fulvius diante de meu desespero ao saber da morte de Priscus... Assassino!

As feições de Metelus demonstravam o seu estado de alma. Considerava o assunto "Priscus" encerrado havia muito tempo. Não queria tornar a falar sobre a possibilidade de ainda me voltar a ver...

Sem meias palavras e com o rosto vermelho pelo sangue que lhe afluía à cabeça, concluiu:

— Quero que entendas de uma vez por todas que esse tema está proibido em nossa casa! Não quero mais ouvir falar de Priscus e de sua família infame!

Cláudia deu um passo atrás. Conhecia bem a ira do pai quando era desobedecido e sentiu medo de uma possível agressão.

Sem ter mais o que dizer, correu para seu quarto, soluçando. Beatriz a seguiu e tratou de preparar um banho para sua ama.

"Então", pensava melancólica, "essa seria a mulher de Priscus se ele não tivesse desaparecido...".

Com tristeza, via seu sonho de amor se desfazer. Observou os longos cabelos de Cláudia, a sua pele clara, o corpo perfeito e concluiu que, se um dia eu retornasse a Roma, Cláudia seria a mulher que eu escolheria.

Diante da dor profunda que sentia naquele momento, não sabia o que fazer.

Foi então que algumas palavras vieram à sua mente, como se alguém lhe sussurrasse com ternura: "Jesus! Ele é e será pelos séculos afora o consolo de todas as dores humanas. É o celeste libertador de nossas almas, minha filha".

Resignada, procurou atender a Cláudia com maior dedicação.

Em prantos, a nobre romana confessou:

— Agora sabes que Priscus foi mais do que um romance inconseqüente da juventude. Amava-o, e ele se afastou de mim sem dar explicações. Passei a odiá-lo, mas ao vê-lo sair de nossa casa humilhado e traído por meu pai e Lucius Aelius, não tive dúvidas de que o amava! — Observando as reações de Beatriz, Cláudia prosseguiu: — Ao saber de sua morte, quase enlouqueci. Sentia remorso por não tê-lo ajudado quando mais precisava... Sei que também o amas, Beatriz. E agora deves me odiar e considerar-me tua rival.

Beatriz baixou o olhar, onde longos cílios lhe encobriam as lágrimas que surgiam, e observou:

— Não, minha senhora. Compreendi desde o princípio que não deveria ter esperanças em relação a Priscus; a distância colossal que nos separava era insuperável. A não ser que permanecesse doente, desmemoriado, não poderia ficar a seu lado.

— Mas, segundo me afirmaste, tu ajudaste a salvá-lo. Sabias que agindo dessa forma o estarias perdendo.

Beatriz assentiu e acrescentou:

— Não poderia prendê-lo a mim dessa forma. O verdadeiro amor liberta o ser amado, não o escraviza.

Cláudia discordou prontamente, secando as lágrimas com as palmas das mãos:

— Acho que quando o amor é verdadeiro devemos lutar por ele. Não podemos deixá-lo escapar de nossa vida.

Enquanto Beatriz lhe alcançava a alva toalha de linho, Cláudia perguntou:

— Tens certeza de que Priscus foi vendido em Tiro no mesmo dia em que meu marido adquiriu a ti e Argos?

— Sim, senhora. Ele foi comprado por um homem chamado Jamal. Eu e Argos imploramos para que nos levasse junto, mas foi tudo inútil.

Cláudia voltou-se e repreendeu-a, com as pupilas brilhando de uma forma estranha:

— Beatriz! Devias ter me dito que sabias o nome do mercador que adquiriu Priscus. Perdemos muito tempo vindo a Salamina...

Sem dar importância ao espanto de Beatriz, Cláudia seguiu em frente:

— Não posso ficar mais um dia nesta casa! Partiremos amanhã pela manhã antes de meu pai despertar. Não tenho mais nada a dizer a Metelus Sulpicius. Priscus deve ter deixado alguma pista...

Beatriz deu um suspiro e arrematou:

— Seu desejo sempre foi o de retornar a Jerusalém, para encontrar a mãe e a irmã.

Cláudia se lembrou de que no dia em que Priscus a procurara dissera alguma coisa sobre a cidade do templo.

Assim, a filha de Metelus Sulpicius mandou Beatriz e outras escravas prepararem a sua bagagem, para se dirigirem à Palestina.

Beatriz, assustada, ainda ousou perguntar:

— Senhora, e o seu marido? Quando descobrir que a senhora partiu em busca de...

Cláudia a interrompeu:

— Meu marido vive às voltas com os seus negócios. Quando der por falta de mim, já estarei ao lado de Priscus!

Beatriz se afastou para iniciar os preparativos de retornar ao caminho que acabavam de percorrer.

Apesar das desilusões e da certeza de que me perdera para sempre, sentia em seu íntimo uma doce alegria ao saber que me poderia me reencontrar.

Muito tempo depois, eu descobriria que Beatriz fora uma estrela de luz que viera iluminar a noite da minha existência.

O despertar

CAPÍTULO 36

Em Betânia, eu, que tardava em me recuperar dos ferimentos, começava a refletir sobre tudo o que se passara em minha vida desde a saída de Roma.

Ausentara-me da cidade dos Césares com o coração tisnado pelo desejo de destruir vidas que, a meu ver, colocavam o nosso Império em perigo.

Na verdade, mais tarde, o Cristianismo foi considerado pelos historiadores como um dos elementos que solaparam os alicerces sob os quais se apoiava nossa estrutura social.

Observando o ir e vir daquelas pessoas, humildes em sua maioria, não podia entender a dedicação daquela gente – inclusive de Lucília, minha irmã – com um amor fraternal por indivíduos que jamais haviam visto em suas vidas.

Que sentimento era aquele que levava pessoas estranhas umas às outras a agir como se fossem uma grande família – e mais, como se fossem irmãos?

Pela primeira vez, me atrevia a questionar, a admitir uma curiosidade que não conseguia mais evitar: quem fora Jesus, o Nazareno?

Conseguia agora pensar naquele nome que jurara jamais pronunciar...

Quem fora aquele pobre judeu de origem humílima, que, nascido em condição deveras inferior, ensinara aos homens que deviam se amar como irmãos?

Que poder misterioso tinha aquele ser, que na vida jamais pensara em si e que, quando traído por um de seus companheiros, aceitara o catre e toda a sorte de humilhações sem levantar sequer uma vez a voz clamando por justiça?

Dizia ser rei e foi tratado como um servo...

Transformara caminhos, mudara as vidas e enchera os corações de esperança de uma vida melhor, levando os homens a se estender as mãos.

A cada uma dessas questões e reflexões me inquietava com as minhas próprias incertezas.

Não me atrevia a admitir, mas em meu íntimo algo novo se processava.

Sem saber, começava a deixar as trevas da minha ignorância, da noite escura em que vivia espiritualmente, e despertava para a luz, amparado por Ele, Jesus!

Contemplava aqueles rostos sofridos, cujo semblante desfigurado revelava que tinham perdido tudo pelas mãos ambiciosas de meu próprio povo e surpreendia-me de não constatar nenhuma censura ou mágoa.

Afinal de contas, perguntava-me emocionado, quem fora esse Jesus?

De alguma forma, apesar da minha ignorância, podia entrever que Jesus iniciava uma nova era para a humanidade...

* * *

Com a tomada de Jerusalém, com os infelizes acontecimentos que se sucederam e com a vitória avassaladora da Décima Legião, nada mais restava a fazer naquele lugar.

Tito preparava a retirada das tropas, quando Caius se aproximou e, após saudar o general, comunicou:

— Mais uma vez, foi uma honra lutar a seu lado, general, mas despeço-me temporariamente, pois preciso rever pessoas caras à minha alma.

Tito sorriu e respondeu, compreensivo:

— Deixaste algum coração pranteando por aí, centurião? Não é de estranhar, pois sempre foste um homem de conquistas. Vai-te, não te prendo mais, segue o teu rumo. Mas ainda quero ver-te em Roma, para comemorarmos dignamente e planejarmos a próxima batalha...

Caius sorriu.

— Na verdade, quero rever minha mãe e alguém que realmente cativou o meu afeto.

Tito olhou-o surpreso e tornou:

— E tua irmã? Ela não tinha vindo ao acampamento à tua procura? Por acaso a jovem morreu e não me disseste nada?

Caius sentiu os malefícios da mentira inventada por Hannah para se aproximar dele. Rapidamente se corrigiu:

– Não creio reencontrá-la, senhor. Estava muito doente e nos despedimos naquela ocasião. Não tive mais notícias dela...

Tito se aproximou e, demonstrando curiosidade, indagou:

– A tua prometida, segundo me disseste, não é romana. Ou estou enganado? Qual é o nome dela? A que família pertence?

Caius, aproveitando a distração de Tito, respondeu:

– Sim, ela é romana. Pertence à família de Vinicius Priscus, é sua irmã.

Tito deu uma gargalhada e abraçou Caius de forma espontânea. A seguir, exclamou:

– Parabéns! A família de Priscus sempre me foi muito cara. Lamento sua morte prematura, teria sido um grande apoio na nossa conquista. Mas, enfim, são os desígnios dos deuses.

Assim, Caius se despediu também de Lucius Claudius, o amigo que o ajudara quando Hannah o procurara se fazendo passar por Lucília, e tomou o rumo de Betânia.

Retornava à humilde residência com muitos talentos[1] e vários objetos, despojos de guerra e com um coração saudoso dos afetos sinceros, que ansiava por estreitar em seus braços.

Lembrara-se de Hannah. Por que mentira quando Tito lhe perguntara sobre a moça?

Tivera receio de complicar a sua situação no futuro. Queria permanecer ao lado de Tito e granjear novas posições no Império.

Era ambicioso e não mediria esforços para chegar aonde desejava.

De repente uma idéia lhe ocorreu: e se contraísse matrimônio com Lucília e continuasse ao lado de Hannah?

---

1 Moeda romana que equivalia a 6.000 denários.

Um leve sorriso brotou nos lábios do ambicioso romano...

* * *

O sol já ia alto quando Flávia Pompília ouviu o cavalgar de uma montaria que se aproximava.

Desacostumadas a receber visitantes, pois viviam praticamente isoladas do mundo, Flávia sentiu o coração disparar.

Seria Hannah que retornava após uma ausência inexplicável ou algum mensageiro trazendo notícias, talvez funestas?

Apressada, Flávia chamou Otávia e Lucília e, enquanto colocava delicado manto sobre a cabeça embranquecida prematuramente, pediu que as demais aguardassem e se postou à entrada da casa.

Os olhos já cansados pelo tempo não lhe permitia identificar a silhueta do inesperado visitante.

Flávia procurava firmar a visão na direção do homem que se aproximava e emocionava-se de antemão pelo que o coração insistia em lhe segredar.

Já a alguns metros, não havia mais dúvidas; Flávia, correndo em direção ao cavaleiro, vencia as pernas cambaleantes, que teimavam em lhe não obedecer.

O cavalo estacara e Caius descera intempestivamente, correndo para os braços da mãe.

Flávia apenas perguntou por entre as lágrimas que lhe toldavam a visão:

— És tu, meu filho?

Caius a tomou nos braços e, cercando-a em um amoroso e acalentador abraço, respondeu:

— Sou eu, sim, minha mãe, e vim buscá-las para retornarmos a Roma! Nosso degredo acabou para sempre! Voltaremos para nossa casa e nossa vida, *matre*!

Flávia não conseguia conter a onda amorosa com que envolvia o filho amado.

Imediatamente chamou Otávia e Lucília e a emoção tomou conta de todos os corações.

Lucília, mais recatada, deixava as duas matronas dar vazão às suas saudades, pois bem compreendia o que significava o retorno de Caius.

De repente, Caius dirigiu o olhar à jovem e, abrindo os braços, se aproximou, dizendo:

— E tu, querida Lucília? Não sentiste a minha falta?

Em outros tempos, Lucília provavelmente se tornaria rubra e diria algumas palavras sem muito sentido.

Agora, no entanto, a jovem se sentia mais segura e amadurecida e, voltando-se para ele com admirável serenidade, respondeu:

— Senti muito a tua ausência e credito à Bondade Divina a tua presença novamente entre nós.

Caius admirou-se do comportamento da jovem. Olhou ao redor e perguntou, curioso:

— Onde está Hannah? Por que não me veio receber?

Otávia adiantou-se e narrou o que ocorrera.

— Ela de fato esteve no acampamento e falou de sua preocupação com Lucília principalmente. — Caius meneou a cabeça. — Disse que adoecera e o seu estado preocupava. Ao partir, afirmou que retornaria para aqui permanecer...

Todos ficaram mudos. Hannah dissera que iria a Betfage a procura do pai!

Caius não escondia sua decepção e atribuía o desaparecimento de Hannah a uma ligação da moça com Ashaf.

Sem poder esconder o ciúme e o despeito por havê-la perdido, deixou transparecer toda sua indignação:

– Acho que nunca conhecemos de verdade essa moça! Talvez não nos devêssemos ter aproximado dela.

Lucília, demonstrando seu senso de justiça, obtemperou:

– Por favor, Caius! Não vamos julgar alguém que não pode se defender. Não sabemos o que aconteceu e não podemos esquecer que, durante todo esse tempo, foi com o auxílio de Hannah que nos mantivemos.

Caius se calou. O rosto fechado só cedeu aos carinhos da mãe, que não cansava de mimá-lo.

Logo ao entrarem na humilde residência, Caius olhou ao redor e, ao notar o aspecto pobre do ambiente no qual vivera sua mãe durante aquele tempo, falou:

– Juro-te, mãe, jamais terás de morar em um lugar como este de novo. Vamos retomar o lugar que nos cabe no mundo e dignificar o nome de nossa família!

Flávia interveio com palavras carinhosas:

– Querido, sou grata a este teto que nos abrigou. Nada nos faltou nesse tempo, e ganhei o melhor presente que poderia esperar...

Caius tornou a abraçar a mãe e comentou, emocionado:

– Sim, tenho de reconhecer que o fato de nos unirmos novamente é uma bênção dos deuses.

Assim, o dia se passou em lembranças sobre o período em que estiveram separados.

Na hora do jantar, Caius anunciou:

– Minhas senhoras, Lucília, amanhã mesmo retornaremos a Roma. Não desejo ficar nem mais um dia nesta terra cheia de mistérios, crenças e sem homens de valor...

Ao ouvir as palavras de Caius, Lucília se adiantou, argumentando:

– Perdão, Caius, mas devo discordar. Não deves considerar o povo por alguns homens. Além disso, fomos nós que usurpamos seu templo e suas vidas. No futuro, esta terra será lembrada como santa, e daqui já saiu a luz que iluminará todos os séculos.

Caius olhou-a sem compreender e escarneceu:

— Pelo que vejo, a nossa pequena Lucília foi contaminada com os feitiços locais. Mas não há nada que uma boa temporada em Roma não resolva.

Lucília não se deu por vencida e retrucou:

— Ao que parece, essa guerra também te modificou, Caius. Eras mais humano e compreensivo.

Caius encheu a taça de vinho e contrapôs, satisfeito:

— Graças a essa guerra terei um grande futuro em Roma. Serei o braço direito de Tito, e, tenho certeza, nosso general será o próximo imperador! Devem estar orgulhosas do grande futuro que conquistei para nós.

Otávia permanecia em silêncio, porque naquele momento, mais do que nunca, sentia a minha falta.

Perdera — segundo imaginava — um filho amado e temia pelo futuro, agora que via Caius tão modificado.

Flávia tentou contemporizar:

— Querido, deves estar cansado, necessitas repousar. Acompanha-me que providenciarei um local adequado para descansares.

Caius fitou a mãe e indagou, espantado:

— E a escrava de Hannah? Ela me havia dito que a deixara em sua companhia...

Lucília explicou que, passado algum tempo da partida de Hannah, Noori ficara muito estranha, talvez por sentir saudade de sua ama. Achou melhor que ela partisse em busca de Hannah, pois acabaria adoecendo.

— Ah! Esses escravos sempre dando problemas! Quando mais se precisa, menos podemos contar com eles.

Assim, Caius se retirou para o "merecido" descanso, deixando as três mulheres caladas.

Caius retornara mais ambicioso, pragmático, e no olhar surgia um brilho diferente, alguma coisa indefinível, que assustava aquelas almas femininas.

Por fim, Flávia suspirou e arrematou:

– Que os deuses protejam e abençoem a todas nós!

De alguma forma, apesar do retorno de Caius, todas pressentiram que surgia uma leve sombra em seu futuro.

Novamente a intuição feminina não falharia...

* * *

Apesar da tentativa de fuga de Cláudia e Beatriz, Metelus Sulpicius se adiantou e obrigou a filha a retornar com sua escrava para Roma.

Tomada de ódio, Cláudia se insurgiu contra o pai e, em um momento de discussão, o pior aconteceu. Perdendo a noção do que dizia, Cláudia se aproximou de Metelus e gritou:

– Não farás comigo o que fizeste com minha mãe! Não me poderás prender para sempre!

Metelus, que permanecia impassível, voltou-se e respondeu asperamente:

– Deves cuidar do teu marido antes que ele te expulse de tua casa. Não mancharás o nome de nossa família com tua leviandade.

Sem pensar, Cláudia arriscou:

– Nossa família já tem do que se envergonhar, meu pai! Temos assassinos entre nós, não é mesmo?

Metelus se tornou rubro, possesso de raiva, e esbofeteou o rosto da filha.

Pela primeira vez, Cláudia sentia na própria pele a violência paterna.

Cambaleante, amparada por Beatriz, sem poder conter as lágrimas, explodiu:

— Sempre te respeitei e cheguei mesmo a pensar que me amavas... Que te havias modificado após a morte de minha mãe... Talvez o remorso, pensei, te houvesse tornado um pai de quem eu pudesse me orgulhar. Agora sei exatamente o que és e, saiba, tenho vergonha de ser tua filha!

Assim se pronunciando, Cláudia se retirou, abraçada a Beatriz.

Nada havia a fazer. Deveria partir no dia seguinte para Roma.

Sentia-se debilitada com os últimos acontecimentos e precisava reorganizar pensamentos e emoções.

Se Priscus estivesse vivo, acabaria por retornar a Roma, disso tinha certeza!

Reforma íntima

CAPÍTULO 37

No dia seguinte, ao mesmo tempo que Cláudia e Beatriz se dirigiam a Roma, vigiadas pela guarda pessoal de Metelus, Caius determinava as condições da partida:

— Devemos ir a Jope e de lá buscarmos Chipre. A viagem se tornará menos enfadonha se descansarmos por um ou dois dias antes de prosseguirmos.

Lucília, que ainda nada falara sobre Priscus, interrompeu-o:

— Perdoa-me, Caius, mas existe uma coisa que nos prende a este lugar. Devemos aguardar ainda alguns dias.

Caius a encarou:

— O que está acontecendo? Pensei que desejassem tanto quanto eu o retorno à nossa casa... Há algo ou alguém que te prenda aqui?

Ingenuamente, Lucília concordou:

— Sim, é verdade. Trata-se de alguém muito especial, que em breve estará conosco e nos acompanhará a Roma.

Sentindo-se menosprezado, Caius falou, preocupado:

— Por acaso trata-se de algum judeu por quem te apaixonaste, Lucília? Não levaremos conosco nenhum judeu imundo.

Lucília riu e tornou:

— Não é nada do que estás pensando. Só precisamos aguardar mais um pouco, pois ele se recupera...

Otávia interveio e confirmou:

— Lucília nos havia prometido uma surpresa. Será isso? Terá ele lutado na guerra e se acha ferido?

— Eis o ponto: se o obrigar a nos acompanhar neste momento, corremos o risco de perdê-lo.

Flávia, ansiosa, não se conteve e implorou:

— Por favor, conte-nos, Lucília! Não suportaremos esse mistério e, além disso, desejamos partir.

Lucília pensou e respondeu:

— Verei o que posso fazer; acredito que daqui a três dias poderei esclarecer tal mistério.

Um tanto decepcionados, resolveram aguardar.

No final da tarde, aproveitando que Caius se ocupava em contar suas peripécias de guerra para Otávia e Flávia, Lucília desculpou-se, dizendo que iria buscar mantimentos na cidade.

Caius se ofereceu para acompanhá-la, mas Otávia, que imaginava o que a filha iria fazer, sugeriu:

– Ora, Lucília vai apenas buscar algum alimento para o nosso jantar, logo estará de volta. Continue, Caius, com foi a história do tal mago.

E Caius retomou sua exagerada narrativa.

Lucília, como podemos imaginar, tinha vindo ao meu encontro junto ao grupo cristão de Betânia.

Logo ao chegar, ao ver-me em melhores condições, colocou-me a par de tudo o que ocorrera.

Eu notava, contudo, que algo não estava bem. Percebia nos olhos de minha irmã uma sombra, que anuviava a encantadora expressão do seu rosto.

Preocupado, indaguei o que exatamente a entristecia naquele momento, que deveria ser de júbilo.

Lucília fitou-me longamente e esclareceu:

– Trata-se de Caius, meu irmão. O teu amigo de infância despertou em mim sentimentos genuínos e profundos e, por haver assumido um compromisso contigo de nos proteger, chegamos a ficar noivos. Quando Hannah surgiu em nossas vidas, nossa mãe alertou-me quanto à sua beleza e às atenções que Caius lhe dedicava. Com o passar do tempo, confirmei os receios por nossa mãe manifestados e não suportei a idéia de que Caius se casaria comigo por um sentimento de culpa que jamais entendi. Assim, liberei-o de tal compromisso e vi o quanto ele se sentiu aliviado. A desilusão amorosa quase me custou a vida, até chegar a este lar abençoado, onde encontrei os ensinamentos de Jesus... Compreendi, então, que o amor que sentia por Caius dever-se-ia modificar e continuei a amá-lo de uma forma diferente. Meu sentimento se tornava maior e mais profundo à medida que compreendia os ensinamentos do Evangelho. No entanto, agora, com seu retorno, fiquei muito preocupada. Acredito que essa guerra e as experiências vividas por nosso amigo fizeram desabrochar sentimentos que desconhecia nele...

Com imensa tristeza, Lucília prosseguia, enxugando as lágrimas que brotavam de seus olhos:

— Caius demonstra uma ambição desmedida e se tornou orgulhoso e arrogante, não admitindo outros pontos de vista. Devo dizer, Priscus, que me causou péssima impressão o prazer com que narrava os episódios dos quais participou na guerra.

Enquanto ouvia a narrativa de Lucília, recordei-me de algumas passagens nas quais presenciara atitudes menos felizes de Caius. Por fim, contei o motivo pelo qual Caius me acompanhara a Chipre:

— Ele fazia parte da conspiração contra Nero. Achou que me acompanhando se livraria da perseguição, pois estaria longe de Roma. Jamais lhe ocorreu que nosso pai sofrera um atentado a mando do imperador. Nossa mãe nada dissera na carta que me enviara.

Lucília empalidecera de súbito. Procurando conter-se, falou com extremo sofrimento:

— Esse era o motivo pelo qual Caius se culpava quando soube da tua morte! Como descobriste, Priscus? Deves odiá-lo!

Respondi com surpreendente tranqüilidade:

— Com o tempo, pude concatenar melhor as idéias e a verdade se mostrou tal qual é. Não posso, contudo, odiá-lo, pois protegeu a ti e à nossa mãe.

— Perdoaste-o, então? — inquiriu Lucília, admirada.

— Ainda não conheço o significado dessa palavra, Lucília. Não, não o perdoei, mas confesso que também não consigo odiá-lo.

— O que faremos, Priscus? Não posso adiar mais a nossa partida. Teremos de retornar a Roma no máximo em três dias. Nossa mãe não irá esperar mais. Não vê a hora de voltar à sua antiga vida em Roma...

Pensei alguns minutos e falei:

– É o tempo de que precisamos, Lucília. Em três dias terei as respostas que espero.

– Não posso mais esconder de nossa mãe que estás vivo. Percebi seu sofrimento, enquanto Flávia abraçava o filho.

– Não te preocupes. Logo ela saberá toda a verdade e veremos o que no futuro nos aguarda...

Ao proferir suas últimas palavras, Lucília abraçou-me com imenso carinho. Aconchegando-a ao meu peito, disse-lhe:

– Ainda seremos uma família novamente, minha querida. Estamos mais fortes e unidos depois de tantas provações.

Lucília sorriu; foi quando perguntei, desinteressado:

– E quanto a Hannah? O que aconteceu com ela depois de ir ao acampamento romano?

Lucília respondeu, ensimesmada:

– Não sei o que houve, mas Caius ficou muito desapontado por não a encontrar em nossa casa. Parecia que desejava revê-la, mas ao saber que não retornara seu desejo transmutou-se, e jurou encontrá-la. Senti que passou a nutrir um forte desejo de vingança.

A história de Hannah sempre me pareceu muito estranha. Como pudera essa jovem surgir e desaparecer da vida de meus maiores afetos?

Alguma coisa não se encaixava naquilo tudo...

Assim, Lucília se despediu e combinamos que em três dias nos reencontraríamos, antes de partirmos para Roma.

* * *

No dia seguinte, eu caminhava junto à extensa vegetação que circundava a chácara de Luciano.

Essa propriedade, na realidade, mais parecia um jardim incrustado na poeirenta Judéia.

A leve carícia do vento me trazia doces emoções ao coração.

Desconhecia-me por completo.

Como militar, jamais dera importância aos aspectos naturais da paisagem, a não ser quando tinha algum interesse particular.

Amava a ilha de Chipre por sua beleza, mas atraía-me mais por saber que nosso exército a conquistara do que por admirá-la como criação dos deuses.

Naquele lugar, no entanto, parecia ouvir ternas recomendações à minha alma indócil.

Passara-se algum tempo, que não sei ao certo quanto, quando ouvi a voz serena de Luciano me trazer de volta de minhas divagações:

— Vejo que já percebes as mudanças que ocorrem em teu íntimo...

Voltei o olhar ao amigo e sorri timidamente. Sim, era verdade!

Com o coração acelerado, sentia que despertava de um sono pesado.

Pensamentos confusos perpassavam minha mente. O que estaria acontecendo?

Luciano colocou a mão sobre o meu ombro e esclareceu:

— Não te assustes, amigo. O recomeço exige o sacrifício de sepultarmos o "homem velho" de nosso passado.

— O que queres dizer? Finalmente estou vivo e livre e dizes que devo sepultar o que já fui?

Luciano sorriu compassivo e tornou:

— Ainda relutas, não é mesmo? Tens medo do que te espera. Mas já deves saber que jamais estaremos sós. É a promessa do Cristo de não abandonar nenhuma de suas ovelhas. Creia-me, nenhuma se perderá.

Procurando ser fiel à verdade, tornei:

— Acredite que sou grato por tudo o que recebi de ti e desta casa. Mas não consigo aceitar o teu Cristo...

Com um intenso brilho no olhar, Luciano fitou o firmamento e, voltando a me encarar, declarou:

— Tens o tempo a teu favor, meu amigo. Jesus não nos pede o impossível. Basta que amemos a Deus sobre todas as coisas e ao próximo como a nós mesmos.

Caminhei alguns passos adiante e tornei:

— Não sei o que acontece comigo... Ainda ontem, quando Lucília esteve aqui, relatei a traição de um amigo. Pelo fato de me conhecer intimamente, Lucília deduziu que eu deveria odiá-lo. Mas isso não acontece.

Com o semblante a demonstrar grande alegria íntima, Luciano comentou:

— Já não encontras o centurião Vinicius Priscus em teu íntimo, não é mesmo? Sentes que ele está partindo, e isso te causa aflição.

Sim, era o que estava acontecendo. Não me reconhecia, pois passara a pensar de modo diferente. Não desprezava mais aquelas pessoas que se encontravam doentes, arrasadas, desiludidas por não serem de minha crença ou estirpe.

Sentia, mesmo, ímpetos de ajudá-las, de procurar lhes aliviar as chagas, físicas e morais. Afinal, eu também as possuía! Também sofrera traição, injustiça. Tudo perdera, a família, a casa, os afetos mais caros...

Também tivera o corpo dilacerado pelos açoites, pela ignorância dos meus verdugos.

Valeria eu mais do que eles? Como poderia ser de uma raça superior se sofrera as mesmas coisas que aqueles infelizes?

Confessava a mim mesmo que os valores sobre os quais erguera a minha vida haviam soçobrado diante das agruras da existência.

A grande verdade que surgia diante de mim me ofuscava a visão, quase me cegava.

Como se acompanhasse minhas conjeturas, Luciano completou:

— Não te esqueças, Priscus: não foi o acaso que te trouxe duas vezes ao nosso encontro. Na primeira não quiseste atender ao chamado de Jesus. Perderás então esta segunda chance?

Permaneci em silêncio. O momento não requeria maiores comentários.

O cântico da natureza, que se iniciara pelos pássaros que gorjeavam alegres, identificava perfeitamente o que ia em meu coração...

Corações partidos

CAPÍTULO 38

Em Roma, Fulvius Licinius Crassus, marido de Cláudia, aguardava a esposa com ansiedade.

A princípio acreditara que, apesar de não estar apaixonada, Cláudia poderia vir a amá-lo com o tempo.

Os anos haviam se passado, e, no entanto, Cláudia parecia se afastar cada vez mais.

Recostado em seu triclínio, Fulvius pensava.

Seu sogro, Metelus, havia proposto a mão da filha como forma de quitar antigos débitos.

Fulvius sempre amara Cláudia, a despeito da atitude mercantil de Metelus. Tinha de reconhecer que Cláudia jamais demonstrara nenhum afeto por ele.

Aceitara a condição de esposa supostamente influenciada pelo pai, mas deixara claro que não o amava.

Fulvius deu um suspiro, enquanto sorvia mais um gole de vinho.

Descendia de uma família nobre e respeitada pelos serviços prestados a Roma, ao Império.

Não poderia permitir o afastamento da mulher por mais tempo, pois isso despertaria a atenção das línguas maldosas que – diga-se de passagem – pululavam em Roma.

"Metelus afirmou em sua carta que colocou a filha em uma embarcação oriunda de Salamina e que ela se encontrava com os nervos abalados. Qual seria o motivo desse abalo?", questionava-se.

"Sempre desejei ter um filho, um herdeiro, mas as crises de Cláudia me fizeram adiar esse sonho...", lamentava.

Num rompante, Fulvius levantou-se e, demonstrando a força de seu caráter, tomou uma decisão: "Não vou mais me deixar levar pelos caprichos dessa mulher. Assim que ela chegar, cobrarei os meus direitos de marido e teremos um filho, mesmo que seja contra a vontade dela!".

Enquanto isso, a algumas milhas dali, Cláudia deixava-se tomar por um abatimento indescritível.

Beatriz tudo fazia para lhe fazer recobrar o ânimo e a vontade de viver, mas a moça retrucava:

– O que farei, agora que sei que Priscus não morreu? Como poderei continuar casada com um homem que jamais amei?

Beatriz procurava consolá-la:

– Senhora, tem um marido de bom coração, o que é raro em Roma. E que a ama! Tudo tem feito para agradá-lhe e, certamente, a ajudará a esquecer...

Pela primeira vez, Cláudia olhou para Beatriz e revidou com ironia:

– Acreditas tu, escrava, que Priscus se poderá interessar por ti?! Acaso estás tentando me demover da idéia de procurá-lo para te unires a ele?

Ruborizada, Beatriz tornou, convicta:

– Sei muito bem o meu lugar, senhora. Jamais tive tal pensamento, embora isso muito me tenha custado.

Cláudia observou que as lágrimas umedeciam o rosto da escrava. Impressionada com a atitude de Beatriz, indagou:

– Como podes abrir mão de um amor de maneira tão fácil? Mesmo sem esperanças, deverias lutar por ele; afinal, és uma mulher e és bela...

Beatriz respondeu com serenidade:

– Como já lhe disse anteriormente, meus sonhos de felicidade não se encontram nesta vida. Acredito em um reino onde os homens não serão separados pela posição social, pois todos se amarão como irmãos. Sermos filhos de um mesmo Pai será o único valor que se levará em conta, e nossas realizações em prol do semelhante serão os alicerces de nossa felicidade.

Cláudia se aproximou e, estupefata, comentou:

– Essas idéias... Já as ouvi falar em algum lugar... – De repente, como se uma idéia lhe percorresse o cérebro, perguntou: – Beatriz, és cristã?

A moça levantou o olhar e, fixando diretamente sua interlocutora, respondeu com altivez:

– Sim, minha senhora, sigo os ensinamentos de Jesus.

Cláudia, que como a maioria dos romanos nada sabia sobre os seguidores de Jesus, a não ser o que a ignorância e o despeito difundiam, quis saber:

– Queres dizer que és adepta de práticas excêntricas e cometes atos ilícitos na calada da noite?

Beatriz sorriu e tornou:

– Não é verdade, senhora. Quando nos reunimos, apenas oramos e ouvimos os ensinamentos deixados por nosso Senhor. Nada fazemos que infrinja as leis de nenhum lugar.

Cláudia ficou pensativa. Em seguida, comentou:

– Sei que não tens o hábito de mentir. Só não entendo como podes aceitar uma crença que te afasta da vida.

Subitamente o olhar de Beatriz adquiriu um novo brilho.

A jovem grega caminhou até a proa da embarcação em que se encontravam e esclareceu:

– Perdoa-me, mas a senhora não sabe o que diz. Os ensinamentos de Jesus são um bendito apanágio para o sofrimento de todas as criaturas. Talvez por a senhora ter nascido em condição privilegiada nem sequer conheça as agruras e provações pelas quais a maior parte das criaturas passa. São mães que perdem os filhos em tenra idade por não terem o medicamento que cura ou o pão que alimenta. Homens que são obrigados a partir, escravizados, constrangidos a deixar ao abandono aqueles que lhe são caros. São as injustiças cometidas pelos mais fortes e poderosos, diariamente, destruindo lares, famílias, esperanças e existências inteiras... Jesus veio trazer um ensinamento novo, que nos abranda as provações e os sofrimentos, dizendo que no seu reino o maior será o menor de seus servos. A todas as dores Ele traz uma consolação, um alívio. Em sua passagem pela Terra, curou os doentes, levantou os paralíticos, elevou moralmente os caídos. Creio, senhora, que os ensinamentos de nosso Mestre ficarão para a eternidade, pois é o único meio de nos libertarmos das nossas imperfeições.

Cláudia a tudo ouvira em silêncio.

Apesar de sua posição afortunada, também sofria. As palavras de Beatriz, apesar de estranhas às suas crenças, lhe causaram indescritível bem-estar.

Com a voz embargada, perguntou para a escrava:

– Levará muito tempo para que o reino do teu Jesus impere sobre a terra. Os desejos humanos ainda estão muito distantes dessas práticas.

Beatriz sorriu e anotou, serena:

– Sim, isso é verdade. Estamos iniciando uma nova era, quando uma nova mentalidade dever-se-á instalar. Quanto tempo isso levará? Décadas? Séculos? Talvez milênios! Não sabemos; mas o importante é que, desde a primeira hora, ele nos ampara e socorre. Os deuses de pedra soçobrarão diante da grandeza do Deus único e de seu enviado, Jesus; ele veio até nós para traçar a rota de nossa libertação.

Beatriz se calou. A brisa marítima roçava em seus cabelos dourados como uma carícia fagueira. Ao mesmo tempo, o véu que cobria os cabelos de Cláudia balançava docemente.

O momento era de reflexões sobre um novo tempo, e era preciso calar para que as vozes do infinito sussurrassem as verdades eternas aos seus ouvidos...

* * *

Como se o vento trouxesse respostas aos corações em provação na Terra, também levava o seu murmúrio à bela mulher que repousava em confortável triclínio, nos jardins de sua morada.

Apesar da placidez que demonstrava naquele momento, quem estivesse na esfera do espírito perceberia que seu cérebro funcionava de forma agitada, com feixes de luz e sombra que entrecortavam o delicado órgão.

Pouco a pouco a inquietude foi tomando conta de seu espírito, e Ischmé se ergueu; caminhou em torno do jardim e subitamente deu um grito.

Ashaf, pois era ele quem se interpunha em seu caminho, observou irônico:

— Onde andaria o pensamento de minha amada esposa, para que ela se assustasse tanto com a minha presença?

Ischmé o fitou, zangada, e retrucou:

— Andas a me espionar, Ashaf? Detesto ser espreitada em minha própria casa...

O mago caldeu olhou com seriedade para sua interlocutora e desabafou:

— Infelizmente, minha querida, como bem sabes, devo tomar as minhas precauções. Possuo teu corpo, mas desejo possuir tua alma, que se encontra distante ainda...

Ischmé, evitando o olhar do marido, obtemperou:

— Não seria melhor conquistares a alma? Ou achas isso impossível?

Ashaf meneou a cabeça e prosseguiu:

— Há séculos tento essa façanha. Mas não desistirei, minha cara. Ainda serás totalmente minha.

Ischmé deu um suspiro de enfado. Sentia falta do movimento, das festas que costumava oferecer em Roma.

Desde o seu retorno vivia praticamente em completa clausura.

Ashaf, temeroso de que a jovem reencontrasse Caius, ofereceu-lhe uma vida suntuosa, atendendo a todos os seus caprichos; em troca, Ischmé se submeteria à sua vontade, tornando-se sua esposa.

A princípio Ischmé não concordara, mas com o passar do tempo resolveu aceitar a proposta, pois sozinha nada poderia fazer contra Caius.

A jovem de Listra ainda nutria contra o centurião romano sentimentos de amor e ódio, que se misturavam, ora preponderando um, ora o outro.

Sentia-se desprezada por Caius, e isso lhe torturava a alma. Ao mesmo tempo, a idéia de que ele retornaria e poderia escolher uma esposa entre as jovens da sociedade romana a fazia sentir-se profundamente infeliz, desprezada.

Mais uma vez – pensava – fora um joguete nas mãos de um homem, não passara de um objeto usado para aplacar seus desejos.

Chegara, em determinado momento, a acreditar que ele realmente a amava.Como pudera se enganar a tal respeito? Conhecia intimamente a alma masculina e não se julgava capaz de cometer enganos.

Observando seu estado de espírito, Ashaf convidou-a:

– Poderias me acompanhar às lutas hoje à tarde. Ao menos sairia desta casa e te distrairias um pouco.

Ischmé achou a idéia um tanto descabida, mas pensou melhor e concordou:

– Está bem. Talvez eu possa lembrar que ainda estou viva.

Os espetáculos de gladiadores e os jogos na arena eram a diversão preferida naquela época.

Enquanto o povo esquecia seus pesares, centenas de homens e animais morriam em lutas desproporcionais, para promover o prazer macabro de seus espectadores.

Na época a que me reporto, o Coliseu ainda não existia. Tal obra foi iniciada por Vespasiano e concluída por seu filho, Tito Flavius.

A alta sociedade também participava do evento, localizando-se em lugares especialmente reservados a ela.

As mulheres exibiam sua beleza com penteados complicados, entremostrando, através do véu que lhes cobria os ombros e a cabeça, a pele sempre muito clara.

Naquela tarde, Ischmé havia colocado uma túnica de seda azul, da cor do céu. O véu que lhe cobria os cabelos era de tecido vaporoso, salientando o conjunto harmonioso de seu rosto.

Satisfeito, Ashaf mandou preparar a liteira, e partiram.

O Circus ficava próximo à sua residência no Palatino, e logo chegariam ao seu destino.

Como era comum naqueles eventos, o sangue jorrava na arena, enquanto a multidão ovacionava as barbáries, em êxtase.

As corridas de biga representavam um momento de muita empolgação, pois havia as apostas e o povo delirava, enquanto os contendores arriscavam a própria vida.

Ischmé olhava distraída para a arena, sem prestar muita atenção no que acontecia.

Havia muito, todos os seus pensamentos eram direcionados a Caius e à sua vingança.

As horas escoaram e, após muitas cenas sangrentas, o espetáculo foi encerrado.

Da tribuna do imperador, um homem jovem observava insistentemente o casal, que começava a se afastar.

De repente, como se algo o impulsionasse para a saída, ele foi ao local onde Ashaf e Ischmé se encontravam.

Ischmé colocara o véu sobre o rosto, para evitar ser reconhecida por algum nobre romano.

Quando se iam aproximando de sua liteira, ouviram que alguém os chamava:

— Ashaf! Ashaf! — insistia o nobre romano.

Ashaf voltou-se para ver quem o reconhecera no meio da multidão.

Surpreso, divisou a figura de Tito Flavius à sua frente.

Procurando manter a serenidade, Ashaf sorriu e exclamou:

– Senhor! Que os deuses o protejam agora e sempre!

Tito assentiu com a cabeça e disse:

– Não sabia que virias para Roma. Gostaria de apresentá-lo a meu pai... Afinal, tiveste um papel importante em nossa vitória.

Ashaf sorriu e minimizou sua participação:

– O senhor já havia tomado duas fortalezas. Mais algum tempo e tomaria a outra.

Tito não escondia o interesse por Ischmé. Olhando-a firmemente, acentuou:

– Tua modéstia deve se estender à tua esposa. Nunca nos falaste que eras casado com uma mulher tão bela. – Tito havia reparado no penteado de Ischmé, que demonstrava o seu estado civil.

Ashaf fitou Ischmé e respondeu, procurando demonstrar bom humor:

– Realmente, fui agraciado pelos deuses com um tesouro que não pretendo repartir com ninguém...

Tito inquiriu, interessado:

– Devias freqüentar a corte e exibi-la, para atiçar a inveja dos teus inimigos. A propósito, de onde vem tamanha formosura? A qual família pertence tua jovem esposa?

Ashaf tentou interromper a conversação de forma amigável:

– Não tenho inimigos, senhor. Minha esposa não é romana, é oriunda de uma província distante. Fala muito pouco o latim. Estou ensinando-a aos poucos.

Tito franziu o cenho. Havia alguma coisa estranha naquela história...

A seguir, se aproximou de Ischmé e asseverou:

— Posso jurar-te que a conheço. Talvez a tenha visto em uma de minhas viagens...

Ischmé desviou o olhar. Temia ser reconhecida por seu antigo cliente.

Ashaf fez uma reverência e agradeceu pelos elogios. Tito não se deu por vencido:

— Meu pai irá dar uma grande festa daqui a alguns dias. Muitos legionários estão retornando da Palestina e vamos recepcioná-los à altura. Gostaria que comparecessem.

Ashaf aproveitou a ocasião para desviar o assunto:

— Agradecemos pelo convite, mas não sabemos ao certo se estaremos em Roma. Minha esposa deseja rever a família. A propósito, soube que a sua chegada a Roma foi motivo de grandes festejos.

Tito sorriu, satisfeito:

— Roma só recebeu dessa forma César! Meu pai erguerá um monumento em minha honra. Chamar-se-á o Arco de Tito!

Ashaf demonstrou sua admiração, enquanto se retirava. No entanto, pôde ainda ouvir Tito dizer:

— Não aceito desculpas, mago. Adia a tua viagem e vem comemorar conosco.

Ischmé e Ashaf se entreolharam e entraram na liteira, preocupados.

CAPÍTULO 39

O teste

Em Betânia, Caius se preparava para o retorno a Roma. Sentia-se feliz, pois voltava em condição superior à que vivera quando de sua saída da cidade.

Lutara ao lado de um grande general e, mais do que isso, conquistara sua confiança.

Certamente ele lhe reservaria um lugar de destaque na corte. Caius pensava e analisava a situação.

Não seria conveniente a um romano em sua posição permanecer solteiro.

Inspiraria mais respeito – principalmente ao imperador – se tivesse uma vida estabilizada, com uma família.

Os romanos atribuíam grande importância ao lar, à família constituída de forma lícita, dentro da legalidade.

Impunham algumas normas que dificultavam os casamentos, como por exemplo a obrigatoriedade de não se misturar ao sangue de outras raças consideradas "inferiores".

Caius reconhecia que jamais amaria outra mulher a não ser Hannah, mas não se tratava de amor, e sim de casamento.

As duas coisas eram diferentes para o jovem romano. O casamento lhe serviria para dar estabilidade à sua carreira, enquanto o amor tinha outros aspectos, aos quais não poderia dar atenção no momento.

Não desistira de Hannah! Pretendia, após sua chegada a Roma, ir-lhe ao encalço, onde quer que estivesse...

Colocaria homens de sua confiança à sua procura até achar-lhe o paradeiro.

Não perderia tempo. Pediria novamente a mão de Lucília em casamento.

Apesar de a jovem estar substancialmente modificada, reconhecia que ela possuía todos os requisitos para ser sua mulher.

Lucília era jovem, bela, descendente de família nobre e, acima de tudo, tinha a docilidade que Hannah estava longe de demonstrar.

"Talvez seja isso o que me atrai nela...", pensou com um sorriso nos lábios.

Lembrou-se do dia em que elogiara Lucília, comparando-a a Hannah, que ficara extremamente zangada.

Caius continuava a sorrir. Adorava vê-la exasperada com suas atitudes. Sentia prazer em provocá-la, pois ela era temperamental e explodia como um vulcão!

"Ah! Minha adorável Hannah..." Precisava encontrá-la o quanto antes.

No dia seguinte, quando se dirigiam ao porto de Jope, Lucília avisou:

— Preciso falar-lhes antes que sigamos para Roma.

Otávia, Flávia e Caius se entreolharam. Caius lhe dirigiu a palavra:

— O que tens a dizer de tão importante que possa nos reter por mais tempo nesta terra? Partamos o quanto antes e depois falaremos durante a viagem.

Lucília fez um sinal negativo com a cabeça e esclareceu, comovida:

— Sinto muito, Caius. O que vou falar pode mudar os nossos rumos.

Caius riu e considerou:

— Nada poderá modificar o nosso rumo, Lucília. O que estava previsto pelos deuses acontecerá. Assim que chegarmos a Roma, nós nos casaremos.

Lucília permaneceu impassível. O sonho de amor que alimentara em relação a Caius havia muito desmoronara.

Ponderando melhor a situação, percebeu que deveria aguardar os acontecimentos.

O veículo se aproximava do cais do porto, e logo se pôde notar o movimento característico do local, com o transporte de mercadorias e pessoas de diferentes partes do mundo.

Lucília olhava ao redor, como se procurasse alguém. Fixou o olhar em direção à estrada e... Nada! Com o coração opresso, começou a orar.

Priscus não viria? Teria mudado de idéia? Depois de tantas lutas, tantos sofrimentos, renunciaria à abençoada hora do reencontro?

Sem compreender a atitude da filha, Otávia sentia o coração palpitar de modo estranho. O que estaria por acontecer?

Caius, impaciente, ordenou, a quem ele supunha ser um serviçal que se aproximava, que levasse a bagagem.

O homem, apesar de usar vestes comuns ao povo, possuía um porte mais condizente com o de um legionário.

Os olhos de Lucília brilharam e, comovida, pronunciou:

– Eis que o Senhor te devolve, minha mãe, o teu filho!

Otávia lançara sobre mim um olhar de esperança. Lentamente se aproximou e, como a intuição materna supera a todos os segredos da vida, ergueu com suavidade o manto que me cobria a cabeça.

Ao reconhecer o meu rosto – que mudara de modo marcante após todas as desventuras pelas quais havia passado – conseguiu sussurrar entre lágrimas:

– Priscus! Meu filho amado!

Não consegui pronunciar palavra alguma. Minha garganta assemelhava-se a um portão lacrado, por onde não passava ar suficiente para fazer as cordas vocais vibrar.

A emoção do reencontro tirava-me as forças. Apenas chorar eu consegui.

Envolvido em vibrações de um amor profundo, provindas daquelas duas mulheres, que significavam tudo o que eu tinha na vida, por fim consegui dizer:

– Queridas do meu coração! Quanto sonhei com este momento! Cheguei a duvidar poder concretizá-lo...

Otávia se continha, tentando aplacar o coração descompassado:

– Por que permitiu que acreditássemos que havias morrido, Priscus? Eu poderia ter sucumbido a essa dor!

Baixei o olhar e sussurrei:

— Lamento, mãe, mas os acontecimentos foram se sucedendo sem que eu pudesse controlá-los. Existia uma força que conduzia o meu destino para longe. Precisava de algumas experiências que me modificassem, para merecer esta bênção de hoje!

Nesse ínterim, Caius veio ter com eles. Os olhos espantados revelavam sua indescritível surpresa. Voltei-me e indaguei:

— Vês algum fantasma, Caius, meu amigo?

Caius demorava em se recobrar do inesperado reencontro; por fim exclamou:

— Priscus! Pensamos que...

Interrompi-o:

— Como vês, não era verdade. Estou vivo e vim, como havia prometido... Voltei!

Flávia, estranhando a atitude de Caius, falou:

— Priscus, meu querido, seja bem-vindo à nossa família! Sempre foste caro ao meu coração e partilho da alegria de tua mãe e irmã com o teu regresso. Trouxeste a alegria às nossas vidas novamente.

Caius, ao ouvir as palavras da mãe, se aproximou e, colocando a mão sobre o meu ombro, me abraçou forte.

Sempre fôramos amigos, e o meu desejo era de continuar a amizade, apesar das diferenças que nos marcariam a existência dali por diante.

Lucília olhou ao redor e, percebendo que a embarcação se preparava para zarpar, perguntou:

— Onde está a tua bagagem, Priscus? Não a trouxeste?

Pensei em como lhes dizer o que sucedia. Entenderiam? Lucília, certamente, sim. Mas minha mãe e os demais?

Olhei com firmeza e, procurando ser o mais sincero possível, declarei:

– Não desejo magoá-los neste sublime momento em que fomos agraciados pela bondade maior. Ocorre que as lições por mim vividas durante a nossa separação me trouxeram outros objetivos à existência.

Minha mãe franziu o cenho e retrucou:

– Queres dizer que não nos acompanharás em nosso retorno? Não tens esse direito, Priscus! Abandonar-nos pela segunda vez?

A voz de Lucília se ergueu em meu favor:

– Deixemos Priscus nos esclarecer, mãe. Certamente terá bons motivos para justificar a decisão que tomou.

Abracei Otávia e lhe disse:

– Jamais as deixarei de novo! Ocorre que, nesta hora, preciso permanecer neste lugar. Necessito conhecer esta terra e iniciar um aprendizado novo, que inclui também a renúncia.

As lágrimas rolavam pelos olhos de Lucília. Segurando-me as mãos, declarou:

– Eu posso permanecer contigo, se quiseres. Quem sabe se nossa mãe...

Deslizei minhas mãos ásperas sobre os cabelos sedosos de Lucília e obtemperei:

– Não, minha querida. Tens outros compromissos que te aguardam em breve. Não perderás a tua fé, mas fará dela o farol para outras almas desavisadas.

Caius, que nada conseguia compreender, atalhou com energia:

– O que está havendo? Não entendo o que falas. O que fizeram contigo? Foste vítima dos sortilégios dessa gente inculta?

Sorri na certeza de que nada adiantaria explicar. Apenas me ocorreu acrescentar:

– Tens razão, meu bom amigo. Sou um homem diferente do que conheceste. Os meus inimigos, atualmente, moram dentro de mim. Escuta, Caius, sei que ainda és um grande amigo e por isso as confio novamente à tua vigilância. Daqui a algum tempo devo ir a Chipre, e então poderemos nos reencontrar em nossa casa...

Com os ânimos controlados, Caius tentou sorrir e garantiu:

– Podes confiar em mim, Priscus. Restabelecerei a nossa fortuna e voltaremos aos nossos lares na posição em que os deixamos.

Agradeci ao amigo e, enquanto o navio se afastava sob as lágrimas de minhas amadas Otávia e Lucília, fiz a mim mesmo uma intrigante pergunta:

"Desejara vir a esta terra como perseguidor do Nazareno... Ficarei preso a ela para sempre?"

* * *

A viagem de regresso a Roma era longa e eu pensava em passar mais algum tempo na Palestina, para tentar entender o povo, suas crenças e principalmente conhecer Jesus.

Luciano, no entanto, me mostrou que não seria necessário ir muito longe. Na sua pequena casa, afirmou, eu encontraria o que buscava porque era para lá que os sofredores acorriam; através deles, na figura de cada homem, mulher ou criança sofredora, eu veria refletida a imagem do Nazareno.

Afinal de contas, ele não dissera "Em verdade vos digo, todas as vezes que auxiliastes a um destes mais pequeninos de meus irmãos, foi a mim que o fizestes"?

Dessa forma, a curiosidade pela figura daquele homem que eu ainda não compreendia como deveria, mas que me cativava e me conquistava cada dia mais, acabou por me vencer.

Lutava contra as minhas convicções errôneas, que, alimentadas por muito tempo, teimavam em me contrapor ao Mestre.

O centurião despótico ainda não deixara de existir.

Volta e meia ressurgia e me fazia sentir inseguro e relutante no caminho a tomar.

Por isso, a separação de minha família era necessária nesse momento; servia como um teste, em que eu avaliava a minha determinação em seguir os ensinamentos de Jesus.

Sabia que se retornasse a Roma acabaria me afastando daquele novo caminho. Era preciso pôr minha vontade à prova, para testar se me achava em condições de seguir-lhe os preceitos.

Ficaria ainda algum tempo na comunidade de Luciano, onde havia muito que aprender, e depois seguiria para o Hebron e a Galiléia. Precisava seguir as pegadas de Jesus.

Todavia, em Roma os acontecimentos se precipitavam...

Algum tempo depois, Vespasiano realizava o grande banquete, no qual reuniria os soldados que lutaram ao lado do filho.

Sendo o palácio decorado com flores e guirlandas que representavam a vitória de Roma, o busto de Vespasiano era colocado em um pedestal como se fora um deus.

O mármore cintilante das paredes e colunas era iluminado com tochas, que o óleo mantinha acesas por longas horas.

As cortinas de púrpura bordadas a ouro eram levadas ao sabor do vento, com movimentos sinuosos e delicados, refletindo a noite cálida e fresca de Roma.

Os convidados começaram a chegar, transportados em suas liteiras luxuosas, representando a alta sociedade romana.

O grande salão, que se estendia para os jardins, estava ricamente decorado com incontáveis triclínios, onde os convivas se debruçavam confortavelmente, enquanto degustavam frutas, vinhos, queijos e antepastos variados.

Caius chegara havia pouco, quando Tito o divisou com o olhar. Vinha acompanhado de Lucília, Otávia e Flávia e dirigiu-se com alegria ao general.

Tito, que o considerava um amigo, foi em sua direção, dando-lhe um forte abraço.

Cumprimentou as mulheres e, observando Lucília mais particularmente, constatou:

— Deves considerar-te feliz pela escolha de teu noivo. Caius falou-me de seus sentimentos e devo reconhecer que não exagerou ao se referir à tua beleza.

O rosto de Caius passou da lividez a um rubor indisfarçável. Tito, ao perceber, atribuiu o embaraço do amigo ao fato de ele ter revelado o que seria talvez um segredo.

Na verdade, havia se confundido, pois Caius lhe falara de Hannah no acampamento... Tito acreditou ser Lucília a moça em questão.

Batendo nas costas de Caius, acrescentou em tom conselheiro:

— Não te vexes, meu amigo, por amares uma bela e nobre mulher. Parabenizo-te pela escolha.

Caius, procurando mudar o rumo da conversa, tornou:

— Agradeço os elogios, senhor. Lucília é irmã de Vinicius Priscus. Lembra-te de nosso companheiro de batalhas?

Tito respondeu de pronto:

— Decerto que sim. Jamais poderei esquecer algumas das nossas aventuras da mocidade. Lamentei muito sua morte. Fiquei feliz ao saber que tudo não passava de um engano.

Otávia se aproximou e declarou, com emoção:

— Permita-me dizer, senhor, que meu filho voltará a Roma dentro de algum tempo. Creio que virá para o casamento de nossa Lucília.

Tito observou que os olhos de Otávia brilhavam ao falar no filho. Sensível ao amor que aquela mãe demonstrava, naquele momento, comentou:

— Teu filho será recebido como um herói em Roma! Venceu a traição, o degredo e a escravidão! Aguardemos o seu retorno.

A festa prosseguia e a beleza das mulheres, o vinho, a música faziam tudo parecer estar em perfeita harmonia.

Entrementes, surgiu na entrada principal uma bela mulher acompanhada de seu marido.

Era Cláudia, que comparecera com Fulvius. Imediatamente o casal se viu envolvido por diversos convivas, que vinham saudá-los.

Cláudia esperou o marido se distrair e caminhou na direção de Otávia e Lucília.

Vestia uma túnica clara e o manto de seda, drapeado, que lhe envolvia o corpo, deixava à mostra o seu belo talhe.

No cabelo trazia fios de ouro, que se misturavam ao elegante penteado.

O semblante, porém, mostrava uma alma aflita. Ao se aproximar de Otávia, rogou angustiada:

— Salve, nobre Otávia! Peço que me confirmes a notícia que corre de boca em boca em Roma... De que Priscus ainda vive...

Otávia se admirou ao ver o interesse de Cláudia, pois sabia que se havia casado. Lucília, percebendo a situação embaraçosa em que Cláudia se encontrava, atalhou:

— Sim, é verdade, Cláudia. Reencontramos Priscus no nosso regresso.

Cláudia, demonstrando pouco se importar com as convenções, indagou:

— Peço desculpas por minha curiosidade, mas precisava confirmar se ele ainda vivia. Por que não retornou a Roma?

— Priscus passou por situações difíceis e precisa de um tempo para retomar a sua vida.

Inesperadamente, lágrimas se precipitaram pelo belo rosto de Cláudia. Preocupada, Otávia perguntou:

— O que está acontecendo, minha filha? Vejo que sofres...

Cláudia secou o pranto com pequeno lenço de linho branco e confessou:

— Sempre amei Priscus e só me casei com Fulvius porque meu pai me induziu. Disse que Priscus havia morrido e... — Cláudia não conseguiu continuar.

Otávia lhe estendeu uma taça de vinho; a moça tomou um pequeno gole e prosseguiu:

— Deixei-me convencer de que não havia nada a perder. Fulvius descende de uma das famílias mais nobres do Império. Agora que soube que Priscus vive não sei como poderei continuar com este casamento.

Flávia, que a tudo ouvia, indagou:

— Como soubeste que Priscus não havia morrido?

— Tenho uma escrava que meu marido comprou em Tiro e que, por coincidência, fora de propriedade de Priscus, quando ainda estava em Roma. Havia ido para Pafos com Argos e ela.

As três mulheres se entreolharam. Nunca souberam da aquisição de uma escrava por mim.

Cláudia compreendeu que não sabiam que Vallerius era Beatriz.

Procurou relatar detalhadamente o que acontecera, conforme Beatriz lhe contara.

No extremo oposto do salão, Tito conversava com outro intrigante convidado.

Um tanto contrariado e já sob o efeito dos vapores do vinho, o general falou:

— Por que não trouxeste tua bela mulher, Ashaf? Desejava vê-la novamente, porque sei que a conheço.

Ashaf deu um sorriso enigmático e esclareceu:

— Mantenho a minha mulher a sete chaves, general. Sei que ela desperta os desejos masculinos.

— Isso não é justo! Queria ver as mulheres mais belas de Roma esta noite no palácio. Sem a tua, a disputa será desleal...

Ashaf, sério, voltou-se ao seu interlocutor:

— Lamento, mas minha mulher sofre os incômodos de sua primeira gestação, senhor. Esse foi o motivo de não tê-la trazido.

Naquele exato momento, Caius divisou Ashaf.

Sem poder tomar nenhuma iniciativa, este pôs à prova o seu sangue-frio. Caius se aproximou, arrogante, e indagou:

— Acho que podes me informar sobre o paradeiro de alguém que conhecemos, não é mesmo, feiticeiro?

Ashaf fez uma mesura e respondeu:

— Lamento, senhor Caius, mas a pessoa a quem se refere não me acompanhou até Roma. Resolveu retornar à sua terra em Listra.

Percebendo tratar-se de assunto pessoal, Tito preferiu se retirar. Caius investiu novamente:

— Agora que estamos a sós, podes me dizer francamente onde está Hannah. Posso recompensar-te dignamente pela informação.

Ashaf fitou Caius com desprezo e garantiu:

— Jamais te direi o paradeiro dela. Já não basta o que a fizeste sofrer? Mais uma vez te interpões no caminho dessa mulher, para perdê-la com teu egoísmo e pretensão desmedidos!

Caius procurou se conter. Respirou a plenos haustos e revidou:

— Pois bem, se é assim que desejas, assim será. Farei com que Tito e quem sabe o próprio imperador Vespasiano se indisponham contigo. Sabes o quanto isso é fácil de se realizar aqui em Roma.

Ashaf olhou Caius com menosprezo e, após lançar uma maldição em sua língua natal, retirou-se.

Furioso, Caius foi falar com Tito. Quase sem compreender o que lhe era dito, o general esclareceu:

— O nosso amigo feiticeiro tem uma das mulheres mais belas de Roma. Não se haveria de tratar de uma ex-amante tua.

Foi quando Caius entendeu o que acontecera. Sem controlar seus impulsos, perguntou:

— Queres dizer que o feiticeiro se casou? Conheces a mulher dele?

Tito soltou uma gargalhada:

— Tive a oportunidade de vê-la em um dos espetáculos do Circus. É incomparável, centurião! Acho que a conheço, mas não sei de onde...

A dúvida se instalou na alma de Caius. Precisava tirar aquela história a limpo:

— Trata-se de uma mulher de cabelos negros, olhos claros, pele alva?

— Não pude ver com muita clareza, pois um leve véu lhe cobria o rosto. No entanto, consegui observar a cabeleira negra sobre as espáduas níveas.

Ensimesmado, Caius se calou. Era muita coincidência!

Tito ainda teria outra notícia para lhe dar:

— Não a veremos por muito tempo... O feiticeiro disse que ela está esperando um filho.

Um suor gélido escorria do rosto de Caius. Mal conseguia se conter de ódio de Hannah, que o deixara por Ashaf.

Desconhecendo o amigo, Tito indagou:

— Ou eu bebi demais ou estou confundindo. Tua noiva não é a irmã de Priscus? O que tem a mulher do feiticeiro a ver contigo?

O ódio que Caius revelou em seu olhar fez com que Tito se calasse. Por séculos, aqueles momentos tormentosos da alma de meu amigo fariam com que muitos chorassem e sofressem.

Com o cenho carregado, Caius se afastou e convidou Lucília e as duas matronas a se retirar.

Conforme um soldado lhe dissera no acampamento, Hannah e Ashaf se encontravam às escondidas.

Duvirada, a princípio, mas verificava que era verdade.

"Hannah não passava de uma farsante, mentirosa..." – pensava com profundo ódio e despeito.

Estrada de amarguras

CAPÍTULO 40

Ashaf voltou de imediato para casa. Precisavam partir imediatamente, pois agora que Caius os encontrara, desencadearia uma perseguição em moldes bem conhecidos na antiga Roma.

Iria, sem dúvida, envenenar Tito com alguma intriga, colocando-o na defensiva e autorizando Caius a agir como bem entendesse.

Desceu da biga que o conduzira e, passando pelo átrio, encaminhou-se para o interior da residência, onde Ischmé se encontrava.

A jovem e bela mulher repousava sobre finíssimos lençóis de linho branco, cercada por Noori, que abanava sua ama.

A um gesto seu, a escrava se retirou e Ashaf se aproximou do leito.

Sentou-se com cuidado e admirou o rosto delicado de Ischmé. Faria qualquer sacrifício por aquela mulher! Quanto mais o tempo passava, mais sentia que a ligação entre eles se perdia na poeira do tempo.

Onde a teria visto pela primeira vez? No Oriente? Na Babilônia? Não tinha certeza das outras vidas, mas sabia que, no Egito, algumas vezes se haviam encontrado.

Agora, no entanto, devia ser prático e objetivo. Teria de convencê-la a partir, sem contar-lhe o verdadeiro motivo de sua retirada.

Deixou o tempo passar e, depois de dois longos quartos de hora, Ischmé finalmente se movimentou.

Abriu devagar os olhos, onde longos cílios emolduravam seu belo olhar.

Olhou ao redor e, ao notar a presença de Ashaf, se assustou. Ainda sob efeito do sono, perguntou em voz baixa:

– O que fazes aqui? Não ias à festa do imperador?

Ashaf sorriu ao ver a falta de cerimônia de sua esposa. A seguir respondeu:

– Já estive lá e retornei, minha querida. Pensei que talvez pudesses sentir a minha falta... E voltei o mais rápido possível.

Ischmé riu da ironia do marido. A seguir tornou:

– Não sucumbirás desse mal... Jamais me verás lamentar tua ausência!

Ashaf se aproximou e comentou com leve ressentimento:

– Não sei por que me tratas assim. Dei-te tudo o que poderias sonhar na vida! Fiz teu os meus bens, abriguei-te sob o meu nome para teres ainda uma vida honesta. Sem falar do meu amor, que foi sempre teu.

Ischmé fez menção de se levantar. Quando se ia pôr em pé, sentiu uma tontura.

Ashaf correu para segurá-la, evitando que caísse.

Aproveitando a ocasião, o mago lhe segredou:

— Viste como estou sempre presente para evitar que algum mal te atinja?

Ischmé acabou cedendo e deixando-se levar novamente ao leito.

Ashaf aproveitou o momento e tocou no assunto que o levara até ali:

— Ischmé, tomei uma decisão: vamos partir de Roma.

— O que estás dizendo?

— Repito: vamos partir desta cidade. Acho que o clima aqui não te favorecerá nos meses mais quentes. Precisas de repouso e ar fresco para evitares os incômodos da maternidade.

Ischmé, voluntariosa e insatisfeita com a gravidez, falou com irritação:

— Este filho não é desejado por mim. Sabes muito bem disso! Não tive escolha... Como sempre em minha vida. Dar à luz um filho que não amo é o supremo sacrifício que me impuseste!

As palavras de Ischmé feriram as fibras mais recônditas de Ashaf.

Podia tolerar que ela o desprezasse, magoasse e tripudiasse, mas admitir que não amava o próprio ser que gerava fez com que vislumbrasse toda a imperfeição da alma de Ischmé.

Procurando se conter, falou:

— Pois se assim é, estás abaixo dos animais, que amam as suas crias e as protegem. Devo dizer-te que ainda lamentarás profundamente o dia de hoje, pois o teu filho será, não duvides disso, a melhor coisa de tua vida. – Dizendo isso, Ashaf se retirou.

Absorta em seus pensamentos, Ischmé demorou a esquecer o que o marido lhe dissera.

Amaria, algum dia, aquele filho que não desejara? Poderia abdicar de sua beleza e vaidade, tornando-se feia e desproporcional, apenas para gerar uma criança?

Nunca pensara nessa possibilidade. Talvez se tivesse se casado com Caius...

Onde estaria ele naquele momento? Já teria chegado a Roma?

As dúvidas de Ischmé a deixavam aflita. Não sabia ao certo o que seria de sua vida.

"Por que Ashaf resolveu partir, assim, de repente?"

Desconfiada, decidiu aguardar até o dia seguinte, para verificar o que estava acontecendo.

* * *

Caius não conseguira conciliar o sono naquela noite. Tomado por estranho furor, andava de um lado para o outro sem ter sossego.

Bebera inúmeras taças de vinho desde que chegara, e seu raciocínio deixava a desejar. Tinha um pensamento fixo: encontrar Hannah.

– Haverei de tê-la em minhas mãos, eu juro! – dizia em voz alta. – Não serei substituído por aquele feiticeiro maldito! Hei de encontrá-los! Haverão de se ver comigo! Não se ofende um patrício romano desta forma!

Sem perceber que era observado, Caius ficou paralisado ao ouvir Flávia lhe falar:

– O que te causa tão grande transtorno, meu filho? Vejo-te inquieto, parecendo uma fera enjaulada! Desconheço-te, Caius!

Procurando recobrar o raciocínio, Caius tornou:

— Esse assunto só diz respeito a mim, mãe. Não desejo envolvê-la em tal história...

— O teu desespero está relacionado a Hannah, não é? Não conseguiste esquecê-la.

Caius voltou-se surpreso e assentiu, reticente:

— Talvez seja isso mesmo. Ela me traiu depois de me haver procurado no acampamento.

Admirada, Flávia indagou:

— O que dizes? O que houve no acampamento, Caius? Diga-me a verdade!

— Ela se fez passar por minha irmã. Foi a única maneira que encontrou de se aproximar de mim.

— E então?

— Ficou alguns dias na minha tenda, fingindo estar muito doente. Eu mal conseguia atender às ordens de Tito, visto que Hannah exigia a minha presença constantemente.

Flávia ficou estupefata. A seguir, declarou:

— Talvez Otávia tivesse razão. Ela sempre desconfiou das verdadeiras intenções de Hannah. Achava estranha a forma pelo qual ela se aproximara de nós.

Caius tinha o semblante endurecido. Divisou a aurora que se anunciava no horizonte e completou:

— Existem muitas coisas nessa história que preciso desvendar. Não serei enganado por uma mulher qualquer. Desfiz meu noivado com Lucília por causa dela! Combinamos nos reencontrar quando a guerra terminasse.

Surpresa com a confissão do filho, Flávia compreendeu o sofrimento por que Lucília passara após a sua partida. Apesar de saber que Caius necessitava de uma reprimenda, resolveu conciliar, temendo que a posição instável do filho pudesse acarretar males maiores. Passando a mão nos cabelos de Caius, aconselhou:

– Caius, meu filho, esqueça essa moça. Estás de casamento marcado com Lucília, poderás corrigir o erro que cometeste. Hannah faz parte de um passado que todos desejamos esquecer.

Caius abraçou a mãe, silencioso.

Infelizmente, não poderia esquecer as mentiras de Hannah...

Lembrara-se do episódio de Jamal. Desde aquele momento, a dúvida se instalara em seu espírito.

CAPÍTULO 41

Desvendando o mistério

O sol já brilhava havia muito na abóbada celeste, quando Caius viu a luz do dia.

Mal-humorado, chamou seu escravo particular para ajudá-lo a se vestir.

Olhou para o recipiente em cima de um canapé, onde se encontravam algumas uvas, tâmaras e figos frescos; tomando um cacho de uvas em suas mãos, dirigiu-se para a porta do quarto. Atravessou alguns corredores e, antes de chegar ao átrio, passou pelo peristilo, onde encontrou Flávia a dar ordens aos escravos.

O local, bastante aprazível, era o preferido dos nobres romanos em suas residências. Tratava-se de um pátio central, onde se criavam peixes raros em pequenos lagos ladeados por canteiros de flores e folhagens. Esse pátio era cercado por colunas no estilo dórico, e entre elas se colocavam estátuas de heróis do passado.

Flávia retomara os seus afazeres com grande prazer e, ao se lembrar de tudo pelo que passara, agradecia aos deuses pela ventura de haver retornado ao seu lar.

Ao ver o filho passar com o cenho franzido, chamou-o, na tentativa de lhe melhorar o ânimo:

— Caius! Aonde vais a esta hora?

Caius se voltou e falou distraído:

— Vou até as termas, e depois preciso tratar de um assunto particular.

— Poderias dar um minuto de atenção à tua mãe? — perguntou ela, humilde.

— Claro, minha mãe. Do que se trata?

— Assim? Quero que venhas até aqui... Vou te mostrar algo.

Com certo enfado, Caius se dirigiu ao banco onde sua mãe estava sentada. Sob a proteção de frondosas árvores, Flávia iniciou a conversação:

— Caius, a cada dia que passa mais me preocupo com o teu futuro...

Caius permaneceu com o olhar fixo em um ponto distante. A seguir, perguntou a Flávia:

— Era isso o que tinhas para me mostrar? Usaste de um artifício para me atrair? — indagou, acentuando o tom irônico na voz.

Flávia retrucou, séria:

— Sabes que não me sirvo de ardis. Realmente, gostaria que visses as flores que reservei para enfeitar o teu aposento nupcial com Lucília. Observa... — E Flávia apontou para as laranjeiras que desabrochavam delicadamente.

Caius virou-se e viu a árvore coberta de pequenas flores alvas. Estranhos sentimentos lhe invadiram a alma.

— Agradeço, minha mãe, por seu zelo. Receio não estar correspondendo aos teus cuidados...

— Não estou aqui para te cobrar nada, filho. Quero apenas que lembres que assumiste um compromisso com Lucília e, além de não lhe dar a atenção que merece, vejo-o envolvido com outros pensamentos.

Caius olhou o rosto aflito de Flávia e a inquiriu:

— É tão evidente assim? Sabes o que me amofina?

Flávia respondeu, compassiva:

— Meu querido! Conheço-te mais do que a mim mesma! Imagino o que devas estar sentindo. Mas não podes deixar Lucília abandonada, como fizeste na festa do imperador. A pobre moça se sentiu desprezada com o teu procedimento. Ouça o meu conselho, Caius, esqueça Hannah. Essa moça nos auxiliou muito financeiramente, não sei o que teria sido sem ela. Mas não pode ser tua esposa, sabes disso...

Caius tornou, com a frieza que lhe era habitual:

— Não a desejo como esposa. E nem para nada! Hannah é uma farsa, apenas desejo castigá-la pelas mentiras que nos contou.

O olhar preocupado de Flávia mais uma vez o impediu de continuar. A experiente matrona aconselhou:

— Deves procurar entender os sinais que os deuses nos mandam, Caius. Não vês? Estávamos na miséria, sem nome e honra, e a bondade dos que nos protegem nos trouxe de volta para nossa casa e nossa vida. Não devemos enterrar esse triste passado? Será que a oportunidade de recomeçar não é o suficiente para esquecer?

O rosto de Caius crispou-se. Não suportava a idéia de ver Hannah casada com Ashaf.

Não podia, no entanto, dar a perceber o que lhe ia no íntimo para sua mãe. Ela já havia sofrido muito e o melhor, por enquanto, seria que pensasse que o convencera.

Mudando a expressão fisionômica, enlaçou Flávia e disse:

— Talvez estejas certa. Vou refletir sobre as tuas palavras.

Mais aliviada, mas ainda não convencida, Flávia retribuiu o abraço carinhosamente.

Ao sair dali, Caius se dirigiu às termas, a fim de relaxar um pouco.

Precisava pensar no que pretendia fazer. As palavras de Flávia ainda repercutiam em seu íntimo.

E se ela tivesse razão? E se o desejo dos deuses fosse que ele desistisse de Hannah, que a esquecesse?

Relutando com sentimentos antagônicos, Caius percebeu que Lucius Claudius Severus, o amigo que lutara em Jerusalém ao seu lado, havia chegado.

Jovial como sempre, Claudius falou:

— Que os deuses te saúdem, Caius Pompilius! Como está o meu leal companheiro de batalha depois de nossa maior vitória?

Caius se voltou e, forçando um sorriso, cumprimentou o amigo.

A seguir, voltou à posição anterior e continuou a sessão de massagem a que se submetia. Claudius se acomodou em uma mesa e perguntou:

— Caius, meu caro, há muito estou para te falar. Ocorre que estive com alguns companheiros nossos e, ao comentar sobre ti, lembrei-me do episódio de tua irmã.

A atenção de Caius se voltou ao amigo:

— Sim?

– Não sei como pode ser isso, mas eles foram taxativos ao dizer que tinhas um irmão já falecido... E que jamais tivera uma irmã!

Sem poder contar a verdade e desejando encerrar o assunto, Caius afirmou:

– Não posso te dizer exatamente o que houve, por enquanto. Mas eles têm razão, não se tratava de minha irmã. Era uma amiga da família que se encontrava às portas da morte.

Intrigado, Claudius quis saber:

– E o que ela foi fazer no acampamento? Lá deveria ser o último lugar para uma pessoa doente ir...

Caius prosseguiu:

– Lembras-te do mago que estava entre nós naquela época? Pois ela foi à sua procura.

Claudius deu um sorriso e respondeu:

– Certamente me lembro. Por sinal, tem-se falado muito dele por aqui. Sabias que o mago se casou com uma das mais famosas cortesãs de Roma?

Caius empalideceu. O rosto marmóreo deixava ver as veias azuis que latejavam em sua testa. Quase sem poder falar, conseguiu sussurrar:

– O que estás dizendo? Não ouvi falar nada a respeito...

Claudius se ajeitou na mesa e, feliz por conhecer os detalhes do assunto, continuou:

– Vou te contar, amigo. Há alguns anos, existia uma cortesã muito conhecida na corte, de nome Ischmé. Veio de longe e era uma das mulheres mais belas que Roma já vira.

– Continua... Continua...

– Bem, essa mulher tinha por clientes os homens mais ricos de Roma, inclusive militares. Havia um detalhe: ela escolhia os clientes. Não se sabe bem ao certo o motivo de ter ido embora...

– Sim, e daí? – perguntou Caius, petrificado.

– Calma que vou te contar tudo o que sei. Retomando... Ischmé era muito rica e tinha uma casa esplêndida nos arredores de Roma. Veio à cidade umas poucas vezes, era muito culta e parecia a encarnação de Vênus na terra.

A expressão prazerosa de Claudius irritou Caius profundamente. Desejando saber algum detalhe que ligasse Hannah a Ischmé, indagou, receoso:

– Com era ela? Por que voltou com esse mago?

O interesse de Caius agradava a Claudius sobejamente:

– Como te disse, é uma mulher belíssima. Uma raridade. Se quiseres, poderás falar com Tito sobre ela. Ele a conheceu. Acho que a jovem encontrou o mago em Jerusalém, se não me engano...

Caius estava arrasado. Para ele não havia mais dúvidas. Hannah e Ischmé eram a mesma pessoa! O próprio Tito a conhecera!

Claudius, vendo o efeito que suas palavras produziam no semblante do amigo, arrematou:

– Ela tinha ligações com a corte de Nero e, pelo que me disse um oficial da guarda pretoriana, Servius Apius, usou de sua influência no caso do nosso amigo Priscus.

Atordoado, Caius inquiriu:

– Do que estás falando, Claudius? O que tem essa mulher a ver com Priscus?!

Claudius tomou fôlego e prosseguiu:

– Por que achas que Priscus foi perseguido como um cão selvagem? Achas que Nero duvidava de sua fidelidade? Priscus sempre foi um dos melhores soldados do Império.

– Mas, então, como tu mesmo disseste, por que foi perseguido?

– Apius me inteirou do assunto, que me interessou sobremaneira. Relatou-me que um de seus superiores, um general que não posso citar o nome... podes me compreender por isso, não é mesmo? Bem, esse tal freqüentava a casa da cortesã Ischmé e, em uma ocasião em que ele estava presente, durante uma das reuniões que ela patrocinava à nobreza, ouviu quando a jovem chamou o general para lhe falar em particular...

Os olhos de Caius não se desviavam de seu interlocutor. Animado, Claudius seguiu em frente:

– Ao saírem, o general comentou com Apius que tinha uma missão delicada a cumprir. Inquirido por aquele, o general lhe disse: "Tenho de falar ao imperador que um de seus mais fiéis oficiais o está atraiçoando". Questionado por Apius sobre qual era a dificuldade em se cumprir um dever, o general lhe respondeu: "Se fosse verdade, teria a consciência tranqüila e cumpriria as minhas obrigações com serenidade. O que ocorre é que terei de fazer uma acusação injusta, e um homem perderá a vida com isso". Apius perguntou por que levaria a cabo um ato que lesaria um inocente, e o seu superior concluiu: "Porque, apesar de minha idade avançada, me apaixonei por uma mulher sem escrúpulos. Ela planeja uma vingança pessoal contra um de seus amantes, e me usará para concluir os seus intentos. Se eu não aceitar, ela delatará nossa relação para a minha família!".

Caius estava lívido.

– Essa mulher – continuou Claudius – era Ischmé, a cortesã com quem o mago caldeu se casou. Não se sabe o que o fez aceitar essa víbora em sua casa...

Não haveria palavras para definir os sentimentos que assolavam o coração de Caius naquele momento.

Depreendia que a aproximação de Ischmé se dera por uma vingança, talvez para prejudicar a minha família.

Apaixonara-se por uma mulher da pior categoria, farsante e traidora, que o envolvera totalmente com sua beleza e sedução.

Caius liberou-se da massagem e começou a se vestir. Sem o uniforme tradicional, cobriu-se com uma túnica alva; a seguir, colocou a toga com a ajuda de um criado e, antes de sair, falou a Claudius, que o observava:

— Diga-me, Claudius, se for necessário que confirmes essa história diante de Tito ou do imperador, confirmarás?

Claudius deu de ombros e concordou:

— Sem dúvida. Acho que tens contas antigas com a tal cortesã... Faria isso por Priscus, que, folgo em saber, sobreviveu a essa trama.

Ouvindo aquilo, Caius se retirou. Caminhava a passos firmes em direção ao Palatino.

Finalmente Hannah haveria de se ver com a justiça!

Não ludibriaria mais ninguém e veria o quanto um romano poderia ser cruel em sua vingança.

Vingar-se-ia através dos séculos, se fosse preciso...

Hannah, ou fosse lá o nome que tivesse, imploraria seu perdão na eternidade. Mas não lograria obtê-lo...

CAPÍTULO 42

A fuga

Não muito distante dali, Ashaf tomava as últimas providências para deixar Roma. Sabia que os acontecimentos se precipitariam, e era preciso agir rápido.

Durante a noite, enquanto Ischmé dormia tranqüilamente, ele dera ordens aos criados para que todos os objetos de valor fossem encaixotados e transportados para uma embarcação que os aguardaria no porto de Óstia.

A saída pelo mar lhe daria alguma vantagem; se fosse por terra, logo Caius os alcançaria, pois a locomoção com os seus pertences seria lenta.

Quando despertou, em virtude do movimento desusado na residência, Ischmé já encontrara tudo pronto para a partida.

Contrariada, gritou para que Noori viesse atendê-la. A escrava surgiu apressadamente junto ao leito de sua ama.

— Onde estavas, Noori? Que barulho é esse? Como ousas me deixar sozinha na hora do meu despertar? Onde estão as minhas roupas? E as minhas jóias?

Noori baixou a cabeça e disse, num murmúrio:

— Foi o senhor, minha senhora. Ele mandou encaixotar tudo, arrumar a bagagem...

— Que bagagem? Estás louca? Aonde ele pensa que vamos?

Ischmé se levantou rápido, o que lhe custou uma desagradável tontura. Recostou-se em uma parede e, procurando se equilibrar, caminhou até onde Ashaf se encontrava.

Dando vazão ao seu temperamento indócil, postou-se diante da mesa onde Ashaf lia alguns pergaminhos. Como ele fingisse não lhe perceber a tumultuosa presença, Ischmé arrancou-lhe das mãos o manuscrito e falou:

— Sou tua mulher e me deves dar atenção! Ouve o que tenho a te dizer...

Ashaf, que já conhecia o gênio de sua amada, voltou o olhar para ela e calmamente lhe explicou:

— Quem vai me ouvir és tu, mulher caprichosa e indomável! Seguiremos dentro em pouco para longe de Roma, e quero que te aprontes o mais rápido possível.

Ischmé deu uma gargalhada e concluiu:

— Tu deverás partir, pois certamente deves ter feito algo que desagradou ao imperador! Eu ficarei, porque sempre fui muito bem-vinda em Roma.

Sério, expressando preocupação no semblante, Ashaf rebateu:

– Enganas-te. Nada fiz que me obrigasse a tomar uma decisão dessas. Partiremos por tua causa.

O olhar inquiridor de Ischmé, pela primeira vez, demonstrou que começava a compreender que estava em perigo.

Ashaf prosseguiu:

– Consultei o sábio que me orienta e ele me disse que a hora do resgate se aproxima. Mostrou-me nuvens negras sobre a nossa casa.

Ischmé deu de ombros e resmungou:

– Isso pode ser uma dessas invenções tuas para me tirar de Roma. Temes que Caius e eu nos reencontremos.

Ashaf sorriu e falou:

– A tua presunção não tem limites, minha cara. Pensas que Caius está à tua procura para se reaproximar de ti? Não sabes o que dizes...

– O que sabes a respeito? – perguntou Ischmé, curiosa e apreensiva.

– Amenothep aconselhou-nos a partir imediatamente, porque Caius cerca, neste momento, o palácio do imperador em busca de uma ordem de prisão contra nós...

Apavorada, Ischmé ousou indagar:

– Que denúncia contra mim poderia ser tão grave a ponto de o imperador mandar-me para a prisão?

Ashaf se levantou e, parando diante de Ischmé, esclareceu:

– Esqueceste que fizeste uma denúncia falsa contra um cidadão romano? A verdade veio à tona, minha pobre Neferure.

Amedrontada, Ischmé olhou ao redor, como se quisesse enxergar algo que não via. Ashaf, lhe confirmando com expressão triste, falou:

– Sim, ele está aqui e pede que confies nos deuses e aceites o teu destino, Ischmé!

A moça não conseguiu conter as lágrimas que lhe rolavam pelo rosto. No íntimo, desejava ficar e enfrentar Caius, mas sabia que já havia perdido a batalha.

Em uma última tentativa, perguntou:

— Por que não fazes um dos teus feitiços para impedi-lo de nos molestar?

Ashaf tornou, convicto:

— Faria se não estivéssemos dentro do cumprimento de certas leis. O volume de ódio que geraste, não apenas em Caius, mas em inúmeras pessoas que prejudicaste, te colocaram diante de energias negativas que se adensam a teu redor. Além disso, o tempo urge, os acontecimentos se precipitam...

Resignada, ela caminhou até a entrada do aposento e, levantando o delicado reposteiro, ordenou:

— Partamos o mais rápido possível! Caius não me encontrará desamparada...

— Não tenhas dúvidas. Ainda e sempre estarei ao teu lado.

Ischmé se retirou apressada, a fim de se preparar para a partida. Havia se esquecido de perguntar para onde iriam...

"O que me importa?", pensou. "Quero ir para o mais longe possível, para esquecer tudo isso!"

A minha inexperiente amiga olvidava que a consciência nos acompanha onde estivermos... Na vida ou na morte!

* * *

Havia poucas horas que o sol surgira, quando Ischmé viu pela última vez o porto que tão bem conhecia.

Com o peito opresso, invadido por uma sensação de tristeza e medo, dirigiu-se a Ashaf:

— Não sei o que está acontecendo... Acho que nunca mais voltarei a Roma. Se voltar, será o meu fim!

Uma ruga se formou no rosto másculo de Ashaf. Preocupado, respondeu:

— A nossa jornada na terra dos Césares findou, minha querida. O tempo nos trará à memória muito do que aqui vivemos e nos colocará em outro cenário, diante dos que aqui deixamos.

Assustada, Ischmé perguntou:

— Voltarei a me encontrar com Caius? Dize-me, ele conseguirá me destruir?

Ashaf deu, propositadamente, outro rumo à conversa:

— Não deves despender tuas energias com essas preocupações. Estamos nos distanciando de Roma e, quando ele der pelo acontecido, já será tarde demais.

Mais calma, Ischmé resolveu repousar. Estava exausta e, na condição de futura mãe, precisava evitar os excessos.

Depois de acomodá-la, Ashaf pegou alguns papiros desgastados pelo tempo e, pronunciando algumas palavras em uma língua estranha, se concentrou.

À medida que perdia a consciência do ambiente em torno, adentrava outra dimensão, que lhe permitia ter mais liberdade como espírito.

O rosto tornara-se excessivamente pálido, fazendo com que o tom moreno de sua pele desaparecesse.

Fixando a mente em um ponto do universo, desprendia-se do veículo físico e volitava livremente em direção a Roma.

Precisava executar uma tarefa que iria afastar Caius de suas vidas.

Em poucos minutos, encontrava-se ao lado do jovem patrício.

Caius adentrara os recintos do filho do imperador, então chefe da guarda pretoriana e praticamente co-regente junto ao pai. Caius iniciou a conversação com vistas a revelar a Tito os crimes de Ischmé.

Tito o recebera com camaradagem, mas ao ver o olhar alterado do amigo, falou preocupado:

— O que te traz a esta hora ao palácio? Estás transtornado...

Caius se aproximou e, fixando o olhar em Tito, declarou:

— Tenho sérias denúncias contra uma jovem que vive em Roma. Desejo apenas que confirmes as minhas suspeitas.

Tito deitou-se em seu triclínio e fez sinal para que Caius prosseguisse:

— Havias comentado comigo sobre a mulher do mago Ashaf. Reconhecera nela alguém que já tinhas visto...

— Sim, aquele rosto não me é estranho, como já te afirmei.

Caius pôs-se a caminhar, nervosamente.

— Pois bem. Ouvi falar que há alguns anos uma mulher de rara beleza viveu em Roma. Era uma cortesã e se chamava Ischmé.

O olhar de Tito pareceu se perder no passado. De repente, um brilho diferente surgiu em seus olhos e, fixando Caius, exclamou:

— Pelos deuses! Era ela! Aqueles olhos amendoados, o cabelo... Jamais vi em outro rosto aqueles traços!

O coração de Caius bateu descompassado. Apaixonara-se por uma cortesã, uma mulher sem escrúpulos que quisera seduzi-lo para impingir alguma vingança, cujos motivos ele desconhecia!

Com a voz alterada pela ira que o dominava, Caius prosseguiu:

— Quanto ao casamento desse feiticeiro com uma desclassificada, nada tenho a ver... O que me trouxe aqui foi o fato de ter descoberto que essa mulher denunciou Vinicius Priscus a Nero, o que fez com que sua perseguição o levasse às prisões de Chipre.

Denunciar como traidor um cidadão romano era muito comum naquela época, mas, para desventura de Ischmé, Tito abominava em especial os delatores. Castigava os que imaginavam que, entregando os supostos "traidores", estariam livres de qualquer represália.

Assim, ao ouvir as palavras de Caius, levantou-se e, com uma expressão de frieza no rosto, perguntou bruscamente:

— Tens como provar isso? Quem foram os teus informantes?

Caius citou o nome de Lucius Claudius Severus e de Servius Apius. Normalmente o caso seria encaminhado para um julgamento, mas a delicadeza do assunto fez com que Tito, amante da justiça, buscasse se inteirar de todos os detalhes e tomasse suas próprias providências.

Procurando saber os verdadeiros motivos da indignação de Caius, questionou:

— Caius Pompilius, somos amigos de longo tempo, assim como de Priscus. Preciso saber se o que te trouxe aqui é a fidelidade a um amigo ou um coração injuriado.

Caius não quis dar a perceber que na realidade foram as atitudes de Ischmé em relação a ele que o deixaram transtornado.

O despeito, o ciúme e por fim a raiva que nutria pela bela galaciana foram omitidos por Caius, porque isso poderia demonstrar seus verdadeiros intuitos. Por isso, respondeu com convicção:

— Não deixaria meus sentimentos interferir em uma questão de tal porte. O que sei é que um cidadão romano foi excluído da sociedade, perdeu tudo o que possuía: lar, família, bens, pelas intrigas de uma desclassificada.

Tito deu mais alguns passos e informou:

— Levarei o assunto a meu pai, pois, apesar da autoridade da qual me investiu, devo inteirá-lo da gravidade dos fatos que acabaste de me expor.

Caius, aflito, pois desejava sair imediatamente em busca de Ischmé e Ashaf, ponderou:

— Devo alertá-lo de que são pessoas astutas e que certamente irão fugir de Roma...

Tito obtemperou:

– Ninguém poderá sair de Roma se meus homens estiverem a postos. Irei neste momento até os aposentos do imperador... Logo teremos uma posição.

Caius serviu-se de um pouco de vinho e resolveu aguardar ali mesmo.

Enquanto Tito saía em direção à ala residencial ocupada por Vespasiano, Ashaf, em desdobramento espiritual, se aproximou de Caius. A ira que externou contra o romano fez com que Caius estremecesse, como se um sopro gelado o houvesse atingido.

O centurião olhou para a janela e constatou que o dia estava calmo, sem nenhuma brisa. Incomodado, resolveu tomar alguns goles de vinho.

Na situação em que se encontrava, Ashaf não podia agir diretamente sobre o físico de Caius, mas poderia lhe atingir o perispírito.

Colocando a mão no interior de sua túnica, em um bolso interno, retirou pequeno frasco. Abriu a tampa e derramou um líquido de cor âmbar na taça de Caius.

Ao tomar a bebida, Caius sentiu leve tontura. Imaginou tratar-se da exaltação em que se encontrava.

Ashaf, após concluir seu intento, sorriu e declarou:

– Vamos ver, meu caro romano, aonde te levarão a tua ambição e as tuas fraquezas...

Quando Tito retornou, Caius sentia-se verdadeiramente indisposto.

Tito atribuiu à situação e, acreditando se tratar do zelo de Caius por mim, falou em tom conselheiro:

– Caius, és meu amigo e por isso devo dizer-te que não estás em condições de agir neste momento. Deixemos para a soldadesca uma empreitada desagradável como a que temos à nossa frente. Aconselho que te recolhas e procure descansar, porque os próximos dias serão para o teu regozijo, quando pusermos as mãos na caluniadora.

Como a indisposição era grande, Caius não pôde retrucar. Sentia-se como se tivesse sorvido algum veneno. Como dissera Tito, no dia seguinte estaria melhor...

CAPÍTULO 43

Nem tão longe de Roma...

Caius se dirigiu ao Palatino na esperança de, ao chegar a sua *domus*, poder pensar melhor.

Tinha a impressão de estar doente, pois em alguns momentos era tomado por excessiva transpiração, para a seguir sentir um frio gélido lhe dominar os membros.

Ao entrar no átrio de sua casa, sentiu-se cambalear. Procurando-se equilibrar, Caius caminhou em direção ao peristilo, antes de se dirigir aos seus aposentos.

Ouviu distintamente algumas vozes femininas e, ao se aproximar, foi saudado por Flávia:

– Que os deuses te abençoem, meu filho! Vê, estamos recebendo agradáveis visitas nesta tarde.

Caius olhou ao redor e vislumbrou a presença de Cláudia Sulpícia Crassus, Lucília, Otávia e uma moça que não reconheceu.

Muito pálido e apresentado excessiva sudorese – o que chamou a atenção de sua mãe –, disse estar necessitado de um banho e que mais tarde se uniria ao grupo.

Preocupada, Flávia pediu licença às visitantes e seguiu o filho até os seus aposentos.

Mais uma vez, Caius quase perdeu o equilíbrio. Flávia, apesar da pouca resistência proveniente da sua condição feminina e da idade, conseguiu ampará-lo e, gritando para um escravo, conduziram-no até o leito.

Sem mais delongas, a mãe de Caius Pompilius o inquiriu:

– O que houve, Caius? Saíste bem pela manhã e agora retornas nesse estado?! Abusaste da bebida?

Caius fechou os olhos, enquanto falava:

– Não me alimentei durante todo o dia... Talvez seja isso. Tomei apenas alguns goles de vinho.

– Estás com a aparência horrível... Lamento que tua noiva e Cláudia tenham te visto em tão triste condição.

– Ficarei bem, minha mãe. Não te preocupes. Preciso descansar...

– Está bem, retornarei ao convívio de nossas visitas. Não as posso abandonar. Escuta-me, Caius: aconteceu algo que justifique a tua irritação e o teu abatimento?

Caius mexeu negativamente a cabeça e caiu em sono profundo.

Flávia se retirou, aflita, e procurou não demonstrar suas preocupações.

Otávia, ao vê-la, se adiantou e perguntou:

— Caius está doente? Achei-o extremamente pálido.

Flávia sorriu na tentativa de eliminar as preocupações de suas amigas.

— Caius ainda não se recuperou das tristes experiências pelas quais passou. Convive com lembranças e guarda um grande pesar pelo afastamento de Priscus.

Otávia concordou:

— Sim, é lamentável que meu filho tenha resolvido nos abandonar logo agora que podíamos estar todos juntos. Também não me conformo com essa idéia...

Lucília, que a tudo ouvia em silêncio, obtemperou:

— Concordo, minha mãe e minha boa Flávia, que foi um golpe duro para ambas continuarem distantes de Priscus, apesar de sabê-lo vivo. Contudo, acho que, assim como em Caius, o sofrimento e as privações também deixaram marcas no coração de Priscus... E não devemos esquecer que ele nos envia notícias continuamente.

Cláudia interpôs com tristeza:

— Não posso entender essa mudança. Priscus sempre foi um homem forte e decidido. Como se deixou levar pelas crendices da Galiléia?

Naquele momento, Otávia e Flávia olharam com estranheza para Cláudia. Otávia a inquiriu com seriedade:

— O que dizes? Onde ouviste tal calúnia?!

Cláudia fitou Beatriz, que se encontrava junto a uma coluna, e desculpou-se:

— Perdoem-me... Apenas ouvi falar. Não sei ao certo, acho que meu marido mencionou que na Peréia fala-se de um centurião que se converteu e, pela descrição, imaginei que fosse Priscus.

— Isso é impossível! Meu filho não se deixaria levar por aquela gente inculta e miserável.

Lucília, com admirável presença de espírito, rebateu:

— Não devemos julgar aquele povo dessa forma, minhas amigas. Fomos acolhidas no seio dessa raça e, apesar de nos mantermos incógnitas, as lições lá recolhidas nos servirão para o resto de nossas vidas. Jerusalém não foi o fim de nossa jornada, mas quiçá o início.

Otávia, que já sabia que Lucília se tornara cristã, procurou evitar que a filha se expusesse, porquanto, apesar de Vespasiano não manifestar nenhuma intenção de persegui-los, o assunto era muito delicado. Resolveu mudar o rumo das conversações:

— Aproxima-te de nós, escrava! — disse, olhando na direção de Beatriz.

A moça se aproximou humildemente, e Otávia pediu que erguesse o rosto, para poder observá-la melhor. A seguir falou:

— Cláudia me disse que foste escrava de meu filho. Não me lembro de tua presença em nossa casa em Roma.

Beatriz fitou Cláudia e, a um sinal positivo desta, afirmou:

— É uma longa história, senhora... O senhor Priscus pensava que eu era um jovem.

As mulheres se entreolharam, e Beatriz foi pressionada a contar tudo:

— Estava com minha avó muito doente. Desesperada pela miséria e a fome, saí em busca de algum alimento, e me ofertaram duas maçãs. Assim que as coloquei nos bolsos o vendedor se insinuou e quis levar-me para... Bem, creio que as senhoras podem imaginar. Diante do meu desespero em me livrar de suas mãos imundas, me denunciou como ladra... Consegui fugir, mas o comerciante correu, gritando atrás de mim, e, como o senhor Priscus vinha em direção contrária, acabou me prendendo...

Curiosa, Flávia a interrompeu:

— Como ele não percebeu se tratar de uma jovem? Os teus traços delicados, esse cabelo sedoso...

Beatriz retomou fôlego e prosseguiu:

— Bem, senhora, naquela época estes não eram os meus trajes. Vestia-me como um rapaz a conselho de minha avó, para me afastar da cobiça dos homens. Usava um gorro na cabeça e uma túnica masculina.

Novamente, Beatriz foi interrompida, dessa vez por Lucília:

— E então? O que aconteceu?

— Fui levada para a casa do senhor Priscus por Argos. Ele também não percebeu que eu era, na verdade, uma moça. Acompanhei o meu senhor até Pafos, e ali nos separamos para só nos reencontrarmos no momento de sua prisão.

Assim, Beatriz narrou para suas ouvintes, impressionadas, todos os nossos percalços, até nos separarmos em Tiro.

As horas se passaram e, quando Caius reapareceu, todos – exceto Beatriz – se dirigiram para o triclínio, para o jantar.

Inicialmente, foram servidos alguns acepipes a título de entrada, para abrir o apetite; depois sobrevieram os demais pratos.

Envolvidos no clima das recordações, Flávia comentou:

— Lucília tem razão quando nos lembra que não devemos menosprezar a Palestina agora que a deixamos. Nunca nos faltou nada em nossa mesa...

Otávia concordou e acrescentou, inadvertidamente:

— O que dizes é verdade. Mas não podemos esquecer que foi graças a Hannah que não perecemos de fome. A propósito, onde andará aquela estranha jovem?

Caius, que até o momento se mantivera em silêncio, colocou as mãos sobre a mesa e falou, enfático:

— A partir de hoje, não quero ouvir esse nome. Jamais, entenderam?! Esse nome nunca mais será pronunciado nesta casa!

Flávia, profundamente admirada com a atitude do filho, e sabendo que ele era a autoridade máxima da casa, visto que seu marido falecera, questionou:

— Podes, ao menos, nos dizer o motivo de tua atitude? Não tenho o direito de saber, mesmo sendo tua mãe?

Caius relutou, mas diante do escândalo a que se veria exposto e da humilhação por que passaria, disse apenas uma parte da verdade:

— Vespasiano a declarou hoje *persona non grata* em Roma e mandou a guarda pretoriana capturá-la.

Lucília empalideceu. Considerava Hannah uma amiga e, apesar das diferenças entre elas, questionou:

— Caius, como podes falar de nossa amiga dessa forma? Pensei que gostasses dela. Hannah foi uma bênção em nossas vidas.

Caius riu com acentuada ironia e acrescentou:

— Bênção? Pois então te darei a saber quem era realmente a tua amiga: foi ela quem delatou Priscus a Nero. Incitou o imperador, já desequilibrado, a persegui-lo por uma vingança cruel e inescrupulosa.

Todas haviam perdido o apetite. Olharam-se horrorizadas, até que Otávia recuperou o fôlego e disse, triunfante:

— Como podem ver, eu estava com a razão! Sempre achei estranho o modo como aquela moça se aproximou de nós... Ao acaso, apareceu oferecendo ajuda... Aquela farsante, traidora, comia na nossa mesa, dormia em nossa casa e havia sido o estopim da desgraça de nossas vidas! Que os deuses a castiguem até o final dos tempos...

Lucília não conseguia conter as lágrimas. Magoada, disse com a voz entrecortada:

— Pobre Hannah! Terá um alto preço a pagar pelos seus erros! Lamento por sua alma.

Cláudia vociferou, enraivecida:

— Pobre Hannah?! Desejo que ela morra entre as garras de um leão!

Caius retomou o assunto:

— O imperador decidirá sobre o seu futuro quando a capturar. No entanto, como Tito tem grande amizade por mim e por saber o quanto amamos Priscus, deixará em minhas mãos a sentença contra a traidora...

Flávia observou os gestos nervosos de Caius, enquanto falava. Sabia o que ia no íntimo do filho.

Nunca o vira apaixonado como estivera por Hannah, e atribuía a mudança em seu comportamento ao choque recebido com as notícias sobre ela. Não tinha dúvidas. Precisava providenciar o casamento de Caius com Lucília o quanto antes.

Seria a única forma de fazê-lo esquecer a bela mulher que um dia entrara em suas vidas e enganara a todos.

* * *

A portentosa galé singrava vigorosamente as ondas e se afastava do *mare nostrum* — o mar Mediterrâneo — como os romanos o chamavam.

Sofrendo os incômodos da gravidez, os padecimentos de Ischmé pioravam muito com o embalo das ondas.

Desde que percebera estar esperando um filho, o seu temperamento se tornara ainda mais imprevisível, com momentos de irritação por pequenas coisas, alternados por longas horas de prostração.

Naquele dia, logo ao acordar, notara que Ashaf se encontrava sentado junto a pequena mesa e tinha diante de si alguns papiros espalhados.

Sabia que quando isso acontecia era porque ele estava realizando alguma magia.

Ashaf tinha mesmo lhe dito que se alguma coisa ou alguém o atraísse de volta ao corpo com violência ele poderia morrer.

Ischmé, assustada, observou o rosto extremamente pálido do marido e pensou que ele tivesse morrido. O transe durou mais de uma hora e, quando Ashaf deu sinais de vida, ela suspirou aliviada.

O sentimento que desenvolvera por aquele homem não poderia ser classificado como uma afeição, mas era necessário reconhecer que ele a amava e que faria tudo para defendê-la. Ao contrário de Caius, que acelerava as batidas do seu coração, mas que procurava naquele momento, destruí-la.

Apesar dos seus constantes ataques contra Ashaf e do seu – poder-se-ia dizer – menosprezo, ela não tinha mais ninguém no mundo.

Ashaf suspirou profundamente e suas mãos estremeceram. Abriu os olhos e, aos poucos, foi readquirindo a consciência.

Ao vislumbrar Ischmé à sua frente, falou, tranqüilizado:

– Ganhamos algum tempo, minha querida. Caius está transtornado de ódio, porém não nos perturbará, por enquanto.

Ischmé ousou perguntar:

– O que fizeste?

Ashaf movimentou as mãos dormentes e tornou:

– Desejas mesmo saber se teu perseguidor ainda vive? Pois te direi: sim, ele vive, mas terá uma vida um pouco atribulada a partir de agora.

O olhar de Ischmé revelava sua curiosidade; Ashaf ponderou suas palavras e acentuou, enfático:

– Não me olhes dessa forma, Ischmé! Esse homem te entregará aos leões se for possível. Não o matei, como seria apropriado, contudo, lancei mão de um recurso que nos fará ganhar algum tempo.

Ischmé sabia não ser aquele o momento de irritá-lo, pois dependia mais do que nunca de sua boa vontade. Assim, resolveu mudar de assunto.

Fingindo despreocupar-se, perguntou ao marido:

– Ainda não me disseste para onde vamos...

Ashaf respondeu, satisfeito:

– Estamos indo para a Gália, Ischmé! Como província romana de amplos recursos, poderemos criar o nosso filho como um cidadão romano. Além disso, tenho muito interesse por certos estudos desenvolvidos naquelas terras.

Preocupada, Ischmé tornou:

– Não achas muito próximo de Roma? Por que não irmos adiante?

Ashaf ponderou:

– O teu estado não nos permite realizarmos uma viagem muito longa. Na Gália, o clima te favorecerá e não seremos descobertos justamente pela razão que estás levantando... Eles pensarão que partimos para muito longe. Chegaremos à Gália Narbonense dentro de uns dois dias. Após te recuperares, partiremos por terra para Lugdunum.

Pensativa, Ischmé se calou. O lugar para onde iria pouco lhe importava.

Seu desejo maior era sair definitivamente de Roma, deixando para trás o passado.

Casamento marcado

CAPÍTULO 44

Sob a orientação de Amenothep, Ashaf buscara aquela região para entrar em contato com os ensinamentos druidas, que, a seu ver, muito se relacionavam com suas crenças.

Ashaf possuía bastante conhecimento, porém lhe faltava um código de ética e moral que o orientasse pelos caminhos da vida.

Amenothep tentava, dessa forma, afastá-lo de Roma e ao mesmo tempo levá-lo para um local onde pudesse iniciar um aprendizado sob outras bases, especialmente na

Gália Céltica, onde o desenvolvimento de uma doutrina que cultuava a natureza e os valores morais poderia dar ao espírito de Ashaf valiosos elementos naquela encarnação.

Ele ainda não tinha – como tantos de nós – condições de entender uma religião mais espiritualizada.

O "amai vossos inimigos" era uma proposição absurda e ininteligível para aquelas almas ainda apegadas à matéria e avessas à idéia do perdão.

O código moral do povo celta, mais especificamente de seus mestres druidas, poderia ser facilmente absorvido por Ashaf, que já era um iniciado; por outro lado, Ischmé se beneficiaria do contato com os costumes simples e singelos daquele povo.

Até serem subjugados por Júlio César, os celtas lutaram bravamente por seu território, tendo inclusive invadido outras províncias romanas e até mesmo a própria Roma por volta do ano 389 a.C.

Povo guerreiro e ao mesmo tempo sábio, na época a que nos reportamos já havia sido colonizado pelos romanos e misturado sua cultura com a dos povos do Lácio.

Pode-se, ainda hoje, encontrar vestígios de suas tradições nas diversas nações européias, seja na língua, nas artes em geral e nos costumes.

Foi para esse povo desconhecido e misterioso que Ashaf e Ischmé se dirigiram.

Logo ao chegar ao porto de Massília, ficaram claras as diferenças do local, principalmente em relação à língua; a dominação romana, no entanto, já se fizera sentir e logo puderam verificar a presença do latim e que a própria língua local já assimilara grande parte do idioma dos vencedores.

Acomodados em modesta porém limpa hospedaria, Ischmé se sentiu aliviada por estar distante de Roma.

Ao saber que iriam avançar naquelas terras com paisagens admiráveis, muito diversas das que vira na Palestina, sentiu que poderiam recomeçar, finalmente.

Nossos débitos do passado, entretanto, nos cobram o reajuste com a própria consciência. Não há como nos escondermos da justiça.

As forças poderosas que cumprem a vontade de Deus, voltariam a atuar sobre aquelas duas almas.

* * *

No dia seguinte, a guarda pretoriana retornava ao palácio com a notícia de que Ashaf e sua mulher haviam desaparecido.

Ao vasculharem a residência do mago, verificaram que levara tudo o que possuíam de valor, e nem mesmo os escravos tinham permanecido.

Partiram para não mais retornar a Roma!

Sentindo-se afrontado e desapontado com o insucesso da busca, Tito mandou Caius vir à sua presença imediatamente.

Uma hora mais tarde, Caius adentrava o recinto de trabalho de seu fiel amigo.

Desde que retornara de Jerusalém, Tito atendia aos afazeres burocráticos do governo e atuava como conselheiro de seu pai, Vespasiano, além, é claro, da sua atribuição de chefe da guarda pretoriana.

Um tanto constrangido, transmitiu a notícia ao amigo.

Tomado de intensa cólera, Caius dava socos no ar, descontrolado.

Espantado, Tito se dirigiu a ele em tom inquisidor:

— Deves me contar toda a verdade, Caius. Não é tua amizade por Priscus que te deixa nesse estado.

Reconhecendo que se comportara mal, Caius voltou-se e cedeu:

— Está certo, meu amigo. Contar-te-ei toda a verdade...

Em breves palavras, Caius revelou toda a participação da mulher de Ashaf em sua vida. Evitou, apenas, relatar sobre a ida de Hannah ao acampamento, às portas de Jerusalém.

Compreendendo que Caius fora enganado por uma mulher sem escrúpulos, Tito se aproximou e, colocando a destra sobre o ombro do amigo, considerou:

— Sabes que não sou favorável a vinganças, mas reconheço que mereces uma vindita. Não te censurarei se buscares essa mulher, e deixarei a teu critério o fim dessa história.

Caius abraçou emocionado e reconhecido o amigo e disse:

— Recebo mais uma prova de tua amizade. Tens em mim um soldado que te defenderá até a morte.

— Sei disso, nobre Caius. Não tenho dúvidas de que um dia herdarei o trono de meu pai e precisarei de amigos valorosos como tu para me auxiliarem na condução do Império. Não desejo falar na morte de meu pai, que, como sabes, estimo muito. Preocupa-me a tua situação perante a família de Vinicius Priscus, ou melhor, diante da jovem Lucília.

Caius olhou decididamente para Tito e tornou:

— Vou providenciar nossos esponsais o quanto antes; já é tempo de cumprir com minha palavra.

— Acho que tomas a decisão correta. A cortesã do passado será encontrada mais cedo ou mais tarde.

Quando retornou à sua residência, Caius comunicou a Flávia que dali a dois meses se realizariam suas núpcias com Lucília.

Diante da alegria da notícia, Flávia convidou Otávia e sua filha, Cláudia e o marido para um jantar, com o fim de comemorar a grande notícia.

Realiza-se o enlace

CAPÍTULO 45

O enlace efetivamente se realizou na época prevista, conforme as tradições romanas.

De mãos entrelaçadas, Lucília recebeu o singelo anel que selava o compromisso e, a seguir, o contrato de casamento foi lido pela autoridade presente.

Vestida com uma túnica branca e um delicado véu a lhe cobrir a cabeça, ela era a própria imagem da felicidade.

Emocionada, via a realização do seu sonho de mulher ao desposar meu antigo companheiro de lutas.

Várias vezes o seu olhar se perdeu entre os convidados à minha procura.

Eu decidira não retornar à minha antiga vida em Roma e desejava evitar as perguntas que inevitavelmente surgiriam se fosse reconhecido.

Aguardei os noivos serem felicitados e só então me aproximei timidamente.

Com a barba crescida, vestia uma túnica simples, em nada parecida com a vestimenta romana.

Lucília se arrojou nos meus braços ao me reconhecer. Ao vê-la chorando incontidamente, disse-lhe, emocionado:

— Minha pequena Lucília, não chores! Este é o dia mais feliz de tua vida!

Minha irmã respondeu entre soluços:

— Não mereço tanto, Priscus! Jesus me cobre de bênçãos, proporcionando o teu retorno e o meu casamento com o homem amado. Logo eu, que jurei dedicar minha vida a Ele e o abandonei.

Segurando entre as mãos seu delicado rosto, ponderei:

— Estás enganada se pensas que só poderias segui-lo permanecendo na Palestina. Tens um grande trabalho a fazer aqui em Roma com os nossos familiares, especialmente com o teu marido. Terás de exemplificar os ensinamentos cristãos junto a essas almas que tanto amamos, mas que estão longe do aprisco divino.

Mais serena, Lucília tornou:

— E quanto a ti? O que pretendes fazer? Voltarás à Palestina? Jamais o teremos junto a nós?

Fixei o olhar em seus olhos lacrimosos e tornei:

— Em Roma não existe mais lugar para mim, Lucília. Achas que ainda poderia empunhar uma espada e lutar pelo Império Romano, sabendo de todas as crueldades que perpetramos para edificá-lo? Não, preciso continuar a minha busca, servir no que for possível e tentar reparar o meu passado.

De repente o olhar de Lucília se anuviou. Preocupado, perguntei o que ocorria, ao que ela me respondeu:

— Devo contar-te algo, Priscus, que muito me entristeceu. Lembras-te que te havia falado de uma bela jovem que muito nos ajudou durante a tua ausência na Palestina?

— Sim, logo que recuperei a consciência, na casa de Luciano, tu me falaste sobre ela.

— Pois bem. Como Caius se encontrava muito nervoso, acabamos por descobrir o motivo: Hannah na verdade residia em Roma e, por algum motivo que desconhecemos, denunciou-te a Nero. A seguir, foi ao nosso encontro em Jerusalém; fato é que desconhecemos o motivo.

À medida que Lucília falava, a figura de Ischmé ia se desenhando em meu cérebro.

Desde o início, quando Lucília me falara dela pela primeira vez, sentira certo incômodo, sem saber por quê.

Agora, tudo se esclarecia! No entanto, apenas eu conhecia o verdadeiro motivo que levara Ischmé até minha família: Caius!

A bela cortesã deixara tudo para trás e fora ao encontro de Caius na certeza de que eu a traíra, provavelmente para se aproximar dele, não como uma prostituta, mas como uma jovem apaixonada como tantas outras.

Lucília prosseguiu:

— Conheces essa jovem? Tenho estado aflita, pois Caius jurou não descansar enquanto não a encontrar e terminar com sua vida...

Provavelmente – pensei –, Ischmé devia ter seduzido Caius e, após inúmeras promessas, o deixara. A ira de Caius demonstrava que o meu amigo sucumbira aos carinhos da bela filha da Licaônia.

O seu desejo de persegui-la significava que queria se vingar por se sentir desprezado como homem, e não, como fazia todos crerem, por vingar minha honra.

Naquele momento, minha mãe e Flávia se aproximaram e, depois dos inúmeros abraços e carinhos, a primeira disse:

– Meu filho! Essa barba te acrescenta tantos anos!

Não pude deixar de rir do comentário de minha adorável mãe. Preocupava-se com a minha aparência, quando eu estava interiormente transbordando de felicidade.

Minha maior preocupação surgira naquele momento, quando Lucília me relatara o que estava ocorrendo com Caius.

Havia um mau presságio sobre o casamento de minha irmã.

Tentei localizar Caius e o encontrei junto a um pequeno grupo.

Caius, ao me reconhecer, se encaminhou em minha direção. Saudou-me com o forte abraço, que lhe era peculiar, e disse:

– Sabes, caro Priscus, que sempre foste meu irmão mais velho. Agora pertencemos à mesma família e, graças aos deuses, estamos mais unidos do que nunca.

Olhei seriamente para ele e comentei:

– Não tenho dúvidas de tua amizade e dedicação, Caius. O único desejo que tenho na vida, neste momento, é que faças Lucília feliz.

Caius sorriu.

– Lucília será a mulher mais amada do mundo! Estará sempre no altar do meu coração, como um lírio alvo, que protegerei e defenderei até a morte!

— Sei que não é o momento adequado, mas preciso falar-te de homem para homem.

No rosto de Caius surgiu uma expressão inquiridora. A seguir, falou sem rodeios:

— Dize-me o que te aflige, Priscus.

— Soube que descobriste a verdade sobre Ischmé.

Caius enrubesceu. Não esperava que Priscus falasse naquele assunto.

— Não sei o que aconteceu entre ti e aquela mulher, mas espero que não faças Lucília sofrer em virtude do teu romance do passado.

Caius, arrogante como sempre, indagou:

— O que sabes sobre essa tal Ischmé? Suponho que a tenhas conhecido.

Lembrei-me do acordo que fizera com a bela cortesã. Senti ímpetos de contar tudo a Caius, desde o princípio, no entanto isso poderia fazer a infelicidade de Lucília.

Assim, omiti deliberadamente a verdade:

— Sei o que todos sabiam: que era uma mulher muito bela e muito ligada ao poder.

Caius riu e tornou:

— O tempo dela acabou, Priscus. Sabes que se casou com um mago caldeu e que espera um filho?

Novamente percebia mais despeito do que revolta pela traição de Ischmé. Conhecendo o temperamento de meu amigo, procurei aconselhá-lo:

— Esquece essa mulher, Caius. Se está casada e espera um filho, nada mais tens a ver com ela.

— Mas ela te traiu e nos colocou naquela situação desprezível.

– Ela não foi a única culpada. Sabes muito bem que também estavas envolvido na conspiração, sem que eu soubesse.

– Como descobriste? Nunca pensei que serias envolvido. Nero não tinha motivos, sempre foste um soldado exemplar.

Sorri e disse:

– Só que meu pai e meu melhor amigo estavam enredados. Ora, Caius, Ischmé não foi a única que me colocou em situação duvidosa.

Aparentando a preocupação que os egoístas revelam, Caius perguntou:

– Não irás contar isso a Lucília, não é mesmo?

Coloquei a mão sobre o ombro de meu cunhado e tranqüilizei-o:

– Não te preocupes, nada direi. Apenas aconselho-te a esquecer Ischmé. Tens um lar agora para cuidar!

Caius se afastou e, ao voltar-me, deparei com uma mulher de inigualável formosura a me observar.

Dentro em pouco, um jovem escravo transmitia-me o recado para encontrá-la no jardim.

Curioso, pois não lhe reconhecera os traços, dirigi-me até lá.

Quando me aproximava, uma voz feminina, que meus tímpanos não registravam havia muito, se ergueu à luz das tochas que circundavam o local:

– Priscus, quanto tempo!

Reconheci o vulto de Cláudia Sulpícia diante de mim. Constrangido com a situação, saudei-a, respeitoso:

– Salve, nobre Cláudia! Pelo que vejo, o tempo te tornou mais bela.

O brilho em seu olhar transmitia-me o que significava para ela me reencontrar.

Cláudia fora importante para mim, mas apenas passara em minha vida.

Ouvira Lucília falar que se casara com um descendente dos Crassus. Tentando iniciar um diálogo, comentei:

— Soube que te casaste...

— Sim, é verdade, no entanto, desde que soube que não havias morrido, vivo um inferno.

Surpreso com as palavras de minha interlocutora, perguntei:

— Como soubeste que sobrevivi?

Percebendo que acabaria por descobrir que Beatriz era sua escrava, desviou o assunto:

— Isso não tem importância. O que importa é que estamos novamente diante um do outro — Cláudia se aproximou e, me enlaçando o pescoço, procurou beijar-me.

Delicadamente, segurei seus braços sedosos e desculpei-me:

— Perdoa-me, Cláudia. Não posso mais pensar em ti como antes.

A aparente docilidade desapareceu no semblante da bela mulher. Sentindo-se desprezada, reclamou:

— Não me amas mais, Priscus? Encontraste outra mulher mais bela ou mais ardente do que eu?

— Tu não me entenderás, Cláudia. Encaro o amor de outra forma atualmente. Devo dizer-te que encontrei, sim, outra mulher.

O olhar tinha se modificado. Já não emitiam o amor de minutos antes, mas sim a raiva de uma mulher repudiada.

Indignada, Cláudia me ameaçou:

— Sabes que poderia gritar e chamar a guarda, com a acusação de que tentastes me ultrajar?

Não pude resistir:

— Minha cara, se fizesses isso, provavelmente achariam que teria acontecido o contrário. Minha própria mãe acabou de me dizer que pareço um ancião.

— Deves ter te tornado um cristão! Odeio esses cristãos!

Penalizado, deixei-a partir sem dizer uma palavra. Inesperadamente, lembrei-me da doçura e do amor que encontrara nos olhos meigos e doces de Beatriz.

Onde andaria o rapazote que um dia eu prendera roubando maçãs?

Após a grande recepção, Lucília foi conduzida à residência de Caius, cujas colunatas se encontravam adornadas de flores.

Minha irmã estava radiante ao adentrar sua nova residência.

Um indesejável temor em relação ao seu futuro me invadiu o coração e roguei aos Céus protegesse aquela alma cristalina.

Os desígnios divinos, no entanto, fogem à nossa estreita visão acerca da vida.

O paradeiro de Beatriz

CAPÍTULO 46

Nos primeiros tempos, apesar do comportamento cada vez mais arredio, Caius procurou manter uma conduta tolerável em sua vida social.

Contudo, com o tempo, passou a exagerar no vinho, bebendo sem controle; em algumas ocasiões, era trazido pelos soldados que o acompanhavam.

No dia seguinte, invariavelmente, sucediam-se cenas em que falava impropérios, e a sua irritação ia a tal ponto que as pessoas começaram a evitá-lo.

Castigava os escravos por bagatelas, irritava-se à toa, tornando a sua presença intolerável.

Lucília, que a tudo assistia silenciosa, compreendeu que o casamento lhe reservara uma grande provação e que deveria, agora mais do que nunca, buscar nos ensinamentos de Jesus o apanágio de suas dores.

Não demorou muito para que Caius fosse visto com outras mulheres e, para aumentar o sofrimento de Lucília, não procurava esconder suas investidas amorosas.

Aos poucos, Caius começou a se tornar indesejável ao próprio Tito, que passou a evitar sua presença.

Convidava-o poucas vezes a ir ao palácio e, quando surgiu a possibilidade de enviá-lo para a Bretanha, deu-se por muito feliz.

Pouco antes de sua partida, Caius soube que Lucília engravidara e que a criança deveria nascer antes do seu retorno. Não imaginava demorar muito, mas dependia agora da boa vontade de Tito.

Despediu-se da mulher, constrangido, pois aquela campanha lhe servia quase como um castigo pelo seu comportamento.

Em lágrimas, Lucília se despediu, amparada por Flávia Pompília, sua sogra, que reprovava abertamente o procedimento do filho.

E oito longos anos se passaram...

Continuei em minhas peregrinações pelos caminhos por onde Jesus e alguns de seus apóstolos passaram. Fui de Jerusalém até a Samaria, a seguir rumo a Antióquia e retornei a Chipre.

Combinara reencontrar minha mãe e Lucília naquela localidade que tanto amara, e foi com grande alegria que as envolvi em um amplexo carinhoso.

Flávia as tinha acompanhado, porquanto não havia sentido em deixá-la sozinha em Roma, visto que Caius ainda permanecia na Bretanha, vindo esporadicamente.

Passara alguns meses junto às almas que me eram tão caras, e um dia, quando o sol se punha e se deixava esconder vagarosamente, Lucília se aproximou e perguntou com carinhoso interesse:

— Dize-me, Priscus, apesar de todas as mudanças que ocorreram em teu caráter ao receber os luminosos ensinamentos de Jesus, vejo-te triste algumas vezes... A que posso atribuir isso? Existe algo que ainda não me revelaste?

Olhei entristecido para minha irmã e confessei:

— Tens razão, Lucília. Existe algo que não te contei. Conheci uma jovem a quem muito me afeiçoei, mas não me foi possível revelar-lhe o meu sentimento.

Curiosa, Lucília se aproximou e, sentando-se em um banco próximo, me inquiriu:

— Por que não me disseste, Priscus? Sofres por amor? Pensei que jamais ouviria isso.

Sorri e a censurei delicadamente:

— Não devias ser tão severa em teus julgamentos. É uma história incomum e certamente fadada ao esquecimento. Ocorre que, ao retornar para esta casa, não pude evitar as recordações. Foi aqui mesmo que recebi os cuidados incansáveis de Beatriz.

Ao ouvir aquele nome, Lucília ficou ensimesmada. Quando o ouvira antes?

Otávia se aproximou e ordenou a um escravo que trouxesse refrescos.

Aproximou-se e, ao notar a expressão dos filhos, indagou, intrigada:

— Pelo visto o assunto é sério! Sobre o que falam os meus amados?

Lucília se adiantou:

— Mãe, lembras-te de ter ouvido falar o nome Beatriz em nossas relações?

Enquanto minha mãe fazia esforços mentais, tentando recordar, resolvi intervir:

— Não, não se trata da mesma pessoa, decerto. A Beatriz a que me refiro era uma escrava.

Naquele inesquecível momento, Lucília falou:

— É isso mesmo! A Beatriz que conhecemos é escrava de Cláudia Sulpícia! Esteve em nossa casa, e, às instâncias de Cláudia, revelou conhecer-te e nos contou que tu pensavas que ela era um rapaz.

Sem conter a emoção, levantei-me e as repreendi brandamente:

— Como não me falaste disso, minha irmã? Pensei que Beatriz estivesse morta ou desaparecida para sempre! Por que não me disseste que Cláudia tinha uma escrava que me conhecia?

Um tanto ruborizada, Lucília tentou se justificar:

— Lamento, Priscus, mas a jovem nos disse que nada havia entre vocês. Não sabia que se amavam...

Otávia resolveu colocar as coisas no seu devido lugar:

— Priscus! Mesmo que soubesses, o que farias? Unir-te-ia a uma escrava grega? Sabes que não te poderias casar com um sangue não romano... E ainda por cima plebeu!

Voltei-me e falei com convicção:

— Minha mãe! Não percebeste que não sou mais o legionário romano? Não tenho mais nenhuma ambição no que se refere a Roma! Essa fase de minha vida acabou. A minha felicidade, no momento, é rever Beatriz.

Lucília, grande conhecedora do coração humano, sugeriu:

— Cláudia ficou muitos anos sem vir a Salamina, pois havia se desentendido com o pai. Deves saber que ele morreu há um ano mais ou menos e que ela passa grande parte do tempo aqui na ilha.

Exultante, pensei em dirigir-me de imediato àquela cidade pela qual me sentia ligado misteriosamente.

Lucília, no entanto, mais ponderada, observou:

— Escuta-me, Priscus. Cláudia não te perdoou por ter sido rejeitada no dia do meu casamento. A nossa amiga está acostumada com a nossa sociedade, em que poucos valores morais ainda vigoram. Não seria mais adequado eu ir visitá-la e tentar me aproximar de Beatriz? Isso despertaria menos suspeitas em Cláudia.

Satisfeito, segurei as pequenas mãos de Lucília e as beijei, agradecido.

Sob o olhar de reprovação de minha mãe, buscamos o interior da casa, onde um menino de uns sete anos brincava com uma escrava.

Ao ver Lucília, o pequeno largou a espadinha que tinha nas mãos e disse:

— Vê, mamãe, não serei um bom soldado? — bradou, atingindo um improvisado escudo que a escrava segurava.

Lucília franziu o cenho e censurou-o:

— Querido, não aprovo essas brincadeiras. Podes te ferir ou machucar a nossa boa Antéia.

O menino, que mostrava desde tenra idade certa tristeza inexplicável, replicou:

— Gostaria de ser um centurião como meu pai, mas as lutas não me agradam. — Voltando-se para mim, perguntou: — Tio Priscus, por que desististe de lutar? Não eras tão bom soldado quanto papai?

Relutei a princípio e esclareci:

— Vou te explicar, e, como dentro em pouco vestirás a *toga virillis*, tornando-te um homem, sei que vais entender. Teu pai sempre se dedicou à vida militar, mas eu descobri que meus inimigos não eram os outros povos. A verdade é que cansei de lutar.

Interessado, o menino indagou:

– Acho que papai está certo, devemos vencer os nossos inimigos, senão perderemos o Império. Mas eu gostaria de ser um magistrado...

Sorri diante da convicção que Marcellus possuía já naquela idade. Existiam valores consolidados naquela pequena mente.

Lucília, que discordava dos métodos que Flávia e Caius utilizavam para tornar o menino um soldado, acrescentou:

– Não devemos utilizar a nossa força para vencer os nossos inimigos e depois escravizá-los impiedosamente. As conquistas são inevitáveis em nosso tempo, mas dia virá em que todos os homens serão e agirão como irmãos...

O menino ficou pensativo e concluiu:

– Sendo assim, as guerras deixarão de existir. O que acontecerá com os exércitos?

– Terão outras ocupações, Marcellus – afirmou, confiante.

O menino ficou pensativo e replicou:

– Creio que o meu pai não gostaria de viver nesse mundo... Ele é um soldado, e as guerras são necessárias para ele.

Lucília chamou Antéia e pediu-lhe que preparasse o menino para o jantar.

Dedicava-se quase que inteiramente ao filho, já que Caius vinha esporadicamente a Pafos.

Desde a ida de Paulo de Tarso e Barnabé à ilha de Chipre, as sementes da Boa-Nova davam frutos, cultivadas por dedicados irmãos do caminho.

Naquela época, a conversão de Sergius Paulus, o procônsul romano, abrira caminhos para a criação de comunidades que se multiplicavam através do tempo.

Assim, esses núcleos prosperaram e, na época a que me refiro, já constituíam verdadeiras colméias de amparo aos necessitados.

Eu e Lucília aproveitávamos a oportunidade para buscar os ensinamentos de Jesus e, não raro, recebíamos a visita de dedicados missionários.

Naquele momento, no entanto, as minhas atenções estavam voltadas para Beatriz.

CAPÍTULO 47

Reencontro com Cláudia

No dia seguinte, Lucília partiu acompanhada de minha mãe em direção a Salamina.

Minha boa irmã temia que, se Cláudia descobrisse o meu interesse por Beatriz, poder-se-ia interpor em nosso caminho.

Apesar da resistência, Otávia a acompanhou, pois não tinha mais dúvidas quanto às minhas novas convicções e, certa de que era melhor eu me haver tornado cristão a ter morrido, resolveu se conformar.

Marcellus permanecera em Pafos, visto que uma viagem para uma criança com compleição delicada como a de meu sobrinho não seria aconselhável.

A viagem não seria demorada, e eu aproveitava o tempo para manter longas conversas com Marcellus, que, apesar da pouca idade, parecia acompanhá-las com desenvoltura.

O assunto agradava não só ao menino, mas aos escravos, que timidamente se aproximavam e absorviam as minhas palavras com avidez.

Segundo soube mais tarde, Claúdia recebera Lucília e minha mãe com efusivas demonstrações de alegria.

Curiosa, Lucília procurava distraidamente a presença de Beatriz.

Ao não encontrá-la, comentou:

— Sabes que também tenho uma escrava grega? Chama-se Antéia e, apesar de eu mesma dispensar a maior parte dos cuidados a Marcellus, percebo que ela gosta muito do meu filho.

Impressionada, Cláudia comentou:

— Realmente somos muito diferentes, Lucília! Onde já se viu atender aos caprichos de uma criança! Desde o seu nascimento, Plínia está aos cuidados de Beatriz.

Satisfeita com a intuição que tivera, Lucília indagou:

— Quantos anos tem a menina? Não é muito pequena para ficar assim longe do teu carinho materno?

Cláudia riu e disse:

— Isso não se faz mais, minha cara Lucília. Como sabes, tenho uma vida social intensa e não posso me privar das excelentes distrações que temos ao nosso dispor em Roma. Em breve, contratarei professores para iniciar a instrução de minha filha.

Consternada, Otávia perguntou:

— Deixas a menina aqui e vais para Roma? Por que não a levas contigo?

Cláudia deu de ombros e discorreu:

— Uma criança em uma viagem como esta é um estorvo. Tanto estou certa que tu mesma não trouxeste Marcellus contigo.

O olhar de Lucília se entristeceu. Com a voz embargada, explicou:

— Não se trata disso, Cláudia. Sabes que Marcellus tem a saúde delicada e não posso arriscar em uma viagem dessas. Teria tido o maior prazer em trazer o meu filho conosco.

Cláudia encerrou a conversa:

— Bem, minhas amigas, devem estar cansadas e com fome. Providenciei que os escravos levassem sua bagagem para o quarto de hóspedes; se quiserem, podem descansar até a hora do jantar. Mandarei alguém chamá-las.

Agradecidas, Otávia e Lucília se recolheram. Realmente, precisavam descansar um pouco da cansativa viagem.

Tão logo se viu a sós em seus aposentos, Lucília foi em direção à janela, para observar o movimento da casa.

A *villa* era uma típica propriedade romana para descanso.

Térrea, com muros altos que a isolavam das demais, possuía inúmeros cômodos, tanto internos quanto exteriores à residência.

Havia os compartimentos dos empregados, que, da sua janela, ela não podia divisar, pois ficavam nos fundos.

Após um banho relaxante, Lucília procurou descansar um pouco.

Acordou com as batidas de minha mãe na porta.

Levantou-se e, ao abrir, Otávia falou:

— Preciso conversar contigo em particular. Não podemos despertar suspeitas em Cláudia.

— Sim, ela pode prejudicar Beatriz — disse Lucília, enquanto fechava a porta.

Minha mãe perguntou com desconfiança:

— Achas que ela permitirá que nos aproximemos de Plínia? Às vezes tenho a impressão de que Cláudia tem uma pedra no lugar do coração.

Lucília fez sinal positivo com a cabeça.

— É exatamente isso o que temo, minha mãe. Ela não poupará Beatriz se souber com que fim aqui viemos.

— O que pretendes fazer, minha filha? Não poderemos simplesmente levar essa moça embora.

Lucília expressou um ar de mistério, ao dizer:

— Depois pensaremos nisso. Por agora, devemos localizar Beatriz.

O jantar transcorreu sem maiores incidentes. Cláudia exagerava no vinho e revelava suas frustrações:

— Sabes, Otávia, que se teu filho tivesse escolhido a mim eu teria lhe dado muitos filhos.

Otávia sorriu, constrangida, enquanto falava:

— Ora, Cláudia, Priscus nunca teria condições de te oferecer a vida a que estás acostumada... Além disso, ele mudou muito, não poderia mais viver em Roma da mesma maneira que antes.

Um brilho diferente surgiu no olhar de sua interlocutora, ao indagar:

— Tens notícias dele? Ainda permanece com aquelas esquisitices cristãs?

Lucília interveio:

— Priscus sempre nos manda notícias e está muito bem. De tempos em tempos vem a Pafos nos visitar.

— Ele agiu muito mal comigo. Eu estava disposta a deixar tudo por Priscus. Briguei com meu pai por causa dele, com quem não me reconciliei até sua morte.

— Não te deves aborrecer, lembrando esses momentos tristes de tua vida. Viemos aqui para alegrá-la e estreitar os laços de amizade que nos ligam.

— Tens razão, Otávia. Isso pertence ao passado. Um dia ele virá até mim.

Preocupadas, Lucília e Otávia se entreolharam. Lucília falou primeiro:

— E quanto a Plínia? Desejo conhecer tua filha.

Cláudia secou os lábios úmidos pelo vinho e disse:

— Acompanhem-me, por favor. Também desejo ver essa menina. Faz dias que não a vejo...

Na medida em que caminhavam pelos amplos corredores da residência, Lucília observava a decoração requintada e reconhecia que Cláudia possuía um inequívoco bom gosto.

Cláudia estacou diante de uma porta. Abriu-a e se encaminhou para o seu interior. O ambiente era amplo, mas possuía poucos móveis: uma cama de tamanho reduzido, armários, algumas cadeiras.

Da janela que dava para o pátio interno podia-se ver o movimento da casa.

Cláudia chamou Beatriz e a menina.

Imediatamente as duas surgiram de um aposento contíguo, com o olhar assustado.

Plínia, ao ver a mãe, sorriu e exclamou:

— Mamãe! Que bom que vieste! Esperei tanto!

Cláudia segurou as pequenas mãos, que buscavam as suas. Por um momento pareceu emocionar-se, mas logo em seguida recuperou sua frieza habitual e alertou:

— Cuidado, minha filha, pois vais sujar a túnica da mamãe. Não me queres ver suja e rota, não é mesmo?

A menina se afastou delicadamente e, ao fixar o olhar em Lucília, perguntou:

— Quem são mamãe? Não as conheço...

— São minhas amigas, e quero que as trate muito bem.

Lucília se adiantou:

— Quero ser tua amiga, Plínia. Não imaginava que fosses uma menina tão linda.

Plínia sorriu, encabulada:

— A senhora, sim, é bela. Assim como Beatriz...

Naquele momento, Beatriz, que se mantinha afastada, se aproximou, tímida.

O tempo parecera não passar para a bela jovem. O olhar trazia o mesmo azul do céu, e os cabelos loiros estavam presos por um pequeno adereço, provavelmente doado por Cláudia.

Lucília fitou a moça e concordou:

— Tens razão, Plínia! Já a conhecia, mas ao que parece se tornou ainda mais bonita.

— Agradeço por suas palavras, senhora... — disse Beatriz, demonstrando simpatia e respeito por Lucília.

Cláudia, que se impacientava com a troca de amabilidades entre as jovens, decretou:

— Deves te recolher, Plínia, já é tarde. — E, voltando-se para Beatriz, continuou: — Coloca Plínia no leito e vai para os teus aposentos. Fica alerta, para o caso de minha filha precisar de tua presença.

Beatriz baixou o olhar, submissa, e convidou Plínia a se retirarem.

As mulheres se despediram e foram para seus quartos.

Lucília ficou impressionada com a figura de Beatriz. Desde a primeira vez em que a vira, algo a atraíra para aquela moça humilde, mas ao mesmo tempo dona de uma personalidade cativante.

"Graças a Deus, Priscus não se casou com Cláudia!", pensava. "Ela se torna dia a dia mais cruel e intolerante! Parece outra pessoa."

Na verdade, Cláudia estava acompanhada espiritualmente por seu pai, Metelus Sulpicius, que nutria grande ódio por mim e minha família.

Um leve arrepio percorreu o corpo sensível de Lucília. Inconscientemente, registrava a presença nefasta de Metelus.

"Devo falar o quanto antes com Beatriz, para dar andamento ao plano de Priscus. Não desejo ficar nem um dia além do necessário nesta casa!"

Acertadamente, Lucília se propunha a agir com rapidez.

O pequeno Octavius

CAPÍTULO 48

Mais alguns anos se passaram e algumas mudanças ocorreram nas vidas de nossos amigos.

Na Gália, Ashaf, logo após sua chegada, se aproximara de alguns chefes do lugar e, com seus conhecimentos de iniciado, se tornara um membro respeitado do grupo.

Dedicara-se a aprender com os druidas uma série de princípios que desconhecia, mas que faziam sentido ao comparar aos conhecimentos que já possuía.

Sendo uma sociedade altamente organizada e com deveres bem definidos, Ischmé, como esposa de Ashaf, assumira a posição de respeitada mulher.

Tinha a liberdade que tanto apreciava quando estava em Roma, com a diferença de que não precisava se subjugar a nenhum homem.

Apesar de poder decidir sobre a própria vida, aceitara a condição de esposa de Ashaf, pois reconhecia que ao seu lado estaria fora de perigo.

Dedicando-se à educação do casal de filhos que tivera com ele, temia pela sorte das crianças.

Constantemente assediada na tribo onde se instalaram, Ischmé evitava se expor publicamente, a fim de não provocar a ira de Ashaf.

Por várias vezes, o mago caldeu desconfiara de que estivesse sendo traído e a ameaçara com a retirada dos filhos.

Embora tivesse rejeitado o filho que trazia no ventre durante a gravidez, tão logo o menino foi colocado em seu colo Ischmé sentiu o coração transbordar de amor pelo pequeno.

Era como se houvesse reencontrado alguém a quem muito amara e de quem o tempo e o destino a haviam separado.

Satisfeito, Ashaf acreditou haver realizado o desejo que trazia desde um passado distante, de constituir uma família com a então Neferure.

Com o passar dos anos, no entanto, os sentimentos de Ashaf foram se transformando em perigosas desconfianças.

A decepção fora tremenda... O filho que salvara da fúria romana não era seu, como imaginara...

À medida que Octavius crescia, se tornava inegável a semelhança do menino com Caius. Ali estavam os mesmos traços regulares que ele tão bem conhecia e que revelavam o orgulho e a arrogância do militar romano.

Por outro lado, o encantamento de Ischmé com o menino despertava não apenas o ciúme, mas o desejo de afastá-los um do outro, para que Ischmé pudesse lhe dedicar alguma atenção.

A moça, contudo, permanecia alheia aos sentimentos de Ashaf, e pela primeira vez na vida amava sem restrições e colhia os frutos do seu amor no carinho que Octavius lhe dedicava.

Três anos mais tarde, nasceu a formosa Aran. Dona de uma beleza singular, a menina, por sua vez, se tornou a fonte de felicidade de Ashaf.

Portadora dos traços fisionômicos de sua raça, Aran era meiga e delicada, e tornava os dias de seu pai cheios de contentamento e esperança.

A família estava plenamente estabelecida, e Ashaf, apesar de receber ensinamentos dos druidas, no sentido de respeitar o livre-arbítrio alheio, não perdoara o silêncio de Ischmé sobre o filho que esperava.

Os negócios iam bem, pois estabelecera comércio com terras distantes com suas caravanas e, no próprio povoado em que habitava, comercializava diversos tipos de mercadorias inexistentes no local.

Certo dia, quando um de seus comerciantes trouxera preciosa encomenda de tecidos para Aran, Ischmé o procurou, indignada:

– Como ousas adquirir estas peças para a menina, deixando Octavius sem nada? Por que ages assim, Ashaf?

Ashaf dardejou Ischmé com um olhar que ela já conhecia e que lhe causava arrepios. Sabia que aquele olhar prenunciava alguma tempestade. Porém, firme em seus propósitos, prosseguiu:

– Não te entendo! Não querias uma família? Por que diferencias tanto nossos filhos? – perguntou, lamuriosa.

468 *Tanya Oliveira / espírito Tarquinius*

Ashaf se levantou da cadeira onde relia seus papiros e falou sob forte emoção:

— Nossos filhos?! Não tens pudor em te referir assim a essas crianças? Sabes muito bem que mantenho um filho bastardo sob o meu teto!

Ischmé empalideceu. Temendo pelo futuro de Octavius, procurou sensibilizar o mago caldeu:

— Não sabes o que falas! Octavius é tão filho teu quanto Aran... Ama-te da mesma forma que nossa filha.

Ashaf se aproximou e cobrou, enraivecido:

— O que pensas que tem sido a minha vida, ao olhar diariamente o rosto de meu inimigo estampado nesse menino?

Ischmé segurou seu braço e pronunciou:

— Lamento, Ashaf, também eu não sabia que carregava um filho de Caius! Peço-te, pelos deuses que tanto aprecias, que não deixe tua ira prejudicar essa criança! Ele não é responsável pelos meus erros do passado.

Ashaf ia responder, quando o menino adentrou o ambiente e se colocou junto a Ischmé:

— Minha mãe, não quero brincar com Zaki. Desejo que me leves à casa de Breno, filho de nossos vizinhos.

Zaki era o filho de Noori e, apesar da insistência de Ischmé, Octavius o repudiava por ser filho de uma escrava.

Aborrecida, Ischmé o recriminou:

— Não deves tratar assim Zaki, Octavius! Ele é um bom menino e filho de uma pessoa que me é muito cara.

O menino demonstrou grande irritação e contrapôs:

— Não podes exigir que brinque com esse escravo, minha mãe. Prefiro deixar de brincar! — Falando assim, Octavius se retirou, apesar do pedido de Ischmé para que permanecesse.

Ashaf, que a tudo observava, acrescentou, com um leve sorriso nos lábios:

— Teu filho ainda será tua perdição.

Ischmé se voltou e pediu:

— Não posso exigir que o estimes, mas te imploro que não o maltrates nem o persigas.

Ashaf a fitou seriamente e tornou:

— Eu é que te digo que se ele fizer alguma coisa, por menor que seja, contra Aran, o futuro dele estará selado em minha casa.

Temerosa, Ischmé se retirou. Teria de contornar o temperamento agressivo e dominador de Octavius.

Afinal, ele era a razão de sua vida...

* * *

Sendo o povo gaulês guerreiro e principalmente dedicado a defender suas terras, apesar do domínio romano, Octavius havia recebido uma educação voltada para as artes marciais.

Com seus doze anos, já apresentava uma bela compleição, deixando perceber que ali se formava um futuro soldado.

Um dia, aproximando-se de Ischmé, resolveu lhe perguntar:

— Mãe, não entendo uma coisa... Por que o meu pai me trata de forma diferente do que a Aran? E por que tenho um nome romano, apesar de ser gaulês?

Perturbada, Ischmé tentou responder:

— Querido, teu pai te ama tanto quanto a Aran, mas como és um homem, ele deseja que sejas forte e independente. Quanto a teu nome, ele me lembra um grande amigo que deixei em Roma e que sei que não tornarei a ver...

O menino ficou pensativo e afirmou:

— Pelas leis romanas sou considerado um estrangeiro, apesar de ter nascido em uma província romana e ter um nome romano. Só que nunca serei um patrício!

Impressionada, Ischmé indagou:

— Qual o teu interesse em ser um patrício, Octavius? Não estás feliz com a nossa vida na tribo? Poderás um dia nos defender dos nossos inimigos...

Octavius, demonstrando determinação e coragem, respondeu:

— Não quero lutar ao lado de um povo conquistado! Quero ser um conquistador, minha mãe!

Preocupadíssima, Ischmé o aconselhou:

— Octavius, deves abandonar essas idéias! Pode ser perigoso para todos nós. Procura ser fiel às nossas leis e esquece os romanos, pelos deuses!

O menino demonstrou enfado e se retirou.

Envolvida em seus pensamentos, Ischmé não percebeu que Ashaf a tudo observara.

Havia muito o mago caldeu desejava pôr um fim àquela situação.

Dia a dia, mais era evidente a semelhança de Octavius com Caius, e esse fato representava um constrangimento a que tinha de se submeter sem descanso.

Seguidas vezes era indagado na tribo de quem Octavius herdara aqueles traços romanos...

Ashaf dizia ser de um antepassado distante e procurava mudar o rumo das conversações.

Após ouvir o diálogo do menino com Ischmé, um plano começou a se esboçar em sua mente.

As legiões romanas se mantinham vigilantes por toda a Gália desde a vitória de Júlio César, e seguidamente novos contingentes chegavam a Lugdunum. Não seria difícil convencer o menino a se aproximar do acampamento romano, para vencer a sua curiosidade...

De repente, uma voz infantil se fez ouvir bem próxima:

– Papai! Papai! – disse a doce Aran, com insistência.

Voltando-se, Ashaf fitou a filha e a inquiriu:

– O que deseja a minha princesa?

– Gostaria que contasses as histórias que tanto gosto. Sei que estás triste e que, quando as conta para mim, te alegras!

Pensativo, Ashaf respondeu:

– É que quando estou contigo esqueço as tristezas, minha filhinha. Vamos, vou te contar uma nova história que aconteceu há muito, muito tempo.

* * *

Alguns dias mais tarde, eis que se apresenta o ensejo para Ashaf realizar seus funestos intentos.

Estando Ischmé adormecida, Ashaf verificou que Octavius brincava no pátio com o pequeno Zaki.

Aproximou-se e falou ao menino:

– Queres conhecer verdadeiros soldados?

Octavius arregalou os olhos e disse, concordando alegremente:

– Sim, meu pai! É o meu maior desejo!

Satisfeito, Ashaf o convidou:

– Acompanha-me, que te mostrarei o exército mais poderoso do mundo.

Octavius não cabia em si de contentamento. Receber a atenção do pai, que inequivocamente o evitava, era como ser contemplado com uma bênção dos deuses.

Ashaf, por seu lado, exultava em poder agir livremente sem a interferência de Ischmé. Ela, talvez, pressentindo as intenções do marido, redobrara a atenção e os cuidados com Octavius.

O trajeto foi feito a pé, pois as legiões romanas tinham acampado fora de Lugdunum.

Ao se aproximarem, Octavius, emocionado, perguntou a Ashaf:

– Meu pai, dize-me, por favor, por que sinto que já vi esses soldados em algum lugar?

Surpreso, Ashaf sorriu e respondeu:

– Esse povo deve fazer parte do teu passado espiritual, Octavius. É provável que tenhas sido um romano em outra existência. Estás apenas relembrando.

Interessado, Octavius tornou a indagar:

– Por que motivo nasci em condições tão diversas, agora? Gostaria de permanecer sendo o que eu era.

– Os deuses deliberam certas coisas para o nosso aprendizado, Octavius. Decerto precisas receber outras lições em tua existência.

Ao falar aquelas palavras, Ashaf pensava consigo mesmo que, apesar de ainda ser um menino, era chegada a hora de Octavius perder sua arrogância e seu orgulho.

Aproximaram-se, ficando apenas a alguns metros do acampamento. O movimento era intenso, tanto da cavalaria quanto dos soldados, que iam e vinham, atendendo aos seus afazeres.

No topo de longo mastro, tremulava o símbolo inconfundível do grande Império: uma águia prateada.

Cada vez mais excitado, Octavius sentiu uma emoção solene ao se defrontar com o ambiente do qual fizera parte um dia.

Com os olhos rasos d'água, rogou a Ashaf:

– Pai, não quero defender o nosso povo... Gostaria de ter nascido romano.

Ashaf, sentindo-se dono da situação, falou:

– Octavius, a tua mãe nunca te falou que tens a cidadania romana? Já faz um bom tempo que os nascidos na Gália Lugdunense possuem esse favor – mentiu Ashaf.

O rosto infantil do menino assumiu um aspecto que revelava sua contrariedade com Ischmé.

Por que ela não lhe havia falado naquele assunto, sabendo o quanto sofria com aquela situação?

Ashaf conduziu a questão de forma precisa:

– Acho que Ischmé não queria te ver partir junto com o exército romano. As mães não desejam ver seus filhos crescer... Daqui a poucos anos serás um adulto!

Encorajado por Ashaf, Octavius ficou pensativo. Tentando lhe sondar os pensamentos, o mago perguntou:

– Vejo-te preocupado... Fiz mal em te trazer aqui?

Prontamente Octavius respondeu:

– Não, pai, fizeste muito bem. Estou pensando em algumas coisas, apenas.

Na realidade, Ashaf despertara no coração do menino o desejo reprimido por Ischmé de "voltar" a ser um legionário.

O ambiente do acampamento, a soldadesca, as armas, as montarias fizeram Octavius reviver o passado que jazia adormecido, mas ainda vivo em seu inconsciente.

Dono de uma vontade vigorosa, Octavius sentira no íntimo a emoção que aquela atmosfera lhe causava.

Contrariado com Ischmé, resolveu que calaria e não tocaria mais naquele assunto com sua genitora.

Tomaria as próprias providências, quando chegasse o momento certo...

CAPÍTULO 49

O amor materno não tem limites

Em Salamina, apesar dos esforços de Lucília, tornara-se difícil se aproximar de Beatriz.

Procurando dar alguma atenção a Plínia – o que aborrecia sensivelmente Cláudia –, Lucília procurava conseguir algum contato com a moça.

Certa feita, quando soube que a menina saíra com Beatriz para um passeio na praia, Lucília comentou:

– Deves te considerar feliz com a saúde de tua filha, Cláudia. É uma linda menina e pode ter uma via normal. O meu Marcellus é uma ave ferida, que talvez volte cedo aos céus...

Cláudia se condoeu.

— Realmente, Plínia tem ótima saúde. Sinto por teu filho... Ele não convive com outras crianças?

Lucília baixou o olhar e continuou:

— Não poderei gerar mais filhos... E Marcellus vive muito só. Caius não quer que ele conviva com crianças abaixo do seu nível social, e na ilha não tenho muitas amizades. Muitos dos antigos convivas de nossa casa se afastaram depois da tragédia pela qual passamos.

Flávia Pompília, que apenas ouvia, resolveu intervir:

— Marcellus é um menino diferente. Eu e Caius procuramos ensiná-lo a se portar como um patrício, mas parece que isso lhe é um suplício.

Lucília ponderou:

— Vejo em meu filho qualidades essenciais para que se torne um homem de bem. Gosta da boa leitura, aprecia os estudos, apesar de recém-iniciados... Acho que se tornará um magistrado respeitado, se prosseguir se instruindo.

Enquanto as duas mulheres dialogavam, Cláudia teve uma idéia:

— Não sei se vão aceitar, mas fiquei pensando e posso ajudá-las de alguma forma. A minha Plínia não aprecia Roma, não se adapta à corte e acaba sendo um embaraço para mim, pois a pequena quer a minha atenção em horas que costumo repousar. Bem, se não se incomodarem, ela poderia passar uns tempos em Pafos... No meu retorno de Roma, iria buscá-la.

A idéia era excelente.

Lucília se apressou em dizer:

– Tua filha será recebida com muito carinho em nossa casa! Marcellus apreciará sua presença imensamente.

Cláudia, entusiasmada, prosseguiu:

– Não quero lhes causar nenhum incômodo. Beatriz irá junto, para atender às necessidades e aos cuidados com Plínia.

Lucília e Flávia se entreolharam. Obtiveram sucesso na empreitada!

Assim, o grupo se despedia de Cláudia três dias depois, rumando para Pafos.

Lucília, no entanto, apesar de ter conseguido obter o que desejava, mantinha uma ruga na testa.

Teria agido certo ao intervir na vida daquelas pessoas? Deveria ter falado tudo abertamente a Cláudia?

Pensamentos conflitantes lhe atravessavam o cérebro, quando ouviu com nitidez uma voz que lhe dizia:

– Filha, entrega a Deus e à sua justiça o julgamento de teus atos. Deverás buscar na prece o conforto para as tuas aflições. Serão necessárias muita coragem e fé daqui para a frente.

Lucília sentiu pequeno mal-estar, como se acontecimentos funestos a aguardassem no porvir.

"Sim, é melhor orar...", pensou.

* * *

Em Lugdunum, Ashaf aguardara os primeiros dias após o passeio com Octavius para que algum evento novo surgisse.

Como os dias haviam se passado e nada acontecesse, acabou se esquecendo do fato.

Já fazia quase um mês, quando em uma tarde Ischmé entrou exaltada em seus aposentos e exclamou:

— Ashaf! Procuramos Octavius por toda parte e não o encontramos! Não sei onde está o meu filho! Manda os servos procurá-lo, por favor!

Fingindo preocupação, Ashaf procurou acalmá-la:

— Não te aflijas, iremos atrás dele em cada casa dessa aldeia! Vou comunicar o fato às autoridades, Ischmé. Encontraremos Octavius.

Agradecida pela atenção que o marido dedicava ao filho que sabia não ser seu, Ischmé deixou-se cair ao chão e, abraçada aos pés de Ashaf, rogou em lágrimas:

— Perdoa-me, Ashaf! Sempre te julguei mal! Pensei que te negarias a ajudar-me nesta hora terrível para mim!

Ashaf se curvou e, auxiliando Ischmé a se erguer, perguntou:

— Duvidaste sempre do meu amor, não é mesmo? Pois se esta é a prova de que necessitavas, agora a tens. Iremos até os confins do mundo, mas Octavius voltará aos teus braços.

Ischmé deixou-se abraçar por Ashaf, tomada de arrependimento.

A seguir, ele saiu apressado, a fim de convocar sua guarda pessoal.

Daria ordens para que o menino fosse procurado por toda a tribo.

Certamente isso não envolvia o acampamento romano...

As horas se escoavam, e o desespero de Ischmé atingia culminâncias nunca antes vistas na jovem mãe.

O próprio Ashaf se assustou com a intensidade dos sentimentos da esposa.

Sabia que Ischmé era passional e sempre levava ao extremo suas emoções. Naquele episódio, no entanto, temia por sua lucidez.

Resolveu dar-lhe uma infusão, a fim de lhe acalmar os nervos. Mesmo assim, o sofrimento de Ischmé era sobre-humano.

A ex-cortesã pressentia que um dia algo iria acontecer...

Havia muito tempo que trazia consigo o temor de que alguma coisa acontecesse a Octavius. Pensou que Ashaf pudesse se vingar de alguma forma, mas – segundo pensava – se enganara.

Os próprios deuses a haviam castigado por tudo o que fizera na vida e agora lhe tiravam seu filho amado.

As horas passaram lentamente e o dia seguinte amanheceu sob o véu da tristeza na casa de Ashaf.

Os criados estavam mudos, Noori e Zaki andavam choramingando pela imensa residência, enquanto Ischmé acabara dormindo.

Na verdade, um sono intranqüilo, povoado de sonhos assustadores, nos quais Ischmé via Octavius e Caius juntos... no acampamento romano. Como poderia?

À medida que os dias passavam, Ashaf certificava-se de que seu plano dera certo.

Não atentara, no entanto, para um detalhe que lhe haveria de ser fatal.

Ischmé decidira ir até o acampamento em busca de Octavius.

Ashaf tentou impedi-la de todas as maneiras, mas a jovem de Listra não lhe deu ouvidos.

Colocou o manto sobre a cabeça e se dirigiu à casa de Kieran, um dos druidas do Conselho da tribo.

Não tinha dúvidas sobre o que iria fazer, mas desejava lhe falar antes de se dirigir ao acampamento romano.

Ao chegar, Ischmé viu que Kieran a esperava na soleira de sua casa.

Ischmé trazia estampado no rosto o desespero que lhe ia na alma. Kieran colocou a mão sobre o seu ombro e a convidou a entrar. Ofereceu-lhe uma cadeira, que Ischmé dispensou, e falou-lhe em tom paternal:

– Eis que finalmente me procuras, minha filha. Esperava-te há algum tempo...

Sem poder conter as lágrimas, Ischmé confessou:

– Sábio Kieran, há muito desejava lhe falar. Agora, no entanto, estou desesperada com o desaparecimento de Octavius...

O velho druida passou a mão em suas longas barbas brancas e, com uma expressão que denotava um profundo entendimento dos sofrimentos humanos, esclareceu:

– Não precisas me dizer nada, Ischmé. Talvez devas apenas ouvir-me.

O olhar atento da moça demonstrava o interesse nas palavras do ancião. Kieran seguiu em frente:

– A tua jornada pela Terra tem sido atribulada, filha. De engano em engano chegas a mim com o coração torturado pelo desaparecimento do filho amado. Já tomaste a tua decisão, eu bem sei. Não posso interferir, mas ouve-me: tua busca não terá volta!

Ischmé estremeceu ao ouvir as palavras do druida. Com o coração acelerado, perguntou:

– O que queres dizer, Kieran? Não encontrarei o meu filho? Não retornarei por quê?

O olhar grave do ancião demonstrava que conhecia o desfecho daquela empreitada:

– Não vou te enganar, filha. Semeaste muito ódio e prejudicaste muitos... Interferiste em leis universais, criando desequilíbrios de vulto em teu espírito. Ao prejudicar teu semelhante, rompeste com a harmonia com a qual devemos viver em qualquer lugar e tempo. Não podes alegar desconhecimento, pois, como bem sabes, há muitas encarnações tens o conhecimento das leis de causa e efeito. No Egito, como sacerdotisa, tiveste a oportunidade de entrar em contato com as realidades do espírito como poucos tiveram. Não se rompe uma vida sem graves conseqüências... Experimentaste na alma dilacerada pelo sofrimento as agruras que os suicidas colhem após o ato impensado. De vida em vida, usaste a beleza e teus dotes físicos para envolver, seduzir, arrastar muitos à loucura e à perda de tudo o que possuíam. Sei que o teu cérebro dolorido e cansado questiona o porquê dessas palavras duras neste momento... No entanto, estou a te lembrar os compromissos que assumiste com a Grande Sabedoria, para que faças a tua escolha com plena consciência das conseqüências. Se queres encontrar o teu filho, e já te foi mostrado onde ele está, vai, mas saiba que estás indo consumar teu destino nesta vida. Não serás obrigada a isso... A escolha é tua!

Ischmé ouvia atentamente Kieran. Quando o ancião terminou, sussurrou sob forte emoção:

— Não tenho escolha! Darei minha vida, se for preciso, pela de meu filho!

Kieran acariciou paternalmente os longos cabelos da moça e tornou:

— Perdoa a dureza de minhas palavras, minha filha. Tu e teu marido me são muito caros. Lamento, pois o pobre Ashaf terá grandes dores pela frente.

Ischmé concluiu com tristeza:

— Ele terá os filhos para confortá-lo. Octavius e principalmente Aran irão suprir a minha ausência.

Kieran deu um longo suspiro. Talvez Ischmé estivesse enganada, contudo não poderia lhe tirar esse consolo.

A seguir, determinado, explicou:

— Apesar de sermos uma província romana, sabes que os consideramos como invasores. Assim, antes de partires, faremos uma cerimônia, rogando aos nossos protetores que a amparem na sua delicada tarefa.

Ischmé agradeceu comovida, e ficou marcada a partida da jovem para a manhã do dia seguinte.

Inconformado, Ashaf não compreendeu a atitude de Kieran. Contava com a ajuda do druida para convencer Ischmé a desistir de sua tentativa de recuperar o menino. Não se importava, àquelas alturas, de Octavius retornar, mas temia pela vida de Ischmé.

No dia seguinte, Ischmé se preparou, como era o costume, para as cerimônias importantes da tribo, com uma longa túnica branca, uma faixa de seda azul na altura da cintura e um leve véu, que lhe cobria a cabeça com delicadeza.

Após as oblações e pedidos aos céus para que fosse amparada pelos protetores da tribo, formaram-se duas filas compostas dos integrantes da comunidade.

Ashaf, ao lado de Kieran, permaneceu mudo durante todo o tempo.

Algo lhe pressagiava um insucesso na busca de Octavius; além disso, começava a compreender as conseqüências da atitude que tivera.

Ischmé se aproximou de Kieran e segurou as mãos envelhecidas do ancião.

Kieran a fitou longamente e, com os olhos úmidos, a inquiriu:

– É isso o que desejas, filha?

Ischmé disse com convicção:

– Sim! Não poderia viver sem Octavius, meu amigo. Vou tranqüila e peço ao teu coração piedoso que ampares Ashaf e os meus filhos – disse Ischmé, olhando para o marido.

– Não partas, Ischmé! Juro que vou em busca de nosso filho! – bradou Ashaf com emoção.

Ischmé o encarou.

— Não sei o que me espera... Por isso peço-te que o protejas, apesar de tudo.

Ashaf compreendeu que ela se referia ao fato de Octavius não ser filho dele. Com uma ponta de remorso, acrescentou:

— Não fui um bom pai, sabes disso...

Ischmé sorriu:

— Ainda o poderás ser...

O dia alegre e ensolarado divergia dos sentimentos daquelas pessoas.

Ischmé acabara por ser estimada na tribo, quer pela sua discrição, quer pela dedicação que demonstrava pela família, um dos grandes valores dos celtas.

Assim, sob comoção geral, partiu em direção ao acampamento romano em busca de Octavius, sem saber que lá encontraria, na verdade, o seu passado.

CAPÍTULO 50

O tão esperado reencontro

No cenário romano, muitas coisas haviam se modificado.

Vespasiano morrera, deixando, como era de se esperar, Tito em seu lugar e inaugurando a sucessão hereditária ao trono.

O reinado de Tito, infelizmente, foi muito curto. Três anos apenas e marcado por grandes tragédias coletivas – a erupção do Vesúvio e outro grande incêndio em Roma.

Como conseqüência do primeiro evento, sobreveio uma peste que dizimou milhares de vidas.

A atitude enérgica do imperador evitou que os males fossem maiores.

Tito buscou pessoalmente auxiliar as vítimas, direcionando recursos em favor dos infortunados.

No ano seguinte, um incêndio destruiu os mais tradicionais edifícios de Roma: o templo de Júpiter, o Fórum e o Capitólio, entre outros.

Novamente, Tito se lançou contra as adversidades e abriu os cofres do Estado para a reconstrução da cidade.

Na época à que nos referimos, Roma se regozijava em grandes festas, pois o Coliseu estava justamente sendo inaugurado.

Por quase um ano, houve comemorações com lutas de gladiadores, de grandes animais, como elefantes, simulações de combates nas arenas etc.

O povo jamais tivera diversão tão variada e a preço tão acessível como naqueles dias.

Nesse contexto, Tito ordenou o retorno de Caius a Roma.

O castigo fora longo, mas necessário, porque Tito queria se desvincular das amizades que poderiam prejudicar sua ascensão ao poder.

Caius não foi poupado em virtude do mau comportamento que passara a demonstrar no retorno da Galiléia.

O feitiço de Ashaf agira por muito tempo no perispírito grosseiro de Caius, que acabou por liberar as más tendências que trazia consigo.

Somando-se a isso as companhias espirituais que o cercavam, Caius se tornou um ébrio e conquistador inveterado e, portanto, fora preciso afastá-lo naquele momento.

Sem esquecer o antigo companheiro que tanto o apoiara na campanha da Judéia, Tito decidiu que chegara o momento da volta de Caius.

Pela proximidade, Caius ficaria alguns tempos em Lugdunum e depois rumaria para Roma.

Os abusos pesaram sobre seu corpo terreno, produzindo cabelos grisalhos, olhos inchados... Além disso, ele adquirira alguns quilos extras.

Naquela manhã ensolarada, Caius estava ensimesmado em sua tenda. Havia poucos dias, seus soldados capturaram um menino da aldeia que, estranhamente, possuía um nome romano. Ora, era sabido que os gauleses nunca haviam aceitado o domínio romano e deixavam isso bem claro.

A outra coisa – e essa era mais intrigante – era a semelhança do pequeno com ele, Caius.

"Como pôde se dar isso?", indagava-se.

Maliciosamente, os soldados comentavam que deveria ser algum filho espúrio do general de uma de suas viagens à região.

Caius, no entanto, nunca estivera em Lugdunum, e não se lembrava de conhecer nenhuma mulher daquela localidade.

Tentara falar com o pequeno, mas – orgulhoso – o menino se negava a lhe responder.

De repente ouviu vozes, que se intercalavam em um timbre feminino.

Não deu maior importância, até que um dos soldados da guarda entrou e, após curvar-se respeitosamente, lhe disse:

– Senhor, uma mulher procura o general. Disse que é um assunto urgente, que precisa lhe falar.

Caius ouviu distraidamente e disse:

– Mande-a embora. Não tenho tempo a perder com mulheres bárbaras.

O guarda insistiu:

– O que devemos fazer? Prendê-la? É muito bela...

Ao ouvir o comentário da sentinela, Caius se interessou:

— É bonita? Tragam-me aqui essa mulher!

Alguns minutos depois, dois guardas conduziam Ischmé diante de seu general.

Logo ao entrar, Caius não pôde divisar o rosto da moça, por estar parcialmente coberto pelo véu que lhe protegia a cabeça.

Ao ver-se dentro da tenda, Ischmé olhou ao redor tentando se localizar e se acostumar com a pouca claridade do local.

Com o corpo trêmulo pelo esforço que fizera para se desvencilhar dos guardas, Ischmé olhou na direção do homem que a observava sentado em uma confortável cadeira de couro; horrorizada, gritou dando um passo atrás.

Imediatamente compreendeu as palavras do druida. Enfim, ela fora ao encontro de seu algoz!

Ao ouvir a voz dela, Caius se levantou e caminhou em direção a Ischmé.

Tão logo se aproximou, lhe arrancou o véu e bradou, triunfante:

— Que os deuses de Roma sejam louvados! Perdi quase dez anos de minha vida à tua procura, maldita!

Sentindo o ódio que Caius lhe dedicava, Ischmé gritou:

— Não me importa o que pensas ou sentes por mim, Caius! Vim em busca do meu único amor nesta vida...

Caius ficou pensativo e respondeu:

— Não tens condição de amar ninguém, traiçoeira cruel! Enganaste a todos nós que te recebemos como amiga em nossa casa...

Ischmé lançou um olhar ao homem que um dia julgara amar e perguntou:

— Sabes por que fui a Jerusalém? Ninguém te disse o motivo pelo qual abandonei tudo em Roma?

— Isso não me interessa... O que sei é que nunca falaste nada. Uma cortesã qualquer...

— Entendo o teu ódio. Eu não podia te contar a verdade porque me repudiariam. Procura Priscus, sei que está vivo, e pergunta a ele o que aconteceu!

Caius começou a rir descontroladamente. A seguir, se aproximou de Ischmé e, sentindo o perfume de seus cabelos, falou:

— O que desejas de mim, cortesã? Agora sou rico de novo.

Ischmé se voltou e bateu em seu rosto. Indignada, contrapôs:

— Não fui à tua procura pelo dinheiro. Devias saber disso, nobre general. Quando te conheci em Jerusalém não tinhas o que comer.

Furioso, Caius mandou os guardas se retirarem. Voltando-se para Ischmé, perguntou:

— O que queres, Ischmé, ou Hannah, ou sei lá o nome que usas aqui na Gália...

Com a voz suplicante, Ischmé tornou:

— Peço-te que devolvas o meu filho, que foi feito prisioneiro pelos teus homens. Chama-se Octavius...

Imediatamente Caius reconheceu quem era o menino. Conjeturando sobre como poderia tirar aproveito daquela situação, disse:

— Esse menino irá comigo para Roma, e te afirmo solenemente que pagará pelos teus crimes.

Desesperada, Ischmé se atirou aos seus pés. Chorando convulsivamente, implorou:

— Caius, por favor, liberta Octavius! Não faça nada contra ele, eu te peço! Se quiseres me matar, se precisares disso para te considerares vingado, faze-o. Mas não prejudiques Octavius, por favor!

Caius, perturbado, se libertou da jovem. Não a imaginava capaz de tanta dedicação por outro ser humano.

488 *Tanya Oliveira / espírito Tarquinius*

Ponderou alguns segundos e declarou:

— É certo que disporei de tua vida a partir de agora. Irás para Roma como prisioneira do imperador, que há muito decretou uma ordem de prisão para ti. Tito não tolera traições. Quanto ao menino, não vejo alternativa. Será feito escravo de meu filho, Marcellus. Lucília me deu um filho em tudo diferente do teu. Detesta as batalhas, odeia a vida militar. Além disso, possui a saúde débil...

Ischmé se ergueu e, cambaleante, tornou a implorar:

— Caius, não condenes Octavius à escravidão! Ele sonha, acima de qualquer coisa, servir a Roma como soldado. Eu procurei afastá-lo de tudo quanto pudesse favorecer seu ingresso na vida militar, mas ele não deseja outra existência... — explicou, desalentada.

Caius tornou, incisivo:

— É um filho de um feiticeiro e de uma cortesã. Não aceitamos soldados com tal procedência no exército romano.

— É uma criança ainda, que deverá aprender muito. Mas é forte e corajoso, não nasceu para ser escravo. Eu serei tua escrava até o fim dos meus dias, mas não condenes nosso...

Caius ergueu a cabeça e a fitou. Caminhou devagar e, segurando os braços de Ischmé, perguntou angustiado:

— O que ias dizer? Continua...

Chorando muito, Ischmé completou:

— Não condenes o nosso filho! Ainda não percebeste que Octavius é teu filho, Caius? Não observaste a semelhança dele contigo? O próprio Ashaf o repudiou desde o nascimento, assim que notou...

Caius, perplexo, sentou-se em sua cadeira. Não imaginava que aquela mulher houvesse gerado um filho seu.

Ao ver o amor desmesurado de Ischmé pelo menino, percebeu que, de alguma forma, ela nunca o esquecera.

A notícia era inesperada, assim como a que recebeu um quarto de hora depois.

Lucília cobrava a sua presença em Roma, pois Marcellus estava gravemente enfermo.

Sem titubear, deliberou a partida da Gália, levando consigo Ischmé e Octavius.

Na longa viagem que tinha pela frente, haveria de pensar no que fazer dali em diante.

* * *

Alguns dias após a sua chegada a Pafos, Lucília observou que Marcellus, apesar da alegria em encontrar uma amiga, esforçava-se para acompanhar Plínia nas brincadeiras.

Verificou que o menino apresentava grandes dificuldades respiratórias e necessitava de cuidados especializados. Providenciou imediatamente a vinda do médico que já cuidava do garoto, e foi com intensa dor que ouviu o diagnóstico:

— Os problemas respiratórios do menino se acentuaram, minha senhora. Temo que ele não resista às próximas crises, pois está muito enfraquecido.

Perguntei, angustiado:

— Achas que ele resistiria a uma viagem a Roma? Lá teríamos mais recursos.

O médico sorriu e respondeu:

— Não posso garantir nada. Talvez exista alguma chance na grande cidade... — E, olhando para Lucília, recomendou: — Faça infusões com mirto, alfazema e sálvia. São ervas poderosas, que auxiliarão quando a opressão no peito for maior.

Abracei Lucília e decidi:

— Iremos imediatamente para Roma! Não percamos tempo.

Lucília me olhou com os olhos inchados.

– Não juraste jamais voltar a Roma no dia do meu casamento, meu irmão? Não será perigoso, uma vez que te declaraste cristão?

– Isso não importa neste momento, Lucília. Partiremos em busca da saúde de meu sobrinho!

Lucília tornou a me abraçar.

– Tomarei todas as providências, Priscus. E quanto a Beatriz? O que pretendes fazer?

Respondi com segurança:

– Beatriz e Plínia seguirão conosco. De qualquer forma, Cláudia viria buscá-las. Quanto aos meus projetos pessoais, adiaremos por solicitação da própria Beatriz, que deseja ver Marcellus são.

Lucília confirmou com a cabeça:

– Ela tem sido um valioso auxílio à cabeceira de meu filho junto com Antéia. Temo-nos revesado dia após dia...

– Vou organizar nossa partida. Creio que Otávia e Flávia partirão conosco.

Lucília concordou:

– Falarei com elas e enviarei imediatamente uma mensagem a Caius, que se encontra na Gália.

Após acertar os detalhes da partida, rumamos para Roma, cidade onde tudo havia começado e que por coincidência ou desígnio de Deus, tudo haveria de acabar...

Voa alto, pequeno colibri...

CAPÍTULO 51

Na rústica mas confortável casa da tribo gaulesa, Ashaf caminhava de um lado a outro, como se tivesse enlouquecido.

Cabelo desgrenhado, barba por fazer, mantinha-se assim havia vários dias.

Inquieta, a pequena Aran, então com nove anos, pediu para que Kieran viesse até a sua residência, para ver o que estava acontecendo.

O druida prontamente atendeu ao chamado da menina. Tão logo chegou e observou a cena, pediu que Aran fosse para o quarto e ficou a sós com Ashaf.

492 *Tanya Oliveira / espírito Tarquinius*

Após meditar por algum tempo, Kieran falou:

— O retorno advindo de nossas ações é doloroso. Por uma fração de segundo, por agirmos de maneira impensada, carregamos séculos de aflições. No entanto, de que adianta te punires dessa forma? Deliberaste livremente quando agiste contra leis que tu mesmo conheces. É preciso erguer a fronte e continuar, filho...

Ashaf, transtornado e com os olhos vermelhos, tentou justificar:

— Eu não desejava ferir ninguém, Kieran. Queria apenas afastá-la do filho que não era meu, para que ela pudesse dedicar uma parcela daquele amor para mim...

Kieran convidou Ashaf a sentar-se e prosseguiu:

— Meu pobre Ashaf! Intervieste nas Leis Divinas por momentânea cegueira. Sabes muito bem que o destino a levaria embora de alguma forma.

— Sim, sabia, mas eu que tanto a amei e tudo fiz para que permanecesse comigo, mais uma vez agi contra os meus interesses.

Kieran sorriu melancólico e acrescentou:

— Sim, referes-te à encarnação no Egito... Devo te dizer que esse ciclo de existências não terminou, e os vejo daqui a muito tempo envolvidos com os resgates que tu, Ischmé e o romano criaram para si próprios. A não ser que alguém renuncie...

Ashaf olhou para Kieran com os olhos injetados. Retrucou a seguir:

— Jamais! Nunca abrirei mão de Ischmé! Nem que eu atravesse a eternidade nas suas pegadas.

Kieran balançou a cabeça e considerou:

— Eu já esperava por isso. Apesar do aprendizado que tiveste conosco, ainda precisas de muitos avatares para realmente compreenderes a sublimação espiritual... A jovem Ischmé te prende à Terra, mas tua alma ainda adejará as regiões puras do espírito, onde as sensações ficam perdidas no esquecimento.

– Consideras o amor um atraso na evolução? Não é exatamente o contrário? – perguntou Ashaf, indignado.

Kieran respondeu com paciência:

– Não se trata disso, Ashaf. O amor que dizes sentir é paixão, e paixão não é amor. O amor eleva, agiganta, purifica a alma. Quem realmente ama se sacrifica pelo ser amado. Deixa sua individualidade se fundir no outro, renunciando e deixando a noção do eu individual para se transformar em "nós". Quando duas pessoas se amam, a ternura e o carinho alimentam o ser amado, fortalecendo-o e capacitando-o a amar cada vez mais. Se houvesses desenvolvido por ela um sentimento isento de posse, terias permitido que Ischmé vivesse ao teu lado mesmo sabendo que o menino Octavius não era sangue do teu sangue. Terias compreendido e aceitado.

Ashaf ficou pensativo. Se tivesse tentado perdoar Ischmé – que na verdade não tinha culpa de ter engravidado de Caius – teria conseguido?

Ashaf tentou fazer um exercício mental, imaginando a convivência feliz ao lado de Ischmé, deixando para trás o seu passado e, principalmente, Caius, a quem odiara por todos esses anos.

Surpreendentemente, via que não teria sido tão difícil se tivesse tentado. Desiludido, olhou para Kieran e disse:

– O que posso fazer agora? Quero mostrar a Ischmé que poderia perdoá-la, aceitando Octavius.

Kieran colocou a mão sobre o seu ombro e o aconselhou:

– Talvez seja tarde, meu filho, mas deves tentar demonstrar isso à tua mulher. Se puderes, abre o teu coração e peça perdão.

Mais aliviado com a perspectiva de reencontrar Ischmé e lhe falar dos seus sentimentos, Ashaf encontrou novas forças para levar adiante o seu intento.

* * *

A viagem de Ischmé foi marcada pela tristeza e angústia.

Caius a separara de Octavius propositadamente, pois desejava falar com o menino.

O trajeto se dera por terra até a Gália Narbonense, depois tomaram a galé que os levaria até a Córsega, para só então chegar a Roma.

Caius não deixava de pensar no menino. Gostara do porte, do andar orgulhoso e de uma certa arrogância que identificara no semblante de Octavius.

"É como se visse a mim mesmo nessa idade. Ele é forte e promete ser um bom soldado!", conjeturava, com um leve sorriso se esboçando em seus lábios.

De súbito, Caius se levantou e foi ao local onde Octavius se encontrava cativo.

Ao entrar, percebeu que o menino havia se recolhido a um canto do aposento.

Caius se aproximou e falou com voz grave:

– Soube que desejas ser um soldado. És muito pequeno para isso e, além do mais, acho que nem falas a minha língua.

Octavius ergueu a cabeça e falou com orgulho:

– Sou maior que os outros meninos de minha idade. Falo o latim com fluência e, embora não tenha nascido aqui, lutaria por Roma com todas as minhas forças.

Caius ouviu cheio de satisfação as palavras do garoto. A seguir, ergueu o tom de voz, na tentativa de amedrontar Octavius:

– Deves saber que sou o general Caius Pompilius... Não admito soldados tímidos e medrosos.

O coração de Octavius acelerou ao ouvir a voz daquele que era seu próprio pai. Admirado e de certa forma emocionado com o momento, o menino disse:

– Senhor, se me fizeres um soldado, juro defender Roma e o senhor como defenderia minha própria vida!

Caius perturbou-se ao ver sua própria imagem quando criança prometer-lhe proteção. Mais uma vez, indagou:

– Desejas, meu jovem, realmente ser um soldado? Poderia obter a cidadania que tanto almejas.

– É o meu maior desejo senhor! Já fui ludibriado uma vez, mas no senhor confio inteiramente.

Caius se preparou para se retirar. Não tinha mais dúvidas. Teria um filho soldado, defensor de Roma e do Império...

Quanto a Ischmé, resolveu deixar passar os dias no intuito de castigá-la. Jamais a esquecera, mas também jamais a perdoara.

Agora a tinha em suas mãos e disporia dela da maneira que bem entendesse. O próprio Tito haveria de lhe facultar essa escolha.

Finalmente, lembrou-se de Marcellus. "Pobre menino...", pensou. "Um filho tão débil e outro tão forte. Por que o filho que Ischmé me deu haveria de ser tão destemido e corajoso, e o de Lucília tão diferente?"

Comparou as duas mulheres e concluiu que a influência materna havia configurado aquelas diferenças.

Ischmé sempre fora passional e decidida. Lucília, por sua vez, se tornara uma mulher fraca e cheia de crendices. "Acho até que é cristã, como Priscus!"

Assim, sem trocar uma palavra com Ischmé, Caius e seus soldados chegaram ao porto de Óstia e se dirigiram a Roma.

*   *   *

O sol se punha quando Caius entrou no átrio de sua residência romana. O silêncio reinante denunciava a desolação dos moradores daquela casa.

Ordenou à sua guarda pessoal que mantivesse vigilância sobre Ischmé e Octavius e foi para o quarto do filho.

Logo ao entrar, percebeu que o menino agonizava. Palidez extrema denunciava os derradeiros momentos de Marcellus na Terra.

Tomado de certo remorso, Caius correu em direção ao leito e, abraçando o menino, murmurou:

— Por que me deixas, filho? Quero que vivas, para honrar o meu nome...

Marcellus abriu lentamente os olhos e pronunciou, quase em um sussurro:

— Papai, não... sou o filho... que desejavas...

— Não diga isso, por favor! És meu filho, e é isso o que importa.

O pequeno tornou com dificuldade:

— Promete que cuidarás... de minha mãe...

Lucília chorava, enquanto beijava a cabeça de Marcellus.

Caius respondeu ao filho:

— Sim, prometo ampará-la sempre!

O menino ainda pediu:

— Não a faças sofrer... Ela não merece...

Quase sem forças, Marcellus se calou. Lucília convidou Caius para saírem do aposento, pois desejava lhe falar.

Assim que transpuseram a porta do quarto, Lucília esclareceu:

— Caius, tenho um pedido a te fazer.

— Do que se trata?

– Há alguns dias, chegou a Roma um venerável cristão que tem realizado curas extraordinárias. Permite que vá chamá-lo para atender o nosso filho.

O rosto de Caius se transfigurou em uma máscara de cólera. Aos brados, falou:

– Jamais! Jamais um feiticeiro cristão virá até minha casa enfeitiçar o meu filho! Sou Caius Pompilius e, como patrício romano, não aceito outros deuses a não ser os do nosso panteão, ouviste? Não me rebaixarei a esses andrajosos sujos e enganadores dos parvos, que se deixam levar por suas ladainhas...

Pálida, Lucília tornou, assustada:

– Caius! É por nosso filho! Tua atitude pode determinar sua morte... Além disso, deves saber que sou cristã e não admito que fales assim.

Caius se aproximou e, tomando bruscamente o rosto de Lucília nas mãos, exclamou:

– Cala-te! Não digas mais nem uma palavra! Não quero saber das tuas crenças! Estão proibidos de falar nessa crença nesta casa!

Lucília tentou ainda uma vez:

– É por Marcellus, Caius! Abranda o teu coração por nosso filho, por favor!

Caius se voltou e bradou, sob forte descontrole:

– É a última vez, entendeste? A última vez que me falaste nesses cristãos! Se voltares a tocar nesse assunto, não me responsabilizarei pelo que vier a acontecer.

Dizendo isso, Caius se retirou a passos largos, deixando Lucília no auge do desespero.

Voltando à cabeceira de Marcellus, ela viu que o menino estava acordado. Sorrindo para a mãe, Marcellus a acalmou:

— Não chores... mãe! Jesus não... me abandonará! Deixa que se cumpra a... vontade de Deus! Terás outro filho... em breve!

Lucília abraçou o menino, dizendo:

— Não desejo outro filho, mas somente tu, que és o lenitivo de minha vida! Não me deixes, Marcellus!

— Não posso... mãezinha. O meu... tempo... acabou. Outro virá...

O olhar do menino se anuviou. Lucília, desesperada, chamou por mim e Caius, enquanto Flávia saía às pressas do cômodo.

Quando chegamos, Lucília segurava o corpo inerte de Marcellus contra o peito.

Enfim, aquele adorável menino partia qual pequena ave que abandona o ninho, para encetar grande vôo em direção ao infinito, onde as grandes almas repousam após vencer as lutas da Terra.

Na dor de Lucília, aprendi a amar todas as mães que não puderam impedir que partisse uma parte de suas almas.

CAPÍTULO 52

Consolo em meio à imensa dor

Os dias que se seguiram ao funeral de Marcellus foram extremamente dolorosos para todos nós.

Lucília era a própria sombra da dor, embora permanecesse emudecida. Achei que deveria respeitar o difícil momento e, também acabrunhado, me pus a refletir.

Por que Jesus não poupara Marcellus?

Observando o sofrimento que, calada, Lucília carregava no coração pelas desilusões que tivera com Caius, perguntava-me pelos desígnios divinos que colocavam provas tão ásperas em ombros aparentemente tão frágeis.

Foi quando, pela primeira vez, Beatriz pôde se aproximar de mim.

Com toda a atenção dedicada ao meu sobrinho, mal havíamos trocado algumas palavras.

Encontrava-me no peristilo, sentado em um banco, quando suavemente ela se aproximou. Levantei-me e, observando-me com ternura, Beatriz disse:

— Lucília me falou que estavas à minha procura e que por isso foram a Salamina.

Fitei o rosto delicado de Beatriz.

— Há muito te tenho procurado. Em todos os lugares por onde andei, sempre tive a esperança de te encontrar. Desconhecia que eras escravas de Cláudia.

Beatriz sorriu com delicadeza e disse:

— Sim, eu sou escrava de uma de tuas conquistas. Sabes que corremos perigo por essa tua idéia... – Beatriz ia continuar quando a interrompi.

— Cláudia está no meu passado de ilusões e enganos! Amo-te muito, Beatriz, e não abrirei mão de te desposar, nem que para isso, corra todos os perigos possíveis.

Um lampejo de tristeza perpassou os olhos cerúleos de Beatriz, que indagou:

— Crês que nascemos para tal ventura?

Respondi imediatamente:

— Por que não? Nada nos impedirá, minha amada! Pretendo permanecer mais algum tempo com Lucília, e depois casaremos e partiremos juntos para construir nossa vida.

Beatriz deu um longo suspiro e tornou:

DAS LEGIÕES AO CALVÁRIO 501

– Em breve retornarei à casa de Cláudia. Se ela suspeitar de tua presença aqui, temo que venha a se tornar cruel. Não aceitará nossa felicidade.

A situação era difícil. Tomei-a nos braços e, estreitando seu corpo frágil, beijei-a e declarei, confiante:

– Temos uma fé que nos fortalece. Entreguemos nossos temores a Jesus... Ele nos guiará.

Com os olhos lacrimosos, Beatriz prosseguiu:

– Não gostaria de me afastar de Lucília neste momento! Quisera poder fazer algo para lhe aplacar a dor...

Com extrema tristeza admiti:

– Quais motivos poderiam justificar a morte de um menino como Marcellus, quando tantos jovens pérfidos e voltados ao mal permanecem neste mundo, para a sua desgraça?

Beatriz, surpresa, retrucou:

– Priscus! Como podes falar assim, tu que conheces a bondade divina? Sabes que os desígnios do Pai são infinitamente justos e calcados na mais soberana misericórdia. Colhemos o que plantamos um dia. Às vezes não entendemos muitas das palavras de Jesus, mas quando ele disse que era necessário nascer de novo se referia ao que já as crenças antigas do Egito e do Oriente pregavam: o retorno à Terra depois da morte.

Minha expressão de curiosidade fez Beatriz continuar:

– Voltamos ao palco de nossas experiências muitas vezes, para terminar o que não completamos ou refazer os caminhos que trilhamos de forma errônea. Marcellus, seguramente, enquadra-se nesse contexto. Morreu ainda menino, o que significa que completou alguma tarefa.

Indaguei, admirado:

— Queres dizer que Lucília pode ter tido algo a ver com Marcellus em outra passagem pela Terra e que agora, com sua morte, resgata o seu passado? Como pode ser isso?

Beatriz sentou-se e, convidando-me carinhosamente para sentar-me ao seu lado, continuou:

— Priscus, observa a natureza. Existe um ciclo entre o nascer, viver e morrer. Em seguida vemos as plantas renascerem e perpetuar o ciclo. Por que não poderíamos fazer o mesmo? Onde achas que a alma dos desventurados permanece depois da morte?

— Nunca pensei muito nesses assuntos. Por isso tive, a princípio, muita dificuldade em compreender Jesus. Aproximei-me dele mais pelo sofrimento do que pelo entendimento.

— Fico feliz por ver que realmente aceitaste os seus ensinamentos. A mensagem de Jesus é para um novo tempo, Priscus. Ainda não foi compreendida, e essa compreensão demorará muito a acontecer. Podemos, no entanto, estudá-la e buscar a explicação daquilo que para nós é incompreensível junto aos nossos irmãos missionários, que possuem um entendimento maior do que o nosso. Quanto à pergunta que te fiz, digo o que aprendi sobre o assunto: a alma retorna à vida depois de algum tempo para corrigir erros, completar tarefas ou, em alguns casos mais raros, orientar e dar exemplos aos que aqui permanecem.

Senti como se um novo caminho se abrisse à minha frente. Aceitara os ensinamentos de Jesus, mas experimentava tanto remorso pelo mal que perpetrara anteriormente que, sem a palavra confiante e encorajadora de Luciano, não me sentia à altura de servir à causa. Buscara ser útil por onde andara, contudo, imensa vergonha pelos meus atos me acompanhava.

Temia ser reconhecido e apontado como o romano cruel que a tantos prejudicara.

Na minha ânsia de poder e triunfo, destruíra lares, matara homens e agira inconseqüentemente, como se a única lei que devesse obedecer fosse a minha própria.

Agora via-me diante de um poder supremo, que cobrava a cada um segundo suas obras. Temia não poder recomeçar!

As palavras de Beatriz me deixavam entrever uma nova oportunidade. Se eu pudesse nascer de novo, poderia recomeçar com uma crença nova, com novos valores...

Seria a oportunidade bendita da minha redenção!

* * *

Havia dois dias que Beatriz retornara à casa de Cláudia em Roma. Fui à procura de Lucília, que permanecia entregue à sua profunda dor.

Caius saía pela manhã e retornava à noite, bêbado. Flávia procurara de todas as formas chamar o filho à razão, mas era inútil.

Otávia estava tão desolada quanto Lucília.

Aproximei-me de minha irmã e abracei-a com ternura.

Lucília emagrecera assustadoramente. Os longos dias e noites em que cuidara do menino tinham deixado marcas em seu corpo delicado.

— Peço-te, querida, que reajas nesse momento difícil. Jesus socorrerá o nosso menino...

Lucília concordou:

— Sim, sei disso. Apenas me pergunto... se Caius houvesse permitido a vinda de Luciano, ele não se curaria?

— Luciano está em Roma? Como soubestes? — perguntei, admirado.

— Beatriz ouviu suas preleções em Salamina. Disse que ele se dirigia a Pafos e a seguir viria a Roma.

Com o coração aliviado, falei:

— Vamos procurá-lo, Lucília. Ele nos erguerá com a força de sua fé e dos ensinamentos de Jesus, que transmite com tanta pureza e confiança! Eis um bom momento para reencontrarmos Luciano.

Forte barulho sobreveio do átrio da residência. Eu e Lucília nos encaminhamos para a entrada.

Um oficial da guarda pretoriana se encontrava diante de nós com uma ordem de prisão.

Estarrecidos, ouvimos o oficial declarar:

— Recebemos a informação de que se encontra nesta casa antiga fugitiva da justiça imperial.

Eu e Lucília nos entreolhamos sem nada entender.

Fitei o interior da casa e deparei com Caius caminhando em nossa direção.

Colocando-se entre nós e o oficial, concordou:

— A informação está correta. Peço que aguardem um pouco.

Caius fez sinal para que o acompanhássemos. Dirigimos-nos para a área destinada aos escravos.

A seguir, Caius mandou uma sentinela se afastar e convidou-nos para entrar.

Em um cubículo de poucos metros, jazia uma mulher, no chão, encostada em uma das paredes.

Ao entrar a luz externa, ela tapou o rosto.

Caius anunciou, vitorioso:

— Eis aqui, meu caro Priscus, a mulher que te denunciou a Nero!

Horrorizado, olhei para a jovem que se erguia à minha frente.

Ischmé surgia diante de mim em andrajos, com um vestido rasgado e imundo.

Lucília cobriu o rosto com as mãos e exclamou:

— Caius! Como podes manter essa moça em nossa casa nestas condições!? Por que não me disseste que a tinhas aprisionado?!

Caius baixou a fronte e murmurou:

— A morte de nosso filho tomou-me todos os pensamentos. Resolvi deixar o assunto para depois.

Decidi intervir de modo mais incisivo:

— Caius, nunca acusei Ischmé de nada. Esses fatos já estão esquecidos por mim. Por que trouxeste a guarda imperial antes de me falar? Onde a prendeste?

— Pensei que prendia um pássaro, e na verdade prendia dois. Um deles era a traiçoeira que nos enganou...

Lucília se adiantou e, segurando as mãos de Ischmé, explicou:

— Para mim, sempre foste Hannah... Não importa! Vem, vou providenciar um banho e roupas dignas para ti.

Ischmé ousou falar:

— Temia não poder falar-lhes ainda uma vez... Peço que me perdoes, Lucília, por havê-los enganado. Quanto a ti, Priscus, que me conheces há tanto tempo, quero pedir-te perdão, também, mas antes de tudo, desejo que relates a Caius o porquê da minha ida a Jerusalém. Acho que não esqueceste o que havíamos combinado uma noite em minha casa...

Caius interveio:

— Não quero saber de teus estratagemas, Ischmé! Nada do que Priscus diga mudará o curso dos acontecimentos.

Novamente, tomei a frente e disse:

— Vou contar o que Ischmé me pede. Logo ao retornar a Roma, lembra-te, Caius, que havia ido à tua casa e que uma noite jantamos e resolvi me retirar mais cedo.

Caius fez um gesto de quem se lembrava do ocorrido.

— Bem — prossegui —, ao sair de tua casa, fui até a residência de Ischmé, por ser ela uma velha amiga. Ischmé não recebia a todos os que a procuravam, mas, mesmo assim, arrisquei.

Caius perguntou, com um sorriso malicioso:

— Por que não me convidaste para essa reunião? Acho que teria sido muito interessante e pouparia a traição de nossa amiga...

Fixei-o seriamente e prossegui:

— Pensava em falar-lhe e talvez até... No entanto, Ischmé me recebeu quase friamente. Tratei de ir direto ao assunto: desejava a ajuda dela junto a Nero para diligenciar minha perseguição aos cristãos.

Ischmé chorava, enquanto eu narrava:

— Ischmé concordou em auxiliar-me, mas em contrapartida desejava um favor meu: propiciar sua aproximação a ti...

Caius a tudo ouvia, estarrecido.

— Perguntei-lhe por que a cortesã mais requisitada de Roma necessitaria de mim para se aproximar de um centurião... Ela me respondeu que Caius não seria apenas mais um homem em sua vida, mas o único pelo qual havia esperado.

Caius não se conteve:

— Desde quando me conhecias, Ischmé? Jamais a havia visto...

Ischmé respondeu com franqueza:

— Tinha-o visto quando cavalgavas pela cidade, quase ao lado da minha liteira, quando eu era ainda uma adolescente.

Caius silenciou. Continuei minha narrativa:

— Combinamos que, quando eu partisse de Roma com Caius em direção a Pafos, a avisaria e ela nos seguiria. Lá poderia se apresentar como uma jovem qualquer, sem o passado a lhe condenar.

Ischmé tomou a palavra:

— Como vês, Caius, não os segui por vingança, mas por amor! Um amor desesperado, cruel, que me custará a vida! Quando soube que Priscus partira contigo, pensei que me havias traído e busquei pessoas influentes que o denunciaram a Nero. Errei, mas foi por achar que tinha sido traída... Muito me arrependi quando os encontrei em Jerusalém. O que achas? Preferiria mil vezes ser a doce Hannah do que quem eu realmente era!

Caius se adiantou e, traindo seus sentimentos, comentou, agitado:

— Por que nunca me contaste a verdade? Por que tantas mentiras? Por que me abandonaste por Ashaf?

— Aceitarias uma ex-cortesã, Caius? Terias tanto amor por mim para construíres um lar com uma mulher como eu? Quanto mais eu mentia, mais era preciso mentir! Quanto a Ashaf, chantageou-me no acampamento, às portas de Jerusalém. Disse que me entregaria diante de todos, inclusive de Tito...

Caius completou, sarcástico:

— Que também te conhece!

Lucília olhava penalizada para Ischmé. Via em sua amiga ao que as ilusões da matéria e a paixão descontrolada podiam conduzir. Falou, buscando a compreensão dos que trazem o coração marcado pelas experiências do tempo:

— Já é suficiente! Nada podemos fazer em relação ao passado...

Ischmé se adiantou e pediu:

— Lucília, ainda podes fazer com que minha vida não tenha sido em vão. Tive um filho que Caius deseja fazer escravo em tua casa. Peço-te, poupe-o!

Lucília voltou-se e falou, indignada:

— O que pretendes, Caius? Macular nossa casa com tuas injustiças e maldades?

Caius respondeu, reticente:

— Não conheces o menino. Talvez o venhas a detestar... Ele é meu filho e de Ischmé.

508 Tanya Oliveira / espírito Tarquinius

Lucília empalideceu. Procurando se controlar, mandou buscar o pequeno.

Caius deu a ordem e, minutos depois, Octavius adentrava o recinto.

Lucília se adiantou e disse:

— Não precisarias me dizer, Caius. A semelhança dele contigo é inegável. Mais parecido que o nosso pobre Marcellus...

Ischmé se abraçou ao filho e implorou:

— Não tenho o direito de te pedir nada, Lucília... Rogo aos teus bons sentimentos que o liberte.

Lucília não titubeou. Ischmé amava Caius como ela talvez nunca tivesse amado...

Ela acabara de perder o filho, e aquele menino certamente estava prestes a perder a mãe.

Caius costumava ser implacável com aqueles que julgava tê-lo traído. Mesmo sabendo de toda a verdade, já havia entregado Ischmé ao imperador... O que fazer?

De repente, Lucília se lembrou de Marcellus no leito de morte. Ele dissera que Jesus mandaria outro filho... Enviaria outro...

Tomada de intensa emoção, Lucília se voltou e decidiu:

— Não posso substituir tua mãe, mas preencherás a nossa vida e a nossa casa, que está vazia desde que meu filho partiu. Ficarás em minha casa como alguém que protegerei e por quem velarei até que possas decidir o teu futuro.

O menino abraçou a mãe e perguntou:

— Por que não posso ficar contigo, mãe? Voltarei para a Gália, se assim o quiseres.

Ischmé, procurando controlar as lágrimas, explicou:

– Não, querido, eu voltarei sozinha. Teu pai e Aran precisam de mim. Tu ficarás com a boa Lucília e, se fores obediente, o general Caius poderá te dar um lugar no exército que tanto aprecias.

Os olhos do menino brilharam de alegria. Caminhou na direção de Lucília e Caius e garantiu:

– Serei um bom menino, saberei me comportar, mãe. Depois, vou buscá-los para morar comigo em Roma...

Apesar de exausta, Ischmé sorria. Mentira quanto à própria sorte por um motivo nobre.

Sua mentira faria a felicidade de seu filho.

CAPÍTULO 53

Sob as garras de
Domiciano

Caius se retirou e foi ao encontro do oficial que ainda esperava, impaciente.

Dirigindo-lhe a palavra, ordenou:

— Podes retornar e dizer ao imperador que levarei pessoalmente a acusada ao palácio.

O oficial, contrariado, retrucou:

— Senhor, não esperei todo esse tempo para sair desta casa com as mãos vazias. Peço, portanto, que permita que eu cumpra o meu dever.

O sangue de Caius afluiu ao rosto ao dizer:

— Estás falando com o general Caius Pompilius, soldado! Ordeno-te que retornes e comunique ao imperador que levarei pessoalmente a mulher! — Quase espumando de raiva, por se sentir desacatado, Caius adiantou-se e gritou: — Agora, vai! Sai antes que te leve prisioneiro também, por esse desacato!

O oficial prestou continência e saiu rapidamente.

Lucília ordenara às escravas que conduzissem Ischmé para um banho e lhe separou uma roupa limpa.

Por fim, quando nos reencontramos, Lucília caminhou em nossa direção e rogou:

— Caius, Ischmé nos trouxe o teu filho. Esse menino será a tua felicidade, tu bem o sabes... Faz alguma coisa em seu favor. Não acredito que a tenhas esquecido totalmente.

Surpreendido com a força moral de Lucília, que havia perdido seu filho amado fazia poucos dias, Caius respondeu a contragosto:

— Nada poderei fazer agora. Ela irá a julgamento, mas talvez possa ser absolvida com o testemunho de Priscus. Tito se encontra enfermo e se recolheu na Sabínia. Deixou Domiciano em seu lugar.

Completei, penalizado:

— Sim, é verdade, minha irmã. Só que o irmão de Tito em nada se parece com o imperador. É impiedoso e cruel... Temo que não revogue uma determinação do irmão neste momento.

Lucília ingenuamente ousou propor:

— Penso que o mal que Ischmé perpetrou contra nós já foi pago até demais. Se já a perdoamos, por que manter a punição? Poderias libertá-la, Caius, e dizer que ela fugiu...

Caius tornou, perturbado:

— Não poderei fazer isso, agora que desautorizei o oficial a levá-la daqui. Seria considerado cúmplice de Ischmé.

Alguns minutos depois, Ischmé adentrou o recinto. Todos se voltaram e puderam constatar que, apesar de haver emagrecido, sua beleza permanecera intacta.

O contorno do rosto se tornara mais definido, e os olhos pareciam ter se tornado maiores e mais belos.

Caius sentiu que sua pulsação aumentara e eu verifiquei, admirado, que aquela bela mulher estava prestes a ser entregue a um julgamento doloroso. O seu passado, certamente, seria trazido a público.

Conjeturei sobre o que significaria colocá-la em uma das prisões do palácio e tornei:

— Caius, sei que me compreenderás; afinal de contas somos homens e conheces tão bem quanto eu aquelas prisões... Será como atirá-la a uma matilha de cães ferozes. Afinal de contas, essa é a mãe de teu filho.

Caius compreendera perfeitamente o que eu quisera insinuar. Olhou-me com desânimo e concluiu:

— Nada podemos fazer... A sorte de Ischmé foi lançada no dia em que partiu com Ashaf!

Ischmé a tudo ouvia em silêncio. Sabia que Caius não voltaria atrás.

O general pediu o seu capacete e a espada e, com um olhar significativo, deu a entender que a hora chegara.

Lucília abraçou Ischmé e afirmou em lágrimas:

— Sempre serei tua amiga, Ischmé. Nada posso fazer por ti, mas teu filho será o meu filho a partir de agora. Sei que foste um dia à casa de Luciano em Betânia... Lembra-te dos seus ensinamentos sobre Jesus. Eles te beneficiarão imensamente nesta hora.

Ischmé, com os olhos marejados de pranto, tornou:
— Sim, Lucília, estive lá e nunca esqueci aquelas palavras. Minha

vida foi cercada por erros clamorosos, e nunca me senti à altura dos ensinos do teu Mestre.

Lucília sorriu suavemente e contrapôs:

— Foi justamente para os caídos e sofredores que ele veio trazer a sua mensagem de amor e perdão, querida. Jesus, segundo suas próprias palavras, não veio salvar os sãos, mas os doentes, porque são estes que precisam de médico. Não somos melhores do que ninguém, e todos temos neste mundo uma cota de sofrimento.

— Tu sofreste sem nunca fazer ninguém padecer. Eu, no entanto, me encontro em situação bem diversa.

Lucília prosseguiu, com apreciável inspiração:

— Ainda está em tempo, Ishmé! Não desiste, pensa na mensagem do Nazareno. Deves saber que Priscus o aceitou em seu coração.

Ischmé me dirigiu o olhar e falou, pensativa:

— Esse profeta realiza grandes mudanças nos seres humanos. Devo reconhecer que Priscus se modificou substancialmente.

Caius se tornava impaciente com aquela conversação. Evitava demonstrar o seu aborrecimento com o fato de conviver com cristãos em seu próprio lar; como Lucília e eu éramos discretos e poucas vezes mencionávamos o assunto em sua presença, nos tolerava.

Compreendendo que chegara o momento de partir, Ischmé se adiantou e se colocou à disposição de Caius, que tomando-a pelo braço, a levou dali.

Olhei para Lucília e notei que estava em fervorosa oração.

* * *

No palácio de César, algumas mudanças já se faziam notar.

Tito governara Roma como um justo e, apesar de algumas excentricidades, gerara um clima de segurança no Império.

Não se viam tantas delações como em outros tempos, o direito à propriedade estava assegurado e não oscilava de acordo com o temperamento do imperador.

Vespasiano, homem dedicado à carreira militar e filho de pais humildes, forjara o seu caráter transmitindo ao filho valores sólidos e permanentes.

Apesar de sua juventude inconseqüente, Tito tinha grande estima por seu progenitor, e a amizade que os unia se fortaleceu ao longo da vida. Tito foi, mais que um filho, um apoio de inestimável valor a Vespasiano.

Domiciano, ao contrário, pouco convivera com o pai e tivera sua personalidade totalmente deformada. Arrogante, egoísta e ignorando as tradições, era o oposto do pai e do irmão.

Aterrorizou Roma com um governo autoritário. Desrespeitou o Senado e seguidamente fazia as fortunas trocar de mãos, retirando-as caprichosamente de quem desconfiasse.

Dessa forma, ao chegar ao palácio, Caius sabia o que o esperava.

Foi recebido quase que imediatamente, devido ao teor de sua visita.

Ao saber que o general que servira a seu irmão havia muito guardava uma mulher acusada de traição, a curiosidade de Domiciano se voltou inteiramente ao assunto.

Caius entrou no amplo salão onde o imperador costumava dar audiências e, curvando-se, se apresentou:

— General Caius Pompilius; venho trazer antiga prisioneira, cuja perseguição foi a mim designada por vosso irmão, Tito Flávio. Trago-a para ser julgada por nossas leis.

Domiciano olhou com atenção para Ischmé. A seguir, rindo alto, declarou:

– Queres que eu acredite que essa bela mulher é uma traidora? Diga-me o que fez ela de tão grave.

Caius respondeu com respeito:

– Senhor, essa mulher delatou a Nero um fiel soldado de Roma. Foi uma calúnia que afastou Vinicius Priscus para sempre de nosso exército.

Domiciano ficou pensativo. Tinha grande admiração por Tibério e, apesar de vir a ser comparado futuramente a Nero, não lhe tinha grande simpatia. Perguntou a Ischmé:

– Por que fizeste isso, mulher? Sendo assim tão formosa, por que não usaste de tua beleza para ser feliz, em vez te enredares com a política?

Ischmé respondeu com firmeza:

– Eu era muito jovem... Deixei-me levar por um amor que jamais foi correspondido.

Caius olhou para Ischmé de modo significativo. Domiciano prosseguiu, malicioso:

– Quem seria tolo dessa forma? Certamente esse homem não te merecia, minha bela. Dize-me, o que disseste a Nero?

– Não o fiz pessoalmente, senhor. Conhecia pessoas influentes que o fizeram saber que o centurião Priscus tramava contra ele em Chipre. Nero sabia que os militares desejavam tirá-lo do trono.

Domiciano se voltou em direção a Caius e indagou:

– A história desse Priscus nunca ficou bem esclarecida... Ouvi dizer que teu cunhado, inclusive, se tornou adepto da detestável seita cristã.

Caius respondeu com aparente convicção:

– Não é verdade, senhor! Priscus é vítima das línguas maldosas de Roma. Depois de sofrer muito, sendo feito escravo na Fenícia, resolveu abandonar Roma, para recomeçar a vida em outro lugar.

Domiciano ouvia, enquanto idéias sombrias lhe perpassavam o cérebro. A seguir deliberou:

— Tua prisioneira ficará em meu palácio até que eu encontre alguma solução para esse caso.

Caius empalideceu profundamente. Sentindo-se traído pelo próprio poder a que tanto respeitava, disse:

— Senhor, pensei que esta mulher teria um julgamento digno, com direito à própria defesa. Trouxe-a aqui para ser julgada conforme determinam as nossas leis.

Contrariadíssimo, Domiciano concluiu:

— Ora, general! Sabes muito bem que em breve serei o novo imperador! Que não haverá vontade, nem Senado, nem direito algum acima da minha palavra... Quero essa mulher sob a minha proteção, e quem sabe se a nossa formosa traidora não terá um destino mais suave do que a execração pública de um julgamento?

Sem saber o que dizer, Caius olhou ainda uma vez para Ischmé e se retirou.

Iria até Sabínia falar com Tito, pois esse ainda era o imperador, o poder supremo de Roma.

CAPÍTULO 54

O último gesto do nobre imperador

Desde algumas semanas antes, Tito demonstrava problemas de saúde e deixava transparecer que sucumbiria em breve. Assim, resolveu retornar ao lugar onde nascera, Aquae Cutiliae, na Sabínia.

A cidade ficava próxima a Roma, e Caius rumou em sua direção imediatamente.

Algumas horas mais tarde, chegou extenuado ao palácio de Tito.

Foi recebido pelos servos, visto que Domiciano já antecipava, em Roma, os preparativos para sua ascensão ao poder.

Caius entrou no palácio e dirigiu-se às câmaras internas, onde se encontravam os aposentos do imperador. Ao vê-lo, sentiu indisfarçável tristeza, pois tinha à sua frente, antes de tudo, um amigo.

Aproximou-se de seu leito, onde uma escrava trocava as compressas que lhe cobriam a cabeça.

Febril, Tito olhou para Caius e exclamou:

— Caius Pompilius! Vieste me fazer companhia na hora de minha morte?

Caius deu um passo à frente e, curvando-se levemente diante do seu imperador, garantiu:

— Viverás para fazer Roma ainda maior, senhor!

Tito fitou-o melancolicamente.

— Sempre fiz tudo por Roma, Caius, sabes disso. No entanto, agora estou morrendo sozinho, sem amigos nem família.

— Tu e teu pai trouxeram a paz a Roma, e isso o povo não esquecerá. Fala-se em todas as esquinas da cidade sobre a tua moléstia, e todos lamentam.

Tito pediu à escrava para ajudá-lo a acomodar-se no leito e disse:

— Estou com quarenta e dois anos de idade, Caius! Gostaria de viver mais, para corrigir algumas coisas. Tenho um único gesto de que me arrependo na vida!

Caius escutava, atento, e disse:

— Não estou aqui para julgar-te. Gostaria de solicitar tua clemência para uma vida que está em perigo.

Tito encarou Caius, enquanto o general prosseguia:

— Talvez ainda lembres... Trata-se da cortesã Ischmé, à qual eu solicitei tua ajuda para capturar. Quis o destino que, antes de retornar a Roma, eu a encontrasse na Gália.

Tito deu um sorriso, resignado. A seguir indagou:

– Queres que eu revogue o decreto, não é mesmo? Meu caro Caius, jamais tive dúvidas de que perseguias aquela mulher por ciúme e despeito. O fato de ela ter te trocado pelo mago caldeu foi o que gerou todo aquele ódio, e não a traição contra o nobre Priscus, certo? Não é mesmo?

Caius silenciou. Era a verdade que ele nunca quisera reconhecer.

Nunca admitira amar Ischmé e nem pensara seriamente em se unir a ela. Prezava em demasia a sua origem nobre, e não se casaria com uma estrangeira.

Perturbado e vencido em seu orgulho, murmurou:

– Entreguei-a ao teu irmão Domiciano certo de que ele a levaria a julgamento, como tu me havias prometido, mas arrependime. Creio que Domiciano tem outras intenções com Ischmé. Não haverá nenhum julgamento...

O corpo de Tito tremia em virtude da febre, enquanto ele procurava pensar. As idéias pareciam lhe fugir da mente, mas sabia que sua ação seria definitiva no episódio.

Conhecera Ischmé e entendia o que Caius estava passando. Não se apaixonara como o amigo, mas aquela jovem lhe marcara a juventude.

Chamou um de seus auxiliares e pediu que anotasse algumas palavras, revogando a ordem de prisão que dera quase dez anos antes.

A seguir, com imensa dificuldade, assinou o documento e colocou o selo do imperador.

Olhou para Caius e disse com um leve sorriso:

– Eis o último documento assinado pelo imperador Tito! Achas que serei lembrado pelos homens nos séculos vindouros?

Caius, profundamente emocionado, respondeu:

— Os homens saberão que viveu em Roma um grande imperador, filho de Vespasiano, e que se pudesse ter vivido mais, seria maior do que o foi seu pai. Lutou por Roma, venceu e cuidou do seu povo, trazendo a paz e a alegria de ser romano. Tua vida será lembrada daqui a muito tempo, meu amigo!

Tito estendeu a mão e apertou a de Caius, que sentiu o calor da febre que consumia o amigo.

O imperador recostou a cabeça nas ricas almofadas que lhe serviam de apoio.

Caius pediu licença e se retirou.

* * *

Quando Caius retornou a Roma, a noite já ia alta. Domiciano não o receberia naquele horário, mas mesmo assim resolveu ir até o palácio.

Logo ao chegar, se dirigiu às prisões infectas do local. Sendo um general, poderia entrar naqueles recintos sem nenhuma autorização expressa.

Falou com alguns guardas sobre o paradeiro de Ischmé, até que obteve uma informação segura.

Dizendo estar a serviço de Domiciano, aguardou a sentinela lhe abrir a pesada porta, para chegar até Ischmé. Assim que ela foi fechada, a luminosidade desapareceu.

Caius tentou dar um passo, mas tropeçou em pedaços de madeira que eram colocados no chão, tirando o espaço e impedindo que os prisioneiros dormissem.

Após recuperar o equilíbrio, chamou:

— Ischmé! Hannah!

Ischmé havia adormecido junto a alguns troncos, mas despertara quando o guarda abrira a porta.

– Estou aqui, Caius! O que ainda desejas de mim? – perguntou com a voz entorpecida.

Caius caminhou lentamente em sua direção e, tateando até encontrá-la, afirmou:

– Fui até a Sabínia e trouxe a ordem de Tito para libertá-la... Ele revogou o decreto de tua prisão!

Ischmé deu um suspiro de alívio. Não esperava por aquela notícia.

Caius estendeu a mão e se aproximaram de pequeno vão que servia de janela.

A luz do luar, que timidamente clareava o ambiente, deixava entrever a sombra de Caius e Ischmé.

Caius segurou suas mãos delicadas e lamentou:

– Por que as coisas tinham de acontecer dessa maneira? Queria que recebesses um castigo justo, mas nunca pensei, realmente, em mandá-la para a morte.

Ischmé fitou Caius e falou:

– Nunca entendi teus sentimentos, Caius. Houve momentos em que jurava que me amavas, mas em outros eras indiferente, ambicioso, sempre pensando em tuas conquistas, nas tuas vitórias, no teu futuro...

Caius baixou a cabeça e confessou:

– Não havia amado ninguém antes de te conhecer, Ischmé. Senti-me um tolo ao ver que partias com outro homem. Depois descobri a verdade sobre a tua vida e não sei o que aconteceu comigo. Tornei-me um homem corrupto, ébrio, um libertino... O próprio Tito teve de me afastar de Roma.

Ischmé, pensativa, tornou:

– Não duvido que Ashaf tenha feito algum feitiço contra ti. Quando fugíamos, presenciei uma cena estranha e, ao perguntar-lhe sobre o que acontecera, ele me garantiu que cuidara para que tu não nos alcançasse.

Caius balançou a cabeça e comentou, angustiado:

— Percebes o que custou para as nossas vidas as tuas mentiras? Passei toda a minha existência, desde que te conheci, envenenado pelo ódio e o ciúme! Deixei esse sentimento me consumir e, assim, perdi a minha vida... Agora que te encontro, a vingança tão ardentemente desejada não tem mais sentido! Principalmente ao saber que tens um filho meu.

Chorando, Ischmé argumentou:

— Tudo o que fiz foi por te amar desde o primeiro dia em que te vi, Caius! Não quis abrir mão de ti e abandonei tudo por tua causa. Precisava mudar de vida para que me aceitasses. Ainda assim, optaste pelo prestígio e pela tua condição nobre. Entendi, naquele acampamento, que nunca serias meu e que eu seria no máximo uma amante tua, não me desposarias jamais.

Caius abraçou-a e, beijando-lhe os cabelos, o rosto, os lábios, propôs:

— Partamos, Ischmé, iremos embora e esqueceremos tudo.

As carícias de Caius inundavam o coração de Ischmé de felicidade. Desde o princípio, desejara ser amada por ele sem impedimentos. Lançara-se loucamente atrás daquele homem, movida pela paixão que a consumia. Agora, no entanto, era tarde.

Com extrema dificuldade para concatenar os pensamentos, Ischmé se lembrou de Lucília e de Octavius.

Como poderia trair a mulher que se dispusera a acolher em seu regaço o seu menino, um filho espúrio que tivera com Caius?

Sentindo que não teria forças para resistir ao assédio de Caius, Ischmé recuou. Não poderia concordar com a proposta dele.

Não haveria mais tempo para os dois; a vida os conduzira para lados opostos, os desígnios divinos haviam determinado que não ficariam juntos.

Com intensa dor, Ischmé pediu que Caius se retirasse. Ante a sua insistência, Ischmé começou a gritar, chamando a atenção da guarda; assim, Caius preferiu ir embora.

Não queria que Domiciano soubesse que estivera no palácio.

CAPÍTULO 55
Agridoce surpresa no cárcere

Para Caius, a recusa de Ischmé significava apenas que ela amava Ashaf. Não conseguia entender nenhum tipo de sentimento elevado; tudo se resumia àquilo que o poder ou o dinheiro podia comprar.

Ao verificar que Ischmé relutara em trair Lucília, pensava que na verdade ela se sentia indecisa entre o seu amor e o de Ashaf.

Isso ele não aceitaria; a deixá-la viver para continuar ao lado de Ashaf preferiria vê-la morta.

Assim, Caius foi para sua casa e, já altas horas, adormeceu.

No dia seguinte, correu a notícia da morte de Tito. O povo se comoveu e houve grandes demonstrações de apreço ao imperador.

Haviam se acostumado a viver em relativa paz durante o reinado do primogênito de Vespasiano e temiam pelo que poderia acontecer dali em diante.

Com efeito, Tito ainda agonizava e Domiciano já se preparava para assumir seu lugar.

O irmão de Tito era conhecido por sua arrogância e excessiva maldade. Foi com aparente terror em todos os semblantes que Tito Flávio Domiciano Augusto assumiu o poder no ano de 81.

Investido do poder, promoveu mudanças, perseguiu a aristocracia, retirou a força do Senado.

Apresentando notável paranóia, julgava que todos desejavam traí-lo e ordenava sem piedade que os bens de suas vítimas fossem confiscados, logo decretando a morte dos infelizes.

A turbulência do período que se seguiu fez com que o caso de Ischmé fosse aparentemente esquecido.

Ela passou a dividir sua cela escura com uma pobre mulher, que fora capturada em virtude de torpe acusação.

Esse fato era comum na Roma antiga, onde o povo aproveitava os espetáculos do Coliseu para receber pão e vinho e, quando não conseguia e a fome apertava, era impelido a atitudes extremas.

Ao vê-la, devido à escuridão e ao estado em que Marta, mulher de Zacarias, se encontrava, Ischmé não a reconheceu de pronto.

Como tinha muita febre, Marta pediu que sua companheira lhe alcançasse um pouco de água.

Ischmé estremeceu ao ouvir aquela voz. Aproximou-se e, fitando Marta de perto, passou a mão em sua cabeça, cujos cabelos brancos e desgrenhados lhe tapavam o rosto.

Quando percebeu que aquela mendiga era a mulher de Zacarias, mãe de Semira e Saul, os bons amigos que fizera em Jerusalém, que a haviam recebido com tanto carinho e fraternidade, Ischmé desatou a chorar.

Marta a observava sem entender, pois a febre lhe confundia as idéias, até que de repente, exclamou:

— Hannah! Minha filha!

Ischmé se atirou em seus braços aos prantos, pois ver aquela mulher generosa e abnegada naquela situação lhe causava uma dor indescritível.

Ela, Ischmé, sabia que errara, embora não julgasse certo receber castigo tão cruel; mas Marta era boa e jamais prejudicara ninguém.

Chorando, ainda, perguntou com a voz entrecortada:

— O que aconteceu, Marta? Onde está Zacarias e teus filhos?

Com grande dificuldade, Marta respondeu:

— Ah, minha Hannah! Não tens idéia da desgraça que aconteceu conosco! Estávamos em Jerusalém para a comemoração da Páscoa no ano da invasão e de nossa destruição como povo...

Hannah se lembrou de que aquela família ia todos os anos a Jerusalém por ocasião da Páscoa.

Intrigada, perguntou:

— Como puderam entrar na cidade? Não perceberam o perigo?

Marta respondeu com expressão dolorosa:

— Não, minha Hannah. Fomos mais cedo, pois Zacarias tinha que tratar dos seus negócios. Quando nos demos conta da gravidade da situação, não podíamos mais recuar.

— E Zacarias? Saul? O que houve?

— Resolveram lutar e defender a cidade. Semira foi morta diante de meus olhos...

Ischmé ficou aterrorizada. Quando Tito entrou em Jerusalém, ela já estava a caminho de Roma. Se soubesse, talvez pudesse tê-los ajudado.

Deu-lhe um pouco de água e colocou compressas sobre a cabeça de Marta, que improvisara com um pedaço de sua túnica.

Percebeu que Marta sentira-se aliviada. Perguntou, então:

– Como viestes para Roma? Por que a trouxeram para cá? Não te havia reconhecido...

Marta deu um longo suspiro.

– Deves imaginar o que aconteceu... Sem meu marido e os filhos, fui presa fácil para os soldados romanos. Trouxeram-me para Roma como escrava, Hannah! Padeci muito na casa de cruéis senhores.

– Pobre Marta! – exclamou Ischmé.

– Sim, querida, me tornei uma pobre mulher sem esperança e futuro. O mundo acabara para mim. Um dia, quando o desespero foi maior e insuportável, fugi dos meus senhores. O que me esperava era ainda pior do que eu imaginava... Desprovida de haveres e dinheiro, desejava voltar a Alexandria e reaver meu patrimônio. Fui denunciada como uma escrava fugitiva, com a calúnia de que era uma ladra... Juro-te, Hannah, que jamais roubei um ceitil sequer daquela gente – disse Marta, chorando.

Ischmé, penalizada, vendo a situação na qual aquela boa mulher se encontrava, pediu para que ela descansasse um pouco e, se afastando, começou a chorar.

Como haveria esperanças para ela se Marta chegara àquele ponto?

Não havia dúvidas, o futuro provavelmente lhe reservava grandes provações...

* * *

No dia seguinte, Marta, pensativa, perguntou a Hannah:

— Lembras que eu havia descoberto o teu segredo em Jerusalém?

Ischmé tentou recordar exatamente a que Marta se referia. Notando a dificuldade da amiga, Marta procurou lhe avivar a memória:

— Ora, Hannah, eu havia descoberto que eras cristã! Não lembras?

Ischmé enrubesceu, porque essa fora mais uma de suas mentiras. Para não causar mais sofrimento a Marta, confirmou:

— Agora lembro, sim! Por que perguntas?

— Nunca pude revelar a minha simpatia pelo Nazareno, pois Zacarias e Saul me proibiam esse assunto. Sei que vou morrer, Ischmé, e nunca como agora senti tanta necessidade de conhecer o rabino.

Ischmé fitou-a, curiosa. Marta prosseguiu:

— Não te quero causar nenhum transtorno... Mas gostaria imensamente de te ouvir falar em Jesus!

Ischmé ficou desconcertada. Como poderia falar em Jesus se não o conhecia? Não podia, contudo, desapontar alguém que caminhava a passos céleres para o túmulo. Pensou no que ouvira falar em Jerusalém. Recordou-se de Luciano e da sua preleção em Betânia.

Inesperadamente, lembrou-se de Maria Madalena, a pecadora que se havia convertido à luz dos ensinamentos do Messias.

Timidamente, começou a discorrer sobre o que recordava:

— Falarei tudo o que sei, mas não é muito. O Nazareno ensinava que o reino de Deus não é esse que conhecemos. Falava de um reino onde seremos recompensados se formos bons...

Marta fechou os olhos e estampou um sorriso nos lábios.

Ischmé seguiu em frente:

– Dizia, também, que devemos nos perdoar uns aos outros. Que ele era o médico que veio curar os doentes do corpo e do espírito. Que possuía a água que iria aplacar nossa sede de justiça e amor. Curou muitos enfermos e chegou a ressuscitar um homem em Betânia... Também houve uma prostituta que se converteu, Maria Madalena. Ela se dedicou a cuidar dos leprosos e acabou contraindo a doença.

Assim, Ischmé passou um longo tempo falando tudo o que ouvira a respeito de Jesus.

Espantada, constatou que o desespero que sentia havia muito desaparecera. Suave serenidade lhe envolvia a alma... E Marta havia adormecido placidamente.

* * *

Na residência de Caius, Lucília lutava bravamente para resistir à dor da perda do filho.

Quando soube que Luciano estava em Roma, novas esperanças de consolação surgiram em seu coração. Fora o amigo querido de Betânia quem lhe ensinara as primeiras lições sobre Jesus.

Suas preleções haviam mitigado, no passado, o sofrimento que Caius lhe causara; agora sofria infinitamente mais, por isso o ensejo lhe era agradabilíssimo.

Combinamos que iríamos eu, Lucília e Beatriz até o local onde se daria o adorável encontro.

Redigi uma mensagem rápida, em que só constava o local do encontro e o nome de Luciano, e pedi a um escravo de confiança que a entregasse nas mãos de Beatriz.

Na época, não suspeitava que Cláudia seguisse os passos de sua escrava, desconfiada de que mantivéssemos um romance às escondidas.

Por ocasião do sepultamente de meu sobrinho, Marcellus, havia me encontrado com Cláudia. Disse-lhe que fora avisado a tempo de ver o menino ainda com vida.

Cláudia, surpresa, disse que não sabia que Lucília e minha mãe sabiam do meu paradeiro; com dificuldade, expliquei que estava em Roma na ocasião, na casa de amigos, pois não desejava comprometer Caius e minha irmã.

Tão logo souberam onde eu me encontrava, avisaram-me da doença de Marcellus.

Fingindo acreditar, mas demonstrando suas desconfianças, Cláudia convidou-me a visitá-la.

Os acontecimentos se sucederam e não surgiu desejo e oportunidade de ir ao seu encontro; irritada com aquilo que Cláudia considerava desprezo de minha parte, passou a seguir Beatriz, ora com escravos, ora pessoalmente.

Quando Beatriz recebeu minha mensagem, não percebeu que estava sendo vigiada; guardou-a junto ao seio e continuou a pentear os longos cabelos de Plínia.

Cláudia, que a tudo vira, pediu a um escravo que a avisasse quando Beatriz saísse à via pública.

Confiante, dali a dois dias, Beatriz saiu após haver cumprido com seus deveres; Cláudia sabia que sua escrava era cristã e não ligava para o fato.

Beatriz chegara a sua casa em um momento difícil, e ela nutria alguma consideração pela moça.

Inicialmente não acreditou que eu pudesse ter algum tipo de interesse pela jovem cipriota, pois conhecia o meu caráter arrogante e meu orgulho pela minha ascendência nobre.

Depois de ficar sabendo, no entanto, que eu também me tornara cristão e que mudara radicalmente, entendeu que seria bem possível que eu me envolvesse com Beatriz.

Observava a escrava e notava-a cada dia mais bela e encantadora. Não demorou muito para que começasse a sentir um ciúme desmedido de Beatriz.

O fato de a moça ter ficado junto a mim na residência de Caius – o que veio a saber mais tarde – acabou por lhe tirar sua pouca lucidez.

Conforme combinara com o escravo, alguns dias depois ele veio lhe avisar que Beatriz havia saído.

Cláudia colocou um manto sobre o dorso e, com a cabeça coberta, seguiu no encalço de Beatriz.

Caminhou alguns metros na noite parcamente iluminada a uma certa distância da moça e, após um quarto de hora, estacou.

Beatriz acabara de entrar em uma casa que estava acostumada a freqüentar. Era a residência de Flávia Domitila, sobrinha do imperador.

CAPÍTULO 56
Rede de intrigas

Era conhecida em Roma a crença de Flávia e de seu marido, Flávio Clemente.

Cláudia ficou petrificada ao ver que eu e Lucília chegávamos e abraçávamos Beatriz.

Não esperava por aquela situação. Como denunciar ao imperador que membros de sua própria família se reuniam em horários ermos, para sabe-se lá o quê? Talvez tramassem algo contra ele...

Decidida, Cláudia resolveu ir imediatamente para casa. Falaria com seu marido, filho de um cônsul respeitado por todos, para que denunciasse apenas três pessoas.

Logo ao chegar, Cláudia correu aos aposentos do marido e falou, muito nervosa:

— Fulvius, meu marido, preciso revelar-te um segredo...

Fulvius Licinius voltou-se, surpreso. Cláudia jamais o procurara em seus aposentos. Evitando demonstrar seu espanto, disse com aparente desinteresse:

— Do que se trata, Cláudia? Acaso pretendes fazer uma das tuas viagens, para distanciar-te de mim?

Cláudia permaneceu séria. Atenta ao efeito de suas palavras, prosseguiu:

— Tenho algo a te revelar e espero que denuncies ao imperador!

Fulvius Licinius fixou o olhar em Cláudia, enquanto perguntava:

— O que tens a dizer? Fale logo — exigiu, impaciente.

Cláudia então narrou que vira sair da casa de Flávia Domitila um grupo estranho, que ela julgava ser cristão e que, entre eles, percebera minha presença, a de Lucília, mulher de Caius Pompilius, e da escrava de sua propriedade, Beatriz.

Fulvius olhou para a mulher com uma expressão zombeteira.

— Queres que eu te vingue por ter sido desprezada por Priscus? Não achas que já faz muito tempo que isso aconteceu?

Furiosa, Cláudia respondeu:

— Não se trata de uma vingança pessoal! Estamos diante de pessoas que desprezam os nossos deuses e não prestam culto ao imperador! São ateus, não sacrificariam nada por Roma; em suma, são gente altamente perigosa! Devias saber disso, meu marido... A não ser que...

Fulvius a interrompeu, replicando:

— Cala-te, mulher! Não sabes que somos vigiados pelo imperador? Não ouviste ainda falar que estamos vivendo novamente sob o signo da desconfiança? Que Domiciano apenas espera uma denúncia, por mais infundada que seja, para se apoderar das grandes fortunas de Roma?

Cláudia permaneceu em silêncio. Fulvius continuou:

— Flávia Domitila não esconde a sua veneração ao Nazareno. A paciência de Domiciano vai terminar e, nesse dia, não sei o que será dela e do marido, que também se diz cristão. Quanto a Priscus, posso aceder ao teu pedido, mas primeiro tenho algo a te propor.

— Vais me chantagear, Fulvius? — questionou Cláudia, alterada.

Fulvius esboçou um sorriso e replicou:

— Não chamaria isso de chantagem, querida. Estou apenas cobrando direitos legítimos de marido...

Cláudia pensava em como agir. Suportar Licinius seria uma tortura de difícil realização. Após alguns segundos, indagou, receosa:

— Está bem. O que queres?

— Desejo ter mais filhos. Ficarás comigo até me dares um filho.

— Sabes que detesto crianças. Já não te basta Plínia?

Fulvius deitou-se em um triclínio e asseverou:

— Plínia é uma bela menina e está destinada a um grande futuro. Porém, quero um filho homem, que possa seguir a tradição de minha família na política.

Cláudia entendeu que não tinha outra saída e acabou concordando.

Fulvius ainda ponderou:

— Posso denunciar Priscus e a escrava, mas não o farei com Lucília. Tenho uma grande amizade por Caius, desde a época de seu pai, e não envolverei sua mulher nisso. A propósito, essa moça não é tua amiga?

Cláudia se irritou:

— Desconfio que Lucília me tenha traído... De qualquer forma, prometa-me que entregará Priscus e Beatriz a Domiciano.

— Está prometido, querida. Agora vamos planejar nosso futuro. O que achas de viajarmos pelo Oriente?

— Depois pensarei nisso. Por enquanto, aguardo tuas ações.

Com efeito, no dia seguinte, Fulvius Licinius foi recebido por Domiciano sem dificuldades; o imperador tinha um grande interesse em conhecer a nobreza de Roma, o patriciado, e observar-lhe as maneiras, o modo de vestir etc.

Sabia que destoava daquele mundo, do qual lhe havia sido negada a freqüência.

Seu pai tudo propiciara a Tito e o deixara sempre em segundo plano. Crescera com a inveja e a ambição a lhe consumir os dias, e agora estava acima de todos os que o haviam humilhado.

Tão logo o imperador lhe concedeu a palavra, Fulvius Licinius iniciou:

— Venerável imperador, venho trazer informações sobre essa seita que ameaça invadir Roma...

Domiciano arregalou os olhos e indagou:

— Do que estás falando? Quem quer invadir Roma?

— Eles se reúnem às escondidas e em horas tardias. Reverenciam outro Deus que não os nossos, e prestam culto a um tal Jesus em vez de te adorarem.

Possuído de incontrolável cólera, Domiciano bradou:

— Dize-me já quem são esses criminosos que desprezam seu imperador... Dize, dize!

Com um ar misterioso, Fulvius Licinius declarou, reticente:

— Trata-se de um ex-legionário romano e de uma escrava de minha mulher. Ele se chama Vinicius Priscus.

— Priscus Vinicius... Esse nome não me é estranho... Quem era o pai dele?

— Seu pai morreu na época de Nero. O filho foi perseguido, mas conseguiu escapar; ficou muito tempo fora de Roma, mas, quando retornou apresentou sinais claros de que havia sido enfeitiçado pelos cristãos...

Com o rosto extremamente vermelho pela ira e pelo calor, Domiciano recordou:

— Agora me lembro! Ele se tornou centurião! Tomarei providências imediatas. Esse homem deve ser muito perigoso, pois, se já liderou uma centúria, poderá facilmente incitar seus legionários contra mim.

— Foi o que Nero deduziu, senhor. Achou melhor se livrar dele antes que Priscus tomasse qualquer atitude.

Fulvius Licinius se retirou do palácio com a sensação de haver cumprido um dever.

Acima de tudo, no entanto, felicitava-se por se livrar de mim, que significava para ele uma perene preocupação, já que não podia confiar inteiramente em sua esposa.

* * *

Abandonada em sua cela, Ischmé presenciara a morte de Marta.

Desesperada, chamara a guarda, que só depois de muitas horas a atendeu.

Ao verificarem que a anciã morrera, retiraram seus despojos de forma desrespeitosa, o que chocou Ischmé sobremaneira. Marta ficara na prisão pouco mais de algumas semanas, mas aqueles dias com ela tinham sido intensos para Ischmé.

O desejo de Marta de conhecer os ensinamentos de Jesus fizera com que ela pensasse em muitos fatos de sua vida. Ischmé praticamente aceitara a morte, por se considerar em dívida com os que a cercavam. Aqueles preceitos novos, entretanto, lhe haviam dulcificado a alma, tornado-a menos recalcitrante e revoltada.

Freqüentemente, lembrava-se de Maria de Magdala e se sentia envolvida em uma doce sensação, que servia como um refrigério para sua alma.

Sim, era verdade que fizera muitas coisas erradas na vida, mas também muito amara e sofrera, pensava, entre lágrimas. "Quem sabe se Madalena não me poderia compreender o coração?", indagava-se. "Talvez ela tenha sentido as mesmas coisas... remorso, vergonha, uma sensação de desvalia, até começar a servir à causa."

No final de uma tarde, não identificada por Ischmé, dada a escuridão da cela em que se encontrava, ela começou a sentir-se febril.

Havia quanto tempo estaria naquela cela? Não saberia dizer. E Caius? Por que a abandonara se demonstrara amá-la apesar de tudo? Ele dissera que Tito a libertaria; então, por que continuava presa?

Nunca o entenderia. Caius não ia além do que lhe conviesse. E ela, que perdera sua vida por ele... Teria valido a pena?

Lembrou-se de alguns fatos de sua vida anterior, quando também morrera por ele no Egito. Por que eles pertenciam a mundos tão diferentes, que os fizera ficar separados?

Profunda dor lhe dilacerava o peito. À parte a dor moral, Ischmé começava a sentir os primeiros sintomas da tuberculose que contraíra de Marta.

O cansaço, a debilidade física, a febre noturna, a tosse...

A conhecida cortesã de Roma encerrava mais uma romagem terrena na mais completa miséria e degradação.

Sua beleza desaparecera diante da presença impiedosa da doença, e o corpo que vendera para viver no luxo e na opulência cedia à incontestável realidade da vida: colhemos aquilo que plantamos.

Ischmé seduzira, enganara, traíra, mentira, entre outras coisas. Agira como se seus atos não tivessem conseqüências e, desconhecendo a majestade suprema, criara laços de ódio que só o tempo poderia desatar.

Jamais dera ouvidos à voz de sua consciência, calara todos os escrúpulos, e só desistira quando, impedida por Ashaf, tivera de ceder e permanecer a seu lado.

Às portas da morte

CAPÍTULO 57

Fazia alguns dias que Ashaf se encontrava em Roma e tentava inutilmente uma audiência com o imperador.

Desesperado, sem saber o que fazer, recorreu ao seu mentor espiritual, que lhe sugeriu enviar ao imperador valiosíssima jóia que ele adquirira na Índia e com a qual desejava presentear Ischmé em seu aniversário.

Ao verificar a procedência da jóia e o seu elevado valor, pois nunca vira tamanha perfeição na lapidação da safira azul que tinha em mãos, curioso, Domiciano deu ordens para que Ashaf se apresentasse.

No dia imediato, Ashaf estava diante do imperador, que se tornara a única esperança que possuía de rever Ischmé.

Curvou-se diante da figura opulenta de Domiciano, aguardando autorização para falar; o imperador o observava em cada detalhe, cada gesto. A seguir, disse:

— O que desejas, caldeu? Nada tenho para te oferecer.

Ashaf, com as esperanças redobradas, explicou:

— Magnânimo imperador, possuis o maior bem da minha vida! Vim reclamar a liberdade de minha esposa e lhe asseguro que pagarei qualquer preço para reavê-la...

Domiciano se interessou. Quem poderia ser a mulher daquele homem estranho?

Pensativo, falou de modo evasivo:

— Deves estar enganado, homem. Não retenho nenhuma mulher aqui no palácio.

Ashaf tornou, apreensivo:

— Talvez não esteja lembrado, senhor... Minha mulher foi feita prisioneira pelo general Caius Pompilius. Veio há algum tempo para Roma. Vim em seu encalço, mas a viagem foi longa, com alguns incidentes.

Domiciano se esforçava por lembrar. Que mulher teria Caius Pompilius trazido para o palácio, que ele não conseguia recordar?

De súbito, a imagem de Ischmé lhe veio à mente. Com um sorriso malicioso, pensou que poderia ganhar uma fortuna se devolvesse a infeliz.

Procurando usar seu tino comercial para a questão, esclareceu:

— Tens razão, caldeu. Caius trouxe uma mulher para as prisões. Já faz muito tempo, acabei me esquecendo da pobre...

Ashaf empalideceu. Apelando para a cobiça de Domiciano, da qual ele já ouvira falar, resolveu jogar uma cartada decisiva:

Pediu permissão e bateu palmas. No mesmo instante, dois escravos negros entraram, trazendo duas cestas cheias de objetos valiosos.

Eram peças em ouro puro, lamparinas, objetos de uso pessoal, adornos, presilhas para túnica etc.

Estupefato, mas antegozando a ventura de receber tantos presentes, Domiciano adiantou-se:

– Não posso te garantir a vida de tua mulher. Se quiseres, podes me deixar esses presentes como uma homenagem ao teu imperador. Tua mulher era muito bela e inclusive eu tive interesse por ela... Percebi que Caius e ela deviam ter alguma ligação, pois soube que ele a visitou algumas vezes – mentiu Domiciano.

Novamente o sangue de Ashaf lhe fugia do rosto. Teria Ischmé o traído na prisão, com Caius?

Teve vontade de ir embora e esquecer que Ischmé existira. No íntimo, ainda sentia uma dor que o dilacerava e, sob a inspiração de Amenothep, insistiu:

– Esses tesouros são teus, meu senhor. Não os levarei de volta. Desejo apenas poder comprar a liberdade de Ischmé, que já pagou pelos seus crimes.

Domiciano meditou sobre o assunto e finalmente consentiu. Ischmé não iria mesmo a julgamento e, pelo tempo que estava presa, devia ter perdido a antiga beleza. Assim, mandou um soldado de sua guarda pessoal acompanhar Ashaf até as prisões.

À medida que iam avançando no subterrâneo do palácio, mais o coração de Ashaf se confrangia. Como estaria Ischmé depois de tanto tempo naquele lugar?

Ele, que dera tudo o que possuía para ela, comprara-lhe uma casa onde Ischmé tinha todo o conforto a que estava acostumada, agora a encontraria em condições desalentadoras.

Quando pararam diante da porta do local onde Ischmé se encontrava, o guarda, ao ser informado do motivo de sua presença ali, afirmou:

— Não te aconselho a entrar... Ela está muito doente e a doença é contagiosa. Faz dias que não pega o alimento que colocamos na parte inferior da porta.

Ashaf, desesperado, deu ordens para que ele abrisse.

A porta se moveu e um odor fétido saiu do recinto escuro. Ashaf não enxergava nada, pois, enquanto lá fora o sol brilhava com todo o seu esplendor, naquela prisão entravam apenas algumas nesgas de luz e calor.

Caminhou, tentando tatear alguma coisa, quando viu que algo se mexia mais adiante.

Aproximou-se e, ao tocar o corpo quente que ali jazia, verificou que estava com febre muito alta.

Ashaf pediu a um dos escravos que o acompanhavam que trouxesse uma tocha, para observar o rosto da infeliz criatura que ali se encontrava.

Quando reconheceu nos traços disformes à sua frente o rosto de Ischmé, teve de sufocar um grito.

Os cabelos desgrenhados, com fios brancos, apesar de contar trinta e dois anos, emolduravam um rosto magérrimo.

Ashaf não conseguia conter as lágrimas. Aproximou-se e, com a cabeça de Ischmé em seu colo, lamentou:

— Por que, Ischmé, por que não me ouviste e partiste, deixando a mim e tua filha na solidão? Não te bastava ficar conosco e nos amparar, nós que sempre te amamos?

Ischmé abriu lentamente os olhos e sussurrou:

– Eu... precisava ajudar... Octavius; Aran já possuía... o teu amor...

Ashaf continuou:

– Quero te falar algo que me corrói a alma, Ischmé... Sei que não me perdoará.

Os belos olhos de Ischmé se voltaram para ele em uma muda interrogação. Ashaf prosseguiu:

– Fui eu quem levou Octavius a se aproximar dos romanos no acampamento. Desejava vê-lo partir, para que pudesses partilhar teu amor comigo e nossa filha.

Lágrimas caíam dos olhos de Ischmé. Ashaf havia criado toda aquela situação! Como pudera enganá-la daquela forma, dizendo que estava à procura do menino?

Ashaf respondeu sob intensa emoção:

– Juro que me arrependi, Ischmé. Não imaginei que irias atrás de Octavius. Na tentativa de tê-la mais perto de mim, acabei te tirando a vida.

Ischmé respondeu com infinita tristeza:

– Agora é tarde, Ashaf. Os deuses se encarregaram de pôr um ponto final na minha história. Estou partindo... – Ischmé começou a tossir. Imediatamente, pegou pedaços de pano e tossiu várias vezes sobre eles.

Quando parou, Ashaf viu o pano manchado de sangue.

Pensou em seus conhecimentos, no que poderia fazer para aliviar o sofrimento de Ischmé. Sabia, porém, que não havia esperanças quando se tratava daquela moléstia.

Amparando-a, pediu socorro à espiritualidade. Impôs as mãos sobre a cabeça da esposa e implorou por auxílio.

Passados alguns minutos, Ischmé se acalmou e passou a respirar melhor. Mais aliviada, continuou:

— Lucília, mulher de Caius, cuidará de Octavius. Ela perdeu um filho na mesma época em que o meu foi roubado...

Ashaf, tentando consolá-la, disse:

— Vou levá-lo junto conosco. O lugar dele é na Gália...

— Não, o lugar dele... é aqui. Octavius ficará e será um soldado, como deseja. Não posso dizer que o perdoei, Ashaf, mas tentarei esquecer o que fizeste. Peço-te, agora sim, que me leve para casa...

Emocionado, Ashaf prometeu:

— Voltarás comigo, Ischmé. Esqueceste que eu jamais te abandonei?

* * *

Ao saber da grave enfermidade de Ischmé, Domiciano não opôs a menor resistência à sua partida, acrescida é claro de um pagamento que ele julgara justo.

Tinha horror às doenças e evitava ao máximo o contato com outras pessoas.

Mais tarde, tal como Nero, os últimos dias do imperador foram dominados por pensamentos persecutórios, quando se imaginava perseguido por sombras e desconfiando de tudo e de todos.

Não longe do palácio, uma cena interessante se desdobrava na *domus* de Caius Pompilius.

Observando que Octavius se mantinha taciturno e acabrunhado nos últimos dias, Caius se aproximou e o inquiriu:

— O que te preocupa, Octavius? Acaso não és feliz em minha casa?

O menino olhou com firmeza para aquele a quem respeitava acima de tudo e explanou:

– Senhor, tenho procurado ser forte como me ensinaste e a não me deixar levar pelos sentimentos...

Enquanto Octavius falava, Caius admirava-se da semelhança do menino com ele mesmo. Diante do silêncio de Octavius, pediu-lhe que prosseguisse:

– Como lhe disse, senhor, não sou um fraco! Não posso negar, no entanto, que sinto muita saudade de minha mãe. E de minha irmã. Principalmente minha mãe, a quem eu amo muito! Ela foi presa por me tentar salvar.

O rosto de Caius se contraiu. A imagem de Ischmé não lhe saía da cabeça e, não fora por seu orgulho, já a teria procurado.

Recomendara aos guardas que tivessem alguns cuidados com aquela prisioneira, pois era sua protegida.

Diante da expressão dura de Caius, Octavius se arrependeu de haver confessado seus sentimentos. Temeroso de que Caius o desprezasse por ser tão afeiçoado ao lar, continuou:

– Peço perdão pela minha fraqueza, senhor. Prometo não falar mais nesse assunto.

Caius fitou o menino e disse:

– A tua decisão é acertada, Octavius. Um soldado de Roma não deve se ater a tais sentimentalismos. Concentra os teus pensamentos nos teus novos deveres; um dia, quem sabe? Poderás voltar à Gália e rever os teus...

Octavius curvou-se e se retirou. Não importunaria mais o seu protetor com aquelas criancices. Seria um soldado e precisava ser forte.

A conversa com Octavius, entretanto, despertara sentimentos que Caius procurava esquecer.

"Como estará ela?", indagava-se. "Por quanto tempo uma mulher como Ischmé poderá suportar a prisão?"

Atormentado pelo remorso, Caius se entregava à bebida como único consolo para a dor que lhe castigava o peito.

O arrependimento por haver rasgado a ordem de Tito de libertá-la o destruía dia a dia. Fizera-o em um momento de embriaguez, quando o despeito e o ciúme o dominaram.

Que garantia poderia ter dos sentimentos de Ischmé? Ela sempre mentira e o enganara, bem como a tantos outros...

Que amor poderia sentir uma mulher que tinha o passado de Ischmé?

Caius se debatia em uma teia de pensamentos dolorosos, entre o amor que não conseguia deixar de sentir e seu orgulho e egoísmo.

Não podia nem mesmo repartir com alguém o peso que lhe ia na alma, pois dissera a Lucília e aos demais que conseguira a benevolência de Domiciano e que mandara Ischmé de volta à Gália.

Assim, acreditávamos que a bela Ischmé estava a salvo junto ao marido e à filha havia muito tempo...

Naquela noite, Caius quase não conseguiu chegar ao leito, tal o estado em que se encontrava.

O dia ainda não raiara, quando o soldado da guarda do palácio e servidor fiel de Caius pediu para lhe falar.

O escravo particular do general hesitou em acordar o amo, que sabia estar anestesiado pelos vapores alcoólicos.

Diante da insistência do oficial, porém, acabou cedendo e, a custo, conseguiu fazer Caius abrir os olhos.

Falou do que se tratava, mas parecia que Caius não o compreendia. Inquieto, chamou o oficial e disse:

— Vem tu mesmo falar o que te trouxe aqui nesta hora imprópria...

O oficial, receoso da reação de Caius, manteve certa distância e, aguardando a ordem para falar, por fim declarou:

– Vim porque me ordenou, general, que se acontecesse algo extraordinário com a prisioneira o senhor deveria ser avisado...

Caius abriu os olhos atentos. A seguir, pediu ao escravo para que lhe trouxesse uma bacia, para que lavasse o rosto; enquanto enxugava a face inchada, bradou:

– O que aconteceu? Pelos deuses, diz!

Omitindo certos detalhes que o prejudicariam, o oficial expôs:

– A moça está doente, senhor. Ontem à tarde, um homem com vestes estranhas, talvez um árabe, veio buscá-la...

Caius pôs-se de pé em um segundo. Com os olhos muito abertos, se aproximou do oficial e vociferou:

– O que disseste, inútil? Como isso aconteceu? E o imperador sabe disso?!

Aflito, seu interlocutor respondeu:

– Não sei de maiores detalhes, general. Apenas posso dizer que a moça foi levada com a anuência do imperador...

– Isso não é verdade! Essa mulher é uma traidora que não deveria sair da prisão jamais!

– Mas... senhor! Ela está morrendo...

Caius se voltou e, como se não tivesse ouvido as últimas palavras do oficial, o fez repetir:

– É como lhe falei, senhor. Ela está às portas da morte.

Caius, enfurecido, se aproximou do oficial e gritou:

– Por que não me disseste antes? Não te havia dito que me avisasse de qualquer fato novo?

– Lamento, senhor, mas soube muito tarde que haviam colocado uma mulher doente na cela da moça. A mulher morreu, e ela contraiu a doença.

Caius, em uma crise de ódio e desespero, ordenou:

— Hei de punir-te, incapaz! Não preciso de homens como tu a me servir. Irás para a Germânia tão logo eu fale com o imperador! Agora sai! Sai! – gritou.

Pálido, o oficial se retirou. Caius serviu uma, duas taças de vinho e as tomou de um só gole.

A seguir, passando as costas das mãos sobre a boca, para limpar o vinho que escorria, deixou-se cair em uma cadeira.

O que fazer agora?

Lembrou-se de que Ashaf a deveria estar levando para casa. Chamou o chefe da sua guarda pessoal e ordenou:

— Longinus, preciso que reúna alguns dos melhores homens, pois temos uma tarefa a cumprir... Eles não escaparão!

Rapidamente, um grupo de dez soldados se reunia, aguardando as ordens de Caius.

Saíram com Caius à frente, em busca, mais uma vez, de Ischmé.

Prova de fé

CAPÍTULO 58

O ódio inflamado de Cláudia contra mim e Beatriz surtira efeito. Naquela noite, ouvíramos com especial alegria a preleção de Luciano. O amigo, que agora apresentava o cabelo embranquecido, parecia estar sob vigorosa inspiração ao discorrer sobre o reino dos céus e suas bem-aventuranças.

Sentia que dulcíssimas dádivas caíam sobre as nossas cabeças e os nossos corações.

Beatriz deixava entrever em seu belíssimo olhar as sensações inebriantes que a promessa de Jesus trazia a todos.

Como se estivesse envolvido em intensa luz, Luciano nos elevava a regiões em que jamais poderíamos sonhar estar um dia.

Sentia-me envergonhado, pois nada fizera que me garantisse os créditos necessários para partilhar daquele momento singular. Em dado instante, sob uma inspiração maior, Luciano pronunciou algumas palavras, que ainda me soam aos ouvidos:

Como falarei a vós do Senhor Jesus? Como falarei da perfeição, se ainda não conseguimos sequer concebê-la?

Como retratar a personificação do amor mais puro que a Terra conheceu?

Como vos transmitir a certeza das suas promessas, irmãos?!

Posso apenas dizer, como Ele mesmo afirmou, que Ele é o Caminho, a Verdade e a Vida, amados!

Que nenhum afeto do mundo se aproxima ao que o Cristo, o enviado de Deus, dedica a cada um de nós...

Que desde a hora primeira ele nos espera, a fim de nos libertar das cadeias de nossos erros e nos convida, confiante, a começarmos a arar, para que a colheita não tarde.

Não ouvis sua voz cristalina vos chamando no imo de vossos corações?

Não sentis essa emoção que nos leva a mundos de ventura e nos embriaga de felicidade, por sentirmos que a promessa se cumpriu?

E quais promessas seriam mais alvissareiras do que as que o Senhor nos ofertou no Monte das Oliveiras?

Ainda ecoa em meu coração o convite para que sejamos simples e humildes. "Bem-aventurados os pobres de espírito porque deles é o reino dos céus!"

Qual de vós aqui presentes não possui o coração calejado pelas experiências da vida? O Senhor abençoou-nos, dizendo: "Bem-aventurados os que choram, porque serão consolados!".

Estamos sob o império da violência e do desamor, meus queridos... Qual a palavra de consolo de Jesus?

"Bem-aventurados os mansos, porque herdarão a terra!"

Sinto em vosso íntimo as dores que a miséria humana perpetrou contra vós.

Quantos não se perguntam, angustiados: Onde está a justiça? Estaremos abandonados nas mãos de nossos algozes?

Amoroso, Jesus nos responde: "Bem-aventurados os que têm fome e sede de justiça, porque serão saciados!".

Como ter misericórdia se o mundo nos pede o revide? Como tolerar as faltas alheias se as nossas são punidas com tanta severidade? O Senhor nos adverte: "Bem-aventurados os que são misericordiosos, porque alcançarão misericórdia!".

"Bem-aventurados os limpos de coração, porque verão a Deus!". Em um mundo de guerras, disputas do mais forte sobre o mais fraco, qual a conduta certa para vencermos o mal? "Bem-aventurados os pacificadores, porque eles serão chamados filhos de Deus!"

"Bem-aventurados os que sofrem perseguição por causa da justiça, porque deles é o reino dos céus!"

"Bem-aventurados sois vós, quando vos injuriarem e perseguirem e, mentindo, disserem todo o mal contra vós por minha causa..."

Sim, meus irmãos! Esse é o ponto sob o qual desejo me deter.

Vós sabeis que os lobos vigiam as ovelhas do aprisco divino e não tardarão a cumprir com os seus infelizes intentos.

Alguns partirão antes, outros mais além... Mas fortalecei os vossos corações, porque as perseguições recomeçarão. Estamos na iminência de novos morticínios, e apelo para que se fortaleçam na fé e na confiança nas palavras de Nosso Senhor Jesus Cristo.

Nada temais, meus irmãos! O caminho que o Senhor nos deixou é o da libertação, e os nossos algozes amanhã estarão conosco, depois de trilharem os caminhos que lhe são próprios...

Quantos de nós não estavam em outra posição ainda ontem?

Luciano fixou o olhar em mim e acentuou:

— Jesus receberá de braços abertos a todos, indistintamente. Acolherá um dia em seu regaço toda a humanidade, quando seus ensinamentos estiverem assinalados em todos os corações humanos.

552 *Tanya Oliveira / espírito Tarquinius*

Voltando-se novamente ao grupo que o escutava enleado com o momento que reconhecia ser extraordinário, Luciano finalizou:

— Talvez esta seja nossa última reunião, meus irmãos. Oremos ao Senhor, para que tenhamos fortaleza de ânimo e aceitemos a nossa cruz, pois Jesus, que vinha em nome do Pai para nos dar o exemplo, também teve de dar o testemunho nas horas derradeiras.

Assim, Luciano ergueu o olhar para o alto e rogou:

Pai justo e misericordioso! Permita que o teu filho Bem-Amado nos sustente as forças na hora do testemunho.

Sabemos que não devemos temer as feras das arenas, porque são criaturas inconscientes do que fazem. Devemos vigiar os sentimentos inferiores que ainda trazemos em nosso íntimo, como o orgulho, o egoísmo e a falta de fé.

Sê o nosso escudo contra o mal que nos advenha, Jesus! Liberta-nos das prisões que carregamos conosco, muito mais terríveis do que as que se encontram nos porões dos palácios romanos.

Não deixa, Jesus, por misericórdia, julgarmos os nossos algozes. São irmãos do caminho, que um dia palmilharão as mesmas estradas que nós.

Que o teu nome, Senhor, seja a última palavra em nossos lábios na hora extrema... Assim seja!

Quando Luciano terminou, senti uma vontade indescritível de abraçar Beatriz.

Docemente ela se aconchegou em meus braços. Fitou-me com olhar marejado e disse, serena:

— Precisas saber que foste e serás sempre o grande amor da minha vida.

— Por que me dizes isso agora? Teremos muito tempo pela frente...

Ela sorriu e tornou:

— Não, o tempo acabou, Priscus. Mas sei que Jesus não nos separará. Ele nos uniu, e assim nos manterá pela eternidade.

Pressentindo que Beatriz identificava algo que eu desconhecia, exclamei, conforme meu simplório entendimento:

– Nunca te apartarás de mim! És a luz da minha existência, o amor que jamais pensei existir. Também te amo... Nunca saberás o quanto!

Naquele momento, Lucília se aproximou com Luciano. Ambos radiantes, nos convidaram a nos retirarmos. Flávia Domitila, a dona da casa, se acercou, dizendo emocionada:

– O Senhor tem sido misericordioso em nos propiciar esse convívio fraterno. Quando voltarás a Roma, meu amigo? – perguntou a senhora, se dirigindo a Luciano.

Ele relutou em responder e afirmou evasivamente:

– Só o Senhor poderá determinar quando. Talvez demore algum tempo.

A seguir, o grupo se despediu e todos foram para suas casas.

A noite fresca nos convidava a caminhar e meditar acerca das lições recebidas. Fazia dois quartos de hora que eu, Lucília, Beatriz e Luciano andávamos na via pública, quando a guarda pretoriana se apresentou à nossa frente.

Preocupado, tomei a dianteira, indagando o que ocorria. O chefe da guarda respondeu:

– São acusados de ateísmo e traição a Roma!

Desconcertado, perguntei:

– Ateus, nós? Estão enganados. Não somos ateus, pelo contrário, somos fiéis ao nosso Deus!

O guarda riu, irônico, e disse:

– Vão ter de provar isso ao imperador!

Assim, fomos conduzidos às celas do palácio imperial.

* * *

Os dias que se seguiram foram de expectativa e angústia para os nossos corações. Não me conformava com a arbitrariedade que estávamos sofrendo, sem lembrar que, algum tempo atrás, eu mesmo era o responsável por tais desmandos.

Beatriz e Luciano, ao contrário, mantinham-se em prece, buscando reforçar a fé para o momento extremo que se aproximava.

Eu insistia em falar com o imperador, reivindicava minha condição de patrício e de fiel defensor de Roma.

Exaltado, confessava a minha fé, dizendo não ser ateu, pois que acreditava em um Deus poderoso e muito acima das divindades romanas.

O chefe da guarda pretoriana acabou atendendo ao meu pedido e se dispôs a falar comigo após ter me reconhecido.

Pedi que levasse um recado ao imperador, dizendo que se tratava de um engano e que, como cidadão romano, eu deveria ser julgado.

O oficial me encarou e disse:

— Nunca pensei que fosses tão ingênuo, Priscus. Não estão aqui neste lugar ao acaso. Não te perguntaste por que tua irmã não foi aprisionada? Fostes vítimas de uma denúncia, e Domiciano não perderá tempo em ouvi-los. Já foram sentenciados como cristãos traidores.

Fiquei alguns minutos em silêncio. A seguir, decepcionado com o sistema que eu conhecia a fundo, quis saber:

— Morreremos sem direito de defesa? Não é essa a Roma que eu defendi por tanto tempo...

O oficial se voltou antes de se retirar e acrescentou:

— Eis mais um engano teu, Priscus. Foi esse poder despótico que defendeste; e não percebias as injustiças porque fazias parte delas.

Ficamos a sós. Luciano se aproximou de mim e murmurou:

– Acho que podemos conversar, agora. Precisas asserenar o teu espírito, para o grande testemunho que nos espera.

Finalmente percebi que nada mais havia a fazer. Precisaria reunir todas as minhas forças para enfrentar o momento que se aproximava.

Como soldado, acostumado a me defender e lutar pela minha vida, via-me em uma condição totalmente oposta, como uma presa à espera da morte.

Diante do inevitável, não pude conter as lágrimas. Não sentia medo, mas vergonha.

Nada fizera de valor para que Jesus me permitisse testemunhar a fé com a própria vida, como haviam feito os seus seguidores fiéis.

Ao contrário, eu mesmo pretendera colocá-los na situação em que me encontrava naquele momento.

Repentinamente, uma compreensão maior se fez em meu espírito e em um relance entendi a grande lição que a vida me dava...

De perseguidor a perseguido, de poderoso e arrogante à mísera condição de pasto de feras...

Sim! Existia um poder superior que conduzia os destinos humanos e ligava-os uns aos outros, como filhos de um mesmo Pai!

A prova suprema de Sua Sabedoria eu podia atestar naquele momento, pois me devolvia o sofrimento que eu causara aos outros, com a atenuante de eu morrer convicto de haver encontrado a Verdade.

Sentia-me como o filho que volta à casa do Pai depois de havê-la desprezado.

E sabia que seria recebido de braços abertos!

Luciano compreendeu o que se passava comigo e, dando-me um abraço fraterno, ponderou:

– Desde o princípio eu soube que nossos destinos se encaminhavam para esse momento, Priscus. Nossa amizade remonta a outros tempos; uma de minhas tarefas na vida era a de mostrar-te os caminhos de Jesus. Cheguei a pensar que falharia no meu intento, mas a Misericórdia Divina te trouxe novamente ao nosso lar, para te dar mais uma oportunidade. Felizmente soubeste aproveitá-la...

Constrangido, comentei:

– Tenho as mãos vazias, meu amigo. Não sou digno de morrer por Jesus.

Colocando a mão sobre o meu ombro, Luciano tornou:

– Cada um de nós oferece a sua cota de sacrifício dentro de suas possibilidades. Hoje ou amanhã, quem sabe? Somos nós que daremos o testemunho de nosso amor ao Senhor Jesus com as nossas próprias vidas. Existirá prova maior de fidelidade? No momento, creio que não. Mas dia virá em que os seres humanos terão de testemunhar no dia-a–dia de suas vidas a sua fé incondicional ao Cristo. Qual será o sacrifício maior? O importante é que cumpramos a parte que nos cabe... – Luciano se afastou intencionalmente, para que Beatriz se aproximasse.

Desde a sua chegada, ela se recolhia em prece e permanecia em silêncio.

Olhei para o seu rosto angélico e perguntei:

– Também sabias que teríamos esse fim? Foi por isso que disseste que me amavas ontem?

Ela sorriu com tristeza e anuiu:

– Sim, meu coração me dizia que o tempo estava acabando. Não queria partir sem dizer o quanto...

Apaixonado, calei-a com um beijo. Beatriz se aconchegou ao meu peito e prosseguiu:

Das Legiões ao Calvário 557

– Estava escrito que o nosso amor não seria para a Terra. Tenho confiança de que teremos outras oportunidades de vivê-lo, talvez em outros tempos, quando os homens forem menos cruéis...

Abraçando-a, temeroso de perdê-la para sempre, contrapus:

– Isso demorará muito... Não suportarei afastar-me de ti novamente, Beatriz!

Ela sorriu e disse, de forma encantadora:

– Jamais nos separaremos, Priscus! Jesus não permitirá. Unamos os nossos pensamentos, confiantes na felicidade que nos espera mais além.

Dois dias depois, levaram-nos ao Coliseu e, sem testemunhas nem apupos do povo, fomos decapitados.

Reservo-me o direito de resguardar essa parte da narrativa, por considerá-la excessivamente chocante e desnecessária.

Soube, mais tarde, que a ordem havia sido dada para que fossem cortadas as nossas gargantas, mas, por indulgência, nossos algozes resolveram evitar a terrível agonia que nos aguardaria.

CAPÍTULO 59

Retorno ao verdadeiro lar

Distante desses acontecimentos, Caius tinha ido ao encalço de Ashaf.

O sacerdote altivo de outras épocas se mostrava totalmente desalentado diante do inevitável: Ischmé morria em seus braços.

Desesperado, mandara a carruagem parar antes mesmo de deixar Roma.

Anuk, que o acompanhava, chorava desconsoladamente.

O dia amanhecia, e o sol começava a brilhar no horizonte. Ashaf percebeu que Ischmé se despedia da Terra e preferiu envolvê-la suavemente em lençóis de linho, colocando-a sob uma frondosa árvore que avistara no caminho.

A bela mulher que encantara Roma morria praticamente só ao longo de uma estrada deserta.

A respiração quase inexistente e a cianose visível pela cor dos seus lábios revelavam que Ischmé tinha pouco tempo de vida.

Aterrado pela dor, Ashaf pedia auxílio aos seus protetores e guias espirituais, mas era tarde demais.

As horas passavam devagar. Foi quando Asahf notou que um grupo de cavaleiros se aproximava.

Logo reconheceu Caius à frente, seguido por homens fortemente armados. Ashaf se adiantou e, caminhando em direção a eles, se pôs diante de Ischmé, protegendo-a.

Caius desceu da montaria e correu em direção à moça.

Ashaf se interpôs, e os dois homens começaram a discutir.

Subitamente, ouviram a voz débil de Ischmé. Voltaram-se e ouviram-na dizer, com os olhos cheios de lágrimas:

– Não há mais motivos para isso. Deixem-me partir em paz...

Envergonhados, os dois homens se aproximaram e, em silêncio, ouviram as palavras que imperceptivelmente Ischmé pronunciou:

– Não diga nada a Octavius... Caius; tu, Ashaf, poupa Aran, nossa filha. Prometam-me cuidar de meus filhos...

Eles se comprometeram a cuidar das crianças, que ficavam sem mãe. Ischmé olhou para o alto e expirou diante dos dois homens que a haviam amado...

O destino daquelas almas ficaria entrelaçado pela eternidade.

Encontrar-se-iam para resgates redentores, até que se houvessem, finalmente, perdoado.

* * *

Fazia algum tempo que eu desencarnara quando pude recobrar a consciência.

Logo ao acordar, verifiquei me encontrar ainda em Roma. Pensei estar vivo e, sem lembrar os últimos acontecimentos, procurava por Beatriz, ansioso.

Imaginava que Domiciano, em um gesto final de misericórdia, havia nos libertado; precisava avisá-la e voltar para a casa de Lucília...

Encontrava-me nos arredores do Coliseu, mas alguma coisa me levava a uma das sete colinas. Algo me impulsionava na direção do Esquilino, não longe do local de minha morte.

Depois de algum tempo, que não sei precisar quanto, me vi no topo arborizado da colina.

Olhei ao redor e senti vontade de orar. Genuflexo, elevei o pensamento ao Pai que Jesus me ensinara a respeitar e amar...

À medida que orava, sentia que o ambiente se modificava, tornando-se mais belo e iluminado por irradiações cintilantes.

Quando consegui abrir os olhos e observar o local, vi que um ser de admirável formosura se aproximava de mim em êxtase de felicidade.

Ao chegar mais perto, ela me estendeu a destra e declarou, plena de ventura:

– Venceste, meu bem-amado! Não mais pertences às legiões de César, mas envergarás a flâmula dos servidores leais a Jesus...

Beatriz irradiava uma luz azulada, que partia do seu coração em direção ao meu.

Os longos cabelos loiros exibiam reflexos dourados, como se fossem feitos de ouro; uma túnica alvíssima lhe cobria o corpo, de onde irradiava safirina luz.

Eu não conseguia falar. Ela prosseguiu:

– Espero-te há algum tempo, Priscus. Pedi a Jesus te permitisse despertar, mas foi Luciano quem interferiu por ti.

Perplexo diante do espetáculo que se desdobrava à minha frente, consegui dizer:

– Não devo estar aqui, Beatriz! Nada fiz por merecer.

Séria, mas expressando imenso amor, Beatriz me corrigiu:

– Priscus! Não deves lembrar ainda, mas há muito persegues os cristãos. Mesmo antes da última romagem terrena, exercias acirrada luta contra os seguidores de Jesus. Retornas, agora, como uma ovelha desgarrada que volta ao aprisco divino... O Senhor te recebe como um pai que abriga o filho rebelde. Estás sendo recebido de braços abertos por um pai amoroso.

Não conseguia conter as lágrimas. Quando consegui falar, perguntei, emocionado:

– Por que vejo uma cruz desde que acordei? Tenho a impressão de que ela me acompanha.

Beatriz sorriu e me esclareceu:

– Agora já podes segui-la... Vem, dá-me tua mão para deixarmos esse lugar.

Estendi a mão para ela e, em poucos segundos, vi que atravessava a cidade, voejando acima dos seus prédios e edifícios.

Passei sobre o Coliseu, sobre o Fórum Romano, os arcos triunfais dos imperadores, o mercado, enfim, sobre a cidade que eu tanto amara.

Verificava que não mais me identificava com aqueles símbolos de poder e dominação.

Observava a frieza daquelas construções altivas e compreendia que o grande Império que eu tanto admirava e ao qual servira com toda a minha dedicação um dia viria a ruir.

Voltei o olhar, então, para a cruz que permanecia brilhando ao longe e, com infinita alegria, segui em sua direção.

Após algum tempo, verifiquei, surpreso, que retornava a Jerusalém. Perguntei, curioso, para Beatriz:

— Qual o motivo de retornarmos a Jerusalém?·

Beatriz respondeu:

— Não iremos à cidade. A cruz nos leva ao Calvário, Priscus.

Inquiri, curioso:

— Por que irmos ao local onde Jesus morreu?

— Aguarda um pouco e terás as respostas de que necessitas.

Aos poucos nos aproximávamos da majestosa colina. Admirado, percebi que a cruz que eu divisara em Roma estava ali, luminosa, cravada no lugar onde Ele expirara.

Nunca sentira emoção maior em minha vida! Ajoelhei-me circunspeto e chorei longamente. Beatriz se aproximou e esclareceu:

— Jesus está te dando uma lição, Priscus...

— Sim! — disse sob forte emoção. — Agora compreendo: iniciei minha perseguição como um legionário em Roma... Vinha a Jerusalém para persegui-lo e termino no Calvário... convertido!

Beatriz se aproximou e elucidou:

— Terminas? Não, Priscus! Ele te buscou após a morte para que o seguisses.

— Quer dizer que... — Ia concluir, mas Beatriz colocou a destra sobre o meu rosto.

— Quer dizer, meu amado, que essa história não acabou aqui no Calvário. Isso é apenas o começo. Temos a eternidade para confirmar esse voto de confiança que Jesus depositou em nós!

Olhei para aquele ser angelical, que me prometia um futuro cheio de esperança e ventura, e perguntei ainda:

– Prometes que não me deixarás? Só assim conseguirei vencer as minhas fraquezas.

Expressando infinita doçura no olhar, ela respondeu:

– Nada seria sem ti, Priscus. Se hoje sinto toda essa ventura foi porque Jesus te colocou no meu caminho um dia...

Sem ter nada mais a dizer, envolvi-a em meus braços.

Sim, era apenas o começo!

Epílogo

As perseguições aos cristãos recrudesceriam muito nos anos seguintes.

Roma ainda viveria tempos de glória até o Império soçobrar; o Cristianismo se tornou a religião oficial no ano de 313, por Constantino, com o Édito de Milão.

Voltando à casa de Caius, encontrei Lucília pensativa em seus aposentos. Minha irmã soubera de nossa morte por um dos oficiais que nos havia conduzido ao Coliseu. Ele não participara efetivamente do evento, mas o presenciara.

Junto de minha mãe, Otávia, bastante adoentada, Lucília se tornara resignada com as provas que a vida lhe impusera.

Perdera quase todos os que amara... O pai, o filho, o irmão...

Sempre estivera a postos, a fim de ser útil, e Deus levara-nos, deixando-a só com a sua dor.

Por que ainda continuava na Terra? Sentia-se como um pássaro aprisionado em preciosa gaiola de ouro...

Rodeada de luxo, vestindo-se com apurado requinte, Lucília sofria.

Seu coração, duramente provado, apresentava os primeiros sinais de fraqueza.

Apareceu, então, um belo jovem, de acentuada semelhança com Caius, que a cercou e, abraçando-a, lhe disse:

– Mãe, soube que em breve serei promovido. Logo serei um soldado da cavalaria! Graças a ti e ao meu protetor, estou muito feliz...

Lucília abraçou o filho de Ischmé e exclamou, carinhosa:

– Parabéns, meu filho. Vai e conta a Caius a boa notícia.

Enquanto Octavius se retirava, Lucília pensou: "Eis o que me prende à Terra! Ischmé me deixou seu filho, que é a bênção da minha vida!".

O rapaz saiu rapidamente e foi aos aposentos de Caius.

Envelhecido e doente, Caius jazia taciturno em uma cadeira no terraço. Octavius se aproximou, obrigando-o a sair do estado em que se encontrava:

– O que desejas, rapaz?

– A senhora Lucília me pediu que lhe contasse que fui promovido, senhor... Serei oficial de cavalaria!

Caius sorriu tristemente. A seguir, afirmou:

– És um bom rapaz! Orgulho-me de ti, Octavius!

Animado, Octavius perguntou:

— Tenho sonhado com minha mãe verdadeira. Ela me disse que o senhor tem algo a me contar...

Caius ficou pálido. Desde a morte de Ischmé, não tinha um minuto de sossego.

O remorso o perseguia dia após dia. Sentindo que de alguma forma poderia diminuir o seu pesar, declarou:

— Saberás o que desejas no dia da minha morte.

Assim, alguns anos depois, quando Caius desencarnou, Octavius ficou sabendo, por seu testamento, que na verdade o homem que sempre admirara e tinha como exemplo era seu pai.

Quis, também, saber de Ischmé, e Lucília lhe disse que ela havia falecido fazia alguns anos. Soubera-o porque Caius, em uma crise, durante uma bebedeira, contara tudo o que acontecera.

O jovem Octavius decidiu ir visitar a irmã, Aran, na Gália, durante sua lua-de-mel com a bela Plínia, filha de Cláudia Sulpícia.

Só mais tarde viriam a saber da participação de Cláudia em minha morte e de Beatriz.

Agonizante, Cláudia implorou a presença de Lucília em seu leito de morte e confessou seus infelizes atos.

Lucília, por sua vez, teve uma vida de grandes provações morais e, apesar de passar despercebida na Terra, viveu os ensinamentos de Jesus, servindo e amparando os que a rodeavam.

Por ocasião de seu desencarne, Marcellus — o filho inesquecível — veio recebê-la junto a inúmeros espíritos, entre eles, eu, Luciano e Beatriz.

Vi minha irmã, envolta em grande claridade, se afastar com os demais às esferas de luz, as quais eu ainda demoraria muito tempo a alcançar.

Sabia que seria necessário que o cinzel da justiça agisse em mim, para lapidar a matéria bruta que jazia incrustada no imo do meu ser...

Quanto a Ashaf, dedicara-se ao estudo e aprendizado da religião céltica e aos cuidados com a delicada Aran.

A menina lembrava Ischmé em tudo: no modo de andar, de falar, de vestir.

Ashaf se sentia recompensado com o carinho e a amizade da filha.

Eu, por minha vez, atraído pelos pedidos de socorro em favor de Ischmé, que se encontrava em grande sofrimento, prometera ajudá-la, com a cooperação de dedicados benfeitores espirituais.

Graças a Jesus, a promessa foi cumprida!

Nesses quase dois mil anos que se passaram, nos reencontramos muitas vezes, em situações diferentes, novos companheiros se juntaram a nós nessa caminhada, aumentando nossa família espiritual; cada qual envolvido em suas lutas, dificuldades e provas, que forjamos para nós mesmos.

Todavia, devo confessar, com ventura infinita que, finalmente, nos unimos a serviço do Bem, na seara de Jesus, comprometidos com a Doutrina Espírita – Cristianismo Redivivo.

Como um certo anjo me disse um dia, há quase dois mil anos, nossa jornada não termina aqui!

Fim